교육의 역사와 철학 강의

김 기 수 저

태영출판사

머 리 말

교육의 역사와 철학에 관한 연구의 범위는 너무나 넓다. 한국 교육의 역사, 서양 교육의 역사, 그리고 교육철학의 주요 테마들을 한 권의 책으로 담기에는 무리이다. 기본적으로 저자의 능력이 턱없이 부족하고, 관련 지식의 분량은 누구도 감당할 수 없을 만큼 많다.

그래도 집필할 용기를 낸 건, 보통 대학생들이 한 학기 동안 공부할 분량만큼 요약된 강의 교재가 있었으면 하는 바람 때문이다. 추가로, 초학자들이 쉽게 읽을 수 있어야 한다는 생각을 했다.

동서양을 막론하고, 교육의 역사는 인류가 중요하다고 생각해 온 문제들과 거기에 대처해 온 방식들을 보여준다. 삶의 중요한 과제들을 인식하고 거기에 적절히 대처할 수 있는 능력을 갖추어 주는 일은 예나 지금이나 교육의 중요한 임무다. 교육의 역사는 인류가 삶의 질과 양식을 개선하려고 노력해 온 역사다. 그것은 개인의 성장과 행복, 사회의 진보와 복지를 추구해 온 역사다.

교육의 역사는 각 시대의 교육을 이끌어 온 사상이 무엇인지, 교육을 둘러싼 사회적 영향력들이 어떻게 작용했는지, 그리고 교육을 통해 성취하고자 한 인류의 꿈이 무엇이었는지를 보여준다. 교육의 역사는 각 시대의 교육적 노력과 성공과 실패의 흔적들을 보여준다. 우리는 교육의 역사를 공부하면서 인류의 교육적 관심과 노력들을 비판하고 평가할 수 있는 안목을 기를 수 있다. 아울러 우리의 교육현실을 역사적 안목으로 바라보며, 무엇을 반성하고 어떻게 개선해야 하는지를 깨달을 수 있다.

교육의 철학은 과거와 현재의 교육사상과 이론들, 교육에 관한 판단과 의견들을 비판적으로 음미하는 학문이다. 교육의 실제를 기술하거나 해석하는 데 사용된 교육학의 언어들을 분석하고, 교육사상과 이론들이 논리적으로 가정하고 있는 신념과 가치판단들을 밝혀낸다. 그리고 교육의 이론을 구성하는 논리의 성격과 적절성 여부를 비판한다. 이를 통해, 교육철학을 공부하는 이들의 교육적 판단 능력을 길러준다.

한국도 이제 지식기반사회에 들어섰다. 우리는 지금 지식이 홍수처럼 넘쳐나는 시대에 살고 있다. 또한 지식이 가장 가치 있는 도구로 사용되는 시대에 살고 있다. 어떤 지식을 붙잡고, 어떻게 활용해야 하는지에 대해, 교육의 역사를 통해 교훈을 얻어 보자. 더 근본적으로, 과연 지식이란 무엇인지 질문해 보자. 그리고 지식을 왜 가져야 하는지 교육의 철학을 통해 답을 찾아보자.

이 책에서 충실히 다루지 못한 부분이 몇 군데 있다. 그것이 가시처럼 마음을 찌른다. 빠른 시일 안에 보완할 것을 독자들께 약속드린다. 이 책을 펴낼 수 있도록 오래 참고 격려해주신 김현태 사장님께 진심으로 감사드린다.

2006년 8월
김기수 씀

차 례

제1부 한국교육사

제2부 서양교육사

제3부 교육철학

제 1 부

한국교육사

제1장 | 고대와 중세사회의 교육

제2장 | 조선사회의 교육

제3장 | 근대와 현대사회의 교육

제1장 고대와 중세사회의 교육

개 관

먼 옛날, 학교도 없고 문자도 없던 시절에도 사람들은 뭔가를 배우고 가르쳤다. 이 배우고 가르치는 행위가 이어지면서, 인류는 지구상의 어떤 생명체보다도 뛰어난 능력을 발휘하게 되었다.

삶을 위해 보존하고 기억해야 할 것이 많아지면서 인류는 문자를 사용하게 되었고, 그로 인해 배우고 가르치는 행위들은 점차 조직화되었다. 인류는 교육을 제도화하고, 스스로 자연인에서 문화인으로 진화해 갔다.

교육은 개인과 공동체 모두를 위한 것이었다. 국가는 중앙집권 체제를 갖추어 가면서 두 가지 제도를 마련했다. 인재를 양성하기 위한 교육제도와 인재를 선발하기 위한 과거제도가 그것이다. 이것들은 국익을 위한 것이었지만 개인의 소망과 진로에도 결정적인 영향을 미쳤다. 그러나 신분제 사회에서 이런 제도의 혜택은 소수의 지배층에게 한정되어 있었다.

한국의 전통사회는 중국 문화권과의 일정한 연계 속에서 형성되고 발전해 왔다. 불교와 유교, 문자와 학교제도는 한국의 전통교육을 형성하고 발전시켜 온 기본 토대가 되었다. 특히 유교는 교육제도와 이념의 기본 틀을 제공해 주었다.

탐 색

· 최초의 인류는 무엇을, 어떻게 배웠을까?
· 역사 초기에 문자는 어떤 용도로 사용되었을까?
· 처음에 학교는 어떻게 생겨났을까?
· 단군신화에서 교육에 관련된 뭔가를 찾아내 보자.
· 불교와 유교가 교육에 기여한 점을 알아보자.
· 중국식 교육기관과 토착적 교육기관들을 비교해 보자.

중심개념

성년식, 단군신화, 홍익인간, 유교, 불교, 화랑도, 태학, 경당, 국학, 독서삼품과, 국자감, 향교, 학당, 사학 십이도, 서당, 과거제도, 7재, 9경

1. 교육의 기원

교육은 인간이 생활하는 공간 어디에서나 이루어진다. 가정과 학교와 지역사회는 물론 멀리 나라 밖에서도 교육은 이루어진다. 교육은 학교에서 가장 조직적으로 이루어지긴 하지만, 학교가 아닌 곳에서 더욱 생동적으로 이루어진다.

교육은 인간이 활동하는 동안 언제나 이루어진다. 어린 나이에서부터 장년기를 지나 노년기에 접어들어도 교육은 이루어진다. 교육은 성장기에 가장 집중적으로 이루어지긴 하지만, 그 뒤에도 멈추지는 않는다.

교육은 특정 장소와 시간에 한정되지 않는다. 교육의 영역은 인류의 생활 영역만큼이나 넓고, 교육의 역사는 인류의 역사만큼이나 길다.

1) 원시사회의 삶과 교육

우리 민족이 국가의 체제를 갖추기 시작한 것은 청동기의 사용과 더불어 형성된 고조선(古朝鮮)이다. 그러나 한반도에는 그보다 훨씬 이전인 구석기 시대에도 인류가 살고 있었다. 구석기와 신석기시대에 걸친 원시사회의 삶의 모습을 구체적으로 밝히기는 어렵지만, 고고학과 문화인류학에서 보여주는 원시사회의 특징을 통해 교육과 관련된 몇 가지 사항을 추론해 볼 수는 있다.

우리가 살고 있는 한반도에 인류가 살기 시작한 것은 약 60만 년 전 구석기 시대부터였다. 구석기인들은 뗀석기(打製石器)와 골각기(骨角器) 등 지극히 단순한 도구를 사용하였으며, 동물을 사육하거나 식물을 재배하지는 못하고 자연물을 그대로 채취하는 수준에 머물러 있었다.

뗀석기

한반도 최초의 인류인 구석기인들이 사용한 도구.
오늘의 발달된 기술문명은 이렇게 투박한 돌로부터 시작되었다.

한국의 신석기시대는 B.C. 5000년경부터 B.C. 1000년경까지 존속했는데, 대표적인 유물은 간석기(磨製石器)와 토기(土器)이다. 이들은 고기잡이와 사냥과 채집을 하면서 점차 농경과 목축을 통해 식량을 생산했다. 이들은 씨족공동체를 형성했으며, 아직 계급이 발생하지 않은 평등사회를 이루고 있었다.

원시사회에서 인류의 삶은 대체로 자연 환경에 순응하는 형태였다. 이들의 행동을 규제하는 기본 관심사는 안전(安全)이었다. 이들의 삶에서 가장 중요한 과제는 자연재해와 다른 동물들 및 다른 인간들로부터 자기 자신과 가족과 부족을 안전하게 보호하는 것이었다. 또한 의식주의 생활에 필수적인 것들을 획득하는 것이 기본적인 과제였다. 원시사회는 부족의 안전과 생활 필수품의 획득이라는 기본 과제들을 수행하기 위해 특별한 훈련과 집단적 결속 및 종교의식을 필요로 했다. 이러한 필요를 충족시키기 위해 원시적인 교육 형태가 나타나기 시작했다.

인류 초기의 원시적인 교육은 대체로 무의식적 모방(模倣)의 형태로 행해졌다. 원시적인 교육은 일상적인 생활 속에서 자연스럽게 이루어졌다. 그것은 분명한 목적이나 이상을 의식해서 이루어진 것이 아니라, 미성숙자가 성숙자와 함께 생활하고 활동하는 가운데 모방을 통해서 자연스럽게 능력을 획득해 가는 무의도적인 교육이었다. 안전이라는 목적과 생활 속에서의 무의식적인 모방이라는 방법은 가장 원초적인 교육의 형태였다.

문화의 진보와 더불어 인간의 의식적인 활동은 증가되고, 이에 따라 교육의 형태도 점차 의식적인 훈련(訓練)의 영역으로 확대되어 갔다. 그 훈련은 부족의 안전과 생필품의 획득을 위한 실질적인 기술과 능력을 포함했으며, 부족의 단결과 종교의식도 매우 중요한 관심사였다. 특히 원시 종교는 자연 속에 활동한다고 생각된, 눈에 보이지 않는 신적인 힘을 위무(慰撫)하기 위한 것으로, 원시 인류의 삶에서 매우 중요한 부분을 차지했다.

우리 민족의 고대 신앙은 천신(天神 : 日・月・星의 三神), 지신(地神), 조상신(祖上神)의 삼신(三神)을 주축으로 한다. 이 외에도 자연의 만물이 영혼을 가지고 있다고 생각하는 애니미즘(animism), 인생의 길흉화복(吉凶禍福)을 좌우하는 각종 신들과 미약한 인간 사이를 무당이나 박수와 같은 주술사들이 중재한다고 믿는 샤머니즘(shamanism), 자기 씨족의 기원을 특정 동물과 연결시켜 이를 숭배하는 토테미즘(totemism) 등이 있었다.

2) 성년식 : 조직적인 교육의 등장

원시사회에서 매우 의식적이고 조직적인 교육의 형태는 성년식(成年式)에서 구체화된다. 입사식(入社式)이라고도 부르는 성년식은 문화가 발달하고 사회생활이 조직화되면서 생겨난 의식이다. 사회의 안전과 존속을 위해 집단 구성원의 자질과 자격은 사회적으로 공인될 필요가 있었다. 성년식은 성년의 나이에 이른 젊은이들이 공적인 시험의 과정을 거쳐 성인의 자질과 자격을 공인받는 의식이다. 성년식은 일생에 반드시 거쳐야 하는 관문, 즉 통과의례(通過儀禮)이다. 개인은 성년식을 거쳐야 완전한 성인으로서의 권리를 획득하고 의무도 지게 된다.

성년식은 우리나라 뿐 아니라 고대사회의 어디에나 있었던 의식이다. 성년식의 형태는 자연적 조건이나 지역 환경에 따라 다르게 행해졌으며, 현대사회에서도 그 문화의 양식에 따라 다소 변형된 형태로 잔존하고 있다.

성년식은 대개 종교적인 의식과 함께 이루어졌으며, 젊은이들에게 신체적인 고통을 가하여 시련을 이겨내게 했다. 원시사회에서는 성년기에 이른 젊은이들을 한 곳에 모아서 단식을 시키거나, 땅에 묻고 빠져 나오게 하거나, 몸에 상처를 입히거나, 기타 여러 가지 시련을 주고, 이런 고통을 이겨낸 자를 그 사회의 일원으로 공인했다.

> 성년식은 대개 '죽음과 재생'이라는 모티브로 표현된다. 그것은 지금까지의 '아이 신분에서 분리되어'(죽음) 새로운 '어른 신분으로 통합되는'(재생) 형식을 취한다.

우리나라의 성년식에 관한 기록으로는 ≪삼국지≫(三國志) 위서(魏書) 동이전(東夷傳)과 ≪후한서≫(後漢書) 동이전에 삼한(三韓) 지방의 풍속으로 소개된 것이 있다.[1)] ≪삼국지≫ 위서 동이전에는 "나라에서 성곽을 쌓을 때 장정들이 필요하여, 젊고 용감한 청년들을 모아, 등가죽에 구멍을 내었다. 거기에 밧줄을 꿰어 큰 나무를 매달고 온종일 환호하며 힘을 써도 아프지 않다고 하였다."고 하였다. ≪후한서≫ 동이전에는 "그 사람됨이 몹시 씩씩하고 용맹스러워, 소년 시절에 집을 짓는 자는 힘을 낼 때 밧줄로 등의 가죽을 꿰어, 이것을 큰 나무에 붙들어 매고 소리를 지르면서 잡아당겨 힘을 시험한다."고 하였다. 이 두 기록은 우리 민족의 가장 오래된 성년식의 모습을 보여준다. 이런 의식은 이후에도 청소년 집단인 경당(扃堂)이나 화랑도(花郎徒)에서도 다른 형태로 행해졌을 것으로 추측해 볼 수 있다.

성년식은 많은 교육적 의의를 갖는다. 첫째로 성년식에는 도덕적, 정치적 의미가 있다. 성년식을 거치는 동안 젊은이들은 고통을 견디고 어른들에게 복종함으로써, 인내와 존경을 배우게 된다. 어른들은 성년식을 통해 자신들의 권위를 높이고 사회의 질서를 유지하였다. 둘째로 성년식에는 실용적인

---

1) 두 기록의 내용이 비슷하지만, ≪삼국지≫(三國志) 위서(魏書)가 ≪후한서≫(後漢書)보다 먼저 편찬되었기 때문에 1차 사료의 위치에 있다. 삼국지 위서를 줄여서 <위지>(魏志)라 부르기도 한다.

내용이 포함되어 있었다. 성년식을 통해 젊은이들은 생활에 필요한 여러 가지 지식과 기술은 물론, 부족을 보호하고 전쟁을 수행하는 데 필요한 능력 등도 익힐 수 있었다. 성년식은 당시 사회생활에서 갖추어야 할 실용적인 지식과 기술을 익히는 공적인 훈련이었다. 셋째로 성년식에는 종교교육의 의미가 있다. 고대사회의 생활양식은 매우 종교적이었다. 종교는 부족의 구성원들이 공통된 가치관과 신념체계와 행동양식을 소유하게 되는 구심점이었다. 성년식은 부족 고유의 종교적 의식으로 행해졌다.

3) 단군신화와 교육이념

신화(神話)는 사실적인 역사 기록을 갖기 이전 시대에 살았던 인류가 의식하고 생각했던 것들을 전해 준다. 모든 민족은 그 자신의 신화를 가지고 있다. 민족의 신화는 그 민족 구성원의 마음과 생각과 소망을 신비로 감싸서 표상하고 있다. 신화는 바로 민족 구성원의 공통된 사고와 행동의 기저이다. 우리는 신화를 통해 그 민족의 원형적 심리와 사고방식과 가치관을 볼 수 있다.

민족의 신화는 교육사의 중요한 부분을 이룬다. 신화를 통하여 민족의 기본 이념을 추출할 수 있을 뿐 아니라 교육 현상의 저변에 깔려있는 그 민족의 고유한 정서와 사고의 틀을 발견할 수 있다.

우리 민족의 신화 중 가장 오래된 것은 ≪삼국유사≫(三國遺事)에 전해오는 단군신화(檀君神話)이다. 우리는 단군신화를 통해 우리 민족의 사유방식과 삶의 이념을 추적할 수 있다. 이것은 우리 민족의 전통적인 교육이념을 이해하는 데 있어서 매우 중요하다. ≪삼국유사≫에 실려 있는 단군신화를 요약하면 다음과 같다.

옛날에 환인(桓因)의 서자 환웅(桓雄)이 항상 인간세상을 그리워했다(貪求人世). 이에 환인은 환웅에게 천부인(天符印) 세 개를 주어 널리 인간세상을 이롭게 하기에(弘益人間) 적당한 삼위태백(三危太白)에 내려 보냈다. 환웅은 무리

> 삼천 명을 거느리고 태백산 꼭대기 신단수(神檀樹) 밑에 내려와 신시(神市)를 열고, 인간의 삼백 육십여 가지 일을 맡아 다스리며 교화했다(在世理化).
>
> 그 곳에 곰과 범이 있었는데, 늘 환웅에게 사람이 되게 해 달라고 애원했다. 이에 환웅은 쑥과 마늘을 주면서, 햇빛을 보지 말고 굴 속에서 그것들을 먹으면서 백일 동안 근신하면 사람이 될 것이라 했다. 범은 금기(禁忌)를 참지 못하여 사람이 되지 못하였다. 곰은 금기한 지 삼칠일(21일) 만에 여자의 몸(熊女)이 되었다.
>
> 웅녀는 아기를 갖고자 항상 신단수 아래에서 기도하였다. 이에 환웅이 웅녀와 결혼하여 아기를 낳으니, 이가 고조선(古朝鮮)을 세운 우리 민족의 시조 단군왕검(檀君王儉)이다.

우리는 단군신화를 통해서 우리 민족의 고유한 정서와 사유방식을 알 수 있다. 첫째로 단군신화에는 현세지향적이며 인간중심적인 세계관이 나타나 있다. 단군신화는 천지개벽을 말하는 창세기(創世記) 설화가 아니라 민족국가의 시작을 말하는 개국(開國) 설화다. 이 신화에는 본향을 그리워한다거나 내세를 기다리는 모습이 없다. 이 신화는 기존 세계의 긍정에서 출발하며, 기존의 세계에서도 인간세계를 가장 이상적인 세계로 그리고 있다. 이것은 환웅이 인간세상을 그리워하고 다스리기를 희망했다는 데서 잘 나타난다. 자연물인 곰이나 범도 인간이 되기를 희망했다. 단군신화는 현세의 인간세상을 가장 이상적인 세계로 그리고 있다. 이런 사고방식은 무속신앙(巫俗信仰)이나 신라의 불국토사상(佛國土思想), 천도교의 인내천사상(人乃天思想) 등에서도 볼 수 있다.

둘째로 단군신화에서는 곰으로 상징되는, 인내하고 극기하는 인간을 이상적인 인간상으로 그려진다. 우리 민족은 범으로 상징되는 공격적이고 정복자적인 인간상보다는 견디기 힘든 고통을 내면적으로 승화시켜 자신의 이상을 실현하는 성자적 인간상을 추구하였다. 이것은 우리의 역사가 무인(武人)들이 아니라 주로 문인(文人)들에 의해 주도되어 온 데에서도 잘 나타나고 있다. 단군신화에는 우리 민족이 역사상 어려운 일들을 극복하고 새롭게 도약하는 슬기가 담겨 있다.

셋째로 단군신화에는 조화적 우주관이 나타나 있다. 환웅과 웅녀의 결합은 천지의 화합, 양과 음의 조화를 상징한다. 단군신화에서 자연과 인간의 관계는 대립적이 아니라 조화적이다. 우리 민족은 인간을 자연과 대립된 존재로 보지 않았다. 자연을 정복하여 지배하는 존재도 아니고, 자연에 의해 지배되는 존재도 아니다. 홍익인간의 이념은 크게 온 누리에 이익이 되게 한다는 사상이다. 홍익인간이라 할 때의 인간(人間)의 의미는 '사람'에 국한되는 것이 아니라 널리 '사람들이 살고 있는 세상'을 포함한다.

단군영정

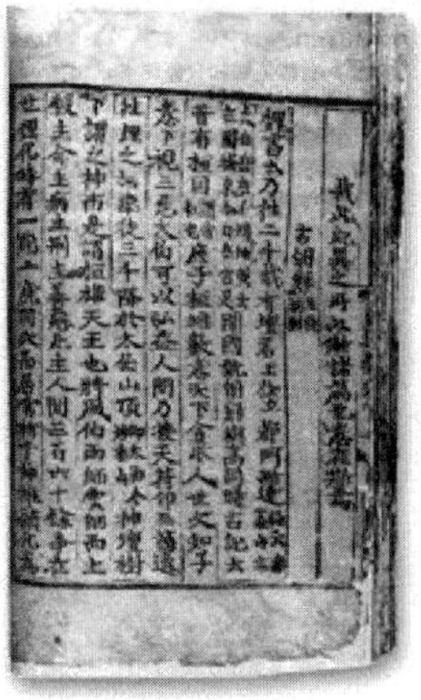

삼국유사

오늘날 한국의 교육법이 채택하고 있는 교육이념은 단군신화에 나타난 홍익인간(弘益人間)의 이념이다. 이 이념이 추구하는 인간상은 인간세상을 널리 이롭게 하는 인간, 즉 이타적으로 봉사하는 인간이다. ≪삼국사기≫(三國史記) 등 한국의 고대사에서 그 사례를 발견할 수 있는 것처럼, 고대 사회에서는 널리 인간 세상에 이익이 되게 할 수 있는 사람은 부락민의 추대를 받아 다스리는 자리에 오를 수 있었고, 그렇게 할 수 없는 자라면 비록 군주의 자리에 있었더라도 추방을 당하거나 죽임을 당했다. 그러기에 왕은 민의(民意)를 파악하기 위해 많은 노력을 기울였다. 홍익인간의 이념은 서구의 휴머니즘과는 다른 차원의 인간존중의 이념을 담고 있다.

단군신화는 우리 민족의 사유방식과 가치관을 보여 줄 뿐 아니라, 고대 사회의 문화양식의 일면도 보여 준다. 우선 단군신화는 농경사회를 배경으로 하고 있다.[2] 이것은 환웅이 무리 삼천을 이끌고 하늘에서 내려올 때, 바람, 비, 구름, 곡식을 주관하는 자들을 수행했다는 점에서 잘 나타난다. 그리고 단군신화는 당시의 사회가 제정일치(祭政一致)의 사회였음을 보여준다. 단군(檀君)은 정치적 군장(君長)인 동시에 종교적 제사(祭司)로서의 무당(巫堂, shaman)이었다. 무교(巫敎)는 단군 이래 한국인의 전통적인 신앙으로서, 한국인의 의식의 심층에 깔려 있다고 할 수 있다.

4) 고조선의 규범

단군신화를 배경으로 하는 고조선 사회는 사회질서를 유지하기 위한 규범 체계가 있었다. [팔조금법](八條禁法)은 고조선 사회에 일반화된 관습법이었으며, 민중교화를 위한 규범이었다. ≪한서지리지≫(漢書地理誌)에 수록되어 오늘까지 전해 오는 3조목은 다음과 같다. ① 살인자는 즉시 사형한다. ② 상해를 입힌 자는 곡물로 갚는다. ③ 남의 물건을 훔친 자는 그 주인의 노예가 되나, 속죄하고자 하는 자는 50만전을 내놓아야 한다. 그러나 비록 스스로 속죄하여 자유의 몸이 된다고 해도 일반 풍속은 이를 부끄럽게 여겨 혼인의 상대자를 얻지 못했다. 백성은 도둑질을 하지 않고, 문을 잠그지 않았으며, 부인은 정숙하여 음란하지 않았다. 이로써 고조선 사회에서는 살인, 상해, 절도 등을 금했으며, 부인의 정숙도 중요한 규범으로 여겼음을 알 수 있다.[3]

---

2) 신석기시대 후기에 시작된 농경은 청동기시대에 들어와 중심 산업으로 정착되었다. 한반도의 청동기시대는 B.C. 10세기경에 시작되었으며, 철기가 사용되기 시작한 것은 B.C. 4세기경이었다. 변태섭(1995), 한국사통론, 서울, 삼영사. pp. 43-59.

3) ≪위지≫ 동이전에 의하면, 초기의 부족국가인 부여와 고구려에도 이와 유사하게 살인, 절도, 간음을 금지한 법이 있었다.

2. 교육제도의 형성

1) 고대국가의 문화

한반도에는 고조선 외에도 부여, 고구려, 옥저, 동예, 삼한(마한, 진한, 변한)이 초기의 국가 형태인 부족국가(部族國家)를 형성하고 있었다. 이 부족국가들은 철기문화를 도입하여 주변 지역의 소국(小國)들을 병합하는 정복사업을 전개하였다. 그리하여 한반도 북방 지역에서는 고구려가, 한강 이남의 삼한 지역에서는 백제와 신라가 고대 국가의 체제를 갖추게 되었다. 이들 삼국은 내부적으로 성장하고 주변 지역을 병합하면서, 국가간 상호 견제하는 형세를 갖추게 되었다. 고구려, 백제, 신라가 고대 국가의 형태를 띠고 상호 대립한 시기는 대략 4세기경부터 7세기경까지로 볼 수 있다.

삼국시대에는 중국으로부터 유교(儒敎)와 불교(佛敎)가 전래되어, 전통적인 조상숭배 사상과 낭가사상(郎家思想) 및 무속신앙(巫俗信仰) 등과 조화를 이루면서, 고대사회의 중심 사상과 종교로 토착화되었다. 유교는 국가의 정치체제를 확립하는 데 기여하였을 뿐 아니라 문사(文士)를 양성하기 위한 학교교육을 발전시키는 데에도 기여하였다. 불교는 전통 신앙과 결부되어 우리 민족의 일상생활과 의식구조를 규제하는 토착 종교로 정착되었다.

유교는 공자(孔子)와 그 제자들의 가르침이다. 유교는 자기를 수양하고 남을 다스리는 수기치인(修己治人)을 기본 이념으로 삼고 있으며, 궁극적으로 인(仁)과 예(禮)를 실현하고자 한다. 유교는 중국 고대의 하(夏), 은(殷, 국호를 商이라고도 함), 주(周)의 삼대(三代) 국가를 이상적인 사회로 간주하며, 요(堯), 순(舜), 우(禹), 탕(湯), 문(文), 무(武) 임금과 주공(周公) 등의 행적을 행위의 모범으로 규정한다. 공자와 맹자(孟子) 등 선현들에 의해 만들어진 유교의 경전들은 유교 교육의 핵심적인 내용으로서, 동양사회의 오랜 고전(古典)이 되었다. 전통적인 학교들에서 가르쳐진 유교의 고전들은 오경(五經 : 詩經, 書經, 易經, 禮記, 春秋)과 삼사(三史 : 史記, 漢書, 後漢書) 등 경전과 역사서들이 중심이었다.

삼국에는 문자(文字)가 사용되었다. 문자의 사용은 학교를 성립시키는 기본 요건이다. 문자로 인해 인류의 경험들이 축적되고, 확대되고, 다듬어진다. 문자는 모종의 의미를 담고 있는 일련의 상징체계이며, 사상과 학문을 발전시키고 전달하는 중심 매체이다. 문자를 전문적으로 사용하는 문사들은 학문과 종교와 정치의 중심적인 위치를 차지하게 되었다. 이에 따라 문사를 양성하기 위한 교육이 체계적으로 진행되게 되었다. 삼국이 각각 고유한 문자를 사용했는지는 정확히 알 수 없으나, 한문자(漢文字)와 거기에 실린 유교의 이념은 삼국의 교육을 발전시키는 데 크게 기여하였다.

이 땅에 유교가 전래된 정확한 시기는 알려지지 않고 있으나, 중국으로부터 한자와 함께 전래되었을 것으로 추정된다. 기원전 1세기경 고조선이 망하면서 한반도에 한(漢) 나라의 군현들이 설치된 것과 관련지어 생각해 볼 수도 있다.

고구려는 일찍부터 한자를 사용하였으며, 소수림왕 2년(372)에는 유교의 교육기관인 태학(太學)을 세워 귀족 자제를 교육하였다. 백제는 고이왕 때(285년)에 아직기(阿直岐)와 박사 왕인(王仁)을 일본에 보내어 ≪천자문≫(千字文)과 ≪논어≫(論語)를 가르치게 한 적이 있으며, 근초고왕 때(346~375) 박사(博士) 고흥(高興)으로 하여금 국사인 ≪서기≫(書記)를 편찬하게 하였다.

삼국은 중앙집권적인 귀족국가로 발전하면서, 이러한 국가체제에 맞는 유능한 관리를 양성할 필요가 생겼다. 유교는 고대의 국가체제에 적합한 정치철학과 윤리사상을 가지고 있었으므로, 국가의 현실적인 지도이념으로 활용될 수 있었다. 유교의 전래는 이 땅에 형식적인 교육을 마련하는 결정적 계기가 되었다. 고대 국가에서는 정치이념인 유교를 보급하고 발전시키기 위해 학교를 설립하고 운영하였다.[4] 그리고 이런 유교 교육을 잘 받은 인재를 국가의 관리로 선발하였다. 유교는 초기에 왕과 귀족과 관리들에게 국한되어 있었으나 시간이 흐르면서 민간에도 보급되었다. 이처럼 한국 전통사회의 교육은 유교의 보급과 발전에 맞추어 전개되었다. 이로 인해 유교사상은 점차 한반도의 현실적인 생활의 원리가 되어 갔다.

불교는 석가(釋迦)의 설법(說法)에 따라 깨달음을 얻고 열반(涅槃)에 들 것을 목적으로 하는 종교이다. 석가의 설법은 세상의 모든 존재가 덧없는 것이라는 실상론(實相論)과, 모든 존재는 인과율(因果律)에 의해서 생성되고 소멸한다는 연기론(緣起論)을 기반으로 하고 있다. 불교에서는 인생을 고통의 바다(苦海)에 빠져서 사는 것과 같은 것으로 보고, 집착과 욕망을 모두 버림으로써 일체의 번뇌와 고통에서 해탈(解脫)하도록 가르친다.

> 불교가 우리나라에 처음 전래된 때는 고구려에서는 소수림왕 2년(372)의 일이며, 백제에서는 침류왕 원년(384)이다. 신라에는 이보다 훨씬 뒤에 들어왔는데, 이차돈(異次頓)이 순교한 후인 법흥왕 14년(527)에 국가적으로 공인되었다. 우리나라에 전래된 불교는 민족의 고유한 사상들과 융합되면서 수용되었다.

불교는 학교교육으로 발전하지 못했다. 그것은 불교가 구원의 종교로 인식된 데도 이유가 있지만, 불교 자체의 사상적 본질 때문이기도 하다(한명희·박선영, 1981). 불교는 주체적 자각을 핵심으로 하기 때문에, 학교교육과 같이 일정한 제도의 틀을 갖추고 그 대상을 한정하는 형식적 교육에는 별

4) 고구려의 태학(太學)과 경당(扃堂), 신라의 국학(國學), 고려의 국자감(國子監)과 학당(學堂)과 서당(書堂), 조선의 성균관(成均館)과 향교(鄕校)와 학당(學堂) 등은 모두 유교 교육기관이었다.

관심이 없었다. 불교는 오히려 비형식적인 교육을 통해 삼국의 국민들에게 지대한 영향을 미쳤다.

불교는 고대사회에서 정신적인 지주 역할을 했다. 불교는 전래되어 오던 조상숭배 사상이나 무속신앙을 포섭하여 재정리하였다. 이로 인해 불교는 현세중심적, 기복적(祈福的) 성격을 띠게 되었다. 불교는 왕은 물론 대중의 교화에도 영향을 미쳤다. 고대의 신분제 사회에서 지위의 고하를 막론하고 누구나 불교의 가르침을 들을 수 있었다. 불교의 자비사상(慈悲思想)과 각종 계율들은 우리 민족의 도덕관 형성에 기여하였고, 정토사상(淨土思想)과 호국신앙(護國信仰)은 국민정신을 앙양하는 데 기여하였다. 또한 불교는 사원을 심신 수련과 학업 연마의 장소로 개방하여 사람들의 인격 수양과 학문 연구를 도왔으며, 불교의 고등한 정신세계는 삼국과 고려의 문학과 예술을 높은 차원으로 끌어 올렸다.

2) 고구려의 교육

고구려는 삼국 중 가장 먼저 고대 국가의 체제를 갖추었다. 고구려는 지리적으로 한반도의 북방에 위치하여 일찍부터 중국과 교섭이 잦았으며, 중국 문화의 영향을 많이 받았다. 고구려는 한자를 사용하고 유학을 장려하였다. ≪삼국사기≫ 고구려본기에는 "국초부터 문자를 사용하기 시작하였다"는 기록이 있다. 이것은 고구려의 문자사용에 관한 최초의 기록이다. 그러나 고구려와 한(漢)과의 관계를 고려해 볼 때, 고구려에서 사용된 문자는 고구려가 건국되기 이전, 적어도 고조선 후기에는 사용되었던 것으로 볼 수 있다(진단학회, 1959). 고구려의 교육기관으로는 중앙에 태학(太學)이 있었으며, 지방에는 경당(扃堂)이 있었다.

(1) 태학(太學)

고구려의 학교교육에 관한 최초의 기록은 ≪삼국사기≫에 "소수림왕 2년

(372)에 태학을 세워 자제를 교육했다"고 한 데서 발견된다. 이것은 우리나라의 학교교육에 관한 기록 중 최초의 것이다. 그러나 태학의 교육 이념과 내용 등을 알 수 있는 기록은 전해지지 않고 있다.

≪삼국사기≫에 따르면, 소수림왕 2년에 전진(前秦)의 왕 부견(符堅)이 순도(順道)라는 중을 파견하여 불교의 경문을 전했다. 고구려는 그 다음해(373)에 율령을 공포하였다. 이처럼 고구려가 전진(前秦)의 제도에서 영향을 받았기 때문에, 우리는 중국의 기록을 통해 태학의 교육내용을 추측할 수 있다. ≪북사≫(北史) 주서(周書)에는 오경(五經), 삼사(三史), 삼국지(三國志), 진춘추(晋春秋) 등 고대 중국의 경서(經書)와 사서(史書)를 중요한 교재로 하였다고 기록되어 있다. 태학의 교육내용도 이런 것들이었을 것으로 추측할 수 있다.

태학의 조직에 대해서는 ≪삼국사기≫에서 "영양왕 11년에 이문진(李文眞)을 태학박사(太學博士)로 삼다"고 기록하고 있으며, 고구려의 직제에 관해서 "장래에 관에 나아갈 사람을 조의선인(皂衣仙人)이라 하고, 그를 감독하고 교습시키기 위하여 조의두(皂衣頭)라는 벼슬아치를 두다"라고 한 것을 통해 추측할 수 있다. 이 기록을 통해 태학의 총책임자는 조의두, 가르치는 사람은 박사, 배우는 학생들은 조의선인이라고 추정할 수 있다.

태학에서는 고급 관리를 양성할 목적으로 귀족의 자제들을 교육했을 것으로 생각된다. 이것은 고구려가 중앙집권적인 귀족국가의 체제를 정착시켜 나가는 과정에 필수적으로 요청되는 일이었다. 태학은 우리나라의 최초의 관학이며 동시에 최초의 고등교육기관이라는 교육사적인 의의를 갖는다.

(2) 경당(扃堂)

고구려에는 경당이라는 사립 교육기관이 있었다. 경당에서는 독서(讀書)

와 습사(習射 : 활쏘기)를 가르쳐 문무를 겸비한 인재를 양성하였다. 경당에 관한 기록은 ≪구당서≫(舊唐書)와 ≪신당서≫(新唐書)에서 발견할 수 있다. ≪구당서≫에서는 "풍속이 서적을 사랑하여 허름한 서민의 집에 이르기까지 거리에 큰 집을 지어 이를 경당이라 했다. 미혼의 자제들이 여기서 밤낮으로 독서하고 활쏘기를 익혔다. 그들이 읽는 책은 오경(五經)과 사기(史記), 한서(漢書), 범엽의 후한서(後漢書), 삼국지(三國志), 손성의 진춘추(晋春秋), 옥편(玉篇), 자통(字統), 자림(字林), 그리고 문선(文選)이 있는데 이것을 더욱 소중히 여겼다."고 기록하고 있다. 그리고 ≪신당서≫에서는 "사람들이 배우기를 좋아해서 외딴 마을의 허름한 집에 이르기까지 서로 사랑하고 부지런하여 큰길가에 모두 큰 집을 짓고 경당이라 불렀다. 미혼의 자제들이 거기 모여서 경서를 암송하고 활쏘기를 익혔다."고 기록하고 있다. 이 기록에 의하면 고구려의 경당은 지방의 촌락에 이르기까지 설치된 사립학교로서 평민의 자제를 교육한 곳이라 볼 수 있다.

경당의 설립 시기는 분명치 않으나, 장수왕 때의 평양 천도(A.D. 427)를 전후하여 신에 제사하던 지방의 신전(神殿)을 독서(誦經)와 무예(習射)의 장소로 개편한 것으로 보인다(진단학회, 1959; 신용국, 1990). 이 때는 고구려가 왕권 체제를 확고하게 확립한 시기이며, 동시에 대외 정복 사업이 한창이던 시기이다.

경당은 순수한 고구려의 교육기관으로서, 미혼자제들을 대상으로 문무를 겸비한 교육을 실시했다는 점이 특징이다. 이런 점에서 고구려의 경당은 신라의 화랑도와 성격이 비슷하다고 할 수 있다(이기백, 1967). 고구려의 경당은 서민의 교육장인 동시에 군사적으로 필요한 기술을 익히는 장소였다. 고구려가 수, 당 등의 주변 강대국들의 침입을 극복하고 강대한 국가를 형성할 수 있었던 것도 이와 같은 교육의 힘이 원동력이 되었을 것이다.

고구려의 태학은 관학으로서 중앙에 위치하였으며, 귀족의 자제에게 유학을 교육하여 관리로 양성하였다. 반면에 경당은 사학(私學)으로서 지방에 위치하였으며, 평민의 자제에게 유학과 무예(활쏘기) 등을 교육하였다. 경서와 역사서 등은 태학과 경당의 공통된 교육 내용이나, 무예는 경당의 독특한 내용이라 할 수 있다. 이것을 통해 고구려인들이 국민적 교양과 함께 상무정신을 중요시하였음을 알 수 있다.

3) 백제의 교육

백제는 고구려와 마찬가지로 일찍부터 중국과 교섭이 잦았다. 백제에 학교가 있었다는 기록은 아직 발견되지 않고 있다. 그러나 백제가 한반도의 가장 비옥한 토양에서 특유의 찬란한 문화를 누렸고, 일본에 문자와 유교를 전한 것으로 미루어, 교육이 매우 발달했을 것으로 생각된다.

백제는 고구려가 태학을 세우기 훨씬 전인 서기 285년에 박사 왕인(王仁)이 일본에 ≪논어≫(論語)와 ≪천자문≫(千字文)을 전한 바 있다. 그리고 고구려의 태학이 설립된 지 3년 후인 서기 375년에는, 박사 고흥(高興)으로 하여금 ≪서기≫(書記)를 짓게 하였다. 이로써 백제는 일찍부터 문자를 가지고 있었을 뿐만 아니라, 유학도 상당한 수준으로 발달하였음을 알 수 있다.

백제의 교육기관에 관한 직접적인 기록은 없으나, 백제가 일찍부터 도입한 박사(博士) 제도를 통해 교육이 실시되었음을 알 수 있다.[5] 박사란 교육의 임무를 맡은 관직의 이름으로서, 학문에 정통한 사람이 그 직임을 맡았다. 백제에서는 박사들로 하여금 일본에 유학을 전하게 하였다. 25대 무령왕(일본 繼體天皇 7년, 513) 때 오경박사 단양이(段楊爾)를 일본에 보냈으며, 그로부터 3년 후에는 한고안무(漢高安茂)를 보내어 그와 교대하게 하였다. 26대 성왕 때에는 오경박사, 역(曆)박사, 의박사, 채약사(採藥士) 등 각종 전문 박사들을 일본에 보냈다. 이로써 일본의 교육이 체계적으로 발달할 수 있었다(손인수, 1987).

또한 백제의 중앙관제에는 내법좌평(內法佐平)이 있어서, 의례(儀禮)를 관장하였다. 내법좌평은 신라시대의 예부(禮部)나 조선시대의 예조(禮曹)에 해

5) 백제에는 전문 분야에 따라 오경(五經)박사, 모시(毛詩)박사, 의(醫)박사, 역(易)박사 등이 있었다. 이런 박사제도는 중국과 고구려와 신라에도 있었다.

당하는 관직이다. 백제에 교육과 풍화를 관장하는 기관이 중앙관제에 있었던 것으로 보아, 학교와 같은 교육기관도 있었을 것으로 충분히 짐작할 수 있다.

4) 신라의 교육

신라는 삼국 중 가장 늦게 고대 국가의 체제를 갖추었으며, 대륙 문화의 유입도 비교적 늦게 이루어졌다. 신라는 독자적인 문화를 유지하면서 유교와 불교 등 외래문화를 적절히 수용하였다. 신라는 독특한 교육형태로 화랑도(花郎道)를 발전시켰으며, 삼국을 통일한 후에는 당(唐)의 교육 제도에서 영향을 받아 국학(國學)을 설립하였다. 신라는 화랑도를 중심으로 자제들을 교육하면서, 통일을 앞두고 당과의 관계를 돈독히 하면서 당에 유학생을 파견하는 방식을 취했다.

(1) 화랑도 교육

화랑도가 국가적인 단체로 정비된 것은 진흥왕 때부터이다. ≪삼국사기≫ 진흥왕 37년(576) 조에 화랑도의 설치에 대한 직접적인 기록으로 '남모(南毛)와 준정(俊貞)의 설화'가 실려 있다. 이에 앞서 ≪삼국사기≫ 진흥왕 23년(562) 조에는 전쟁에서 용맹을 떨친 화랑 사다함(斯多含)에 대한 기록이 있어, 이전부터 운영되어 오던 청소년 조직을 진흥왕 37년에 국가적인 화랑 조직으로 정비한 것으로 추측된다. 그리고 ≪삼국유사≫에는 진흥왕 대에 설원랑(薛原郎)을 최초의 화랑 국선(國仙)으로 삼았다는 기록이 있다.

화랑은 원화(源花), 국선(國仙), 선랑(仙郎), 풍월도(風月徒), 풍류도(風流徒) 등으로 불린다. 화랑도(花郎徒)는 국가의 보호와 육성을 받았으나 국가의 직할기관은 아니었다. 화랑도는 민간에서 자발적으로 조직된 사적인 단체였으므로, 다수의 화랑 조직이 발전할 수 있었다. 화랑도의 조직은 총지휘자로 국선을 두고, 그 다음에 덕망이 있고 용의가 단정한 청소년을 화랑으로 추대하였으며, 다시 그 밑에 문호(門戶)라는 몇 개의 작은 집단이 있어

수백 혹은 수천의 낭도들이 결속하였다(현상윤, 1960). 국선이나 화랑은 단장인 동시에 일종의 모범이었다. 많은 낭도들은 화랑을 모범으로 하여, 그들을 따라 수행하는 동안에 아름답고 선량한 인격을 완성하려 하였다. 국선이나 화랑은 대개 진골 출신이었으나, 낭도들은 계층의 구분을 두지 않았다. 이러한 화랑도 교육제도는 신라의 귀족계급과 평민계급을 서로 연결시켜 주는 다리의 역할을 하였다.

신채호(1974)에 의하면, 화랑도(花郎徒)는 상고시대 소도제단(蘇塗祭壇)의 무사(武士)에 그 기원을 둔다. 그 무사를 당시에는 '선비'(仙)라 칭하였으며, 고구려에서는 조의선인(皂衣仙人), 신라에서는 화랑(花郞)이라고 불렀다. 또한 최남선(1943)에 의하면, 화랑은 '부루교단'이다. 부루는 상고시대의 고유한 신앙인 태양 숭배, 곧 '밝의 뉘'(光明世界)가 변한 말인데, 이 '부루'가 한자로 적힐 때에 '風流'(풍류)로 변했다. 이렇게 보면 화랑도는 상고시대부터 존재하였으며, 우리 민족의 고유한 신앙과 결부되어 있었다.

≪삼국사기≫에 다음과 같은 기록이 있다.

진흥왕 37년(579) 봄에 처음으로 원화(源花)를 받들었다. 이에 앞서 신하들이 인재를 찾지 못하여 근심하던 끝에, 많은 사람들을 모아 놀게 하고 그들의 행실을 살펴 등용하기로 했다. 그런 끝에 용모가 뛰어난 두 여자를 뽑았는데, 하나는 남모, 하나는 준정이라 했다.

두 여인은 무리를 300여 명이나 모았는데, 서로 아름다움을 다투어 시샘하게 되었다. 마침내 준정은 남모를 자기 집으로 유인해 독한 술을 먹여 정신을 잃게 한 다음 강물에 던져 죽여 버렸다. 그러나 사건의 진상이 발각되어 준정은 사형을 당하고 함께 모였던 무리들은 뿔뿔이 흩어지고 말았다.

그 후에 다시 잘 생긴 남자들을 뽑아서 곱게 단장하고 화랑(花郞)이라 칭하여 받들게 하니 무리가 구름같이 모여들었다. 그들은 서로 도의를 연마하고, 노래와 풍류를 즐기면서 유명한 산과 강을 찾아 유람했는데, 아무리 먼 곳이라도 가 보지 않은 곳이 없었다. 이런 과정에서 각자의 사람됨이 드러나므로, 좋은 사람을 골라 조정에 추천하였다(삼국사기, 권 제4 신라본기 제4 진흥왕 37조).

화랑도의 이념은 최치원(崔致遠)의 <난랑비서문>(鸞郎碑序文)에 잘 나타나 있다. "나라에 현묘(玄妙)한 도(道)가 있으니 이를 풍류(風流)라 한다. 이 교를 설치한 근원은 선사(仙史)에 상세히 실려 있거니와, 실로 이는 삼교(三敎)를 포함한 것으로 모든 생명과 접촉하여 이를 교화하였다(接化群生). 그들은 집에 들어와서는 부모에 효도하고 나아가서는 나라에 충성을 다하니 이는 공자(孔子)의 가르침이요, 무위(無爲)의 일에 처하여 말 아니하고 실행하니 이는 노자(老子)의 취지요, 악한 일을 하지 않고 모든 착한 행실만 봉행하니 이는 석가(釋迦)의 교화이다."[6] 이처럼 화랑도의 이념 속에는 공자의 충효, 노자의 무위, 석가의 선행의 요소들이 내재되어 있었다.

화랑도의 교육 목적은 평시에 국가를 다스릴 정치적 지도자와 유사시에 국방상의 문제에 대처할 군사적 지도자를 양성하는 데 있었다. 그것은 김대문(金大問)의 ≪화랑세기≫(花郎世紀)에 "어진 재상과 충성된 신하가 여기에서 나오고, 어진 장수와 용감한 군사가 이로 인해 생겨났다."고 한 것을 보아 알 수 있다. 또한 진평왕 때 원광법사(圓光法師)가 내린 세속오계(世俗五戒)는 화랑들이 닦아야 할 도의의 주요 덕목들이었다. 세속오계에 나타난 충(忠), 효(孝), 신(信), 용(勇), 인(仁)의 5대 덕목들은 신라의 정치적·군사적 지도자가 갖추어야 할 품성이었다.

화랑도의 교육내용은 지적인 면보다는 정의적이고 활동적인 면에 치중된다. 화랑도는 무술의 기초가 되는 칼쓰기, 활쏘기, 창쓰기, 말타기 등을 학습하였으며, 정서도야에 필요한 시와 춤과 음악을 하였다. 또한 전국의 명산(名山)과 대천(大川)을 두루 돌아다니며 심신을 단련하고 호연지기를 길렀다.

그리고 유교의 정신인 오상(五常 : 仁義禮知信)과 육예(六藝 : 禮樂射御書數), 불교의 정신인 삼사(三師 : 戒定慧)와 육정(六正 : 布施, 持戒, 忍辱, 精進, 禪定, 知慧)을 공부하였다. 화랑 2명의 맹세가 새겨진 <임신서기석>(壬申誓記石)에는 시경, 서경, 예기, 춘추 등을 읽기로 맹세하는 내용이 있다.

---

6) 삼국사기, 권제4 신라본기 제4 진흥왕 37조.

임신서기석

국보 제242호. 1934년 5월 경주에서 발견된 약 32cm의 자연석이다. 5행 74자로 기록된 내용은 다음과 같다. "임신년(壬申年) 6월 16일에 두 사람이 함께 맹서하여 쓴다. 하늘 앞에 맹서하여, 지금으로부터 3년 이후에 충도(忠道)를 집지(執持)하고 과실이 없기를 맹서한다. 만약 이 맹서를 잃으면 하늘로부터 큰 죄를 얻을 것을 맹서한다. 만약 나라가 불안하고, 세상이 크게 어지러워지면 가히 행할 것을 받아들임을 맹서한다. 또 따로 먼저 신미년 7월 22일에 크게 맹서하였다. 시(詩), 상서(尙書), 예기(禮記), 춘추전(春秋傳)을 차례로 습득하기를 맹서하되 3년으로 하였다."

화랑도의 교육방법은 대체로 집단적이며 실제적인 경험사태를 통한 것이었다. 화랑도는 집단생활을 통하여 도덕과 무술을 연마하였으며, 시범과 모방을 통해 덕 있는 행동양식을 익히도록 하였다. 또한 국토순례를 통해 심신수양과 조국애를 기르도록 한 것도 화랑도의 특별한 교육방법이었다.

화랑도(花郎道)는 신라 고유의 사상이었으며, 화랑은 신라 사회의 이상적인 인간상이었다. 화랑도 교육은 도덕적, 정서적, 신체적, 사회적, 군사적 훈련을 포함하였다. 신라는 고유의 화랑도 교육을 통해 인재를 양성하였으며, 화랑들의 지도력과 인간됨을 살펴 국가의 인재로 선발하였다.

(2) 국학 교육

신라는 30대 문무왕 16년(676)에 삼국을 통일하고, 당(唐)의 문물을 적극적으로 받아들이기 시작하였다. 31대 신문왕 2년(682)에는 국학(國學)을 설립하여 예부(禮部)에 속하게 하였다. 국학은 유교 사상에 입각하여 관리를 양성하고, 유교 사상을 보급하기 위해 설립한 고등교육기관이다.

신라는 27대 선덕왕 9년(640)부터 학생들을 적극적으로 당(唐)에 유학시켰다. 통일 이후에도 당과의 교섭이 활발하여, 왕자와 우수한 학생들을 유학시켰다. 유학 기간은 대개 10년으로 하였는데, 기간이 차서 학생들이 귀국하면, 그 뒤를 이어 다른 학생을 보내었다. 유학생들의 책값은 1인당 은화 300량씩 국비로 지급했으며, 옷과 식사는 당의 홍려시(鴻臚寺)에서 공급하였다. 유학생의 수가 많을 때는 100명에 달하였다. 문성왕 2년(840)에 만기가 된 유학생과 볼모(質子) 등 105명이 동시에 귀국했다는 기록이 있다.

유학생들은 당에서 실시하는 과거에 응시하기도 하였다. 신라 헌덕왕 13년(821)에 김운경(金雲卿)이 빈공과(賓貢科)에 급제한 것을 비롯하여, 당나라 말기까지 58명이 과거에 급제하였다(증보문헌비고, 권 184). 최치원은 12세에 당에 들어가 18세에 과거에 급제하였으며, 황소(黃巢)의 난 때는 난을 평정하는 격문을 지어 당에 문명(文名)을 떨쳤다.

국학의 직제(職制)와 교육 내용은 당의 국자감을 모방하였으나 신라의 실정에 맞게 변경하였다. 국학에는 경(卿) 1명과, 박사(博士)와 조교(助教) 약간 명, 대사(大舍) 2명과, 사(史) 4명을 두었다. 경은 국학을 총괄하고, 박사와 조교는 교육을 담당하며, 대사와 사는 국학의 행정을 맡았다.

국학의 입학 자격은 15~30세의 귀족 자제들로서, 12등급인 대사(大舍)로부터 무위자(無位者)까지였으나, 주로 6두품의 자제들이 입학한 것으로 보인다.[7] 국학의 수업연한은 9년이었다. 소질이 없는 자는 퇴학시키고, 미숙하나

7) 6두품 출신의 지식인들은 그들의 능력과 주장이 골품제(骨品制)로 인해 충분히 받아들여지지 않자 당나라에 유학하여 당의 권위와 학문으로 만회하려 했다. 그래도 한계를 느낀 이들은 불만을 품고 지방에 은거해 버렸다. 이들은 새로 융성한 선종

가망이 있어 보이는 자는 9년이 넘어도 재학할 수 있었다. 국학을 졸업하는 자에게는 성적에 따라 대나마(大奈麻), 나마(奈麻)의 벼슬을 주었다. 신라의 정치 조직은 모두 17등급으로 나누어지는데, 이들은 10~11등급에 해당한다.

국학의 교육 내용은 유교적 윤리관을 확립하는 데 필요한 유학의 경전들이 주가 되었다. 교육과정은 논어(論語)와 효경(孝經)을 필수로 하고, 나머지 과목은 세 과정으로 나누어 이수하게 하였다. 그것들은 ① 논어·효경·예기(禮記)·주역(周易)의 과정, ② 논어·효경·춘추좌씨전(春秋左氏傳)·모시(毛詩)의 과정, ③ 논어·효경·상서(尙書)·문선(文選)의 과정이다. 논어와 효경을 필수로 한 것은 유학의 기본 이념인 충과 효의 덕목을 강조하기 위한 것으로 생각된다.

국학에서는 유학 경전 이외에 기술(技術)도 교육하였다. 효소왕 1년(692)에는 국학에서 의학(醫學)을 처음으로 가르쳤다. 성덕왕 16년(717)에는 국학에 의박사(醫博士)와 산박사(算博士)를 두었으며, 이듬해에는 천문학을 가르치기 위해 박사 6명과 사 1명을 두었다. 경덕왕 6년(747)에는 제업박사(諸業博士)와 조교를 두고, 2년 후에는 천문박사(天文博士)와 누각박사(漏刻博士)를 두어 기술교과도 가르치게 했다. 또한 율령전박사(律令典博士) 6명을 두어 율학(律學)을 가르치게 했다.

한편 국학에는 문묘(文廟)가 설치되어 있었다. 그것은 성덕왕 16년(717)에 왕자 김수충(金守忠)이 당으로부터 공자와 10철(哲) 및 72제자[8]의 화상을 들여와 국학에 안치한 데서 비롯된다. 국학에서는 공자를 교학(敎學)의 정신적 지주로 삼고 그의 사당에 제사하는 석전(釋奠)의 예(禮)를 행함으로써 국학의 권위를 높였다. 또한 국학을 장려하기 위해 왕이 국학에 가서 강의를

의 승려들과 지방의 신흥 호족들과 함께 적대적인 세력을 형성하여 신라의 멸망을 촉진하게 되었다.

8) 공자 문하의 뛰어난 제자 10명(孔門十哲) : 안연(顔淵), 민자건(閔子騫), 염백우(冉伯牛), 중궁(仲弓), 재아(宰我), 자공(子貢), 염유(冉有), 자로(子路), 자유(子遊), 자하(子夏). 72제자는 10철에 62명의 제자를 추가한 공자의 제자들이다. 72현(賢)이라고도 한다.

듣기도 하였으며, 녹읍(祿邑)을 주는 등 물질적인 원조도 하였다. 녹읍제도는 고려와 조선시대의 학전제(學田制)의 시초가 된다.

국학이 완비되고 학문이 성하여지면서 유학 교육에 변화가 일어났다. 38대 원성왕 4년(788)에는 일종의 과거법(科擧法)인 독서삼품과(讀書三品科)를 정하여 인재 등용의 방법으로 삼았다. 통일 이전에는 화랑도 교육과 궁전법(弓箭法 : 기마와 궁술로써 시험하여 선발)으로 관리를 선발하였으나, 독서삼품과 이후로부터는 시험을 통해 관리를 선발하는 제도가 성립되었다.

독서삼품은 국학에서 수학한 학생들의 성적을 셋으로 구분한 데서 온 명칭이다. 상(上)은 춘추좌씨전, 예기, 문선을 읽고 그 뜻에 통하며, 겸하여 논어와 효경에 밝은 자로 하였다. 중(中)은 곡예(曲禮)와 논어와 효경을 읽은 자로 하였으며, 하(下)는 곡예와 효경을 읽은 자로 했다. 그리고 오경, 삼사, 제자백가에 통달한 자는 특등으로 하여 우선적으로 채용하였다. 독서삼품과는 우리나라의 과거제도(科擧制度)의 전신이 되었다.

교육사상가 탐방

(1) 원효(元曉)

원효(617~686)의 성은 설(薛), 아명(兒名)은 서당(誓幢), 신당(新幢)이었으며, 시호는 화정(和淨)이다. 그는 98종이나 되는 저서를 남겼는데, 가장 대표적인 글은 ≪대승기신론≫(大乘起信論)이다.

그는 불교 안에 있는 여러 사상과 주장들을 '일심'(一心)의 발현(發現)으로 보고, 여러 가지로 발현된 일심의 모든 양상들 하나로 통합하려 했다. 그는 형식적인 교리와 언어의 집착에서 벗어나, 각 개인이 스스로 일심의 근원으로 되돌아가기를 호소하였다. 이것이 그의 화쟁사상(和諍思想)이다. 그는 각 사람의 일심은 계기에 따라 여러 가지

심리적 행동으로 나타나지만, 그렇다고 해서 인간의 본성 자체에 어떤 변화가 있는 것은 아니라고 보았다. 단지 계기에 따라 여러 가지로 나타나는 심리적 갈등과 고뇌에 사로잡혀 본래의 일심을 깨닫지 못하게 된다고 보았다.

원효는 교육의 목적을 일심의 회복에 두었다. 그것은 우주와 인생의 참다운 모습을 투시할 수 있는 정신과 지혜의 획득을 의미한다. 일심을 회복한 사람을 불교에서는 각자(覺者)라 부른다. 각자는 고뇌에 쌓인 인간을 본래의 평온한 상태로 되돌리는 깨우친 자이며, 동시에 자신이 속한 사회와 세계까지도 평화롭게 정화해 가는 자이다.

원효는 일심을 해명하고 그것을 실현시키기 위해 많은 저술을 남겼을 뿐 아니라, 민중 교화를 위해 그들의 생활 세계로 뛰어들었다. 그는 민중교화를 위해 무애가(無㝵歌)를 지어 널리 부르게 했다. 그는 민중의 삶 속에 들어가 함께 생활하면서 불교를 가르치고(下化衆生) 스스로의 완성(上求菩提)을 추구하였다. 그는 스스로 배우면서 그 배움을 실천하는 구도자적인 교사의 삶을 살았다.

(2) 설총(薛聰)

설총(654경~?)은 원효(元曉)와 요석공주(瑤石公主) 사이에서 태어났다. 설총에 관한 기록은 분명치 않으나, 처음에는 불서(佛書)를 공부하고 뒤에 유학(儒學)을 연구한 것으로 보인다. 그는 신라 십현(十賢)의 한 사람이며, 해동경학(海東經學)의 조종(祖宗)으로 손꼽히고 있다. 그는 경학에 기여한 공으로 고려 현종 13년(1022)에 홍유후(弘儒侯)로 추봉되어 문묘(文廟)에 배향(配享)되었으며, 경주에 있는 서악서원(西岳書院)에 제향(祭享)되었다.

설총은 신문왕 때 설립된 국학(國學)에서 이두(吏讀)를 사용하여 유학의 경서들을 가르쳤다.[9] 당시의 주요 경서들은 구경(九經 : 詩, 書, 易, 禮記,

9) 삼국사기 권 46 열전. 삼국유사 원효불기.

春秋의 五經과 周禮, 孝經, 論語, 孟子)과 육경(六經 : 五經에 樂經 추가)이었다. 설총은 경서에 우리말로 토를 달고 새롭게 읽는 법을 가르침으로써 신라의 유학을 크게 발전시켰다.

설총의 글은 ≪삼국사기≫에 화왕계(花王戒) 1편이 전해 온다. 화왕계는 유교의 정신에 입각하여, 비유와 풍자를 통해 신문왕을 훈계한 글이다. 이것은 왕으로 하여금 간사하고 아첨하는 신하를 물리치고 정직하고 강직한 신하를 위할 것을 권고한 군왕교육(君王敎育)의 한 사례이다.

(3) 최치원

최치원(857~?)은 경주최씨의 시조로서, 자는 홍운(弘雲), 해운(海雲) 호는 고운(孤雲), 유선(儒仙)이다. 그는 신라의 대문장가로서 많은 글을 남겼는데, 대표적인 개인문집인 ≪계원필경≫(桂苑筆耕)이 전해 온다. 고려 현종은 그의 공을 칭송하여 문묘에 배향토록 하였으며 이어 문창후(文昌侯)라는 시호를 하사하였다. 최치원은 조선시대에 태인의 무성서원, 경주의 서악서원, 함양의 백연서원 등에서 제향(祭享)되었다.

최치원은 경문왕 8년(868), 12세의 어린 나이로 당에 유학하였다. 그의 아버지 견일은 "10년 동안에 과거에 합격치 못하면 내 아들이 아니다."라고 경계하여 보냈는데, 유학한 지 6년만인 18세에 과거에 합격하였다. 최치원은 황소(黃巢)가 반란을 일으켜 당의 장안을 함락시키고 세력을 크게 떨칠 때, 토벌대장 고변의 종사관으로 일하면서 표(表), 장(狀), 서계(書啓), 격문(檄文) 등을 제작하면서 널리 이름을 떨치게 되었다. 특히 그의 토황소격문(討黃巢檄文)은 명문으로 이름이 높다.

최치원은 6두품 가문 출신으로서 당에서 문명(文名)을 떨친 후 귀국하여 요직에 임명되었다. 그러나 신라의 국운이 쇠퇴하고 자신의 이상을 실현할 길을 찾지 못하자 외직으로 떠돌다가, 결국 벼슬을 그만두고 가야산 해인사로 들어갔다.

최치원의 사상은 유교, 불교, 도교의 영향을 받은 것으로 보인다. 그는 유학자로서 요순시대의 정치를 실현하려 하였으며, 유교교육과 인재 등용을 위하여 국학에 독서삼품과를 설치할 것을 주장하였다. 독서삼품과는 당시 진골 중심의 세습적인 신분제를 개혁하고 학문에 근거하여 인재를 등용하려는 것이었다. 최치원은 유학자로 자처하면서도 승려들과 교유하였고 불교 관계의 글도 많이 남겼다. 한편 그의 ≪계원필경≫에는 도교에 관한 글도 일부 실려 있는데, 이는 그가 당에서 고변의 종사관으로 있을 때 도교 신자인 고변의 영향을 받은 것으로 추측된다.

최치원은 유학자였지만 유교 이외에 불교나 노장사상, 그리고 심지어는 풍수지리설까지도 아무 모순 없이 종합하여 이해하고 있었다. 특히, 유교와 불교의 조화에 노력한 면이 <난랑비서문>(鸞郎碑序文)을 비롯한 그의 글 여러 곳에서 나타나고 있다.

최치원은 변혁이 요구되는 시기에 중앙의 진골귀족들의 독점적인 지배체제와 그들의 고대적인 사유방식에 반발하였다. 그러나 말년에 와서 소극적이고 은둔적인 생활에 들어감으로써 시대적인 제약성을 극복하지 못한 면을 보였다.

'題伽倻山讀書堂'

狂奔疊石吼重巒 미친 듯 바위 위를 내달으며 산을 울리는 물소리에
人語難分咫尺間 사람의 이야기는 지척에서도 알아듣기 어렵다.
常恐是非聲到耳 옳다 그르단 세상 시비소리 귀에 들릴까봐
故敎流水盡籠山 흐르는 물을 시켜 온 산을 감쌌다.

–가야산 해인사로 가는 길 옆 바위에 새겨진 최치원의 시

3. 고려사회의 교육

1) 고려의 국가정책

고려(918~1392)는 후삼국의 분열상을 극복하고 민족의 재통일을 이루었다(936). 고려 왕조는 건국 초부터 중앙집권화정책(中央集權化政策), 숭불정책(崇佛政策), 북진정책(北進政策) 등을 추진하였다.

중앙집권화정책은 왕권을 강화하고 안정시키기 위한 것이었다. 고려의 제4대 왕 광종은 956년에 <노비안검법>(奴婢按檢法)을 실시하여 노비를 해방시킴으로써 권문호족들의 정치적, 경제적 기반을 약화시켰다. 958년에는 과거제도(科擧制度)를 실시하여 건국 초기의 훈신(勳臣)과 호족(豪族) 세력을 대신할 새로운 귀족 관료층을 형성하기 시작하였으며, 960년에는 백관(百官)의 공복(公服)을 제정함으로써 새로운 정치 질서를 형성하였다.

숭불정책은 민심을 안정시키고 왕조를 발전시키기 위한 것이었다. 불교는 삼국시대부터 민족의 종교로서 문화의 기층을 형성하고 있었다. 고려의 태조와 그의 건국을 지지한 호족들도 대부분 구산선문(九山禪門)에 속한 불교 신자들이었다. 고려는 건국 초부터 불교를 각별히 보호하여 호국의 종교로 발전시켰으며, 불교의 지원을 받아 왕권을 강화하고 민심을 안정시켰다. 과거(科擧)에도 승과(僧科)를 두어 급제자들에게 법계(法階)를 부여했으며,[10] 고승으로 하여금 국가와 왕실의 고문역할을 담당케 하는 왕사(王師), 국사(國師) 제도를 두었다.

북진정책은 고구려의 옛 땅을 되찾기 위한 것이었다. 이 정책은 대외관계

---

10) 승과에 급제하면서부터 부여되는 법계의 승진 순서는 다음과 같다.
교종 : 대선 → 대덕 → 대사 → 중대사 → 삼중대사 → 수좌 → 능통 → 왕사 · 국사
선종 : 대선 → 대덕 → 대사 → 중대사 → 삼중대사 → 선사 → 대선사 → 왕사 · 국사

에 반영되어 북방민족들과 계속적으로 대립하게 되었다. 고려는 한족인 송(宋)과는 친선관계를 유지한 반면에, 북방민족인 거란족(遼), 여진족(金), 몽고족(元) 등에 대해서는 대립정책을 견지하였다. 이런 정책은 북방민족들이 강성해져서 송을 압박하면서부터 심각한 문제가 되었다. 고려는 수차에 걸쳐 이들 북방민족들의 침입을 받았으며, 이들과의 잦은 전쟁으로 말미암아 교육을 융성시키기 어려웠다.

한편, 유교는 치국(治國)의 도(道)로서 국초부터 통치기구가 정비되어 가면서 장려되었다. 태조는 관리를 양성하기 위하여 학교를 창설하였으며, 광종은 과거제도를 도입하여 유교적 소양을 갖춘 문신관료들을 등용하였다. 그리고 성종은 유교정치를 실시하기 위하여 지방 호족의 자제들을 개경의 학교에서 교육시키고 과거를 통해 관리로 채용하였다. 뿐만 아니라, 개경에 국자감(國子監)을 설치하고 전국 12목에 권학관(勸學官)을 파견하는 등 숭유정책(崇儒政策)을 추진하였다.

실제로 고려시대에는 상당한 기간 동안 유교와 불교가 큰 마찰 없이 공존하였다. 고려인들은 불교의 정신으로 일상적인 생활을 가다듬으면서도, 정치적으로는 유교의 이념을 따랐다. 그리하여 서민들의 일상적인 생활 속에서는 불교의 영향이 지대했던 반면, 정치 지도자를 양성하는 학교교육은 유교의 이념에 따라 이루어졌다. 그러나 묘청의 난(1135) 이후부터 불교는 점차 약화되고 유교는 정교(政教)의 이념으로 더욱 강화되었다. 고려 말기에는 원(元)으로부터 유입된 성리학(性理學)이 보급되면서, 신흥 사대부들을 중심으로 불교를 배척하고 유교를 숭상하는 새로운 풍조가 확산되었다.

2) 고려의 교육제도

학교는 국가의 운영에 필요한 관리를 양성하는 데 매우 중요한 기능을 하였다. 고려의 학교 제도는 건국 초기부터 중기와 말기에 이르기까지 점차적으로 형성되어 갔다. 관학(官學)으로는 중앙에 국자감과 동서학당(후에 오부학당으로 확장됨)이 있었고, 지방 여러 곳에 향교가 있었다. 그리고 사학

(私學)으로는 중앙에 십이도와 지방에 서당이 있었다.

(1) 관학(官學)

① 초기의 교육

고려의 건국초기에는 신라의 제도를 계승하고 있었다. 고려의 교육제도가 어느 정도 확립된 것은 6대 성종 때부터였다. 성종은 즉위한 해(982)에 최승로(崔承老)가 올린 <시무 28조>(時務 28條)를 채택하여, 유교의 정치이념에 맞는 체제를 갖추기 위해 국정 전반에 걸쳐 대개혁을 단행하였다. 그 중 교육에 관계된 것으로는 유경습업제도(留京習業制度)와 권학관제도(勸學官制度)가 있다. 유경습업제도는 성종 2년(983)에 지방 향리의 자제들을 개경으로 불러 학업을 닦도록 한 제도이다. 권학관제도는 성종 6년(987)에 전국 12목에 경학박사(經學博士)와 의학박사(醫學博士) 각 1명씩을 파견하여 지방의 자제를 교육한 제도이다. 성종 11년(992)에는 고려의 최고 교육기관인 국자감을 설치하여 유교적인 교양을 갖춘 인재들을 길러내었다.

≪고려사≫에는 "태조 13년에 왕이 서경(西京 : 평양)에 행차하여 학교를 창립하고 수재(秀才 : 과거에 급제하지 못한 자) 정악(廷顎)을 서학박사(書學博士)로 임명하였다. 또 별도로 학원을 창립하여 육부(六部 : 吏部, 兵部, 戶部, 刑部, 禮部, 工部)의 생도를 모아 교수하였다. 왕은 그 후 흥학(興學)하고 있다는 말을 듣고 채백(綵帛 : 비단)을 하사하고, 겸하여 의(醫)·복(卜) 이업(二業)을 두고, 또 창곡(倉穀) 백석을 하사하여 학보(學寶)를 삼게 하였다."는 기록이 있다. 이로써 초기의 학교로는 '서경에 세운 학교'(西京學校)와 '별도로 창립한 학원'(別創學院)이 있음을 알 수 있다. '서경에 세운 학교'는 서학박사가 파견되었다는 점과, 당시 서경이 그다지 번영하지 못했을 것이라는 점에 비추어 고등한 수준의 교육은 아니었을 것으로 추정된다(이만규, 1947). 그리고 '별도로 설립한 학원'은 중앙 행정부인 육부의 관리가 될 인재를 양성한 곳이므로, 국도인 개경에 설치한 것으로 추정된다(한기언, 1963).

② 국자감(國子監)

국자감은 국가의 운영에 필요한 관리를 양성하기 위해 국가에서 설치한 고려 최고의 교육기관이다. 국자감의 설치에 대해서, ≪고려사≫에는 성종 11년에 "왕이 학교를 세우라는 교서를 내리고, 유사(有司)에게 승지(勝地)를 얻게 하여 학사(學舍)와 서재(書齋)를 넓게 만들고, 전장(田庄)을 급여하여 학자(學資)를 충당케 함으로써 국자감이 창립되었다."고 기록되어 있다. 그러나 이미 성종 8년에 '국학'(國學)의 부실한 교육실태를 지적하는 글이 있는 것으로 보아, 국자감이 창설되기 전에도 대학 교육이 시행되어 왔다고 보아야 한다.

초기의 국자감은 거란과 여진의 침입 등 외환으로 인하여 크게 발전하지 못하였다. 또한 국가 재정이 부족하여 교육재정을 충분히 확보하기도 어려웠다. 그리하여 국자감의 교육은 문종과 숙종 때까지 계속 부진했던 것으로 생각된다.

국자감은 16대 예종(睿宗)과 17대 인종(仁宗) 때에 새롭게 발전하기 시작하였다. 예종 4년(1109)에는 국자감의 교과목을 7개의 재(齋)로 나누어서 가르쳤다. 칠재(七齋)는 여택재(麗澤齋 : 周易 공부), 대빙재(待聘齋 : 尙書), 경덕재(經德齋 : 毛詩), 구인재(求仁齋 : 周禮), 복응재(服膺齋 : 載禮), 양정재(養正齋 : 春秋), 강예재(講藝齋 : 武學)이다. 여기서 강예재를 제외한 나머지 6재는 모두 유학(儒學)을 공부하는 재이다. 강예재는 무학(武學)을 익히는 곳으로서, 국가의 최고 교육기관에 무인 양성 체제를 갖춘 것은 매우 특기할 만한 일이다.[11] 예종 14년에는 국자감에 양현고(養賢庫)를 설치하여 교육에 필요한 재정을 확보하게 되었다.

국자감의 학제가 완비된 것은 인종 대에 와서이다. 인종은 식목도감(式目

11) 예종은 국자감에 무학을 설치함으로써 문(文) 중심 체제를 문무(文武) 양학 체제로 전환하고자 했다. 당시 고려로서는 세 차례에 걸친 거란족의 침입을 이겨냈으며, 다시 여진족과의 전쟁에 대비하여 우수한 무관을 양성할 필요가 있었다. 그러나 문치주의를 고수하려는 문신들의 반대로 인해, 강예재는 개설된 지 24년 만인 인종 11년에 폐지되고 말았다(민병하 1992 : 79-81).

都監)에 명하여 국자감의 학식(學式)을 상세하게 규정하게 하였다.[12] 그 학식에 규정된 국학의 교육제도를 정리하면 다음과 같다.

국자감의 편제는 유학계의 3학과 기술계의 3학으로 구성되었다. 유학계의 3학은 국자학(國子學), 태학(太學), 사문학(四門學)이고, 기술계의 3학은 율학(律學), 서학(書學), 산학(算學)이다.

입학자격은 각 학에 따라서 차이가 있었다. 국자학에는 문무관(文武官) 3품 이상의 자손, 훈관(勳官) 2품 대현공(帶縣公) 이상 또는 경관(京官) 4품 대(帶) 3품 이상 봉훈자(封勳者)의 아들을 입학하게 했다. 태학에는 문무관 5품 이상의 자손과 정종 3품의 증손 또는 훈관 3품 이상의 유봉자(有封者)의 아들을 입학하게 했다. 사문학에는 훈관 3품 이상 및 무봉(無封) 4품 이상의 자손과 유봉 및 문무관 7품 이상의 아들을 입학하게 했다. 그리고 서학, 율학, 산학은 문무관 8품 이상의 아들 또는 서민의 자제 및 7품 이상의 아들로서 특별히 원하는 자를 입학하게 했다. 이러한 신분상의 차등은 고려 귀족사회의 성격을 반영하고 있다.

국자감의 학생 정원과 교육 연한은 시대에 따라 차이가 있었던 것으로 보이나, 인종 때의 학식에서는 유학계의 3학에 각 300명으로 정하였다. 그러나 입학 정원은 항시 미달 상태로서, 유학계의 3학은 대개 60~70명 정도의 학생이 재학했던 것으로 추정되며, 기술계 3학도 그 정도였던 것으로 생각된다. 국자감의 재학 연한은 유학계 9년, 기술계 6년으로 규정되어 있었다.

국자감의 교육 내용은 유학의 3학에는 공통 필수과목인 효경(孝經)과 논어(論語)가 있었으며, 일종의 전공 선택과목으로 주역(周易), 상서(尙書), 주례(周禮), 예기(禮記), 의례(儀禮), 모시(毛詩), 춘추좌씨전(春秋左氏傳), 공양전(公羊傳), 곡량전(穀梁傳) 등 구경(九經)이 있었다. 또한 교양과목으로 산술(算術)과 시무책(時務策)을 익히게 했으며, 여가에는 매일 습자(習字)를

12) 식목도감은 법제(法制)와 격식(格式) 문제를 협의·결정하는 회의기관으로 고관들이 참여하였다. 학식은 학교의 격식으로서, 지금의 교육법(敎育法) 또는 학칙(學則)에 해당한다. 그 전문(全文)이 ≪고려사≫ 선거지 학교조에 실려 있다.

한 장씩 쓰게 했다. 이에 추가로 국어(國語), 설문(說問), 자림(字林), 삼창(三倉), 이아(爾雅)를 학습하게 했다.[13]

> 당(唐)에서는 경서(經書)를 분량에 따라 대경(大經 : 예기, 좌씨전), 중경(中經 : 모시, 주례, 의례), 소경(小經 : 주역, 상서, 공양전, 곡량전)으로 나누었다. 고려에서도 이를 준용하였으나, 주역을 중경으로 취급한 점이 다르다. 국자감에서는 논어와 효경을 선수과목으로 먼저 읽고, 이어서 전공과목으로 소경(상서, 공양전, 곡량전), 중경(주역, 모시, 주례, 의례), 대경(예기, 좌씨전)을 순서에 따라 읽었다(민병하, 1992 : 75).

교과의 운영은 박사와 조교가 각기 경서를 분담하여 가르치되 하나의 경서를 다 가르치면 종강(終講)하도록 하고, 종강하지 못한 자는 개업(改業 : 새 책을 읽기 시작함)하지 못하게 했다. 철저한 정독(精讀)을 기본으로 했다. 연말에 계강(計講)을 해서 박사와 조교가 고과(考課 : 학생의 학업성취의 정도를 조사함)하게 하였다.

기술계의 교과는, 율학에서는 율학박사가 율령(律令)을 가르치고, 서학에서는 서학박사가 팔서(八書 : 古文, 大篆, 小篆, 八分, 隷書, 楷書, 行書, 草書)를 가르치고, 산학에서는 산학박사가 산술(算術)을 가르쳤다.

국자감은 무신난(의종 24년, 1170)과 몽고의 침략(고종 18년, 1231부터

---

13) 국어(國語)는 주(周)의 좌구명(左丘明)이 편찬한 역사책으로 진(晉), 초(楚)를 비롯한 8개 제후국의 역사가 기록되어 있다. 설문(說文)은 후한(後漢)의 허신(許愼)이 지은 한자 해설서로서 설문해자(說文解字)로 널리 알려져 있다. 한자 하나하나의 성립과정과 본래의 뜻이 풀이되어 있다. 자림(字林)은 남송(南宋)의 여심(呂沈)이 편찬한 책으로서 문자의 훈고(訓詁)를 기술한 것이다. 삼창(三倉)은 한대(漢代)의 사전(辭典)이다. 이아(爾雅)는 13경 중의 하나로서 가장 오래된 문자 해설서이다. 국자감에서는 이 책들로써 한문자를 원숙하게 사용하도록 했던 것으로 생각된다.

약 30년간)으로 몹시 피폐되었으나, 고려 말에 안향(安珦)이 원(元)에서 주자학(朱子學)을 도입하면서부터 새롭게 발전하기 시작했다. 안향은 주자학을 보급하기 위해 국자감을 부흥시키려 했다. 그는 국학의 교육재정을 확보하기 위해 섬학전(贍學錢)을 설치할 것을 주장하고 이를 추진하였다. 또한 원에서 선성(先聖) 70인의 상(像)과 제기(祭器), 악기(樂器), 육경(六經), 제자(諸子), 사(史) 등의 물품과 책들을 구입하여 국학의 내용을 충실하게 하였다. 그리고 경학(經學)과 사학(史學)을 중시하여 이를 가르칠 유능한 교수를 확보하기 위하여 경사교수도감(經史敎授都監)을 설치하였다.

국자감에 있던 기술계 3학은 공양왕 원년(1389)에 기술학의 10학이 설치되면서 국자감(이 때의 명칭은 성균관임[14])으로부터 분리되어 해당 관청에서 교육하게 되었다(민병하, 1992 : 98-99). 그리하여 국자감은 유학전문 교육기관이 되어 조선시대의 성균관으로 계승되었다.

그리고 국자감에는 신라의 국학과 마찬가지로 문묘(文廟)를 두어 공자와 10철(哲) 및 72제자를 배향하였다. 우리나라의 유학자로는 현종 11년(1020)에 최치원을, 그 2년 뒤에는 설총을 배향하였다.

③ 향교(鄕校)

향교는 지방의 교육을 위하여 국가에서 설치한 교육기관이다. 고려의 건국 초기에는 신라 말의 지방 교육을 그대로 계승하고 있었다. 광종 때 과거제가 실시된 이후, 과거를 통하여 관직에 진출한 자들 중에는 지방 교육을 통해 함양된 향공 진사(鄕貢 進士)가 대부분이었다. 이 같은 현상은 중앙에 국자감이 설립된 성종 초기까지 계속되고 있었다. 성종은 유경습업제도와 권학관제도를 통해, 그 때까지 향호(鄕豪)들이 운영해 오던 지방의 학교들을 중앙 통제 하에 둠으로써, 중앙집권적 교육체제를 확립하려 하였다.

향교가 언제 처음 창설되었는지에 관해서는 몇 가지 설이 있지만, 일반적

14) 국자감의 명칭은 고려 말에 여러 번 바뀌었다. 25대 충렬왕 때 국학, 26대 충선왕 때 성균관, 31대 공민왕 때 국자감으로 바꿨다가 다시 성균관으로 바꿨다. 태학(太學), 반궁(泮宮), 현관(賢關)으로 불리기도 한다.

으로 인종 5년(1127)에 왕이 "제주(諸州)에 학교를 건립하여 널리 교도하라"는 조서(詔書)를 내린 것을 그 기원으로 본다.

향교는 지방의 교육기관으로 유학의 전파와 지방민의 교화에 목적이 있었다. 향교에는 공자 등 선성(先聖)을 향사(享祀)하는 문묘(文廟)와 이를 중심으로 강학(講學)하는 명륜당(明倫堂)이 있었다. 고려 말의 유학자 이곡(李穀)이 "본국 향교의 제(制)는 묘학(廟學)이 동궁(同宮)이라"(고려사)고 한 것은 향교에 문묘와 명륜당이 설치되어 제사와 교육의 기능이 함께 이루어졌음을 말해 준다.

향교의 입학 자격은 국자감의 율·서·산학의 경우와 마찬가지로 문무관 8품 이상의 아들과 서인(庶人)들이었던 것으로 추정된다. 교육내용은 유교 중심적이었으며, 문묘에서의 제사를 통해 선성선현(先聖先賢)을 추모하고 인격을 도야하도록 했다. 향교가 각 지방에 세워짐에 따라 지방교육과 유학이 발달하였다.

≪고려시대에 설립된 향교들≫

여주향교 (명종 26년, 1196)
공주향교 (충렬왕 27년 이전, 1301)
강릉향교 (충선왕 5년, 1313)
제천향교 (충숙왕 17년 이전, 1330)
양양향교 (충숙왕 17년, 1330)
김해향교 (충숙왕 2년 이전, 1334)
영해향교 (충목왕 2년 이전, 1346)
남원향교 (공민왕 8년 이전, 1359)
영주향교 (공민왕 20년 이전, 1371)
용담향교 (공양왕 이전)
통주향교 (공양왕 1년 이전, 1389)

④ 학당(學堂)

학당은 고려 후기에 국가에서 설립한 중등 수준의 학교이다. 학당은 몽고와의 전쟁으로 인해 수도를 임시로 강화도로 옮긴 때에 처음 설치되었다. ≪고려사≫에는 고려 24대 원종 2년(1261)에 동서학당(東西學堂)을 두고 별감을 보내서 교학교도(敎學敎導)하였다는 기록이 있다[15]. 그 후 고려가 개경으로 환도한 직후인 원종 13년(1272)에 다시 개경에 동서학당을 두어 김궤(金軌)와 문준(文準)을 별감으로 삼아 교육하였다는 기록이 있다(고려사절요). 이로써 학당은 원종 대에 처음으로 국도(國都)의 동서(東西) 두 곳에 설치되었다고 볼 수 있다.

동서학당은 후에 오부학당(五部學堂)으로 확대되었다.[16] 고려 말 공양왕 2년(1390)에 정몽주(鄭夢周)가 성균관(成均館, 국자감의 명칭이 이것으로 바뀌었음)의 대사성(大司成, 오늘날 대학 총장)으로 재임하면서 흥학을 위하여 기존의 동서학당을 오부학당으로 확대하였다. ≪고려사≫정몽주전에 "안으로 오부학당을 수립하고 밖으로 향교를 설치하여, 이로써 유술(儒術)을 진흥시키라."는 조서를 내렸다는 기록이 있다. 이를 통해 학당은 오부학당으로 확대되었으며, 지방의 향교와 비슷한 수준의 교육을 실시했을 것으로 추정할 수 있다.

학당은 문묘를 설치하지 않았다. ≪고려사≫에서 문묘에 대한 기사는 국자감과 향학에는 있지만, 학당에서는 찾아볼 수 없다. 고려의 학당을 계승한 것으로 볼 수 있는 조선시대에 사학(四學)에도 문묘는 설치되지 않았다.

(2) 사학(私學)

① 십이도(十二徒)

고려 중기에 들어와 고등교육 수준의 사립학교들이 개경에 설치되기 시작하였다. 이 학교들은 모두 12개가 되므로 일반적으로 '사학 십이도'라 부른다.

---

15) 고려사 권 74 학교고.

16) 오부학당은 동(東)·서(西)·남(南)·중(中)·북부(北部)의 학당을 말한다. 이 중 북부학당이 설치되기 전에 조선이 개국하였고, 조선시대에는 결국 사부학당(四部學堂) 제도로 정착되었다.

십이도는 관학인 국자감의 교육이 부진하자 문하시중(門下侍中)을 지낸 최충(崔冲)이 학교를 열어 학생들을 교육한 데서 비롯된다. 최충은 목종 때부터 문종 때까지 5대에 걸쳐서 관직을 역임한 학자로서, 문종 7년(1053)에 72세로 관직을 물러난 후에 사학을 설치하여 운영하였다.

최충은 자기의 집에 학도를 모아 구재학당(九齋學堂)을 열고, 구경(九經), 삼사(三史), 제술(製述)을 가르쳤다. 구재학당은 학반(學班)을 구재(九齋)로 나누어 교육한데서 나온 이름이다. 구재는 유학경전을 단위로 하여 구성한 것으로서, 그 이름을 악성(樂聖), 대중(大中), 성명(誠明), 경업(敬業), 조도(造道), 솔성(率性), 진덕(進德), 대화(大和), 대빙(待聘)이라 하였다. 이 이름들은 주로 주역과 중용에 나오는 것으로서, 인간의 타고난 심성을 존양하고 도덕적 실천에 힘쓸 것을 강조하고 있다. 구재학당은 최충이 사망한 후에 그의 시호(諡號 : 文憲公)를 따라서 문헌공도(文憲公徒)로, 또는 그의 관명(官名)을 붙여서 시중 최공도(侍中 崔公徒)로 불리기도 했다.

최공도의 교육성과가 널리 알려지자, 많은 유학자들이 이를 본받아 유사한 학교들을 설립했다. 당대의 정치적인 세력을 가지고 있는 유학자가 운영하는 사학은 날로 흥하여 12개교로 발전하였다. 이들은 각각 하나의 학벌을 이루었고, 나라가 정치적인 세력을 형성하였다.

십이도는 개인이 설립하였으나 국가에서 감독했다. 인종 11년(1133)에는 각도(各徒)의 학생이 소속된 문도에서 이탈하여 다른 문도로 옮기면 동당감시(東堂監試)[17]에 응시할 자격을 박탈하여, 함부로 타도로 전학할 수 없게 하였다. 국가는 십이도를 중시하고, 과거의 응시 자격과 국자감(성균관) 입학 규정 등을 강화하여 사학을 관리하였다.

십이도의 교육목적은 인격 완성과 과거(科擧) 준비에 있었다. 십이도의

---

17) 동당감시는 고려 과거제도의 최종 시험으로 예부시(禮部試)라고 한다. 1차 시험은 초시(初試)로서 서울에서 합격한 자를 상공(上貢), 지방에서 합격한 자를 향공(鄕貢), 외국인 합격자를 빈공(賓貢)이라 한다. 2차 시험은 국자감에서 행하는 국자감시(國子監試)이다. 1차와 2차 시험에 모두 합격한 자가 3차 시험인 동당감시에 응시하며, 여기서 합격한 자가 관직으로 진출한다.

학생들은 성인(聖人)의 도를 배움으로써 인격을 도야하고자 하였다. 그리고 당시에는 과거를 통하여 인재를 등용하였으므로 학도들은 과거를 준비하기 위하여 십이도에 입학하였다. 최충도 이러한 사회적 풍조를 따라서 과거에 필요한 사장(詞章 : 詩歌와 文章)의 학문을 교육했던 것으로 생각된다.

사학 십이도와 설립자	
십 이 도	설 립 자
문헌공도(文憲公徒)	시중 최충(侍中 崔沖)
홍문공도(弘文公徒)	시중 정배걸(侍中 鄭倍傑)
광헌공도(匡憲公徒)	참정 노단(參政 盧旦)
남산도(南山徒)	복사 김상빈(僕射 金尙賓)
서원도(西園徒)	제주 김무대(祭酒 金無帶)
문충공도(文忠公徒)	시중 은정(侍中 殷鼎)
양신공도(良愼公徒)	평장 김의진(平章 金義珍)
정경공도(貞敬公徒)	평장 황영(平章 黃瑩)
충평공도(忠平公徒)	유감(柳監)
정헌공도(貞憲公徒)	시중 문정(侍中 文正)
서시랑도(徐侍郞徒)	시랑 서석(侍郞 徐碩)
귀산도(龜山徒)	미상(未詳)

십이도의 교육내용은 유교의 경서(經書)들과 삼사(三史 : 史記, 漢書, 後漢書)를 익히고 시문(詩文)을 짓는 것이었다. 경서는 구경(九經 : 周易, 尙書, 毛詩, 禮記, 周禮, 儀禮, 春秋左氏傳, 公羊傳, 穀梁傳)을 구재(九齋)로 나누어 가르쳤다. 시를 짓고 문장을 작성하는 것은, 당시의 풍조가 사장(詞章)을 중요하게 여겼으므로, 매우 중요한 교육내용이었을 것으로 생각된다.

십이도는 하과(夏課), 각촉부시(刻燭賦詩), 신급제자(新及第者)의 교관 등용 등을 통해 학습의 효과를 증대시켰다. 하과는 여름철에 숲 속의 시원한 사찰(寺刹)에 들어가 공부하는 것이다. 각촉부시는 초에 금을 그어놓고 불을 붙인 다음 그 금까지 타들어 갈 때까지 부과된 시를 짓도록 하는 교육방법이다. 그리고 과거에 급제한 사람을 관리로 등용되기 전에 십이도의 교관으로 채용한 것은 학생들에게 용기를 주고 과거를 준비하는 데 도움을 주기 위한 것이라 할 수 있다.

십이도는 국자감의 교육이 부진하던 때에 효과적으로 과거준비 교육을 실시함으로써 크게 발전할 수 있었다. 십이도의 설립자들은 대개 과거 출신자들이었으며, 당대의 권위 있는 학문의 지도자로서, 과거를 주관하는 지공거(知貢擧)의 경험을 가진 자들이었다. 십이도는 조직적인 운영 방식을 통해 지속적으로 발전할 수 있었다. 십이도는 사제간의 결속을 통하여 전통적인 학벌을 형성하였고, 많은 과거 급제자를 배출하였다. 이로써 십이도의 설립자와 그 후계자들은 뛰어난 학식과 명망을 견지하였다.

십이도의 교육 수준은 국자감의 교육에 비하여 미달되는 수준은 아니었던 것 같다. 다만 고려의 과거 제도에서 십이도 출신도 국자감시(國子監試)를 거치게 되어 있으므로, 국학의 제약을 받게 되었다. 그러나 충숙왕 때에는 사학의 구재삭시(九齋朔試)로써 감시(監試)를 대체하였다. 충렬왕 이후에 안향 등 원에 유학을 다녀온 명망이 있는 학자들이 국학에서 교육을 하던 시기에도, 십이도는 그 교육적 명망을 유지하고 있었다. 공민왕 24년(1354)에 이색(李穡)이 "향교와 학당의 생도를 고사(考査)하여 십이도에 올리고, 십이도의 학생을 고사하여 성균관으로 올리자"(고려사절요)고 주장한 것은 십이도를 제도적으로 국학의 하급 학교로 낮추려 한 구상이었던 것으로 보인다. 그러나 십이도가 국자감의 예비학교의 성격을 가지지는 않았던 것으로 생각된다.

문종 7년(1053)에 처음으로 설립된 십이도는 공양왕 3년(1391)에 혁파될 때까지 340년간이나 존속하였다. 십이도는 개인이 설립한 교육기관이었지만 국가에서도 상당한 관심을 기울였다. 십이도는 국자감과 향교가 부진하고 학당이 출현하기 전인, 고려 중기에 설립되어 고려 말에 이르기까지 유학교육의 발전에 지대한 공헌을 하였다.

② 서당(書堂)

서당은 일반 마을에 설치된 자생적인 사설 교육기관이다. 이러한 성격으로 인하여 일부에서는 서당의 기원을 고구려의 경당에서 찾기도 하나, 그 주장을 뒷받침할 만한 확실한 근거는 없다.

고려의 서당에 관한 기록은 한국 전통사회의 역사서에서는 찾아볼 수 없다. 다만 서당의 존재를 추측할 수 있는 기록을 일부 발견할 수 있을 뿐이다. 비교적 분명한 기록은 인종 2년(1124)에 송(宋)의 사신의 수행자인 서긍(徐兢)이 저술한 ≪고려도경≫(高麗圖經)에서 발견할 수 있다. 고려도경에는 "마을 거리에는 경관(經館)과 서사(書社)가 두세 개 서로 마주보고 있고, 민간의 미혼자제가 무리를 이루어 선생에게 경서를 배우며, 좀더 성장하면 저희들끼리 벗을 택하여 절간(寺觀)으로 가서 강습하고, 아래로 서인이나 아주 어린 아이까지도 역시 향선생(鄕先生)에게 가서 배운다."라고 기록되어 있다. 이것을 통해 고려의 서당은 전국 각지에 설치되어 있었고, 미혼의 젊은이들이 대중적으로 서당에서 교육을 받았으며, 한 단계의 교육이 끝나면 다음 단계의 교육을 받았음을 알 수 있다.

고려시대의 서당에 대해서는 기록이 거의 없기 때문에 상술하기 어렵다. 대체로 초등 수준의 교육이 행해졌다고 볼 수 있다. 고려의 서당은 조선의 서당과 매우 비슷했을 것으로 생각된다.

3) 과거제도와 교육

과거제도는 시험을 통하여 국가에 필요한 관리를 선발하는 제도이다. 과거제도가 중국에서 처음 실시된 것은 587년이다. 수(隋)의 문제(文帝)가 중국을 통일한 후에 귀족세력을 제압하고 중앙집권적인 관료체제를 확립하기 위하여 과거제도를 처음 도입했다. 이어 당에서 과거제도를 계승하여 발전시켰다.

우리나라에서는 고려 4대 왕인 광종 9년(958)에 과거가 처음 실시되었다. 광종은 건국초기에 귀족세력을 제어하고 왕권을 확립하기 위한 정책의 일환으로 과거제도를 도입하였다. 이러한 개혁정책은 광종 7년(956)에 노비안검법(奴婢按檢法)을 실시하여 노비를 해방하고 호족세력을 약화시킨 것, 그리고 광종 11년(960)에 백관(百官)의 공복(公服)을 제정하고 왕권에 도전할 위험이 있는 호족을 숙청한 것과 맥을 같이 한다. 과거제도는 역대의 훈신(勳臣)과 공신(功臣) 및 세가(勢家)를 대체할 수 있는 새로운 관료층을 형성하여, 왕권을 강화하기 위한 국가적 개혁정책이었다. 과거는 6대 성종 대에 학교제도가 정비되고 관료의 선발이 활발해지면서 더욱 많은 사람들의 관심을 끌게 되었다. 그리하여 고려사회는 문치주의의 정치노선과 중앙집권적인 관리등용 방법을 확립하게 되었다.

과거제도가 발달하면서 차츰 예비시험들이 생겨나게 되었다. 현종 15년(1024)부터 실시된 계수관시(界首官試)와 개경시(開京試), 덕종이 즉위한 해(1031)부터 실시된 국자감시(國子監試)가 그것이다. 계수관시는 지방의 응시자들이 과거의 본시험인 예부시(禮部試)를 치기 위해 거쳐야 하는 향시(鄕試)로서, 중앙의 개경시와 함께 과거의 1차 예비시험이다. 국자감시는 성균시(成均試) 또는 남성시(南省試)라고도 부르며, 국자감의 입학시험 겸 과거의 2차 예비시험의 성격을 갖는다.[18] 국자감시는 조선시대의 소과(小科)인 진사시(進士試)에 해당하며, 감시(監試)의 시초이다. 이 외에도 의종이 즉위되던 해(1147)에는 국자감의 국자학, 태학, 사문학 유생들을 시험하여 7재(齋)에 올리는 승보시(升補試)가 실시되었다. 이것은 조선시대의 소과인 생원시(生員試)의 시초이다.

고려의 과거제도는 1차 시험인 계수관시와 개경시, 2차 시험인 국자감시와 승보시, 마지막 3차 시험인 예부시(禮部試 또는 東堂試)의 3층 구조로 되어 있었다. 이 중 2차 시험인 국자감시와 승보시에 합격한 사람은 국자감에서 일정기간 동안 수학해야만 마지막 시험인 예부시에 응시할 수 있었으므로, 과거제도와 학교제도는 밀접한 관련을 맺게 되었다. 과거제도로 인하여, 학교들은 학문연구와 인격도야보다는 현실적으로 과거에 급제하는 것을 더 중요하게 여기게 되었다. 그리하여 과거의 시험과목과 학교의 교육내용이 동일해지는 현상이 나타났다. 특히 고려시대는 과거시험이 경학보다는 문예

18) 이성무(1994). 한국의 과거제도. 서울, 집문당.

중심으로 흘러, 학문 자체에 대한 관심보다는 문예의 형식과 기법을 익히는 데 치중하게 되었다.

과거의 종류는 제술업(製述業), 명경업(明經業), 잡과(雜科)로 대별할 수 있다. 제술업은 시와 문장을 작성하는 능력을 시험하는 것이다. 고사과목은 경의(經義), 시(詩), 부(賦), 송(頌), 시무책(時務策), 논(論) 등이었다. 명경업은 경서(經書)의 뜻을 해석하는 능력을 알아보는 시험이다. 고사과목은 상서(尙書), 주역(周易), 모시(毛詩), 춘추(春秋), 예기(禮記) 등이다. 제술업과 명경업은 문신 관료를 선발하는 양대업(兩大業)이었다. 고려시대에는 양대업에서도 제술업을 더 중시하였다. 이것은 당시 귀족들이 경학(經學)보다 문예(文藝)를 더 숭상하던 풍조를 보여 준다.

잡과는 초기에는 의업(醫業)과 복업(卜業)이 있었으며, 그 후에 명법업(明法業), 명산업(明算業), 명서업(明書業), 지리업(地理業) 등이 생겼다. 잡과의 합격자들은 전문 기술직에 등용되었다. 그리고 승(僧)에게 법계(法階)를 주기 위한 승과(僧科)가 있었다. 조선왕조의 무신(武臣) 등용문에 해당하는 무과시(武科試)는 고려왕조 동안 실시되지 않았다.

과거시험에는 제한된 일부 계층 외에는 누구나 응시할 수 있었다. 과거에 응시할 자격이 없는 계층은 오역(五逆), 오적(五賊), 불충(不忠), 불효(不孝) 등을 저지른 사람과, 천민인 부곡(部曲), 악(樂), 잡류(雜類)의 자손이었다.

과거시험의 시기는 선종 1년(1084)에 3년에 한 번씩 실시하는 식년시(式年試)를 원칙으로 하였다. 그러나 이 원칙은 잘 지켜지지 않아서, 실제로는 매년 또는 2년이나 수년 만에 한 번씩 실시되기도 하였다.

고려의 과거제도에서 독특한 것은 좌주(座主)와 문생(門生)의 관계이다. 좌주는 과거의 시험관인 지공거(知貢擧)이고 문생은 과거에 합격한 사람이다. 좌주와 문생은 특별한 관계를 형성하여, 일생동안 부자(父子)의 예로서 결합하였다. 이로써 좌주와 문생이 문벌을 형성하게 되었다. 좌주-문생제도는 초기에 중앙정부의 관료들의 결속을 기하였으나, 그 후에는 일종의 파벌을 형성하여 정치세력화 됨으로써 사회 질서를 문란케 하는 요인이 되었다. 고려 후기에는 전시(殿試)의 실시, 좌주-문생간의 연계금지 등의 조치가

취해지기도 하였다. 그러나 좌주-문생의 연계는 조선왕조의 태종대에 와서야 완전히 없어지게 되었다.

교육사상가 탐방

(1) 지눌(知訥)

지눌(1158~1210)은 조계종의 개조(開祖)이다. 그는 황해도 서흥 출신으로 자호(自號)는 목우자(牧牛子)이다. 25세(명종 12년, 1182년)에 승과에 급제했으나 출세를 단념했다. 그는 선종과 교종 통합의 필요성을 깨닫고 정혜결사(定慧結社)를 선언하여 불교 쇄신운동을 시작했다. 43세(1200년)부터는 송광산 길상사(吉祥寺)에서 수선사(修禪社)를 창설하고 대중을 지도하면서 많은 저술을 남겼다. 그의 사후에, 고려 21대 희종은 그에게 불일보조국사(佛日普照國師)라는 시호(諡號)를 내렸다.

지눌은 불교의 분열된 여러 종파들을 통합하려 한 원효와 의천 등의 노력을 이어받아, 선종과 교종을 통합하고자 했다. 그는 선(禪)은 부처님의 마음이고 교(敎)는 부처님의 말씀이므로(禪是佛心 敎是佛語), 선과 교가 본래 하나라고 주장하였다.

지눌의 사상 가운데 특별히 교육자들의 관심을 끄는 것은 돈오점수(頓悟漸修)의 수행관이다. 지눌은 먼저 자기의 본성, 즉 불성(佛性)을 깨닫는 것이 돈오(頓悟)를 이루는 것이고, 이 깨달음에 의하여 점차 수행을 거듭하여 성인(聖人)이 되어가는 것을 점수(漸修)라고 하였다. 돈오는 순간적인 깨달음(自覺)이다. 그러나 자각이 있다고 해서 오랫동안의 습관이 일시에 고쳐지는 것은 아니므로, 계속적인 수양의 과정을 통해 자각을 인격화하고 삶 속에서 완전히 구현하도록 해야 한다. 이것을 점수(漸修)라 했다. 이것은 선종(禪宗)

과 교종(教宗)의 수양방법을 통합한 것이기도 하거니와, 연속적 교육관과 비연속적 교육관의 조화로운 통합이라고 볼 수도 있다.

(2) 안향(安珦)

안향(1243~1306)은 처음 이름은 유(裕), 호는 회헌(晦軒), 시호는 문성공(文成公)이다. 고려인으로는 처음으로 문묘(文廟)에 배향되었다. 안향은 충렬왕 11년(1285)에 원(元)의 연경에서 ≪주자전서≫(朱子全書), 공자와 주자의 상(像)을 가지고 와서 우리나라에 주자학(朱子學)을 처음으로 전하였다.[19]

그는 교육의 국가적 중요성을 인식하고 있었다. 그는 재상(宰相)의 직분은 인재를 양성하는 데 있다는 생각을 가지고, 교육 재정을 확보하기 위해 충렬왕 30년(1304)에 섬학전(贍學錢)을 설치하였다. 섬학전은 국자감의 교육재정을 충당하기 위한 일종의 장학기금이다.

안향의 교육사상은 철저히 주자학에 바탕을 두고 있다. 그는 국학생들에게 "공자의 도(道)를 학습하려면 먼저 회암(晦庵, 朱子)을 배워야 한다"(회헌연보)고 주자의 중요성을 강조했다. 그는 교육의 목적을 충(忠), 효(孝), 예(禮), 신(信), 경(敬), 성(誠)의 덕목을 갖춘 도덕적인 인간을 양성하는 데 두었으며, 이런 덕목들이 일상생활 속에서 실천되어야 한다고 했다. 반면에 그는 불교는 인륜(人倫)을 어기는 것이므로 철저히 금해야 한다고 했다.

안향은 주자학을 도입하고 국자감을 부흥시킴으로써, 우리나라의 유학(儒學)이 새로이 발전할 수 있는 기틀을 마련하였다.

19) 주자학에 해당되는 다른 이름들이 있다. 즉, 신(新) 유학, 송학(宋學), 정주학(程朱學), 성리학(性理學) 등이 있다.

(3) 이색(李穡)

이색(1328~1396)은 이곡(李穀)의 아들로 호는 목은(牧隱), 시호는 문정공(文靖公)이다. 그는 50여권의 문집을 남긴 고려 말의 대유학자로, 당대에 우리나라 제일의 문호(文豪)라는 평을 받았다.

그는 당시의 정치와 교육 등을 시정하고 개혁할 것을 주장하였다. 공민왕 4년(1354)에 그가 올린 "향교와 학당의 생도를 고사(考査)하여 십이도에 올리고, 십이도의 학생을 고사하여 성균관으로 올리자"(고려사절요)는 상소문은 그의 교육개혁 의지를 잘 보여준다. 그는 국학(國學)을 나와야만 과거에 응하고 관직에 오를 수 있도록 해야 한다고 국학의 중요성을 역설하였다.

이색의 교육사상은 성리학(性理學)에 기초를 두고 있다. 그는 우주의 법칙은 이(理)이고 만상(萬象)의 분화는 성(性)이라 하였다(목은집, 권10). 그에 따르면, 모든 것의 근원은 천(天)에 있고, 천(天)은 곧 이(理)이다. 그리고 이(理)로부터 파생하여 만상으로 분화된 것이 성(性)이다.

그는 성리학을 모든 교화(敎化)의 근원이라고 주장했다. 그는 여러 교관들이 경전을 각기 분담하여 가르치고, 강의가 끝나면 매일 서로 의의(疑義)를 토론하여, 결국에는 진의를 밝히는 데 이르러야 한다고 했다.

한편 이색은 불교의 견성(見性)과 유교의 양성(養成)을 동일한 것이라 하여 후세 유학자들의 논란의 대상이 되기도 하였다. 그는 고려 말의 대표적인 주자학자이지만 불교를 배척하지는 않았다.

(4) 정몽주(鄭夢周)

정몽주(1337~1392)는 자는 달가(達可), 호는 포은(圃隱)이며, 시호는 문충공(文忠公)이다. 중종 12년(1517)에 문묘에 배향되었으며, 개성의 숭양서원

등 13개 서원에서 제향되었다.

정몽주는 학문과 교육과 정치에서 탁월한 업적을 남겼다. 그는 성균관의 박사, 사성, 대사성을 지내며 주자학을 강의하였다. 당시 고려에 새로 들어와 학자들에게 생소한 ≪주자집주≫(朱子集註)를 유창하고 명쾌하게 강론하였으므로, 이색은 그를 우리나라 성리학의 시조라고 격찬하였다.

그는 유학을 널리 보급하여 누적되어 온 불교의 폐단을 없애고자 하였다. 그는 당시 불교 의식으로 행해지던 관혼상제도 주자가례에 따를 것을 주장하였다. 그 자신이 주자의 가례에 따라 가묘(家廟)를 세워 조상을 모셨다.

그는 수도인 개경에 오부학당을 세우고, 지방에는 향교를 세워 유학을 진흥시키려 했다. 그는 일상생활에서 유학의 도를 실천하며 사는 인간을 양성하고자 했다. 그가 제시한 교육내용은 유학의 경서들이다. 그에 따르면, 대학과 중용을 통해 명도(明道)와 전도(傳道)의 요지를 얻고, 논어와 맹자를 통해 지조를 지키고 함양하는 요령과 체험을 확충하는 방법을 배운다. 주역을 통해 선천적인 것과 후천적인 것이 상호 작용하는 것을 알고, 서전을 통해 정신을 집중하는 것이 왕도(王道)를 전수하는 방법임을 안다. 시전을 통해 인간의 도리와 사물의 법칙에 대한 교훈을 얻고, 춘추를 통해 도의(道誼)와 공리(公利)를 분별할 줄 알아야 한다.

정몽주는 쓰러져가는 고려왕조를 다시 일으켜 세우려 다방면에서 노력했으나 뜻을 이루지 못했다. 그러나 고고하게 자신의 길을 간 그의 인품과 어두운 현실을 타개하려 한 그의 실천력은 600년이 지난 오늘날에도 학자의 삶의 모범이 되고 있다.

정 리

요 약

1. 초기의 교육은 부족과 개인의 생존과 안전을 목적으로 이루어졌다. 원시사회의 교육은 일상적인 생활공간에서 자연스럽고도 무의식적인 모방의 형태로 이루어졌다. 이후 문명이 점점 진보하면서 '성년식'과 같은 형태의 의식적이고 조직적인 교육이 이루어졌다.
2. 단군신화에서는 현세지향적이고 인간중심적이고 조화지향적인 세계관을 발견할 수 있다. 단군신화에서 추구되는 이상적인 인간상은 곰으로 상징되는 인내하고 극기하는 인간상이다.
3. 중국에서 유입된 유교는 국가의 기틀을 형성하는 정치이념이 되었고, 국가에서는 관리를 양성하기 위해 유교식 교육기관들, 즉 태학, 국학, 국자감 등을 만들었다. 주요 교육내용은 유교의 경전과 역사서들이었으며, 문학적 소양을 기르기 위한 활동들도 중시되었다.
4. 불교는 구원의 종교로 이 땅에 들어와 삼국과 고려시대 동안 귀족과 서민들에게 고등한 정신세계를 열어주었다. 비록 학교와 같은 형태의 교육기관을 만들어 내지는 못했지만, 다양한 방법으로 인생의 고통을 해결할 수 있는 해탈의 길을 안내했다.
5. 화랑도와 경당은 한반도에서 자생한 교육형태로서, 글과 무예를 함께 익히게 하였다. 그것은 한반도의 역사적, 지리적 조건에 잘 부합된 교육이었다. 특히 화랑도는 신라가 삼국을 통일하는 데 중요한 역할을 하였다.
6. 고려는 중앙집권체제를 갖추어 가면서 국자감과 같은 교육기관을 통해 인재를 양성했으며, 과거제도를 도입해 국가에 필요한 인재를 선발하였다. 교육을 위해 국가에서는 향교, 학당 등을 설립했으며, 민간에서는 사학 십이도, 서당 등을 설립하였다.
7. 고려 말에 주자학이 도입되면서, 국학(국자감, 후에 성균관으로 개칭)을 중심으로 경전 중심의 교육체제가 확립되었다.

연구 및 토론문제

1. 학교가 출현하기 전의 교육과 학교가 출현한 후의 교육에는 어떤 차이가 있

나?

2. 중국에서 유입된 교육양식과 한반도에서 자생한 교육양식에는 어떤 차이가 있나?
3. 과거제도가 생겨나면서 교육제도에 어떤 변화가 생겼나?
4. 불교와 유교의 관계를 생각해 보자. 고려 말에 이르기 전까지는 두 사상이 공존할 수 있었으나, 주자학(유교)이 전래된 후부터는 불교가 배척되었다. 주자학자들이 불교를 배척한 이유는 무엇인가?
5. 국가의 흥망과 교육의 관계를 생각해 보자. 건국 초기의 교육과 융성기의 교육과 망국 전의 교육에 어떤 차이가 있는가?
6. 사학 십이도의 성격을 분석해 보자. 이런 교육이 융성할 수 있었던 까닭은 무엇인가? 또 폐지된 원인은 무엇인가?

읽을거리

김부식, 삼국사기.

일연, 삼국유사.

정인지, 고려사

김영우, 피정만(1995). 최신 한국교육사연구. 서울, 교육과학사.

민병하(1992). 한국중세교육제도사연구. 서울, 성균관대학교출판부.

변태섭(1995). 한국사통론. 서울, 삼영사.

이만규(1947). 조선교육사. 서울, 을유문화사.

이성무(1994). 한국의 과거제도. 서울, 집문당.

제2장 조선사회의 교육

개 관

조선은 고려를 이어받아 비교적 안정된 통일국가 체제를 유지했다. 교육제도와 사상의 기본 틀도 고려 말기의 것을 대체로 계승했다. 무엇보다도 고려 말에 유입된 성리학은 조선의 기본적인 정치이념이 되었다. 이에 따라 성리학을 널리 보급하기 위한 교육기관들도 건국 초기부터 빠르게 정착되어 갔다. 관리를 선발하기 위한 과거제도도 더욱 확충되었다.

조선시대의 교육기관으로는 국가에서 설립한 성균관, 학당, 향교 등이 있고, 민간에서 설립한 서원, 서당 등이 있었다. 이 밖에도 국가에서는 삼강행실도나 오륜행실도 등을 배포하고, 효자문이나 열녀문 등을 세워 민중교화를 실시하기도 했다.

성리학은 조선시대의 지식인들을 사로잡은 학문이었다. 이황, 이이 등 조선의 지식인들은 성리학의 학문적인 깊이를 심화시켰을 뿐 아니라, 성리학의 이념을 철저히 삶에 적용함으로써 선비의 길을 지켜가려 했다.

조선 후기에 등장한 실학은 교육제도를 포함한 각종 제도의 개혁을 추구했다. 경세치용(經世致用), 이용후생(利用厚生), 실사구시(實事求是)로 표현되는 실학의 개혁적인 학풍에는 새로운 시대를 열려는 당시 지식인들의 의지가 담겨 있었다.

탐 색

· 조선의 지식인들을 사로잡은 성리학의 정체는 무엇인가?
· 성균관, 학당, 향교, 서원, 서당 등 각 교육기관들의 설립 목적은 무엇인가?
· 조선시대의 과거제도는 고려시대의 과거제도에 비해 무엇이 달라졌나?
· 실학은 어떤 조건 하에서 생겨났나?
· 실학자들이 주장한 새로운 교육은 이전의 것에 비해 무엇이 다른가?
· 조선시대의 위대한 교육자들의 업적을 조사해 보자.

중심개념

성리학, 예학, 실학, 소과(小科), 대과(大科), 성균관, 향교, 학당, 서원, 서당, 소학, 사서오경, 학령(學令), 수기치인, 법성현(法聖賢)

1. 교육제도와 과거제도

1) 조선사회의 성격

조선(1392~1910)은 양반(兩班) 관료체제를 구축하여 고려의 문벌귀족사회보다는 발전된 사회구조를 갖추었다. 건국초기에 태조는 고려의 제도를 계승하면서도 왕권을 강화하기 위한 부분적인 개혁을 추진하였다. 그러나 건국의 주체세력인 신흥 사대부들은 고려 말의 구세력을 밀어내는 한편, 왕권의 지나친 강화를 견제하며 문무(文武)의 양반 관료체제를 확립하였다.

조선은 성리학을 공식적인 국가이념으로 삼았다. 성리학의 이념에 따라 각종 제도를 정비하고 교육기관을 운영하였다. 조선은 성리학 이외의 다른 사상들은 금지했다. 삼국시대 이래 1천여 년 간 국가에서 보호해 온 불교도 배척했고, 노장 사상 같은 것들도 금지하였다. 조선시대 500여 년 동안 성리학 이외의 학문과 사상은 국가 차원에서 통제되거나 무시되었다. 예술이나 기술 등은 국가적 관심에서 벗어나 하위 계층의 몫으로 돌아갔다.

태조는 농상(農桑, 농사와 누에치기)을 장려하고 학문(성리학)을 진흥시키는 것을 국가의 2대 치국정책으로 채택했다. 농업은 조선의 기간산업이었다. 조선은 농본주의 정책을 유지하기 위해 토지의 사유화를 막고 상공업도 억제했다. 학문 진흥은 유교로 민풍을 순화하고 정무에 필요한 인재를 양성하기 위한 것이었다. 조선은 학문을 진흥시키는 일이 삼대(三代 : 夏殷周)의 이상적인 국가를 건설하기 위한 기초라고 보고, 교육에 많은 정성을 들였다.

조선은 철저한 신분제 사회였다. 조선의 신분제도는 양반, 중인(中人), 양인(良人), 천민(賤民)의 네 계층으로 이루어져 있었다. 왕과 양반은 최고의 지배계층이었다. 왕은 세습적이었다. 양반도 세습적이긴 하나, 과거(科擧)나 문음(門蔭) 등을 통해 관리로 진출하였다. 양반이라 하더라도 학문적인 소양이 없거나 오랫동안 관직에 진출하지 못하면, 그 신분이 낮아질 수도 있었다. 중인은 하위의 실무직과 기술직에 종사하는 사람들이었다. 양인은 국민의 대다수로서 백성, 평민, 상인(常人) 등으로 불리었다. 양인은 법제상으로는 교육도 받고 과거에도 응시할 수 있었지만, 실제로는 제약이 많아서 그렇게 하기 어려웠다. 천민은 대부분 노비(奴婢)들이었으며, 백정(白丁), 재인(才人), 무격(巫覡), 창기(娼妓) 등 천업에 종사하는 사람들도 이에 해당되었다.

≪조선 초기 사대부들이 추구한 교육적 인간상≫

1. 경전에 밝고 행실을 닦아 도와 덕을 겸비하여 사표(師表)가 될만한 자
2. 시무(時務)에 대한 식견이 있고 재능도 경제(經濟)에 합당하여 공을 세울 만한 자
3. 문장을 익히고 서찰(書札)에 공을 들여 문한(文翰)의 임무를 맡을만한 자
4. 법률과 회계에 정밀하고 행정력에 통달해 백성을 다스리는 직을 맡을 만한 자
5. 병법을 연구하고 용맹이 뛰어나 장수가 될만한 자
6. 말타기와 활쏘기를 익히고 봉술과 투석에 능해 군무(軍務)를 맡을만한 자
7. 천문, 지리, 점술, 의약 중 한 가지 기예를 전공한 자

박연호(1994). 조선 전기 사대부 교양에 관한 연구. 한국정신문화연구원 박사학위 논문.

2) 교육제도

조선시대의 학교들은 법성현(法聖賢), 즉 옛 성현을 본받는 것을 목적으로 삼았다. 본이 되는 성현으로는 요(僥), 순(舜)과 같은 임금들이 있고, 공자와 맹자 같은 학자들이 있다. 이들의 언행과 업적이 기록된 유교의 경전들은 핵심적인 교육내용이 되었다. 역사서와 문학서들도 중요하게 다루어졌다. 교육방법은 유교의 경전들을 암송하고, 성현의 언행을 본받아 실천하는 것이었다. 이를 위해 성균관 같이 중요한 교육기관에서는 유학에 공헌이 큰 유현(儒賢)들을 제향(祭享)하는 '제사기능'과 국가의 인재를 양성하는 '교육기능'

을 함께 담당했다.

유교의 경전들과 도덕의 기본 덕목들은 절대시되었다. 이것은 청렴(淸廉)과 절의(節義)를 존중하는 성숙된 인격을 형성하는 데 기여하였다. 한편, 이로 인해 사상의 편협성과 창조성의 결여라는 문제가 발생하기도 했다.

조선시대의 학교제도에는 관학(官學)으로는 중앙에 성균관(成均館)과 학당(學堂)이 있었고, 지방에는 향교(鄕校)가 있었다. 그리고 사학(私學)으로는 각 지방에 서원(書院)과 서당(書堂)이 있었다. 이밖에도 국가에서는 왕실교육과 각 전문 분야의 기술교육을 행하였으며, 민중교화를 위해 효자나 열녀들에게 포상하고 '삼강행실도' 등과 같은 교육용 책자를 전국에 배포하기도 하였다.

삼강행실도(三綱行實圖)

1434년(세종 16)에 삼강(忠, 孝, 烈)에 뛰어난 사람의 행적을 모아 간행한 책으로 3권 1책으로 되어 있다. 집현전 부제학 설순 등이 한국과 중국의 서적에서 모범이 될 만한 충신, 효자, 열녀 각 35명씩 105명을 뽑아 그 행적을 그림과 함께 기록했다. 후에 한글로 언해되어 간행되었고, 1729년(영조 5년)에 이르기까지 여러 번 중간되었다. 조선시대에 가장 많이 발간된 책이므로 시골의 서민들도 그 내용을 알고 있었다.

(1) 관학

① 성균관

성균관은 조선시대 최고의 교육기관이다. 성균관은 고려 말에 성리학을 수용하면서부터 그 기능이 새롭게 강화되어 왔다. 조선시대에 들어와서 성균관은 국가의 정치이념인 성리학을 연구하고 보급하는 핵심 센터 역할을 했다. 성균관은 또한 국가를 이끌어 갈 고급관리를 양성하는 일을 담당했다. 유교의 보급과 지도자 양성은 성균관의 핵심적인 기능이었다.

성균관의 대성전

왕은 이곳에서 공자에게 석전제를 올렸다. 성균관의 유생들은 매월 초하룻날에 참배했다.

성균관에서는 대규모의 문묘(文廟)를 설치하여 공자에게 석전제(釋奠祭)를 지냈다. 석전제는 유교의 예속(禮俗)을 확산시키기 위한 국가의 주요 행사로서, 매년 봄가을에 왕이 직접 대신들과 함께 나와 제사를 드렸다. 성균관의 유생들은 매월 초하룻날마다 참배했다. 성균관에서는 이처럼 유교의 성현들에게 제사함으로써, 성현을 숭상하고 그 가르침을 따르게 했다. 문묘와 석전제는 유교 국가의 대의명분을 세우는 대표적인 상징물이었다. 이처럼 성균관에서는 제사의식과 교육활동을 통해 학교의 2대 역할인 명인륜(明人倫, 인륜을 밝힘)과 성인재(成人材, 인재를 기름)를 이루려 했다.

성균관의 교육은 유교의 경전(經典)에 대한 연구와 제술(製述)을 기본 내용으로 했다. 경전은 사서(四書 : 大學, 論語, 孟子, 中庸)와 오경(五經 : 禮記, 春秋, 詩經, 書經, 周易)이다. 성균관에서는 이것들을 각 과목에 따라 구재(九

齋)로 나누어 가르쳤다. 구재를 운영하는 방식은 성균관에 입학한 유생이 먼저 대학재에 들어가 대학을 공부하고, 시험을 보아 합격하면 논어재에 들어가 논어를 공부했다. 이런 식으로 "대학재 → 논어재 → 맹자재 → 중용재 → 예기재 → 춘추재 → 시재 → 서재 → 역재"까지 올라갔다. 각 과목의 학습기간은 대학 1개월, 중용 2개월, 논어, 맹자 각 4개월, 시경, 서경, 춘추 각 6개월, 주역, 예기 각 7개월로 했다.[1] 제술에는 사서의(四書疑), 오경의(五經義), 시(詩), 부(賦), 송(頌), 책(策) 등이 있었다. 사서의와 오경의는 경서의 본문을 보고 논설을 전개하는 것이다. 시, 부, 송은 각 형식에 맞추어 글을 짓는 것이고, 책은 시무를 논하는 것이다.

성균관의 교육은 1개월을 단위로 하여 20일간은 경서를 가르치고, 4일간은 경서를 고강(考講)하고, 나머지 6일간은 제술을 가르쳤다. 유생들의 학습 성과는 일강(日講), 순제(旬製), 월강(月講), 춘추도회(春秋都會)를 통해 평가했다. 일강은 하루 동안 유생들이 배운 것을 확인하는 것이고, 순제는 매순(旬 : 10일)마다 제술을 하는 것이고, 월강은 월말에 실시한 시험이다. 성균관에서는 그 달에 유생들이 배운 경서와 시험점수 등을 장부에 기록하여 예조(禮曹)에 보고했다. 이에 대하여 예조에서는 당상관(堂上官)을 파견하여 사실여부를 확인했다. 춘추도회는 3월 3일과 9월 9일에 의정부(議政府)·육조(六曹) 및 제관(諸館)의 당상관이 나와 실시하는 제술시험이다. 시험결과는 예조에서 보관하였다가 유생들의 식년 과거시험에 참작하였는데, 우수자 3명은 문과 복시에 바로 응시할 수 있는 특전을 주었다. 유생들의 성적은 대통(大通), 통(通), 약통(略通), 조통(粗通), 불통(不通)의 5단계로 평가했다.

성균관의 교관에는 지사(知事 : 정2품) 1명, 동지사(同知事 : 종2품) 2명, 대사성(大司成 : 정3품) 1명, 사성(司成 : 종3품) 2명, 사예(司藝 : 정4품) 3명, 직강(直講 : 정5품) 4명, 전적(典籍 : 정6품) 13명, 박사(博士 : 정7품) 3

---

1) 태학지. 1785년(정조 9) 성균관 대사성 민종현이 편찬한 책이다. 고구려의 태학에서부터 정조 당시까지 성균관의 연혁, 조직, 운영, 제사, 교육, 시험 등에 관한 내용이 상세하게 기록되어 있다. 지금은 성균관에서 한글로 출판한 책(국역 ≪태학지≫)을 읽을 수 있다.

명, 학정(學正 : 정8품) 3명, 학록(學錄 : 정9품) 3명, 학유(學諭 : 종9품) 3명 등 모두 38명이 배정되었다. 성균관의 교관은 다른 관직의 관리가 겸임하기도 했고, 성균관의 교관이 사학(四學)이나 종학(宗學, 왕실 교육기관)의 교관으로 임명되기도 했다. 또한 존경각(尊經閣)이나 양현고(養賢庫)의 관리로 임명되는 경우도 있었다. 성균관 교관의 업무는 지위에 따라 다르지만, 대개 유생(儒生)의 교수와 생활지도, 성균관에서 시행하는 과거시험의 감독, 성균관의 각종 행정의 담당 등이었다. 성균관의 모든 업무에 대한 책임은 대사성에게 있었다(피정만, 1977).

성균관의 입학 자격은 생원(生員)과 진사(進士)를 원칙으로 했다. 이들로 인원이 부족할 경우에는 사학(四學)과 문음(門蔭)의 승보생(陞補生), 문과와 생진시(生進試)의 초시인 향시나 한성시 합격자, 현직관리로서 성균관에서 교육을 받고자 하는 자, 그리고 한성과 지방의 나이는 어리나 우수한 자(幼學)들에게 입학을 허용했다. 유생의 정원은 ≪경국대전≫에 200명으로 규정되었으나, 실제로 정원이 충원되는 일은 거의 없었던 것 같다.

성균관의 운영방식과 생활규칙은 학령(學令)으로 규정되어 있었다.[2] 유생들의 기본 생활은 학령의 규칙에 따랐지만, 자치활동도 허용되어 있었다. 유생들은 재회(齋會)라는 자치회를 구성하였다. 재회의 임원은 유생들이 선출하였으며, 그 우두머리인 장의(掌議)가 재회를 주재했다. 재회에서는 유생들의 뜻을 모아 동료 유생을 처벌하거나 관직에 공천하기도 했다. 재회는 유생들의 집단의사를 조직적으로 표시하기도 했다. 그 방법으로는 유소(儒疏 : 왕에게 주장하는 글을 올림), 권당(捲堂, 식당에 들어가지 않음), 공재(空齋, 기숙사를 비우고 나옴), 공관(空館, 성균관을 비우고 나옴) 등이 있었다.

성균관에는 원점제도(圓點制度)가 있었다. 유생들은 성균관의 동·서재에서 기숙하며 식당에서 하루 2회 도기부(到記簿, 오늘날의 출석부)에 서명을

2) 태학지, 권 5. 학령. 전체 11조로 되어 있다. (1) 문묘참배, (2) 명륜당에서 공부하는 방법, (3) 제술시험, (4) 강경시험, (5)~(7) 일상생활 중 금기사항, (8) 휴가, (9) 스승에 대한 예절, (10) 아침 기상과 식사, (11) 모범 유생 추천.

해야 원점 1점을 받을 수 있었다. 원점은 과거시험 응시자격과 연결되어 있었으므로 매우 중요했다. ≪경국대전≫에서는 원점 300점을 받아야 과거시험의 문과 초시에 해당되는 관시(館試)에 응시할 수 있도록 했다. 그러나 실제로는, 응시자가 적을 때는 왕의 허락을 받아 원점 50점 이상을 취득하면 관시에 응시할 수 있게 했다.

성균관 운영에 소요되는 모든 경비는 국가에서 부담했다. 국가에서는 성균관에 학전(學田), 어장(漁場), 노비 등을 지급하여 그 세수(稅收)를 재원으로 삼도록 했다. 성균관과 학당의 재정은 양현고(養賢庫)에서 관리하였다.

국가에서는 성균관을 활성화시키려 다방면으로 노력했다. 우선 성균관 유생을 대상으로 한 비정규 과거시험들이 있었다. 유생들은 각종 절제(節製)[3], 황감제(黃柑製), 전강(殿講), 도기과(到記科), 통독(通讀) 등을 통해서 소과 회시(2차 시험, 복시라고도 함)나 대과 회시에 직접 응시할 수 있는 자격을 얻을 수 있었다. 또한 왕이 흥학(興學)을 위하여 교(教, 왕의 뜻을 전하는 글)를 내리거나 행학(幸學, 성균관 방문)하기도 했다. 왕은 친히 문묘에 알성(謁聖)하고 명륜당에 나아가 친문(親問)하기도 하였다. 친문은 왕이 명륜당에서 유생들과 친히 경의(經義)를 문답하는 것을 말한다.

② 학당(學堂)

학당은 한성(서울)의 4곳에 설치된 중등 수준의 학교다. 동학(東學), 서학(西學), 남학(南學), 중학(中學)을 총칭하여 사학(四學)이라 한다. 사학은 고려의 오부학당을 계승한 교육기관으로서 성균관의 부속학교의 성격을 띤다. 사학의 교육과 운영은 성균관에서 총괄하도록 되어 있었다. 따라서 교관의 임용, 유생의 진학, 학교의 규칙 등이 모두 성균관과 관련되어 있었다. 사학은 성균관처럼 명륜당(明倫堂)과 양재(兩齋, 동재와 서재)를 가지고 있었지만,

---

3) 절제는 제술시험이다. 인일제(人日製, 1월 7일), 삼일제(三日製, 3월 3일), 칠일제(七日製, 7월 7일), 구일제(九日製, 9월 9일)의 사제(四製)가 있었다. 조선 초기부터 시행된 삼일제와 구일제는 춘추도회라고도 한다. 인일제와 칠일제는 조선 후기부터 시행되었다. 이들 시험에서 우수한 성적을 받은 3인은 문과 복시나 전시에 직접 응시할 수 있었다(이성무, 1998 : 166-7).

문묘(文廟)는 설치하지 않았다.

사학의 교관은 조선 초기에 제정된 ≪속육전≫에 성균관의 교관 중에서 임명하도록 규정되어 있었다. 그러나 효종 때부터는 홍문관(弘文館)의 하급 관리인 시종(侍從)이 사학의 교관을 겸임하도록 했다. 교관 정원은 태종 때 교수 2명, 훈도 5명이었다. 세종 28년에는 각 학당에 교수 2명, 훈도 2명으로 조정했으며, 영조 때 편찬된 ≪속대전≫에는 각 학당에 2명으로 줄였다. 성종 8년에는 사학의 교관이 30개월을 근무해야 다른 관직으로 옮길 수 있도록 구임법(久任法)을 제정하여 사학의 질을 관리하였다.

사학의 학생[4] 정원은 조선 초기에 각 학에 100명씩으로 규정되었으나, 흉년이나 기타 국가적인 어려움이 있을 때는 줄이기도 했다. 임진왜란 이후 사학은 매우 침체되었다. ≪속대전≫에는 학생 정원을 각 학에 5명으로 정했다. 사학의 취학연령은, 태종 때의 오부학당제에서는 10세 이상으로 했고, 문종 때에는 8세 이상으로 낮추었다. 옛부터 소학지도(小學之道)를 8세 이상으로 삼았다. 그러나 때때로 25세의 학생도 취학하고 있었다.

사학의 교육목적은 소학지도(小學之道)를 성취하는 것이다. 이것은 성균관의 교육목적인 대학지도(大學之道)와 대조를 이룬다. 사학의 학생들은 소학(小學), 효경(孝經), 사서오경(四書五經), 문공가례집(文公家禮集), 제사(諸史) 등과, 초사(楚辭), 문선(文選), 역대제가시(歷代諸家詩) 등을 공부했다. 특히 소학은 유교 사회의 도덕규범 중 가장 기본적인 내용을 요약한 책으로서, 사학의 필수 과목이었다.

학생들의 실질적인 목표는 성균관에 입학하는 것과 생진시(과거의 소과인 생원시와 진사시)에 합격하는 것이었다. 사학의 학생 중 15세 이상이면서 소학과 경서의 일부에 능통할 경우 시험(陞補試)을 통해 성균관에 진학할 수 있었다. 사학의 학생들은 생진시에 응시할 자격이 있었으며, 6월도회(六月都會)나 알성시(謁聖試)에서 우수한 성적을 거두면 생진시의 회시에 응시

4) 학생들의 명칭은 교육기관에 따라 달랐다. 성균관－유생(儒生), 학당－학생(學生), 향교－교생(校生) 또는 유생(儒生), 서원－원생(院生), 서당－동몽(童蒙) 또는 학동(學童).

할 수 있는 특전도 있었다.

> 소학은 중국의 유자징이 스승인 주희(주자)의 지도를 받아 편찬한 책으로, 주자학의 대표적인 수신서(修身書)이다. 내용은 입교(入敎), 명륜(明倫), 경신(敬身)의 세 구조로 짜여져 있으며, 유교의 기본 윤리인 효(孝)와 경(敬)을 중심으로 군자(君子)를 기르기 위한 교훈을 담고 있다. 소학은 도덕적인 습관을 형성하기 위한 실천을 강조하면서도, 도덕적 판단과 사고를 위한 기회도 부여했다.
>
> 소학은 조선 초기부터 사학(四學)에서는 물론 향교, 서원, 서당 등 모든 교육기관에서 필수과목으로 다루었다. 소학은, 조선 초기에 권근이 ≪권학사목≫을 지어 소학을 필독서로 법제화함으로써 국가차원에서 장려되었고, 중종 때 조광조 등 사림파들이 소학 실천운동을 전개함으로써 전국에 널리 보급되었다.
>
> 소학을 쉽게 읽히기 위한 책들도 다수 편찬되었다. 번역서로는 ≪번역소학≫, ≪언해소학≫이 있고, 해설서로는 ≪소학집주≫가 있다. 소학에 앞서 읽을 책으로는 ≪동몽선습≫, ≪소학편몽≫이 있고, 소학에 상응하는 교재로는 율곡이 쓴 ≪격몽요결≫이 있다.

사학의 교육 방법은 주로 경서를 암기하는 것이었다. 학생들은 읽은 글을 반드시 외우고 그 뜻을 알아야만 다음 글을 배울 수 있었다. 학생들의 학업을 평가하기 위하여 학내에서는 5일마다, 예조에서는 매월 한 번씩 정기적으로 시험을 부과했다. 예조에서 행하는 시험은 성적부에 기재되어 왕에게 보고되었고, 이 성적은 소과(小科)에 참고했다.

사학의 운영 경비는 성균관의 양현고에서 지급했다. 양현고가 몹시 빈약할 때는 정부의 풍저창(豊儲倉)에서 지급하였다. 정부에서는 노비를 지급하여 사학의 노작을 담당하게 했고, 전답과 어장을 주어 재정을 충당하게 했다.

③ 향교(鄕校)

향교는 국가에서 각 지방의 행정구역에 설치한 학교이다. 향교의 구조와 기능은 성균관과 매우 비슷하여, 성균관의 축소형이라 할 수 있다. 향교는 문묘(대성전)와 학교(명륜당)를 가지고 있어서 성현에 대한 제사와 교생에 대한 교육 기능을 담당하였다. 고려 후기에 향촌 사회에 설립되기 시작한 향교는 조선 초기에 전국적으로 확산되었다.

강릉향교

1313년(고려 충선왕 5년)에 건립되었다.

조선 초기에 국가에서 향교를 확충한 이유는 크게 두 가지다. 하나는 통치체제에 필요한 관료 자원을 확보하기 위해서이고, 또 하나는 새로운 유교이념에 입각하여 지방민을 교화하려는 것이었다. 향교의 중요 기능은 유교이념에 따라서 백성을 교화하는 것이었다. 향교는 전국 각지에 설립되어, 서민문화의 심층에 자리 잡고 있는 불교문화를 유교문화로 대치하는 중요한 기능을 행하였다. 이 때문에 향교에 대한 정부의 관심이 높았으며, 지방 수령의 기본 업무인 '수령칠사'(守令七事) 중에 향교교육을 관리하는 '수명학교'(修明學校)를 가장 중요한 업무로 강조했다.

향교는 예조(禮曹)에서 각 도의 관찰사를 통하여 행정적으로 지휘하고 감독하였으며, 관찰사는 각 관의 수령을 통하여 향교교육을 독려하였다. 지방 수령은 향교 운영의 직접적인 책임자였다. 향교의 시설과 운영 경비는 모두 국가에서 학전(學田)과 학노예(學奴隷)를 제공하는 방식으로 충당했다. 야간

독서를 위한 등유나 서책도 학전의 수입에서 충당했다.

> "문묘(文廟)를 세워 선성(先聖)께 제사하고 학교를 세워 자제를 교육하는 것은 온 천하가 몇 만 년이 지나도 폐하지 않는다. 이는 대개 사람에게는 천성(天性)이 있으니 진실로 배우지 않을 수 없기 때문이다. 배움의 방법은 더욱 성인(聖人)의 글을 익히는 것이다.
>
> 이제 국가에서 부(府)·주(州)·군(郡)·현(縣) 마다 모두 문묘와 학교를 설치하고 수령을 보내어 제사를 받들고 교수(敎授)를 두어 교육을 담당하게 하니, 이는 풍화(風化)를 베풀고 예의(禮儀)를 강명(講明)하여 인재(人材)를 양성해서 문명(文明)의 다스림을 돕게 하려고 해서이다."
>
> –양촌집(陽村集) 14, 永興府 鄕校記

향교의 교관은 40세 이상의 문과(文科) 합격자로 했으며, 모두 중앙에서 선발하여 파견했다. 교관에는 6품 이상의 교수관(敎授官)과 7품 이하의 훈도관(訓導官)이 있었다. 그리고 군과 현의 향교에서는 지방의 유능한 학자를 학장(學長)으로 선임하여 향교의 생도들을 가르치게 하였다. 선조 때부터는 이 학장들을 지도 감독하는 장학 행정관으로 제독관(提督官 일명 敎養官)을 두었다. 교관의 임기는 ≪경국대전≫에 900일(30개월)로 명시되어 있었다. 그러나 학장은 관리가 아니었기 때문에 전근이나 임기가 적용되지 않았다.

향교에는 양반 또는 향리의 자제들이 입학했다. 입학연령은 태조와 태종 때는 10세로 규정하였으나, ≪경국대전≫과 그 후의 법전들에는 17세 이상으로 규정했다. 16세 이하의 자제는 입학이 허용되었지만 정원 외로 간주되었다. 향교의 학생 정원은 부(府)·대도호부(大都護府)·목(牧)의 향교는 90명, 도호부의 향교는 70명, 군(郡)의 향교는 50명, 현(縣)의 향교는 30명이었다. 향교의 교생들에게는 무상교육, 과거응시 자격, 생진시의 초시 면제, 군역 면제 등의 특전이 있었다.

향교의 교육과정은 대부분 유교의 경서들로 구성되었다. 지방민의 교화에 필요한 유교적 도덕규범에 관계되는 교과들도 중요시했다. 향교에서 다룬 경서들에는 소학, 사서오경, 성리대전(性理大典), 삼강행실(三綱行實), 이륜행실(二倫行實), 효경, 심경(心經), 근사록(近思錄) 등이 있었다. 역사서들에는 통감(通監), 송원절요(宋元節要) 등이 있었다. 그리고 중국 선유(先儒)들의 제설(諸說), 향약(鄕約), 가례(家禮) 등을 가르쳤다.

향교에서는 선현들을 제향(祭享)하였으며, 향풍(鄕風)을 순화하기 위해 향음례(鄕飮禮), 향사례(鄕射禮), 양노연(養老宴), 특별강습 등을 행하였다. 향음례는 지방의 나이 많고 덕 있는 사람들을 표창하는 의식이다. 향사례는 지방의 효제충신(孝悌忠信)하고 예(禮)를 숭상하는 사람들을 표창하고, 활쏘기와 음악을 즐기는 의식이다. 양노연은 노인들을 위안하는 의식이다. 그리고 특별강습은 삼강행실도(三綱行實圖)를 번역하여 부녀자들과 어린이들을 가르치는 것이다. 이처럼 향교에서는 교생의 교육 외에도 향풍순화를 위하여 힘썼다.

④ 왕실교육

조선에서는 왕과 종친들을 위한 특별 교육이 이루어졌다. 왕에게 경학(經學)을 강론하는 자리를 경연(經筵), 세자에게 그렇게 하는 자리를 서연(書筵)이라 한다. 왕은 경연을 통해 성리학을 연구하고 국가의 주요 정책들을 재음미했다. 경연의 방식은 한 사람(주로 홍문관의 관리)이 교재의 원문을 음독, 번역, 설명하고 나면, 왕이 질문하고 다른 참석자들이 보충설명을 하는 식이었다. 세자는 서연을 통해 교육을 받았다. 세자도 성균관에 입학했지만, 실제 교육은 서연을 통해 이루어졌다. 세조는 세자시강원(世子侍講院)을 설치하여 서연을 담당하게 했다.

이 밖에도 왕세손의 교육을 위해 세손강서원(世孫講書院)을 운영했고, 왕의 종친 교육을 위해 종학(宗學)을 운영했다. 종학은 특별히 종부시(宗簿寺)에서 관리했다. 종학은 세종 때 처음 설치되었는데, 대군(大君) 이하 15세 이상의 종친들이 취학했다. 종학의 교육과정은 성균관과 마찬가지로 경술(經述)과 문예를 주로 했으며, 소학도 중요시했다.

⑤ 기술교육

조선시대의 기술교육은 대체로 고려 말의 잡과교육을 이어받았다. 기술교육은 성종 때 ≪경국대전≫(經國大典)이 편찬되면서 제도적으로 정착되었다. 기술교육의 종류로는 무학(武學), 이학(吏學), 역학(譯學), 음양학(陰陽學), 풍수학(風水學), 의학(醫學), 자학(字學), 율학(律學), 악학(樂學) 등이 있었다. 이들 중 과거시험을 통해 관리를 선발한 무학, 역학, 율학, 의학, 음양학은 더욱 중시되었다.

무학은 병조(兵曹)의 훈련원(訓練院)에서 가르쳤다. 조선왕조는 문관 우위의 정치를 하였으나 국방을 위해 병사에 관한 무술교육을 실시했다.

역학은 외국과의 교류에 필요한 인력을 양성하기 위해 가르쳤다. 역과에서 가르친 외국어는 한학(漢學 : 중국어), 몽학(蒙學 : 몽고어), 여진학(女眞學 : 청학), 왜학(倭學 : 일본학) 등이었다. 외국어교육은 주로 사역원(司譯院)에서 실시했으며, 외국과 교류가 이루어지는 지방 관아에서도 필요한 인원을 양성했다.

의학은 전의감(典醫監), 혜민국(惠民局) 및 각 지방의 관아에서 가르쳤다. 의학 교육은 독립된 교육기관에서 실시한 것이 아니라, 의료를 담당하는 기관에 부설하여 실시했다.

율학교육은 법 집행에 종사할 관리를 양성하기 위하여 실시했다. 중앙에서는 형조(刑曹)에서 주관하였으며, 지방에서는 각 관아에서 실시했다.

기타 산학(算學) 교육은 출납과 회계를 담당할 인재를 양성하기 위해 호조(戶曹)에서 실시했으며, 자학(字學)교육은 정부의 문서정리와 교정을 담당하는 실무 관리를 양성하기 위해 교서관(校書館)에서 관장했다. 그리고 예조(禮曹)에서는 예조의 잡무를 담당할 하급관리를 양성하기 위한 유학(儒學) 교육과, 공문서를 작성하는 하급 관리를 양성하기 위해 이학(吏學) 교육도 실시했다. 이밖에도 장악원(掌樂院)에서 음악교육을, 도화서(圖畵署)에서 화학(畵學, 미술) 교육을, 관상감(觀象監)에서 음양학(陰陽學) 교육을 실시했다.

(2) 사학(私學)

① 서원(書院)

도산서원

1574년(선조 5년) 이황(李滉)의 학문과 덕행을 추모하기 위해 경북 안동에 세운 서원. 영남 유림의 정신적인 지주 역할을 했다.

서원은 민간에서 설치한 제사기관 겸 교육기관이다. 지방의 유림(儒林)에서는 서원에 사묘(祠廟)를 설치하여 선현과 선열을 제향하고 강학소(講學所)를 설치하여 유학 교육을 실시했다. 서원은 처음부터 제사기능이 강했지만, 교육기능도 점차 강화되었다.

조선 중기 이후에는 서원이 발달할만한 몇 가지 사회적인 조건들이 작용했다. 연산군의 교육 탄압으로 관학이 쇠퇴하자, 중종 이후 역대 왕들이 흥학정책을 추진했다. 이에 향촌의 사림(士林)에서는 서원을 건립하는 방식으로 교육적인 노력을 기울였고, 각 문중(門中)에서도 서원을 통해 가문의 명예를 드높이려 했다. 초창기의 서원들은 선현에게 봉사(奉祀)하고 유생들을 장수(藏修)하는 교육기관으로, 국가와 지방관들로부터 많은 신망을 받았다. 서원은 지방의 사학으로 교육 및 교화사업들을 시행했다. 또한 지방 사림의 집합소 겸 공론의 형성기관으로 조선의 정치, 사회, 문화에 중대한 역할을 담당하였다.

> 우리나라의 서원은 1543년(중종 38년)에 주세붕(周世鵬)이 풍기에 백운동서원(白雲洞書院)을 설립한 데서 비롯된다. 당시 풍기군수였던 주세붕은 백성들을 교화시키기 위해, 안향(安珦)이 어렸을 때 독서하던 숙수사(宿水寺)의 옛터에 사우(祠于)와 재(齋)를 지어 백운동서원이라 하였다. 백운동서원은 1550년(명종 5년)에 이황(李滉)의 건의로 왕으로부터 소수서원(紹修書院)이라는 편액을 하사받았다. 이것이 국가에서 공인한 최초의 사액서원(賜額書院)이다. 사액서원은 관에서 적극적으로 관여하고 경제적으로 지원했다.

서원이 증가되고 특권화되면서 많은 폐단이 생겨났다. 임진왜란과 병자호란으로 희생된 충신과 의사에 대한 봉사(奉祀)가 증대되고, 당쟁(黨爭)이 격화되면서 자기의 당파에 속한 사람들을 경쟁적으로 사묘에 모심에 따라 서원들이 난립되기 시작했다. 서원들은 당쟁의 근거지가 되었고, 면세와 면역의 특혜를 악용하고, 군역을 기피하는 등 역기능을 초래하기도 했다. 그리하여 인조 이후부터는 난립되는 서원들을 정리하기 시작하였으며, 조선 말기에 대원군은 서원의 모든 특권을 박탈하고 사회의 모범이 되는 47개의 사액서원만 남기고 모두 철폐하였다.

서원은 유회(儒會 또는 齋會)를 조직하여 정치적, 경제적으로 막대한 영향력을 행사했다(이동환, 1970). 유림에서 선임한 원장(院長)은 서원의 최고 책임자이다. 강장(講長)과 훈장(訓長)은 유생들의 강학을 담당했다. 이 외에 재중의 사무를 담당하는 재장(齋長), 서원의 풍기를 담당하는 집강(執綱), 서원의 일을 감독하는 도유사(都有司) 등이 있었다.

서원의 원생 정원은 ≪소수서원등록≫(紹修書院謄錄)에 10인으로 규정한 것으로 보아, 초창기의 다른 서원들도 그 정도였을 것으로 추정된다. 그 후에 30인 내외로 증가한 것으로 생각되나, 숙종 때에는 사액서원 20인, 미사액서원 15인으로 법제화했다(민병하, 1983).

서원의 입원 자격은 서원에 따라 달랐다. 백운동서원의 원규에서는 입원자격을, ① 생원과 진사, ② 생진과의 초시 합격자, ③ 기타 향학열이 높고 행실이 바른 자로 규정했으며, 유사가 유림의 승인을 받아 입원시켰다. 이러한 입원 자격은 성균관에 준하는 수준이다.

서원의 교육은 관학과는 달리 학문적 자율성을 바탕으로 했다. 서원의 교육목적은 선비를 양성하는 데 있었다. 과거를 통해 관리가 되는 것은 부차적인 것이었다. 선비란 성현의 교훈에 따라 염치와 절의를 존중하고, 시비와 정사를 구별하는 성리학의 이상적 인간상을 뜻한다. 서원의 교육 내용은 소학, 가례, 사서오경, 심경, 근사록 등 성리학 위주의 교과들이었다. 제사(諸史)와 자집(子集)은 윤리와 관련하여 읽도록 하였으며, 과거에 필요한 사장(詞章)과 과거문(科擧文)은 부차적인 학습 내용이었다.[5] 이 외에 제술(製述)과 습자(習字)도 있었다. 제술을 할 때는 의리를 분명히 나타내게 했으며, 이단의 설과 잡문은 짓지 못하게 했다. 그리고 습자는 해서(楷書)를 원칙으로 했다.

서원의 교육방법은 강(講)이 중심이었다. 강은 학습한 문장을 큰 소리로 읽고 의리를 묻고 답하는 전통적인 교수방법이자 평가방법이다. 강은 단순히 문장을 암송하는 것이 아니라, 문리(文理)를 터득하는 일에 중점을 두었다. 암송이 끝난 다음에 전개되는 문답의 과정을 통해 풍부한 이해를 돕고 새로운 차원의 생각을 열어주었다. 강을 통해 학생의 발달의 정도를 확인할 수 있음은 물론이다. 강을 통한 학업의 평가는 대통(大通), 통(通), 약통(略通), 조통(粗通), 불통(不通)의 5단계, 또는 통, 약, 조, 불의 4단계로 이루어졌다. 강에는 매일 실시하는 석강(夕講), 열흘마다 하는 순강(旬講), 보름마다 하는 망강(望講), 매월 하는 월강(月講)이 있었다.

한편 서원에서는 향약(鄕約)을 보급하여 향풍을 진작시켰다. 향약을 입약하고 임원을 선임하는 등의 활동은 대개 서원에 모여서 했다. 서원의 사회

---

5) 전북 정읍에 있는 무성서원(武城書院)에서는 입학 연령과 신분에 특별한 제한을 가하지 않았다. 또한 과거준비를 하려면 반드시 타처에서 학습해야 한다고 했을 정도로 순수한 성리학 공부를 강조했다.

교육적 기능은 매우 컸다.

서원의 교육재정은 서원전(書院田), 노비, 현물이 중심이 되었다(민병하, 1968). 서원전은 서원의 가장 중요한 재정적 기반이었다. 서원들은 여러 수단을 동원하여 서원전을 확대해 갔다. 노비는 서원의 각종 사역에 종사했으며, 세습되는 재산으로 간주되었다. 왕과 지방관이 베푼 현물도 서원의 재정 확충에 큰 도움이 되었다.

② 서당(書堂)

서당은 조선 시대에 크게 발달한 민간의 자생적인 교육기관이다.[6] 서당은 문자 해득과 유학의 기본 교양을 익히는 초등수준의 교육기관이다. 서당은 향촌 사회에서 교화의 중심지였다. 서당의 훈장은 학동들을 가르치는 교사일 뿐 아니라, 동민을 교화하는 지도자였다. 서당은 대개 소규모의 동몽교육기관이었으며 선현들에 대한 제사는 없었다.

서당의 기본적인 교육내용은 강독, 제술, 습자였다. 강독은 글을 읽고 해석하는 것이다. 학동은 천자문(千字文)이나 유합(類合)으로부터 시작하여 동몽선습(童蒙先習), 소학(小學)으로 진행했다. 그 다음엔 통감(通鑑), 사서삼경(四書三經), 사기(史記), 당송문(唐宋文), 당률(唐律)로 진행했다. 서당의 규모나 훈장의 수준에 따라 춘추(春秋), 예기(禮記), 근사록(近思錄) 등을 읽히기도 했다. 제술은 시와 문장을 짓는 것이다. 학동은 오언절구(五言絶句), 칠언절구(七言絶句), 사율(四律), 고풍십팔시(古風十八詩) 등 여러 형식의 시와, 표(表), 책(策), 기(記), 명(銘) 등 여러 형식의 문장을 지었다. 습자는 한자 쓰기이다. 학동은 해서(楷書)를 착실히 익힌 후, 어느 수준에 이르면 행서(行書)와 초서(草書)도 배웠다.

서당의 교육방법은 전반적으로 개별교수법이었다. 강독할 때 학동들은 개인별로 수준에 맞추어 매일 정해진 범위를 배우고 숙독했다. 서산(書算)을 놓고 읽은 횟수(讀數)를 세었다. 강독의 순서는, 처음에는 초학서를 놓고 한 자씩

6) 서당을 글방, 서재, 서방, 책방이라 하기도 했다.

배우고, 음독(音讀)이 가능하면 구독(口讀)과 문리(文理)를 배우고, 그 다음에 대의(大義)를 배웠다. 혼자서 문장을 읽고 의미를 이해할 때까지 반복적으로 암송했다. 따라서 개인의 능력에 따라 진도가 서로 달랐다.

> "글을 가르치는 데 있어서는 많이만 가르칠 것이 아니라 정숙(精熟)하게 익히는 것이 중요하다. 그러므로 그 자질을 헤아려서 능히 이백 자를 배울 수 있는 자에게는 백 자만 가르쳐, 항시 정신과 역량이 남아돌게 하면 싫증을 낼 염려가 없고 자득(自得)하는 좋은 성과가 있을 것이다. 글을 읽을 때는 생각을 몰두하게 하여 입으로는 외우고 마음으로는 생각하면서 자자구구(字字句句)를 반복 연구하며, 그 음절을 억양 있게 내고 마음가짐을 너그럽고 겸허하게 갖기를 힘쓰도록 해야 한다. 이 같은 방법으로 오래 계속하면 의리가 흡족하고 총명이 날로 열릴 것이다."
>
> —이덕무. 국역 청장관전서 6. 서울, 민족문화추진회

학동은 훈장으로부터 강(講)을 받을 때 합격해야 다음의 내용을 배울 수 있었다. 강을 받을 때는 전날에 배운 것을 훈장 앞에서 책을 덮고 암송(暗誦 : 背誦 또는 背講이라고도 함)하고, 글자나 문장의 의미에 대한 질문에 완전히 대답할 수 있어야 했다. 강의 종류로는 전날에 배운 것을 평가하는 지강(指講), 책 한 권을 다 마치면 실시하는 괘책례(掛冊禮)[7], 서당의 전체 행사로 실시하는 장원례(壯元禮)가 있었다.

습자는 1점 1획의 연습부터 시작하여 숙달되면 글자를 구성하고, 이것이 숙달되면 훈장이 종이 한쪽에 써놓은 글자를 체본(體本)으로 하여 연습했다. 종이가 귀했기 때문에 글씨 연습을 할 때는 분판(粉板)과 사판(沙板)을 습자지 대신 사용하기도 했다.

서당에서는 대략 하루에 10~12시간 수업했다. 야간에 수업을 하는 서당도 많았다. 농번기나 명절 및 길흉사에는 휴업했다. 공부 내용은 대게 계절에

---

7) 책세식, 책씻이, 책거리라고도 함.

따라 다르게 했다. 여름에는 시(詩)나 율(律)을 읽거나 짓고, 봄과 가을에는 사기(史記)나 고문(古文) 등을 읽고, 겨울에는 경서(經書)를 읽었다.

≪학습에 이용된 서당 놀이들≫

초중종(初中終) 놀이－고인의 시 암송

고을모둠 놀이－우리나라 군현의 이름 익히기

글자, 글귀 맞추기－글자 익히기, 작문 연습

수가지 놀이－숫자 익히기

화승작(火繩作)－시 짓기 연습

종정도(從政圖), 승경도(陞卿圖) 놀이－벼슬이름 익히기

남승도(藍勝圖) 놀이－명승고적 익히기

서당에 대해서는 국가가 통제하지 않았다. 따라서 누구나 뜻이 있으면 설립하고 운영할 수 있었다. 서당의 운영 형태는 여러 가지다.

훈장자영(訓長自營)서당	지방의 유지나 학자가 훈장이 되어 직업적으로 혹은 교육적 취미로 운영함
유지독영(有志獨營)서당	경제적으로 넉넉한 사람이 서당의 모든 운영비를 부담하여 훈장을 초빙하고 자기 자제와 친척이나 이웃집의 자제들도 교육시킴
유지조합(有志組合)서당	마을의 유지들이 서당조합(계)을 만들어 훈장을 초빙하고 자기들의 자제들을 교육시킴
동리공동(洞里共同)서당	마을 전체가 경비를 공동으로 부담하여 훈장을 초빙하고 그들의 자제들을 교육시킴
동족조합(同族組合)서당	같은 종친끼리 조합(계)을 구성하여 경비를 공동으로 부담하고 자기 가문의 자제들을 교육시킴

서당의 크기는 다양했다. 방 1칸에서 4칸까지가 가장 많았다. 학생 수는 2~3명에서 많으면 40여 명이나 되는 서당도 있었다. 학생의 나이는 5~6세로부터 15~16세의 아동이 중심이지만, 20여 세까지 재학하는 경우도 있었

다. 서당의 조직은 훈장(訓長)과 학동들이 주축을 이루고 있으나, 규모가 큰 서당에서는 훈장을 도와 학업지도와 생활지도를 하는 접장(接長)이 있었다.

3) 과거제도와 교육

"고대의 교육제도에는 어떤 것들이 있었는가? 그에 대해 자세히 말해 보라. 그리고 지금 우리나라의 교육제도는 어떠하며, 만일 문제가 있다면 어떻게 개선해야 할지 말해 보라. 더불어 교육의 궁극적인 목적과 인재를 올바로 양성하는 방법에 대해, 자신의 견해를 밝혀 보라."

- 1558년(명종 13년)에 시행된 과거시험(생원회시)의 '책문'으로 출제된 문제 -

—김태완(2004). 책문 : 시대의 물음에 답하라. 서울, 소나무. p. 278에서 인용

조선시대에는 고려시대에 비해 과거가 더욱 중요해졌다. 양반의 관료체제에서 관료를 선발하는 시험은 매우 중요했다. 조선의 과거제도에는 몇 가지 중요한 특징이 있다. 첫째로 문무(文武)의 양과를 운영했다. 고려시대에는 과거에 무과가 없었으나, 조선시대에는 문과와 무과를 함께 실시함으로써 문무의 양반체제를 확립했다. 둘째는 생원시를 중시했다. 주자학이 도입된 뒤부터 유학의 경향은 사장(詞章) 중심에서 경학(經學) 중심으로 바뀌어 갔다. 조선의 건국에 공헌한 신진유학자들은 사장 중심의 진사시를 억제하고 경학 중심의 생원시를 중시했다. 셋째는 학교제도를 과거제도와 유기적으로 연결시켰다. 조선시대에는 일정 기간 동안 성균관에 재학해야만 과거(문과)에 응시할 수 있었다.

(1) 과거의 종류

조선시대에 정규적인 과거는 3년에 한 번씩 시행되었다. 이를 식년시(式年試)라 한다. 그리고 국가에 경사가 있거나 특별히 인재를 등용할 필요가 있을

때 실시하는 별시(別試)가 있었다. 식년시에는 문과(文科), 무과(武科), 잡과(雜科)가 열렸다. 문과에는 문관을 임용하기 위한 대과(大科)와, 성균관에 입학하고 대과에 응시할 자격을 부여하는 소과(小科)가 있었다. 소과에는 경서를 외는 생원시와 문장을 짓는 진사시가 있었다. 무과는 무관을 선발하는 시험으로, 조선시대에 처음 생겼다. 무과는 문과보다는 덜 중요했지만, 문과와 더불어 양반(兩班)을 형성하는 시험이었다. 잡과는 국가의 필요한 기술직 관료를 선발하는 시험이었다.

① 문과(文科 : 大科)

문관을 선발하는 문과는 소과와 대과로 나눠진다. 통상적으로 소과를 생진과, 대과를 문과라 불렀다. 문과에 합격하면 관리로 등용될 수 있었다. 문과는 초시(初試), 복시(覆試, 會試라고도 함), 전시(殿試)의 3단계로 나누어진다. 초시와 복시는 삼장연권법(三場連卷法)에 의하여 각각 초장(初場), 중장(中場), 종장(終場)의 3단계를 거치게 되어 있었다. 초시와 복시의 시험 과목은 같았다. 초시와 복시의 초장에서는 사서오경(四書五經)의 경학을 시험했다. 중장에서는 부(賦), 송(頌), 명(銘), 잠(箴), 기(記) 중에서 1편, 표(表)와 전(箋) 중에서 1편을 고시하게 되어 있었다. 그러나 4글자씩 귀를 맞추어 짓는 송, 명, 잠, 기는 짓기가 쉽기 때문에 별로 출제되지 않았고, 대개 부 1편, 표와 전 중에서 1편을 시험했다. 종장에서는 책문(策問)을 시험했다.

문과 초시에서는 240명을, 복시에서는 33명을 선발하였다. 전시에서는 복시에 합격한 유생들에게 책(策), 표, 전, 잠, 송, 제(制), 조(詔) 중에서 일편(一篇)을 제술하게 하여, 갑과 3명, 을과 7명, 병과 23명의 서열을 정했다.

② 소과(小科)

소과는 성균관의 입학시험이기도 한 생원시와 진사시를 말한다. 생원시와 진사시에 합격한 사람들은 성균관에서 원점 300점을 취득한 후, 문과에 응시할 수 있게 되어 있었다. 생원시와 진사시는 모두 초시(漢城試와 鄕試)와 복시로 나누어진다. 생원시의 고시 과목은 사서(四書)의 의(疑) 1편과 오경

(五經)의 의(義) 1편이었다. 진사시의 고사 과목은 비교적 자주 바뀌었다. 세종 때에는 부(賦)와 배율(排律) 10운 시를 한 문제씩 출제했으며, 경국대전에서는 부 1문제, 고시(古詩) · 명 · 잠 중에서 1문제를 출제하도록 했다. 그러나 실제로는 고시에서만 1문제가 출제되었다. 생원시와 진사시의 선발 인원은 각 100명으로 합하여 200명이었다.

③ 무과(武科)

무과는 무관을 선발하는 시험이다. 조선시대에는 문무 양반의 관료체제를 형성했으므로 무과가 활발하게 시행되었다. 무과는 문과와는 달리 소과와 대과의 구분이 없었으며, 초시, 복시, 전시의 3단계를 거치게 되어 있었다. 무과에는 3년마다 실시하는 식년시, 매년 실시하는 도시(都試), 그리고 여러 별시가 있었다.

무과 초시는 훈련원에서 선발하는 원시(院試)와 지방의 병마절도사가 선발하는 향시(鄕試)가 있었다. 원시에서는 70명을 선발하고, 향시에서는 120명을 선발했다. 초시의 시험과목은 목전(木箭), 철전(鐵箭), 편전(片箭), 기사(騎射), 기창(騎槍), 격구(擊毬) 등의 무예였다. 복시는 병조와 훈련원에서 28명을 선발했다. 복시의 시험과목은 강서(講書)와 무예(武藝)였다. 강서는 복시에만 있었는데, 사서오경 중 택 1, 무경칠서(武經七書 : 六韜, 三略, 尉僚子, 孫子, 吳子, 司馬法, 李衛公) 중 택 1, 통감(通鑑), 병요(兵要), 장감(將鑑), 박의(博議), 소학(小學) 중 택 1, 그리고 경국대전(經國大典)을 임문고강(臨文考講 : 책을 보고 물음에 답하는 시험)했다. 무예는 활쏘기(목전, 철전, 기사), 격구, 기창, 그리고 임진란 이후에는 조총사격 등을 시험했다. 전시는 기격구(騎擊毬), 보격구(步擊毬)를 시험하여, 갑과 3명, 을과 5명, 병과 20명의 서열을 정했다.

무과 도시는 매년 춘추에 병조와 훈련원의 당상관이 의정부(議政府), 제조(諸曹), 도총부(都摠部)의 당상관 각 1명과 함께 군사와 동서반의 종3품 이하 관리나 한량인을 선발하는 시험이다. 무예는 기사와 기창을 시험했으며, 강서는 논어와 맹자 중에서 1과목, 오경 중에서 1과목, 통감 · 병요 · 손자 중에서 1과목을 시험했다.

이외에 별시로 알성시, 중시, 관무재, 외방별과 등이 있었다. 내금위(內禁衛)에서도 시험을 통해 무관을 등용했다.

④ 잡과(雜科)

잡과는 국가의 기술을 담당할 관리를 선발하는 시험이다. 잡과에는 역과(譯科), 의과(醫科), 음양과(陰陽科), 율과(律科)가 있었다. 잡과는 초시와 복시로 나누어졌으며, 문과와 무과에 비해 경시되었다.

역과는 중국, 몽고, 왜, 여진의 통역을 담당할 관리를 선발하는 시험으로, 사역원(司譯院)에서 주관했다. 선발 인원은 한학 13명, 몽학, 왜학, 여진학 각 2명이었다. 의과는 의원을 선발하는 시험으로, 전의감(典醫監)에서 주관했다. 선발 인원은 9명이었다. 음양과는 천문학, 지리학, 명과학(命課學)을 담당할 관리를 선발하는 시험으로, 관상감(觀象監)에서 주관했다. 선발 인원은 천문학 5명, 지리학과 명과학 각 2명이었다. 율과는 법을 담당할 관리를 선발하는 시험으로, 형조(刑曹)에서 주관했다. 선발 인원은 9명이었다.

(2) 학교교육과 과거제도의 관계

과거제도는 학교제도와 긴밀히 연계되어 있었다. 성균관의 입학자격은 과거의 소과 급제자를 원칙으로 했으며, 향교와 사학에서 성적이 우수한 자들은 바로 생원시의 복시에 응시할 수 있었다. 또한 성균관의 유생들은 정기적인 식년시는 물론, 특별히 그들에게만 기회가 주어지는 시험에도 응시했다. 성균관 유생들의 사기를 진작시키기 위해 실시한 과거로는 관시(館試), 도회(都會), 알성시(謁聖試), 절일시(節日試), 황감시(黃柑試), 전강(殿講), 도기과(到記科), 정시(庭試) 등이 있었다.

과거의 시험과목에 변화가 생기면 유생들이 공부하는 방식에도 변화가 생겼다. 조선시대의 과거에는 문과의 초시와 복시의 초장 시험에서 강경(講經)과 제술(製述)의 두 가지 고사방법이 사용되었다. 강경은 경서의 뜻을 물어보는 구술시험이고, 제술은 논술식으로 답안지를 작성하는 필답시험이다. 필답고사에는 사서의(四書疑)와 오경의(五經義)가 있었다.

강경에는 책을 보지 않고 물음에 답하는 배강(背講)과, 책을 보고 물음에 답하는 임문고강(臨文考講)이 있었다. 배강은 통 속에서 죽생(竹笙 : 경서의 대문의 첫 자만 적어 놓은 대가치)을 뽑아 거기에 적힌 대문을 외우고 문답하는 방법이고, 임문고강은 경서의 앞뒤를 가리고 중간만 보여주고 외우게 하는 방법이다.

과거 절차는 삼장연권법(三場連卷法)을 적용했으므로, 초장에서 떨어지면 중·종장은 보지도 못하고 탈락하게 된다. 따라서 초장 과목인 경서를 강경으로 하느냐 제술로 하느냐 하는 것은 과거 응시자들에게 매우 중요한 관심사였다. 조선 초기에는 강경을 주장하는 강경파와 제술을 주장하는 제술파의 의견대립이 있었다. 이런 강제시비(講製是非)는 조선 초기에 약 80여 년이나 지속되었다. 여러 차례의 변화가 있었으나, 성종 때부터는 사림파가 정계에 많이 진출하여 강경의 방법을 택하게 되었다.

구술시험인 강경에서 좋은 점수를 받기 위해서는 조리 있는 말로써 경서를 명쾌하게 해석해내야 했다. 이를 위해 경서를 숙독하여 암기할 필요가 있었다. 제술을 잘 하기 위해서는 잘 다듬어진 문장으로 질문에 답해야 했다. 여기엔 경전에 대한 이해 못지않게 문장력이 필요했다. 그러나 유생들은 제술 시험에 대비하기 위해, 예상문제와 모범답안을 채집하여 암기하는 식의 공부를 많이 하게 되었다.

2. 성리학의 발달과 교육

조선은 기본적으로 유교의 이념에 입각하여 틀이 잡히고 운영된 나라다. 조선의 모든 정치와 교육은 유교의 이념을 추구했다. 특히 주희(朱熹)에 의해 집대성된 성리학(性理學)을 학문과 정치와 교육의 기본으로 삼았다. 조선에서 성리학은 모든 가치판단의 기준이자 생활양식의 근간이 되었다.

> 천하를 통일하고자(平天下) 하는 자는 먼저 그의 나라를 바로 다스려야(治國) 하고, 그의 나라를 바로 다스리고자 하는 자는 먼저 그의 가정을 바로 거느려야(齊家) 하고, 그 가정을 바로 거느리고자 하는 자는 먼저 자신의 몸을 바로 닦아야(修身) 하고, 자신의 몸을 바로 닦고자 하는 자는 먼저 그 마음을 바르게 하여야(正心) 하고, 그 마음을 바르게 하려는 자는 먼저 그 뜻을 정성스럽게 세워야(誠意) 하고, 그 뜻을 정성스럽게 세우려 하는 자는 먼저 지식을 넓혀야(致知)하고, 지식을 넓히고자 하는 자는 먼저 사물의 이치를 연구해야(格物) 한다.
>
> －≪대학≫의 8조목

성리학은 송(宋)의 유학자 주돈이(周敦頤)의 태극설(太極說)에서 비롯되었다. 이후 정호(程顥)와 정이(程頤) 형제를 거쳐, 주희에 의해 집대성되었다. 성리학은 인간의 본성과 우주의 근원을 형이상학적으로 해명하려는 학문이며, 이학(理學), 도학(道學), 정주학(程朱學) 등으로 불리기도 했다.

성리학의 근본 목표는 수기치인(修己治人)과 법성현(法聖賢)에 있다. 수기는 학문과 수양을 통해 자기 스스로를 닦아가는 것이고, 치인은 교육과 정치를 통해 정명(正名)과 경륜(經綸)을 실현하는 것이다. 성리학에서는 수기치인을 위해 존양(存養)과 궁리(窮理)에 힘쓸 것을 요구한다. 존양은 마음을 한결같이 하여 인간이 본래부터 가지고 있는 선량한 품성을 함양하는 것을 말한다. 궁리는 사물의 이치를 탐구하고, 우주와 자연의 근본 원리를 깨닫고, 자연과 인간의 관계를 생각하는 것을 말한다. 성리학자들은 존양과 궁리에 힘씀으로써, 천부의 본성을 잘 기르고 우주의 근본 원리를 발견하여, 인생의 본무(本務)를 다하고자 했다.

법성현은 성현을 본받는 것을 의미한다. 성현은 인간 본래의 성품을 완전하게 실현한 사람이다. 성리학자들은 성현을 본받아 배우고 노력하여 성현의 경지에 이르고자 했다. 이를 위해 공자, 맹자, 주자 등의 성현들을 숭배하고, 소학(小學), 사서오경(四書五經) 등의 유학 경전과 역사서들을 연구하고, 효제충신(孝悌忠信), 예의염치(禮義廉恥) 등의 규범을 성실하게 실천하려 했다.

> 조선시대의 교육적 인간상인 선비는 '출처(出處)의 의리'를 중시했다. 이것은 벼슬길에 나갈 것인지 초야에 머물 것인지를 결단하는 것으로서, 선비의 절개를 판단하는 중요한 기준이었다. 남명(南冥) 조식(曺植)은 다음과 같이 말했다.
>
> "선비로서 위로는 천자에게 신하 노릇을 하지 않고, 아래로는 제후에게 신하 노릇을 하지 않는 자가 있으니, 비록 나라를 나누어 주더라도 깃털처럼 가벼이 보고 달가워하지 않았다. 그들은 품은 포부가 크고 처리하는 태도가 신중하여, 일찍이 남에게 가벼이 자기를 허여하지 않았다. 용을 잡는 기술을 가진 사람은 희생을 잡는 부엌에 들어가지 않고, 왕도정치를 보좌할 수 있는 사람은 패도정치를 하는 나라에 들어가지 않는 법이다."
>
> ―≪교감국역 남명집≫. p. 453

고려 말에 안향이 도입한 성리학은 이색, 정몽주 등에 의해 학문적으로 뿌리를 내리고, 권근(權近), 길재(吉再) 등에 의해 조선으로 이어졌다. 조선의 성리학은 개국 초부터 정치와 교육의 기본 이념으로 자리잡았으며, 조선 중기에 와서는 학문적으로 매우 높은 수준으로 발달했다. 중종 때의 조광조(趙光祖), 명종 때의 이언적(李彦迪), 서경덕(徐敬德), 이황(李滉), 기대승(奇大升), 선조 때의 이이(李珥), 인조 때의 김장생(金長生), 현종 때의 송시열(宋時烈) 등은 조선의 유학을 크게 발달시킨 대표적인 인물들이다. 특히 이황과 이이는 인품이 고결할 뿐 아니라 학문이 정밀하고 깊어, 이들의 학문을 배우고 따르는 이가 많았다. 이황과 이이의 학문은 후일 영남학파와 기호학파의 학통을 형성하게 되었다.

이들은 우주의 생성과 운행 원리 및 인간의 심리현상을 탐구하고, 이들에 대한 논의를 성숙시켰다. 이들은 천리(天理), 인성(人性), 물성(物性), 의리

(義理) 등의 주제에 대해 많은 논의를 전개했다. 이들이 사용한 기본 개념은 이(理)와 기(氣), 성(性)과 정(情), 성(誠)과 경(敬) 등이었다.

> 성리학의 학풍에서는 학문과 교육과 정치가 별도로 존재하지 않았다. 성리학의 대가라면 누구나 자신의 처지와 형편에 따라 혹은 학자로, 혹은 교육자로, 혹은 정치가로 활동할 수 있었다. 학문과 교육과 정치의 관계를 말하자면, 학문은 수기와 치인을 위한 것이었고, 교육은 학문과 정치를 위한 것이었고, 정치는 수기와 학문의 이상을 실현하는 것이었다. 이 세 가지는 공통으로 성인이 되는 것과 유교적인 이상 국가를 건설하는 것을 추구했다. 그 기저에는 동일한 도덕적 규범이 자리잡고 있다.

1) 이황의 교육사상

이황(1501~1570)은 연산군 7년에 경북 예산에서 출생했다. 자는 경호(景浩), 호는 퇴계(退溪) 또는 도옹(陶翁)이며, 시호는 문순(文純)이다. 1534년(중종 29년)에 문과에 급제한 후 성균관의 박사(博士), 전적(典籍)을 거쳐 1539년에 홍문관수찬(弘文館修撰)에 선임되었다. 후에 예조판서(禮曹判書), 대제학(大提學), 판중추겸지경연(判中樞兼知經筵) 등을 두루 거쳤으나, 관직에 연연하지 않고 기회가 있을 때마다 학문연구와 후학지도에 힘썼다. 그의 도산서당(陶山書堂)은 후진 양성을 위한 강학의 터전으로 널리 알려져 있다. 주요 저서로 퇴계집(退溪集), 성학십도(聖學十圖), 계몽전의(啓蒙傳疑), 주자서절요(朱子書節要), 송계원명이학통록(宋季元明理學通錄), 심경석의(心經釋疑), 사단칠정분이기왕복서(四端七情分理氣往復書) 등이 있다.

이황의 근본 사상과 학설은 대개 주자(朱子)의 것을 따랐으며, 그것을 더욱 발전시켰다. 이황은 인간의 심성에 대한 설명에서, 주자의 이기이원론(理氣二

元論)에 기초하여, 이(理)는 순선무악(純善無惡)하고 기(氣)는 가선가악(可善可惡)하다고 지적했다. 그에 따르면, 심성의 본연(本然)의 성(性)은 사단(四端 : 惻隱, 羞惡, 辭讓, 是非)이다. 이것들은 절대순선(絶對純善)인 이(理)의 체(體)와 용(用)이다. 반면에, 심성의 기질(氣質)의 성(性)은 칠정(七情 : 喜怒哀懼愛惡欲)이다. 이것들은 가선가악(可善可惡)의 상대적 가치를 지닌 기(氣)의 작용이다. 따라서 이는 귀하고 기는 천하다(理貴氣賤).

이황은 이기이원론에 근거하여 인간을 이(理)와 기(氣)의 관점에서 파악했다. 이의 관점에서 볼 때, 인간은 누구나 천리(天理)의 본성을 가지고 있으므로 아무런 차이가 없다. 그러나 기의 관점에서 볼 때, 인간은 기질(氣質)의 차이를 가지고 있다. 그래서 상지(上智), 중인(中人), 하우(下愚)와 같은 구별이 생긴다. 이황은 비록 하우라도 노력에 의해 상지에 이를 수 있으며, 상지라도 존양(存養)과 성찰(省察)을 게을리하면 사람됨의 길에서 멀어진다고 했다.

이황은 교육의 목적을 유교교육의 일반목적인 인(仁)을 체득한 사람, 즉 성현(聖賢)이 되는 것으로 삼았다. 그가 말하는 성현은 지(知 : 窮理)와 행(行 : 居敬)이 통합된 인격체를 의미한다. 이황은 인의 실현을 위해 경(敬)을 강조하였다. 경은 원래 정주학에서 많이 논의되어 온 것이지만, 이황은 경이야 말로 진리에 이르는 길이라 하여 특별히 강조하였다. 그는 ≪성학십도≫에서, 인간의 본연의 성에서 유래하는 도심(道心 : 四端)을 확충하고, 인간의 기질에서 유래하는 인심(人心 : 七情)에 한계를 두어, 인욕에 떨어지지 않게 하기 위해서는, 존양과 성찰이 필요하다고 했다. 이것의 바탕이 되는 것이 바로 경(敬)이다. 경은 마음을 주재하여 도덕적 심성을 배양하고, 악이 발현할 가능성을 억제하는 수양의 원리이다.

이황은 또한 학습의 준비 태세로 입지(立志)를 매우 중시했다. 입지는 자각적인 교육 의지라고 해석할 수 있다. 이황은 입지를 출발점으로 하여, 많이 배우고(博問), 깊이 생각하고(審思), 차근차근 생각하고(愼思), 바르게 판단해야(明辨) 한다고 했다.

이황이 강조한 교재는 주자대전, 태극도설, 심경, 소학, 근사록, 효경, 사서

등이다. 그는 독서의 방법으로 문장의 단순한 암송이나 형식적인 해석을 피하고, 숙독(熟讀)하고 정독(精讀)할 것을 강조했다.

2) 이이의 교육사상

이이(1536~1584)는 중종 31년 강릉에서 태어났다. 자는 숙헌(叔獻), 호는 율곡(栗谷), 시호는 문성(文成)이다. 13세에 진사초시에 합격한 것을 비롯하여, 29세에 처음 벼슬길에 나갈 때까지 여러 차례에 걸쳐 과거시험에 장원급제하였으므로, 구도장원공(九度壯元公)이란 칭송을 받았다. 이이는 대사간, 대사헌, 대제학, 호조판서, 이조판서, 우찬성, 병조판서 등을 역임했다. 그리고 41세에 관직에서 물러나 해주의 석담에 '은병정사(隱屛精舍)'란 서당을 세우고 후진교육에 힘썼다. 그의 저술로는 각종 학규(學規)를 비롯하여, 학교모범(學校模範), 성학집요(聖學輯要), 격몽요결(擊蒙要訣), 동호문답(東湖問答), 향약(鄕約), 경연일기(經筵日記), 자경문(自警文), 소아수지(小兒須知) 등이 있다. 이들은 대부분 율곡전서(栗谷全書)에 수록되어 있다.

이이는 성리학의 핵심 주제인 이(理)와 기(氣)의 문제에 관해, 이기일원적이원론(理氣一元的二元論)을 주장했다. 이이는 이를 형이상(形而上)의 무위(無爲)의 것으로 인식하고, 기를 형이하(形而下)의 유위(有爲)의 것으로 인식했다. 그리고 모든 물질(物質) 현상과 동적(動的)인 현상의 총화를 기라고 규정하고, 기 자체 안에 내재한 주재적인 기본원리와 원인을 이라고 규정했다. 그래서 이와 기는 일체 양면적이며, 분석하면 둘이지만 양자의 혼륜(渾淪)한 관계에서 보면 하나다.

그는 이기론을 더 전개시켜 '이통기국(理通氣局)'이라는 새 용어를 만들어 내었다. '이통기국'이 의미하는 것은, 이는 조금도 구애됨이 없이 통하여 어디서나 그 본연의 묘를 지니고 있지만, 기는 그렇지 못하여 편(偏)·정(正)·청(淸)·탁(濁) 등의 차별상을 드러내고 있는 만큼 국애(局碍)가 많다는 것이다. 이것은 이황의 이기 이원론에 반대된 학설이다.

이이는 또한 심성(心性)의 문제에 관해서도, 사단(四端)은 이에서 발동한 것이고 칠정(七情)은 기에서 발동한 것이라는 이황의 이기호발설(理氣互發

≪율곡이 제시한 독서 순서≫

① ≪소학≫을 읽어 어버이를 섬기고 형을 공경하며, 임금에 충성하고 어른을 공경하며, 스승을 높이고 벗과 친하는 도리를 낱낱이 자세하게 익히고 힘써 행한다.

② ≪대학≫을 읽어 이치를 궁구(窮究)하고 마음을 바로잡으며, 자신을 닦고 남을 다스리는 도리를 낱낱이 참되게 알고 실천한다.

③ ≪논어≫를 읽어 '어진 덕'(仁)을 추구하고 자신을 위한 학문을 하며, 마음의 근원을 기르는 노력을 낱낱이 정밀하게 생각하고 깊이 체득한다.

④ ≪맹자≫를 읽어 의리(義)와 이해(利)를 밝게 분별하고, 인욕(人慾)을 막아 천리(天理)를 보존하는 이론을 낱낱이 밝게 살펴서 확충한다.

⑤ ≪중용≫을 읽어 성(性)과 정(情)의 덕(德), 그리고 미루어 지극히 하는 공부와 천지가 제 자리를 얻고 만물이 생육하는 미묘한 이치에 대해 낱낱이 그 뜻을 깊이 탐색하여 깨달음이 있도록 한다.

⑥ ≪시경≫을 통해서 성(性)과 정(情)의 정사(正邪)와 선악(善惡)에 대해, 칭찬하고 경계함에서 낱낱이 침잠하여 해석하고 마음에 감동하며 스스로 징계한다.

⑦ ≪예경≫을 읽고서 천리의 절문(節文)과 의칙(儀則)의 도수(度數)를 낱낱이 강구하여 확립한다.

⑧ ≪서경≫을 읽어서 이제(二帝 : 堯, 舜)와 삼왕(三王 : 禹, 湯, 文王 또는 武王)이 천하를 다스린 큰 경륜과 큰 법도의 요령을 낱낱이 파악하여 근본을 소급한다.

⑨ ≪역경≫을 읽어서 길흉(吉凶)과 존망(存亡)과 진퇴(進退)와 소장(消長)의 기미를 낱낱이 관상(觀相)하고 완색(玩索)하여 연구한다.

⑩ ≪춘추≫를 읽어서 성인이 착한 일에 상주고 악한 일에 벌주며 억누르고 북돋아 주며 붙잡고 놓아 주는 은미한 말씀과 깊은 뜻을 낱낱이 정밀하게 연구하여 깊이 깨닫는다.

－이이, ≪격몽요결≫(擊蒙要訣)의 독서장(讀書章)

說)에 반대했다. 그는 오직 기가 발하고 이는 이것을 탈(乘) 뿐이라는 기발이승일도설(氣發理乘一途說)을 주장했다.

이이는 교육의 목적을 성인(聖人)이 되는 데 두었으며, 일상생활에서 오륜(五倫)과 오상(五常 : 仁義禮智信)의 도를 실천하는 사람을 기르고자 했다. 교육의 방법으로는 입지(立志)를 가장 강조했다. 입지는 말 그대로 뜻을 세우는 것으로서, 성인이 되고자 마음의 방향을 결정짓고, 그 뜻대로 행하는 것을 의미한다. 그는 성인(聖人)과 중인(衆人)의 차이는 입지의 견고성 여부에 달려있는 것으로 보았다.

그는 입지의 방법으로 참되고 성실할 것(誠)을 강조하였다. 그가 말하는 성(誠)은 위학(爲學)의 근본으로서, 성을 떠나서는 학문은 물론 인간다운 삶조차도 불가능하다. 인간은 성을 통해서 계속적인 성장이 가능하고, 진리를 보는 눈을 뜰 수 있다. 입지와 성은 이이의 교육사상의 핵심 개념이다.

이이는 또한 궁리(窮理), 거경(居敬), 역행(力行)을 교육의 3대 방법으로 제시했다. 이 중 역행을 특히 강조했다. 이것은 학문이 실제 생활과 유리되지 않게 하기 위해서다.

이이는 ≪학교모범≫에서 독서의 단계와 방법을 제시했다. 그것은 먼저 소학(小學)으로 근본을 삼고, 다음으로 대학(大學)과 근사록(近思錄)으로 규모를 정하고, 그 다음에 논어, 맹자, 중용, 오경을 읽고 사기와 선현의 성리학 책들을 읽어서, 의지와 취향을 넓히고 식견을 정밀하게 하는 것이다.

3. 실학사상과 교육

유학은 사회적 상황의 변화에 따라 많은 변천을 겪었다. 유학은 조선의 건국 초기에 정치와 교육의 기본 이념으로서 국가의 기틀을 다지는 데 주력했으며, 16세기에 들어와서는 성리학의 최대 융성기를 맞게 되었다. 서경덕, 이황, 이이 등의 대유학자들은 성리학의 기본 개념인 이와 기의 문제에 대해 매우 정밀한 분석과 심도 있는 논의를 전개했다.

> 조선의 유학자들은 '실학'이란 말을 '실질적인 학문' 또는 '진실된 학문' 이라는 뜻으로 사용했다. 실학(實學)의 상대어는 허학(虛學), 즉 '공허한 학문' 또는 '허황된 학문'이다. 그들에게서 성리학은 실학이고, 불교나 노장사상은 허학이었다. 홍대용이 그의 ≪의산문답≫(醫山問答)에서 '허자'(虛者)와 '실옹'(實翁)을 대비시킨 것은 좋은 사례다.
>
> 그러나 오늘날 우리는 성리학의 공리공론적인 경향에 저항한 학풍을 실학이라 부르고 있다. 17~18세기의 실학자들은 사회현실을 비판하고 사장학(詞章學 : 문학), 의리학(義理學 : 철학), 경제학(經濟學, 사회과학)을 포괄하는 학문체계를 발전시키려 했다.

17세기에 들어서면서 조선의 유학은 예학(禮學)의 성격을 두드러지게 나타냈다. 이 시기에 예학이 발달하게 된 원인은 두 가지로 들 수 있다. 하나는 성리학이 심화되는 과정에서 예(禮)의 의식적이고도 자율적인 준행을 강조한 추세 때문이다. 다른 하나는 임진왜란(1592)과 병자호란(1636)의 양대 전란을 겪은 후, 사회질서와 윤리의식이 혼란에 빠져 강상(綱常)의 재건이 필요해졌기 때문이다.

예학의 학문적 기초를 수립한 김장생(金長生)은 종래의 실용적인 의례에 지나지 않던 예(禮)의 문제를 학술 방면의 연구로 전환시켰다. 예학(禮學)이 성립되기 시작한 것이다. 그것은 성리학의 형이상학적인 세계관을 바탕으로 하여, 윤리의 강령과 행동규범을 체계적으로 다듬은 것이다. 이론 중심적이었던 성리학은 예학파가 생겨나면서 점차 실천지향적인 예학의 성격을 두드러지게 나타내었다.

17세기 중엽에 들어와서는 매우 다양한 주장들이 표출되기 시작했다. 퇴계와 율곡의 학파가 각기 그 문로를 따라 학문상의 이론을 전개해 갔다. 그러는 가운데, 주자학의 체계에서 벗어나 독자적으로 경전을 해석하려는 시도도 이루어졌다. 예컨대, 윤휴(尹鑴)와 박세당(朴世堂)은 경서에 대한 주자의 주석(註釋)과 해설(解說)의 절대성을 부정하고, 경서에 대한 독자적인 해석을 시도했다. 그러나 이들은 이로 인해 사문난적(斯文亂賊)으로 몰려 죽임을 당하고 말았다. 한편, 주자학에 대한 다른 비판적 동향이 생겨났는데, 종래에 이단시되었던 양명학(陽明學)을 수용하려는 시도가 그것이다. 예컨대, 정제두(鄭齊斗)는 양명학을 수용하여 독자적으로 해석하고 발전시켰다.

그러나 이 시기에 무엇보다도 중요한 변화는 경세치용(經世致用)의 실학파(實學派)가 등장하기 시작했다는 점이다. 실학의 학풍은 일부 지식인들이 사회의 여러 문제들에 대해 반성하고 비판함으로써 일어났다. 이 시기에 일어난 반성적 기운은 새로운 사회질서의 확립, 민생문제를 해결하기 위한 시책과 방법 등에 대한 학문적 연구를 자극했다. 실학사상이 한 학파를 형성하여 사회개혁과 학문연구의 방법론으로 발전한 것은 영조와 정조 때를 전후한 17세기 후반기부터 19세기 전반기까지다.

실학이 등장하게 된 배경으로는 국내외의 여러 요인들을 지적할 수 있다. 국내에서는 임진왜란과 병자호란 등으로 인해 극도로 피폐한 민생을 구제하고, 각종 사회병폐를 타개해야 한다는 긴박한 과제가 놓여 있었다. 외적으로는 당시 청조에서 발달한 고증학(考證學)과 서학(西學) 등의 영향을 받아, 실용성과 실증성을 지닌 탐구방법을 강구하게 되었다.

실학자들은 경제학(經濟學), 서학(西學), 북학(北學) 등을 수용함으로써 경세치용(經世致用)과 이용후생(利用厚生)의 학을 형성했다. 그들은 공리공담에 치우친 과거의 학문 경향을 비판하고, 사실에 기초하여 진리를 탐구하는 실사구시(實事求是)의 정신을 중시했다. 이들은 당시 사회의 시폐를 개혁하여 치정치인(治政治人)의 실(實)을 거둘 수 있는 학문을 추구했다.

실학의 학풍은 다음과 같은 특징을 가지고 있다. 첫째로 실학자들은 경제발전과 복지향상을 추구했다. 이들은 이용후생(利用厚生)의 도(道)와 경세제민(經世濟民)의 술(術)에 힘썼다. 이들은 공자와 맹자가 실현하고자 한 유교의 도덕 세계를 목표로 삼고, 경세제민의 학술로 실천해 가고자 했다. 그래서 예악(禮樂)과 형정(刑政)은 물론이고 식산흥업(植産興業)과 이용후생에 관한 제반 학문들을 연구했다.

둘째로 실학자들은 조선의 실정을 연구하고 현실을 개혁하고자 했다. 이들은 조선의 역사, 지리, 물산, 풍토 등을 실증적으로 연구하고, 종래의 관제(官制), 전제(田制), 세제(稅制), 군제(軍制), 학제(學制), 과거제(科擧制) 등 전반적인 제도개혁안을 내놓았다.

셋째로 실학자들은 외국의 발전된 문물을 수용하려 했다. 이들은 당시 중국에 수용된 서구의 신문화와, 청조의 실증적인 학문들을 적극적으로 수용하려 했다.

실학의 학풍을 주도한 학자들로는 유형원(柳馨遠), 이익(李瀷), 안정복(安鼎福), 홍대용(洪大容), 박지원(朴趾源), 박제가(朴齊家), 이덕무(李德懋), 김정희(金正喜), 유득공(柳得恭), 이중환(李重煥), 정약용(丁若鏞), 최한기(崔漢綺) 등이 있다. 여기서는 교육에 관한 논술이 비교적 많은 유형원, 이익, 정약용의 교육사상을 알아보기로 한다.

1) 유형원의 교육사상

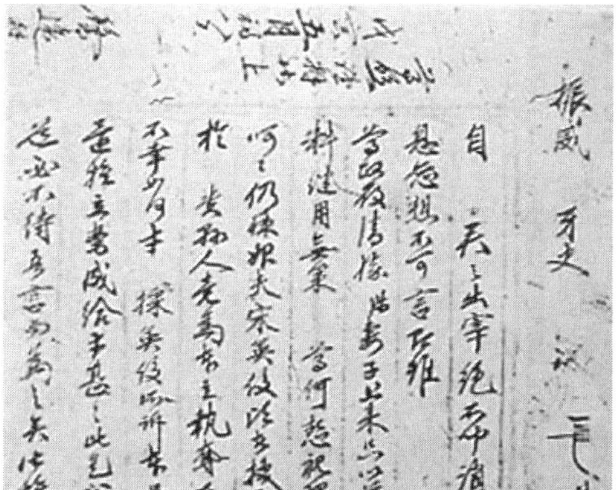

유형원의 글씨

유형원(柳馨遠, 1622~1673)은 자는 덕부(德夫), 호는 반계(磻溪)이다. 그는 한평생 벼슬길에 나가지 않고 초야(전라도 부안)에 묻혀 학문연구와 저술에 힘썼다. ≪반계수록≫(磻溪隨錄) 26권을 비롯한 그의 연구와 저술들은 실학의 학풍이 시작되는 초창기에 실학의 학문적 기초를 다지는 데 크게 기여했다.

유형원의 교육사상은 반계수록의 교선지제(敎選之制)와 교선고설(敎選攷說)에 잘 나타나 있다. 그는 중앙과 지방의 관학을 정비하여 새로운 교육제도를 수립하고, 향약을 지방 실정에 맞게 운영하여 미풍양속을 진작시키고,

문제가 많은 과거제도를 폐지하고 공거제(貢擧制)로 대신할 것을 주장했다. 그가 제안한 학제 개혁안과 공거제안은 당시의 교육제도와 관리의 선발 방식을 전면적으로 개혁하려 한 것이다.

유형원은 교육의 중요성을 강조했다. 그는 "사람은 인륜(人倫)을 알고 물리(物理)를 터득해야 한다."고 했다. 또한 "예(禮)에 천하에 나면서부터 귀한 자는 없다고 하였다."고 하며, 신분의 귀천이나 적서의 차별을 두지 말고 개인의 능력이나 나이에 따라 교육을 받을 수 있어야 한다고 주장했다.

유형원이 추구한 교육은 유학자들이 일찍부터 강조해 온 것과 별로 다르지 않다. 그는 경전 연구와 덕행의 실천과 각종 기예의 습득이 그것이다. 교육방법에서도 유학의 기본인 박학(博學), 심문(審問), 신사(愼思), 명변(明辯), 독행(篤行) 등을 강조했다. 그러나 유형원의 기본 주장은 당시의 시폐를 시정하고 유학 본래의 정신으로 돌아가야 한다는 것이다. 유형원은 전통적인 유학자들보다 실천적인 면을 더욱 강조했다.

유형원의 교육사상에서 가장 독창적인 면은 학교제도와 관리 선발제도의 개혁안이다. 유형원이 구상한 새로운 학교제도는 각 학교의 단계가 서로 연계되고, 최고의 교육기관이 관리 등용과 연계되는 구조이다. 그의 학제는 서울의 방상(坊庠)과 지방의 향상(鄕庠)에서 교육받은 15세 이상의 사대부 자제와 양민의 우수한 자제를 대상으로 한다. 교육기관의 처음 단계로는 서울의 부(部)에 사학(四學 : 東學, 西學, 南學, 北學)을 두고, 지방의 주(州), 부(府), 군(郡), 현(縣)에 읍학(邑學)을 둔다. 다음 단계로는 서울에 중학(中學)을 두고, 지방의 각 도에는 영학(營學)을 둔다. 그리고 최고의 교육단계로 서울에 태학(太學)을 둔다. 이처럼 서울에는 사학(四學)→중학(中學)→태학(太學), 지방에는 읍학(邑學)→영학(營學)→태학(太學)으로, 단계적으로 이어지는 학제를 구상했다.

이 개혁안의 주요 특징을 정리하면 다음과 같다. 첫째, 그는 교육을 국가의 통제 하에 두고자 했다. 유형원은 관학이나 사학을 막론하고 기존의 모든 교육기관들을 국가의 공교육 체제 속에서 계열화했다. 그는 지방의 서당 규모에서부터 중앙의 최고 교육기관인 태학에 이르기까지 하나의 교육체제

속에 편입하고자 했다.

둘째, 그는 학교교육과 관리 선발을 연계하는 제도를 구상했다. 그는 학교에서 인재를 양성하고 과거를 통해 관리를 선발하는 기존의 방식을 개혁하여, 학교에서 인재 양성과 관리 선발을 통합적으로 실시하는 제도를 구상했다. 이러한 구상은 송(宋)의 교육제도에 대한 고증과 당시의 교육현실을 참고한 것이다.

셋째, 그는 국가의 행정단위에 맞추어 학교를 편성했다. 유형원은 행정단위의 위계에 따라, 지방과 서울에서 3단계로 이어지는 학교의 단계를 설정했다.

유형원이 제안한 관리 선발 방법은 공거제(貢擧制, 추천제)이다. 유형원은 우수한 인재를 선발하기 위해서는 학교 교육과 관리 선발이 연계되는 공거제를 시행해야 한다고 주장했다. 공거제의 대략은 다음과 같다. 우선 관리 수습기관인 진사원(進士院)을 설치하고, 태학에서 1년 이상 수학한 우수한 학생을 학교의 추천과 진사원의 시험으로 선발한다. 다음엔 진사원에서 1년간 수습관리로 일하게 한다. 끝으로 그 동안 개인의 능력과 인격을 보아 관직에 임명한다. 학생을 상급학교와 진사원으로 추천하는 자는 학생의 신분에 구애받지 말아야 한다. 추천자는 단순히 학생의 문장력을 평가할 것이 아니라 그의 행실과 능력을 보아 추천하되, 추천에 책임을 져야 한다.

유형원의 학제개혁안의 특징은 전국에 계통화된 국립 교육기관을 설치하고, 공거제를 통해 학교교육과 관리 선발을 연계시킨 것이다. 그는 학교의 입학 조건으로 교관과 수령의 책임 있는 추천을 중시했으며, 개인의 인품과 능력을 관리 선발의 중요한 기준으로 삼았다. 유형원의 교육사상과 학제개혁안은 근대적인 성격을 띠고 있어서, 이익 등 후진 실학자들에게 많은 영향을 주었다.

2) 이익의 교육사상

이익(李瀷, 1682~1764)은 자는 자신(子新), 호는 성호(星湖)이다. 대사헌을 지낸 부친 하진(夏鎭)의 풍부한 장서를 토대로 일찍부터 많은 독서를 했

다. 이익은 평생 벼슬길에 나가지 않고 오직 학문 연구와 후진 양성에 힘썼다. 안정복(安鼎福), 이중환(李重煥), 이가환(李家煥) 등 많은 후진을 양성했으며, 교육 관련 저서로 곽우록(藿憂錄)을 썼다.

이익의 사회인식과 학문적 태도는 실학의 특징을 잘 나타내고 있다. 그에 따르면, 사회현실은 역사적으로 고찰되어야 하며, 그러기 위해서는 실증적이고 비판적인 태도로 학문에 임해야 한다. 이익의 주된 관심은 경세제민(經世濟民)에 있었다. 학문은 궁극적으로 실생활에 유용해야 하며, 국가의 부흥에 기여해야 한다. 그래서 그는 "경학을 연구하는 이유는 앞으로 치용하기 위해서다."라 했다.

이익은 교육의 필요성과 능력에 의한 지위 결정을 주장했다. 이익에 의하면, 인간됨의 근본은 숭례(崇禮)에 있다. 즉, 인간이 다른 동물과 다른 점은 예의를 숭상함에 있다. 이익은 인간을 현(賢)과 불현(不賢)의 두 종류로 나누어, 현자(賢者)가 거위(居位)하여 사람을 다스리고 어리석고 불초한 자가 거하(居下)하여 다스림을 받는 것이 옳다고 하였다.

이익은 민본사상(民本思想)을 가지고 있었다. 그는 "임금이 없어도 백성은 그 몸을 기를 수 있으나, 백성이 없으면 임금도 없는 것이니, 이것으로 보면 백성의 은혜가 임금의 은혜보다 더 중하다."고 했다. 그는 생산 활동이 인간의 삶에 필수적이라는 것을 강조하면서, 당시 선비들이 생산에 종사하지 않고 놀고먹는 유식(遊食) 계층이 되어가는 걸 비판했다. 이익이 생각한 생산 활동의 기본은 농업이다. 그는 양반이나 사대부 자제도 마땅히 농사에 종사해야 한다고 했다. 그는 농사에 힘쓰지 않는 여섯 가지 좀 벌레를 지적했는데, 여기에는 선비의 과거공부도 포함되어 있다.[8)]

이익은 국가의 인재를 선발하는 방식에 있어서도, 종래의 과거제도를 시정하고 각 지방에서 훌륭한 인재를 천거하는 공거제를 병행할 것을 주장했다.

---

8) 이익이 지적한 여섯 가지 좀은 노비제도, 과거제도, 벌열(閥閱)제도, 기교(奇矯 : 언행이 괴이하고 익살스러움), 승니(僧尼 : 불교의 중), 유타(遊惰 : 놀기만 하고 게으름)이다.

이익이 제안한 과거제 개편안은 오년대비지제(五年大比之制)로서, 종래의 식년(式年) 제도를 폐지하고 5년에 걸쳐서 소정의 과목별로 시험을 보게 하고, 종래의 소과와 대과의 구분을 폐지하고 초시와 복시와 전시의 3단계 형식만 남겨두며, 응시자의 자격도 전면적으로 개방하는 방식이다. 인재를 천거하는 제도는 향거리선제(鄕擧里選制)로서, 지방관이 신분의 귀천을 가리지 않고 어진 이를 3년마다 추천하되 피추천자의 공로와 과오에 대해 공동으로 책임지는 연좌법(連坐法)을 엄격히 적용하는 방식이다. 이처럼 과거제를 개편하고 추천제를 병행함으로써, 우수한 인재가 선발될 수 있는 제도적 장치를 마련하고자 했다.

이익은 교육을 통해 국가에 필요한 인재를 양성하고자 했다. 그가 교육을 통해 기르고자 한 인간은 예(禮)와 학(學)을 겸비한 현인(賢人)이며, 역사의식과 현실인식이 분명한 사람이다. 그는 교과목으로 유학의 경전들과 역사서들은 물론, 안정복의 동사강목(東史綱目)과 이황의 퇴계집(退溪集) 등 우리의 역사서와 문집을 읽어야 한다고 주장했다.

교육방법에 대해, 이익은 스스로 깨닫게 하는 것이 가장 좋은 방법이며, 분발할 때를 기다려 이후에 깨우치는 것이 그 다음의 방법이라 했다. 이렇게 하지 않으면 힘들여 행하지 않을 뿐 아니라 깨달음이 깊지 못해 이익이 없다 했다. 이익은 또한 일신전공(日新全功)의 방법을 주장했다. 이것은 항시 새로운 것을 생각하며 주의를 집중하여 학문에 정진하는 것이다. 이와 더불어 '묻기를 즐겨하는 것'(好問)을 강조했다. 또한 의문이 나는 것을 글로 써서 질문하는 것(書牘質疑)이 구두로 하는 것보다 훨씬 낫다고 했다. 이 외에도 교육의 방법으로 박력을 가지고 나아갈 것(驟進工夫), 새롭고 기이한 것을 좋아할 것(求新好奇), 때를 잃지 말 것(不失其時), 서적을 사랑하고 공경할 것(敬玩書籍) 등을 강조했다.

3) 정약용의 교육사상

정약용(1762~1836)은 자는 미용(美鏞), 호는 다산(茶山) 또는 사암(俟

菴), 당호는 여유당(與猶堂)이며, 시호는 문도(文度)이다. 진주목사 정재원(丁載遠)의 아들로 1789년에 문과에 급제하여 관직에 나갔다. 순조(純祖) 즉위년(1801년) 신유사옥(辛酉邪獄)에 관련되어 강진으로 유배된 후, 그 곳에서 18년간 학문에 전념하여 많은 저술을 남겼다. 유배에서 풀려난 후에도 고향에서 저술에 힘을 써 실학을 집대성했다.

정약용은 주로 정치와 경제 부문의 개혁에 관심을 기울였으나, 교육 문제에 대한 관심도 적지 않았다. 그의 교육사상은 당시의 교육현실을 개혁하겠다는 의지에 토대를 두고 있다. 그는 현실적인 교육문제들을 비판하고 그에 대한 개선 방안을 제시했다. 정약용은 실천하는 사람이 궁극적으로 천하를 위하는 사람이라고 보고, 단순한 수양이 아니라 생활에 실제적인 도움을 주는 교육을 강조했다.

정약용은 오학론(五學論)과 불가독설(不可讀說)로써, 당시의 교육현실을 비판했다. 오학론은 당시의 퇴폐한 학문적 경향에 대한 다섯 가지 비판이다. 그에 의하면, 성리학(性理學)은 공리공담(空理空談)의 이기설(理氣說)에 너무 편중했고, 훈고학(訓고學)은 경전(經典)의 자의(字義)와 훈독(訓讀)에 치중했고, 문장학(文章學)은 미사여구(美辭麗句)의 문자적 유희에 치중했고, 과거학(科擧學)은 공정하지 못하여 우수한 인재를 등용하지 못했으며, 도선(道詵)의 비결이나 정감록(鄭鑑錄) 같은 술수학(術數學)은 어리석은 백성을 현혹시켰다.

불가독설(不可讀說)은 전통적인 유학 교육에서 사용하던 천자문(千字文), 사략(史略), 통감절요(通鑑節要)를 읽혀서는 안 된다는 주장이다. 그에 의하면, 천자문은 한자교육을 위한 기초 교재지만, 문자가 체계적으로 배열되지 않았기에 비효과적이다. 사략은 중국의 역사책을 초록(抄錄)한 것이나, 거기에 기록되어 있는 전설적인 인물인 천황(天皇)은 허구에 지나지 않는다. 통감절요는 중국의 강용(江鎔)이 편찬한 책으로서 중국에서도 인정을 받지 못하지만, 조선에서는 단지 과거시험 때문에 널리 읽히고 있다.

정약용은 덕행(德行)과 경술(經術)과 기예(技藝)의 교육을 강조했다. 이 중 덕행은 인간됨의 근거가 되므로, 경술과 문예보다 더 중시했다. 정약용이 강조한 덕행은 효제자(孝悌慈)로 대표된다. 효제는 유학의 기본적인 실천규범으로 일찍부터 강조되어 왔으나, 정약용은 여기에 자(慈)를 추가했다. 효는 자식의 아비에 대한 사랑으로 상향적인 것이고, 제는 형제간의 사랑으로서 수평적인 것이며, 자는 부모의 자식에 대한 사랑으로 하향적인 것이다.[9] 경술은 그가 제시한 십경(十經 : 大學, 孟子, 論語, 中庸, 詩經, 書經, 易經, 周禮, 禮記, 春秋)의 지식을 실제에 이용하는 것이다. 그는 당시 조선의 경학이 사서삼경으로 축소되고 있음을 우려하며, 십경으로 확대할 것을 주장했다. 끝으로 기예는 생활세계의 문제를 해결하는 갖가지 능력들이다. 그는 기예로써 국민 생활이 윤택해지고 국가가 부강해질 수 있으므로, 국가를 경륜(經綸)하는 자는 마땅히 기예를 강구해야 한다고 주장했다. 그는 이론적으로 농업, 방직, 군사, 의술 등에 관하여 논의함은 물론, 실제적으로 화성(華城)의 축성을 설계하기도 했다.

정약용은 교육용 교재에 대해서도 개혁적인 견해를 제시했다. 그가 주장한 학습교재는 국학(國學)과 자신이 저술한 아학편(兒學篇)이다. 국학은 국사(國史)와 우리나라의 성현들의 글이다. 아학편은 문자를 같은 유(類)의 글자들을 항목별로 분류하여 편성한 문자교육 교재이다.

---

9) 유교의 덕행으로는 일찍부터 육덕(六德 : 智, 仁, 聖, 義, 忠, 和)과 육행(六行 : 孝, 友, 睦, 婣, 任, 恤)이 강조되어 왔다.

정 리

요 약

1. 조선은 유학을 정치와 교육의 기본 이념으로 채택했다. 특히 성리학을 정통으로 삼았으며, 불교나 노장사상 등 다른 사상들은 이단으로 취급했다. 성리학의 중심된 교육 원리는 법성현과 수기치인이었다.
2. 교육기관으로는 관학으로 성균관과 향교 및 학당이 있었고, 사학으로 서원과 서당이 있었다. 이 교육기관들은 인재를 양성하고 유학을 연구하여 보급하는 것을 목적으로 하였다.
3. 유교 교육의 전통에서 제사는 독서 못지않게 중요했다. 이는 성현을 숭배하는 마음을 가지고 그들의 언행을 배우는 것이 참교육이라 여겼기 때문이다. 그래서 성균관, 향교, 서원 등에서는 제사와 교육을 병행했다.
4. 조선시대에 관리를 선발하는 과거제도에는 문과, 무과, 잡과의 세 종류가 있었다. 조선의 정치는 문무 양반체제로 운영되었기에, 문과와 무과가 잡과보다 중요했지만, 문과가 더욱 중요했다.
5. 과거제도는 교육제도와 밀접하게 연결되어 있었다. 특히 성균관은 소과 급제자에게 입학자격을 주었고, 유생들에게 과거시험에 대한 특전도 적지 않게 부여했다.
6. 성리학은 교육에 기본 틀을 제공했다. 조선의 지식인들은 성리학을 신중하게 연구했을 뿐 아니라 실천에 옮기는 데도 힘썼다. 성리학의 대가들은 대체로 위대한 교육사상가이자 교육실천가이기도 했다.
7. 조선 후기에 등장한 실학은 성리학의 폐단을 시정하고 각종 제도 개혁을 추진하는 등 매우 실천적인 성격을 띠었다. 실학자들은 과거에 비해 훨씬 개방적이고 실천적인 태도로, 과거제도와 학교제도를 개혁하기 위한 방안들을 제시했다.

연구 및 토론문제

1. 조선의 지식인들과 정치지도자들은 왜 성리학만 중시하고 다른 학문과 사상을 통제했을까? 이런 태도는 학문의 진보에 역행하는 것이 아닐까?
2. 조선 유학자들의 핵심적인 연구 주제였던 '이기론(理氣論)'과 그 연장선에

있는 '사단칠정론'(四端七情論), '인물성동이론'(人物性同異論) 등은 오늘날 에도 여전히 연구할 만한 가치가 있는 주제들인가?

3. 성균관 유생들은 과거시험에서 어떤 특전을 누릴 수 있었나? 국가에서 이런 특전을 부여한 이유는 무엇인가?
4. 성균관, 향교, 서원 등 권위 있는 교육기관들이 제사와 교육을 병행한 이유는 무엇인가? 제사는 정말로 교육만큼 중요한가?
5. 유형원의 학제개혁론에 대해 알아보자. 거기에서 어떤 근대적인 요소를 발견할 수 있는가?
6. 실학자들의 교육개혁론은 개화기 선각자들의 교육개혁론, 최근의 교육개혁론과 어떤 유사성이 있는가?
7. 실학(實學)과 허학(虛學)의 차이는 무엇인가? 최근 한국의 학교들은 실학을 하고 있는가?

읽을거리

국역 태학지.

금장태(1998). 퇴계의 삶과 철학. 서울, 서울대출판부.

김영우, 피정만(1995). 최신 한국교육사 연구. 서울, 교육과학사.

민병하(1983). 조선시대의 서원교육. 대동문화연구 제17집, 성균관대학교 대동문화연구원.

박연호(1994). 조선 전기 사대부 교양에 관한 연구. 한국정신문화연구원 박사학위 논문.

서울대학교 교육연구소 편(2000). 한국교육사. 서울, 교육과학사.

이동환(1970). 한국문교풍속사. 한국문화사대계 4, 고대민족문화연구소.

이만규(1988). 조선교육사 1, 2. 기획출판 거름.

이성무(1998). 과거제도와 교육. 서울대학교 교육연구소 편, 교육학대백과사전. 도서출판 하우동설.

제3장 근대와 현대사회의 교육

개 관

한국의 유교적인 전통교육은 19C 후반에 이르러 획기적인 변화를 맞게 되었다. 서양의 열강들과 일본의 개방 압력으로 인해 조선은 문호를 개방하지 않을 수 없었다. 조선은 개방과 자강(自彊)을 목표로 신식 군사훈련을 실시하고 신식 학교를 세웠으며, 사회 전반의 개혁을 위해 갑오개혁(1894)을 단행했다. 전통적인 서당은 개량서당으로 발전하였고, 외국의 선교사들과 민족의 선각자들은 신식 학교들을 세워나갔다.

그러나 조선은 일본의 식민지가 되면서, 주체적으로 근대를 열어가려던 꿈을 접어야만 했다. 그리고 한국의 근대는 식민지의 성격을 띤 왜곡된 양상으로 전개되었다. 일본의 식민지 기간 동안 이 땅의 교육은 식민지 지배 체제의 일부로 운영되었다. 그로 인해 식민지적, 권위적, 관료적인 특성이 강하게 배어들었고, 이것은 해방 후에도 계속해서 극복해야 할 대상이 되어왔다.

해방 후 한반도는 통일국가를 회복하지 못하고 남북으로 분단되어, 각각 이념을 달리하는 체제를 형성해 왔다. 남한은 자유 민주주의 이념 아래 국민교육제도를 발전시켰고, 눈부신 경제성장을 바탕으로 국민의 교육 수준이 급격히 높아졌다. 북한은 사회주의 교육체제를 형성하여 오늘에 이르고 있다. 이제는 민족의 통일을 위한 교육을 실시하고, 통일 이후의 교육을 알차게 준비해야 할 때다.

탐 색

· 조선은 서양 열강의 개방 압력에 어떻게 대처했나?
· 민족 선각자들은 국권 회복을 위해 교육 영역에서 어떤 노력을 했나?
· 서양 선교사들의 교육활동은 한국의 근대교육에 어떻게 기여했나?
· 일본의 식민지 교육정책은 어떤 양상으로 전개되었나?
· 미국은 해방 후 한국의 교육에 어떤 영향을 미쳤나?
· 민주주의 교육이념은 사회주의 교육이념과 무엇이 다른가?
· 남한에서 학교단계별로 교육인구가 급격히 팽창한 원인을 조사해 보자.

중심개념

근대교육, 근대학교, 갑오개혁, 교육구국운동, 식민지교육, 황민화교육, 조선교육령, 민족교육운동, 단선형학제, 민주주의 교육, 사회주의 교육, 새교육 운동, 발전교육론, 국민교육헌장, 교육자치제도

1. 근대교육의 성립과 왜곡

1) 근대교육의 성립

(1) 근대적 교육개혁

조선은 19세기 후반에 들어와 외국에 문호를 개방하고 국제적인 교류를 갖게 되었다. 조선은 1876년 일본과 <한일수호조규>를 체결한 것을 시작으로 미국, 영국, 독일, 러시아 등 서양의 여러 나라들과 통상조약을 맺었다. 개화기가 시작된 것이다. 개화기의 국제교류는 근대사회로 발전하는 계기가 될 수도 있었지만, 제국주의 열강들의 위협에 국운을 걸고 대처해야 하는 위기이기도 했다. 조선은 열강들의 세력 다툼 속에서 자주권을 유지하면서 근대사회로 발전해 가야 했다.

조선은 새로운 국제정세에 대응하기 위해, 1881년에 통리기무아문(統理機務衙門)을 설치했다. 통리기무아문에서는 군제를 개편하여 별기군을 창설하고, 외국 시찰단 및 유학생을 파견하여 신식 무기 제조법을 배우게 했다. 1883년에는 동문학(同文學, 일명 通辯學校)을 설립하여 외교정책의 실무자를 양성했다. 1886년에는 동문학을 확대 개편하여 육영공원(育英公園)을 설립했다. 육영공원에서는 정부의 젊은 관리와 양반의 자제들을 받아들여 영어, 수학, 자연과학, 역사, 정치학 등을 가르쳤다.

조선 정부가 본격적으로 근대식 교육제도를 도입하기 시작한 것은 1894년 갑오개혁(甲午改革)부터다. 갑오개혁은 김홍집이 이끈 군국기무처(軍國機務處)에서 추진했는데, 1894년 7월부터 약 4개월에 걸쳐 208건에 달하는 개혁안을 의결·공포했다. 군국기무처는 과거제도를 폐지하고 새로운 관리 임용제도를 확립했으며, 정부기구를 내각제로 개편하여 근대적 교육행정 기구인 학무아문(學務衙門)을 설립했다.

정부는 1894년 7월에 <학무아문고시>를 발표하여, 영재교육의 시급함을 강조하고, 소학교와 사범학교를 설립하여 양반과 상인(常人)의 구별 없이 두루 인재를 양성할 뜻을 밝혔다. 다음해 1월에 고종은 <홍범 14조>를 공포하여, 우수한 자제를 널리 파견하여 외국의 학술과 기예를 배워오도록 했다. 이어서 1895년 2월에는 고종이 <교육입국조서>를 발표하여, 옛 교육을 지양하고, 실용교육에 힘쓰며, 교육을 통해 국가의 중흥을 꾀할 것을 강조했다. 이후 정부에서는 각종 학교의 설립에 대한 여러 법령들을 제정하여 근대학교를 설립할 수 있는 길을 열었다. 그리고 이 법규들에 의거하여 한성사범학교, 소학교, 외국어학교, 의학교, 상공학교, 중학교 등을 설립하고 성균관을 개편했다. 이 외에도 무관학교, 광무(鑛務)학교, 법관양성소, 잠업양성소 등을 설립하여 국가에 필요한 전문 기술 교육을 실시했다.

1880년대에 정부가 추진한 근대적 교육개혁은 전통교육을 완전히 근대교육으로 대치하려는 것은 아니었다. 당시 정부는 전통교육의 기반 위에 근대교육의 새로운 내용과 기능을 추가하려 했다. 정부가 추진한 자강정책과 개방정책을 이끌어가는 데 요구되는 인재는 전통적인 경학의 교양을 기본적으로 갖추고, 추가로 서양식 군사 기술이나 의술 또는 영어 능력 등을 갖춘 인재였다. 정부와 민족 선각자들 및 기독교 단체들이 설립한 근대학교들에서는 대체로 전통적인 교과와 근대적인 교과들을 함께 가르쳤다.

> 세계의 형세를 보건대 부강하며 독립하여 웅시(雄視)하는 모든 나라는 다 국민의 지식이 개명하였다. 지식의 개명은 교육의 바름을 전제로 하니 교육은 실로 국가를 보존하는 근본이다. 그러므로 내가 임금의 자리에서 교육의 책임을 스스로 지노라. 교육은 또 그 길이 잇는 것이니 헛이름과 실용을 먼저 분별하여야 할 것이다. 독서나 습자로 옛 사람의 찌꺼기나 줍고 시세 대국에 어두운 자는 그 문장이 비록 고금을 능가할지라도 쓸데없는 서생에 불과한 것이다. 이제 내가 교육강령을 보여 헛이름을 버리게 하고 실용을 쓰게 하노라.
>
> —고종의 〈교육입국조서〉(1895년)에서

≪갑오개혁 이후 제정 · 공포된 학교에 관한 법규들≫

한성사범학교관제(1895), 외국어학교관제(1895), 성균관관제(1895), 소학교령(1895), 한성사범학교규칙(1895), 성균관경학과규칙(1895), 소학교규칙대강(1895), 보조공립소학교규칙(1896), 의학교관제(1899), 중학교관제(1899), 상공학교관제(1899), 외국어학교관제(1900), 농상공학교관제(1904)

개화기의 교육개혁은 국민의 보통교육을 위해 초등교육을 광범위하게 실시하고, 근대적 개혁에 필요한 인재를 시급히 육성하는 데 초점을 두었다. 그러나 당시 설립된 각종 학교들은 기대만큼 성공적이지 못했다. 왜냐하면 근대교육에 대한 국민들의 이해가 부족했고 정부의 재정도 빈약했을 뿐 아니라, 무엇보다도 일본의 간섭이 점점 본격화되었기 때문이다. 일본은 1904년의 한일협약과 1905년의 을사조약을 통해 한국의 교육정책을 실질적으로 주도해 갔다.

(2) 교육구국운동

민족의 선각자들은 제국주의적인 열강들의 도전에 대처하여 인재 양성과 국민 계몽에 힘썼다. 민족 선각자들은 국권의 회복을 위해 사회단체의 결성, 언론기관의 설립, 학회와 학교의 설립 등을 전개했다. 당시 결성된 사회단체로는 독립협회(1896), 보안회(1904), 헌정연구회(1905), 대한자강회(1906), 신민회(1907) 등이 있다. 이 단체들은 민족이 당면한 문제들을 민족의 단결된 힘으로 해결하고자 노력했다. 언론기관들로는 독립신문(1896), 황성신문(1898), 대한매일신보(1904), 만세보(1906), 대한민보(1909) 등이 있다. 이 신문들은 애국지사들의 우국충정을 논설에 담고, 국내외의 새로운 정세를 기사로 담아 보도하는 등 민중 계몽의 중요한 기능을 담당했다.

선각자들은 근대적인 학교를 설립하여 성장하는 세대의 실력을 양성하고자 했다. 그 첫 출발은 1883년에 설립된 원산학사(元山學舍)다. 이 학교는 개항장인 원산에서 원산주민들이 개화파 관리들의 지원을 얻어 설립했다. 원산주민들은 학교설립기금을 출연하고, 정현석, 어윤중, 정헌시 등 개화파 관리들은 행·재정적으로 지원하였다. 원산학사는 외국의 학교를 모방한 것이 아니라, 기존의 서당을 개량서당(改良書堂)으로 발전시키고, 이것을 다시 근대학교로 발전시킨 것이다. 그 이후 서구의 여러 나라를 순방하고 돌아온 민영환이 1895년에 흥화학교를 설립한 것을 비롯하여, 많은 선각자들이 근대식 학교를 설립해 갔다.

개화기 초기의 근대학교들

학교명	설립연대	설립자	비 고
흥화학교	1895	민영환	영어, 일어, 측량술
을미의숙	1895	사회유지들	일어 (후에 낙영의숙으로 변경)
중교의숙	1896	민영기	일어, 영어, 한문
점진학교	1899	안창호	남녀공학 실시
낙연의숙	1901	서광세 등	
청년학원	1904	김덕기	
양정의숙	1905	엄주익	
보성학교	1905	이용익	

1883년부터 1905년 말까지 각종 신문에 기사가 실린 사립학교는 모두 158개다. 그러나 언론에 보도되지 않은 학교들을 합하면 실제 학교수는 이보다 훨씬 많았을 것으로 추정된다.

1905년 11월 〈을사보호조약〉으로 국권이 위태로워진 이후에는, 많은 애국지사들이 직접 교육사업에 종사하거나 교육단체를 조직하여 교육사업을 도왔다. 민족 선각자들은 서둘러 사립학교를 설립하기 시작했다. 1906년에는 민영휘가 휘문의숙을, 남궁억이 현산학교를, 이용익이 보성중학교와 중동학교를 설립했다. 정미 7조약으로 황제가 폐위되고 대한제국의 군대가 해산된 1907년에는 안창호가 대성학교를, 이승훈이 강명의숙과 오산학교를 설립했다. 이 학교들은 민족의식과 독립정신을 고취하여, 많은 애국지사들을 배출했다.

재래의 서당들도 상당수 새로운 학교로 개편되었고, 전국 각처에서 강습소와 야학이 열리는 등 교육 구국운동이 힘차게 전개되었다. 특히 이 시기에 조직된 여러 학회들은 학보를 발행하여 민중을 계몽하는 한편 사립학교들을 설립하여 인재양성에 힘을 기울였다.

개화기 학회에서 설립한 학교들

학교 이름	학회 이름	설치연도	비 고
서우사범학교	서우학회	1907	교사양성
서북협성학교	서북학회	1907	
기호학교	기호흥학회	1908	
대동전수학교	대동학회	1908	
동인학교	대한동인회	1907	
보인학교	보인학회	1908	
양규의숙	여자교육회	1906	
신학원	여자교육회	1907	

민족 선각자들이 설립한 사학들은 주로 국권회복을 위한 일꾼 양성, 민족의식 고취, 애국사상 함양과 항일운동, 건전한 인격과 건강한 신체 함양 등에 역점을 두었다. 따라서 이 학교들은 항일, 독립, 애국 사상의 온상이자, 민족교육의 중심지가 되었다. 그러나 일본 통감부(統監府)는 1908년 8월에 <사립학교령>을 발표하여 민족교육을 대대적으로 탄압했다. 이로 인해 사학은 크게 위축될 수밖에 없었다.

(3) 종교계의 교육활동

종교계의 교육활동은 미국인 선교사들을 중심으로 이루어졌다. 1882년에 <한미수호통상조약>이 체결되었고, 1884년에는 일본에서 활동하던 선교사

맥클레이(R. S. Macley) 부부가 한국으로 들어와, 고종황제로부터 교육과 의료사업에 대한 허락을 받았다. 이어서 의사 알렌(H. H. Allen) 부부를 비롯하여, 언더우드(H. G. Underwood), 아펜젤러(H. G. Appenzeller), 스크랜턴(Mrs. M. F. Scranton) 등과 같은 선교사들이 입국했다. 이들은 교육과 의료를 선교의 수단으로 삼아 학교와 병원을 개설했다. 이 학교와 병원들은 조선의 교육과 의료를 근대화하는 데 기여하는 한편, 기독교를 이 땅에 정착시키는 기반이 되었다.

알렌은 국립병원을 설립하기 위해 정부와 교섭하여, 1885년 4월 광혜원(廣惠院, 일명 濟衆院)을 세워 최초로 서양식 의료기술을 전파했다. 광혜원은 의료사업을 전개했을 뿐 아니라, 1886년 3월에는 학생 16명을 선발하여 서양의학을 가르쳤다.

아펜젤러는 1885년 8월에 영어 교육을 시작하여, 이듬해 6월에는 고종황제로부터 배재학당(培材學堂)이란 교명을 하사받았다. 배재학당은 이 땅에 선교사가 최초로 설립한 근대학교다. 배재학당은 근대적인 교칙을 제정하여 학교운영에 적용했으며, 주로 외국인 선교사와 그 가족들이 교사가 되어 한문, 영어, 천문, 지리, 생리, 수학, 수공, 성경 등의 교과들을 가르쳤다. 배재학당은 관비(官費) 영어 위탁교육생을 받아들이면서 전성기를 맞았다.

언더우드는 광혜원에서 화학과 물리학을 가르치다가, 1886년에 한국 최초의 고아원(孤兒院)을 설립하고 고아학교도 개설했다. 이 고아학교는 언더우드학당, 예수교학당이라 불렸는데, 1902년에 중등학교를 복원하고 경신학교(儆新學校)로 교명을 바꿨다.

스크랜턴 부인은 1886년 5월에 여학생을 대상으로 하는 기숙학교를 설립했으며, 이듬해 명성황후로부터 이화학당(梨花學堂)이라는 교명을 하사받았다. 이로써 한국 최초의 여학교가 시작되었다. 이화학당은 처음에는 학생과 교사확보가 어려워 성경과 영어를 가르치다가, 점차 산술, 언문, 역사, 한문, 생리, 음악 등으로 교과목을 확대해 나갔다.

엘러스(A. J. Ellers)는 광혜원의 간호원으로 일하다가, 1887년에 정동여학당(후일 정신여학교)을 설립했다. 정동여학당은 여아들에게 숙식을 제공하며 교육을 실시했다. 처음에는 국문과 산술을 가르치다가, 1895년 이후에는 한문, 역사, 지리, 음악, 가사 등 중등 수준의 교육을 실시했다.

기독교계의 교육활동은 초기에는 서울에 한정되었으나, 갑오개혁 이후부터는 각 지방으로 확대되었다. 이들은 남자학교와 여자학교, 고아학교와 맹아학교를 설립하여, 남녀평등 사상을 보급하고 사회적으로 소외된 이들에게 교육의 기회를 제공했다. 기독교계의 교육활동은 근대적인 교육제도, 민주주의 이념, 교육의 기회균등 사상을 보급하는데 크게 기여했다.

1910년 2월까지 설립된 기독교계의 학교들은 모두 796개교다. 이 학교들을 종파별로 정리하면, 장로파 501개교, 감리파 158개교, 성공회 4개교, 안식교 2개교, 종파미상 84개교, 교파합동 1개교, 천주교 46개교다.

≪불교계의 근대학교≫

1906년 서울의 원흥사(元興寺)에서 불교계 최초의 근대학교인 명진학교(明進學校, 오늘의 동국대학교)를 설립했다. 불교계의 전통적 교육기관은 강원(講院)이었다. 명진학교가 자극이 되어, 지방의 사찰들에서도 근대학교들을 세워나갔다.

2) 근대교육의 왜곡

(1) 식민지 교육의 시작

1876년에 강화도조약을 체결한 일본은 점차 한반도에서 지배권을 확보해 갔다. 일본은 러일전쟁(1904) 이후 서울과 전국의 군사적 요지를 점령하고, 한국에 대한 정치적, 군사적 간섭을 본격화했다. 1905년에는 강제로 제2차 한일협약(을사조약)을 체결하여 한국의 외교권을 박탈하고, 이듬해 2월에는 통감부(統監府)를 설치했다. 통감부의 통치로 인해 한반도의 근대교육은 곧 식민지 교육으로 왜곡되기 시작했다.

통감부는 이 땅에서 우민화(愚民化) 정책을 실시했다. 통감부는 학제를 개편하여 조선 학교들의 수업연한을 단축했다. 6년으로 되어 있는 초등교육은 4년으로, 7년으로 되어 있는 중등교육은 3~4년으로 단축했다. 학교 명칭도 소학교를 보통학교로, 중학교를 고등학교로 바꿔서, 고등학교를 최종 교육기관으로 만들어 버렸다.

통감부는 일본어 교육과 친일교육을 강화했다. 일본어를 각급학교의 필수과목으로 지정하고 수업 시간도 다른 교과에 비해 많이 부과했다. 친일교육을 강화하기 위해 입학식, 졸업식 등 각종 행사를 적극 이용했다. 교과서도 학부에서 출판하거나 학부의 검정을 받은 것을 사용하도록 강력히 통제했다. 그래서 한국인이 편찬한 사회과학이나 어학분야의 도서들은 좀처럼 사용인가를 받지 못했다. 또한 관·공립학교는 물론 각급 사립학교에도 일본인 교원을 배치하여 친일교육을 추진했다. 통감부는 일본인 교원들을 교장(學監, 敎監)으로 삼아 학교운영의 실권을 행사하게 했다.

통감부는 1908년 8월 <사립학교령>을 발표하여, 사립학교의 신설을 억제하고 기존의 사립학교들을 그들의 목적에 맞추어 정비하기 시작했다. 이 법은 한반도의 모든 학교를 학부의 통제 하에 두고, 민족정신을 고취하는 사립학교들을 억압하기 위한 것이었다. 통감부가 이 법을 시행하면서 사립학교의 재원을 차단했기 때문에, 사립학교의 운영은 매우 어려워졌다. 그 결과로 전국에 5,000여 개교나 되던 사립학교들이 1910년 5월말에는 2,250개교로 절반 이상이나 줄어들었다.

(2) 식민지 교육의 강화

1910년 8월 일본은 조선의 주권을 빼앗고, 새로운 통치기구로 조선총독부(朝鮮總督府)를 설치했다. 조선총독부는 위압적인 무단통치(武斷統治)를 통해, 한반도의 식민지화 작업을 무력으로 강행해 나갔다. 일본은 한국을 중국 침략의 발판으로, 일본 산업의 원료 공급원으로, 일본 상품의 소비시장으로 이용했다. 이로 인해 한민족은 일본의 가혹한 탄압과 착취에 시달려야 했다.

식민지 교육은 정책의 변화에 따라 크게 세 시기로 나눌 수 있다. 초기는 한일합방부터 3·1운동이 일어난 1919년까지, 중기는 그 이후부터 대륙 전쟁을 본격화하면서 제3차 조선교육령을 발표한 1938년까지, 말기는 그 이후부터 1945년 해방까지다.

① 식민지 초기의 교육

일본은 교육을 식민통치의 도구로 이용했다. 즉, 조선인을 일본의 식민통치에 순응하는 인간으로 만들려 했다. 이를 위해 일본은 <조선교육령>(1911)을 비롯해, 각급학교에 적용되는 여러 법규를 제정하여, 식민지 교육정책을 적극적으로 추진했다. 당시의 대표적인 규정인 <조선교육령>과 <사립학교규칙>을 통해, 식민지 교육정책의 주요 특징을 정리하면 다음과 같다.

첫째, 일본의 식민지 정책에 순응하는 국민을 만들려 했다. 조선교육령에 교육의 목적으로 규정된 '충량(忠良)한 국민'이란 일본에 절대 복종하는, 노예적인 국민을 의미한다. 조선교육령에서는 한국인의 교육을 '시세(時勢)와 민도(民度)에 적합하게' 실시해야 한다고 했다. 이것은 국민으로서 지켜야 할 의무를 알리고, 저급한 노동자로서 일할 수 있는 능력만 갖추게 하는, 우민화 교육을 의미한다. 일본은 한국인들에게 보통교육과 실업교육을 제공하고 고등교육의 기회는 제한했다. 저급한 노동자만 양산하려 한 것이다. 조선인 학교들의 교육연한도 일본인 학교들에 비해 학교 단계별로 1~2년씩 단축시켰다.

둘째, 일본어를 '국어'로 규정하여, 보통학교에서 고등보통학교에 이르기까지 가장 많은 수업시간을 배당했다. 또한 각급학교에서 일본어를 교수용어로 채택하게 하고, 조선어와 한문을 제외한 모든 교과서를 일본어로 편찬했다. 아울러 교과서는 총독부에서 편찬한 것이거나 총독부의 검정을 거친 것만 사용하도록 했다.

셋째, 식민지 통치목적에 맞지 않는 교육기관들을 폐지했다. 일본은 먼저 조선의 최고 교육기관인 성균관을 폐지했다. 여기에는 민족교육의 중단과 식민지 교육의 시작이라는 상징적인 의미가 담겨 있다. 일본은 각종 외국어

학교들(英語學校, 佛語學校, 獨語學校, 露語學校, 漢語學校, 日語學校 등)도 폐지하여 세계문화와 교류할 수 있는 길을 차단했다. 한성사범학교도 폐지하고, 관립 고등보통학교에 1년 과정의 사범과나 1년 이내의 교원속성과를 설치했다. 이것은 조선인 교원의 질을 낮추는 대신 일본인 교원을 학교의 중심에 배치하기 위한 조치였다.

넷째, 사립학교를 탄압했다. 일본은 ＜사립학교규칙＞(1911)을 제정하여, 모든 사립학교의 설립, 경영, 교육은 총독부의 허가를 받도록 했다. 일본의 탄압에 의해 많은 사립학교들이 폐쇄되어, 1919년에는 742개의 학교만이 겨우 명맥을 유지했다(정재철, 1985 : 301-2).

② 식민지 중기의 교육

일본의 식민지 정책은 1919년 3·1운동을 계기로 크게 달라졌다. 3·1운동으로 인해, 일본은 종전의 무단정치(武斷政治)에서 소위 '문화정치'(文化政治)로 통치방법을 바꿨다. 문화적 전통이 깊은 한국인을 강압적인 수단으로 억압만하기보다는 민심을 회유하는 한편, 국제사회의 여론도 무마할 필요가 있었기 때문이다. 조선총독부는 헌병경찰을 보통경찰로 전환하는 등 몇 가지 완화 정책을 발표했다. 그러나 '문화정치'는 민족적 저항을 회피하기 위한 유화적 술책일 뿐 한민족을 일본에 동화시키려는 목적에는 변함이 없었다.

식민지 정책의 전환은 교육에도 반영되었다. 기독교계 사립학교에 대한 탄압은 다소 완화되는 듯 했고, 한국의 학제도 외형상 일본의 것과 동일하게 개편했다. 그러나 일본은 '내선일체'(內鮮一體), '내선공학'(內鮮共學), '일선융화'(日鮮融和), '내지준거주의'(內地準據主義), '내지연장주의'(內地延長主義) 등을 내세우며 동화주의 교육을 더욱 철저히 해 나갔다. 1922년에 공포한 제2차 ＜조선교육령＞(1922~1938)의 특징은 다음과 같다.

첫째, 외형상 일본의 것과 동일한 학제를 구성했다. 각급 학교의 수업연한을 연장하고, 한국인에게도 상급학교로 진학할 수 있는 길을 열어 주었다. 그러나 지역 실정에 따라 2~1년씩 수업기간을 단축할 수 있게 했다. 일본은 보통학교를 1면에 1개교씩 설치할 계획을 추진했다. 낙후된 지역에는 2년제의 간이학교(簡易學校)를 설치하여, 초보적인 보통교육을 실시했다.

둘째, 사범학교(1921)와 경성제국대학(1924)을 설치했다. 사범학교에서는 동화교육을 담당할 초등학교 교원을 양성했다. 한국에 고등교육기관을 만들지 않았던 일본이 경성제국대학을 설치한 데에는 그럴만한 이유가 있었다. 그것은 당시 민족지도자들이 강력하게 추진해 온 조선민립종합대학 설치 운동을 방해하는 한편, 조선에 거주하는 일본인에게 고등교육의 기회를 열어 줄 필요가 있었기 때문이다. 경성제국대학에는 법문학부와 의학부만 개설하여 민족교육이 움틀 수 없게 통제했다.

셋째, 각 학교에서 형식상 한국어도 가르치게 했으나, 국어(일본어) 시간을 대폭 늘렸다. 국어(일본어)를 상용하는 자와 상용하지 않는 자의 교육기관을 분리하여 민족적 차별을 분명히 했다. 그리고 보통학교에 (일본)국사와 (일본)지리 및 실업 교과를 신설하여, 동화교육을 강화하는 동시에 저급한 직업교육을 실시했다. 그러나 한국사와 한국지리에 대한 수업은 종래와 같이 금지했다.

③ 식민지 말기의 교육

일본은 1930년대에 들어와 전시 동원체제로 들어갔다. 일본은 1931년에 만주를 침략하여 괴뢰정부를 수립하고, 1937년에는 중국대륙을 전면적으로 침공했으며, 1941년에는 태평양전쟁을 일으켰다. 일본은 제2차 세계대전(1941~1945)으로까지 전쟁을 확대하고, 한반도를 전쟁 수행에 필요한 물자를 공급하고 병력을 제공하는 기지로 이용했다. 이에 따라 교육은 침략전쟁을 위한 수단으로 전락하고 말았다.

조선총독부에서는 모든 사람에게 '신사참배'와 '황국신민의 서사' 제창과 '동방요배'(東方遙拜 : 일본의 천황이 있는 동쪽을 향해 절하기)를 강요했다. 총독부는 1938년 3월에 <제3차 조선교육령>을 발표하여 소위 '황국신민'을 만들기 위한 교육을 본격화했다. 제3차 조선교육령에서는 한국인 학교의 이름을 일본인 학교의 이름과 같게 바꿨다(소학교, 중학교, 고등여학교). 그리고 학교에서 명목상으로는 조선어를 선택할 수 있게 했다. 그렇지만, 실제로는 금지했다. 오히려 조선어를 사용하면 배일(排日)사상을 가진 것으로 간주했으며, 쉬는 시간은 물론 가정에서도 조선어를 사용하지 못하게 했다. 학교에서는 수신, 역사, 지리 등을 황민화 교육의 기본과목으로 운영했다.

사립학교에 대한 탄압은 극심했다. 일본은 사립학교의 교명과 교육목적을 강제로 변경시키고, 민족주의적 색채를 띤 사립학교는 공립학교로 개편하면서 교장을 일본인으로 교체해 버렸다. 기독교계 학교에 대해서는 성경 과목을 폐지시키고, 신사참배에 응하지 않는 학교들을 폐교시켰다. 1940년부터는 모든 한국인들에게 창씨개명을 강요했고, 1941년에는 <국민학교령>을 공포하여 소학교를 국민학교로 개칭했다. 국민학교란 명칭에는 황국(皇國), 즉 일본에 충성하는 국민으로 단련시킨다는 뜻이 담겨 있다.

태평양전쟁이 막바지에 달한 1943년에, 일본은 <제4차 조선교육령>을 발표했다. 몇 달 후에는 <교육에 관한 전시 비상조치령>을 발표하여 학교교육을 완전히 전시교육체제로 전환시켰다. 이로 인해 중등 이상의 각 학교들은 전쟁 수행을 위한 도구로 전락하여, 교육활동은 군사적 능력의 양성과 국방력 증강에 초점을 맞추게 되었다. 1945년에는 각급 학교에 학도대(學徒隊)를 결성하게 하여, 군사교련과 무력증강을 위한 군수지원 작업에 투입시켰다. 일본 제국주의의 말기적 증상은 학도병의 강제 징집, 노무자의 강제 징용, 금품과 미곡의 강제 징발, 창씨개명 강요, 애국채권 강매, 여자정신대 동원, 궁성요배, 신사참배 등으로 나타났다.

일본의 식민지 교육으로 인해 한국의 근대교육은 크게 왜곡되었다. 일본의 강압으로 인해 한국은 개화기에 목표로 추진했던 근대교육의 과제들을 실현할 수 없었다. 한민족의 사기는 크게 저하되고, 한국의 문화적 전통은 단절되어 민족문화를 계승하고 발전시켜나가기 어려웠다. 그리고 서구의 문화체제가 침략적 제국주의로 왜곡되어 들어오는 바람에, 한국은 근대화의 기반을 형성하는 데 결정적인 타격을 입었다. 이런 문제들로 인해 한국은 해방 이후 상당한 기간까지도 근대화의 과제들을 힘들게 감당해 나가야 했다.

≪일제 강점기 동안 전개된 민족교육 운동과 항일 학생 운동≫
사립학교들의 음성적 민족교육
청년과 학생들의 야학과 문맹퇴치 운동
언론사들의 문맹퇴치 운동과 농촌계몽 운동
민족 지도자들의 민립종합대학 설립 운동
범국민적인 3·1만세 운동
학생들의 비밀결사 조직과 동맹휴학
6·10만세 운동
광주학생 운동
각종 학생단체들의 전국순회 계몽강연회
기독교 교회들의 하기 아동 성경학교
남궁억의 무궁화 묘목 보급 운동
천도교의 농촌계몽 운동

2. 외래사상의 수용과 교육

1) 개화사상과 교육

한반도에는 조선 후기부터 서양의 문물이 도입되기 시작했다. 광해군 때 이수광이 쓴 지봉유설(芝峰類說, 1614)에는 마태오릿지가 쓴 천주실의(天主實義)의 내용 일부가 수록되어 있다. 한반도에 천주교가 수용될 때 '서학'(西學)이라 불린 데서 알 수 있듯이, 천주교는 종교가 아니라 하나의 사상으로 인식되었다. 본래 성리학을 정통적인 사상으로 인식하고 있던 조선 사회에 전혀 새로운 인간관과 가치관이 수용되기 시작했다. 시간이 흐르면서 천주교에 대한 사람들의 태도는 양분되기 시작했다. 많은 사람들이 천주교를 당시 사회질서의 기본인 신분제도와 가족제도를 해치는 것으로 보아 배척했지만,

일부에서는 천주교를 신앙으로 받아들였고, 그에 근거하여 차별적 신분제도를 철폐할 것을 주장하기도 했다.

19세기 후반에 들어와 조선 사회에 새롭게 펼쳐진 사상체계는 개화사상(開化思想)이다. 제도와 의식의 개혁을 주된 내용으로 하는 개화사상은 당시 중국과 일본에서도 폭넓게 진행되었다. 한반도에서는 1870년대부터 약 40년간 개화사상이 꽃피었다. 개화사상은 종래의 실학사상이 가지고 있던 진보성을 계승하며, 서양의 문물과 제도를 적극적으로 수용하는 가운데 널리 확장되어 갔다.

≪개화(開化)의 어원≫

'개화'는 동양의 대표적인 고전인 『역경』(易經)의 계사전(繫辭傳)에 나오는 '개물성무'(開物成務)와 『예기』(禮記)의 학기(學記)에 나오는 '화민성속'(化民成俗)의 의미를 담아 머리글자를 합친 말이다. 물적(物的)인 개화인 개물(開物)은 부국강병을 의미하고, 인적(人的)인 개화인 화민(化民)은 백성을 일깨우는 것을 의미한다.

그러나 개화기의 국내 사정은 매우 복잡했다. 서양 열강들의 제국주의적 세력 확장으로 인해, 조선은 이들의 세력 경쟁의 무대가 되고 말았다. 개화기에 발생한 일련의 사건들, 예컨대 위정척사운동, 임오군란, 갑신정변, 동학혁명, 갑오개혁, 을미사변과 의병활동, 아관파천 등은 당시의 갖가지 대립적 요소들이 심각하게 갈등하고 있었음을 보여준다. 이 사건들의 배경에는 국내의 보수 세력과 개화 세력의 대립, 열강 세력의 침투와 그에 대한 민족적 저항, 일・청・러의 한반도에서의 세력 경쟁 등 복잡한 요인들이 얽혀 있었다.

개화기에 조선이 신문화를 수용하는 일은 외국에 사절단과 유학생을 파견하는 일로부터 시작했다. 일본과 강화조약을 맺은 1876년에 김기수를 중심으로 한 75명의 수신사를 일본에 파견한 것을 비롯하여, 4년 후에는 김홍집

등 58명을 수신사로 파견했고, 1881년에는 박정양 등 60여 명의 신사유람단(紳士遊覽團)을 파견했다. 일본을 시찰하고 돌아온 이들은 일본의 군사, 교육, 산업, 행정 등의 발전된 모습을 소개하면서 신문화를 적극적으로 수용할 것을 주장했다. 1881년에 조선 정부는 김윤식을 영선사로 삼아 60여 명의 유학생을 청으로 파견했다. 이들은 천진에서 서양식 무기를 제조하는 방법과 그것을 사용하는 방법을 배웠다.

신사유람단의 일원으로 일본에 간 유길준은 그곳에 남아, 후꾸자와 유끼찌(福澤有吉)가 세운 경응의숙(慶應義塾)에서 수학했다. 이로써 유길준은 개화기 최초의 해외 유학생이 되었다. 유길준은 그 후 서유견문(西游見聞)을 써서 조선의 개화에 이바지했다. 1883년에는 김옥균이 서재필 등 61명을 선발해서 일본 유학을 주선하기도 했다.

개화기에는 구학(舊學)인 전통적 유학과 신학(新學)인 서양학문이 사상적으로 크게 대립했다. 대원군 집권 당시(1863~1873)의 조선의 대외 정책은 위정척사론(爲政斥邪論)의 기조에 서 있었다. 이것은 정도(正道)로서의 성리학을 지키고 서학(西學)을 물리치자는 보수 지식인들의 생각이었다. 이들은 서양의 사상과 문물의 도입을 전면적으로 거부했다. 이런 관점은 병인양요(丙寅洋擾, 1866) 당시 이항로의 척화주전론(斥和主戰論), 강화도조약 체결시 최익현의 왜양일체론(倭洋一體論), 기타 각 지방 유생들의 척화상소(斥和上疏) 등에 잘 나타나 있다. 위정척사론은 당시의 정부가 외세의 침투에 직면하여 주체적으로 대처하지 못하는 것에 대한 애국적 비판에서 비롯된 것이다. 그러나 이것은 전근대적인 성격이 강하여, 정부로 하여금 적극적인 개화정책을 추진하지 못하게 하는 장애물로 작용하기도 했다.

개화사상은 개혁의 방법에서 온건적 입장과 급진적 입장의 두 갈래로 나누어진다. 온건적인 입장은 동도서기론(東道西器論)의 논리를 취했다. 이들은 서양의 근대적 과학기술, 군사기술, 산업조직에 큰 관심을 가지고, 부국강병을 이룩하기 위해서 이를 도입하자고 주장했다. 이들은 정치 · 사회 제도의 개혁까지도 거론했으나, 전통적인 유교 윤리는 보존하려 했다. 이런 온건적인 자세는, 안으로는 실학사상을 계승하고 밖으로는 중국의 양무운동(洋務運

動)과 일본의 문명개화론(文明開化論)에서 영향을 받은 것으로 볼 수 있다. 초기의 개화사상은 주로 젊은 관료층에 의해 주도되었다. 이들의 개혁 정책은 1894년의 갑오개혁, 대한제국 시기의 광무개혁 등과 같은 형태로 전개되었다.

급진적인 개화사상은 사회진화론(社會進化論)적인 발상으로 나타났다. 이것은 서구의 기술문명은 물론 그 이념이나 제도나 가치관까지도 수용하여 하루 속히 국력을 강화해야 한다는 생각이다. 이런 생각은 국내의 개화파가 하나의 정치세력으로 성장하면서 본격화되었다. 급진적 개화사상은 갑신정변 당시 개화파들이 제시한 '14개조 정강'에서 총체적으로 표현되었다. 정치외교적인 면에서, 그것은 대외적으로 청나라와 종속관계를 청산하고, 대내적으로 국왕의 전제정치를 폐지하고 내각회의의 권한을 확대한 입헌군주제로 바꾸려 한 정치개혁이었다. 사회적인 면에서, 그것은 문벌을 폐지하고 국민의 평등권을 제정하여 중세적인 신분제를 청산하려는 것이었다. 이런 급진적 입장은 1884년의 갑신정변, 그리고 대한제국 시기의 독립협회의 개혁사상으로 이어졌다. 그러나 사회진화론은 바로 한반도로 진출해 온 열강들의 제국주의적 논리였다는 점에서, 이 사상 자체에 내재된 제국주의적 요소를 극복해야 하는 문제가 남아 있었다.

개화사상은 실학이 성장하고 서양문화가 밀려 들어오면서 조선의 전통적인 사상과 체제에서 탈피하여 새로운 시대를 열어가려는 사상이다. 개화사상은 역사적 사건의 추이에 긴밀히 관련되어 형성되고 발전되었기 때문에, 체계적으로 정리되기는 어렵다. 그것은 상소문, 조약, 견문기록, 조서(詔書), 격문(檄文) 등의 형식으로 나타난 예가 많다. 개화사상을 가진 지식인들은 조선의 자주독립이라는 가장 긴박하고 중요한 목적을 가지고 있었다. 이를 위해 언론, 출판, 집회 등의 계몽활동을 전개했으며, 장기적인 안목에서 교육을 근대적으로 개혁하려 했다.

근대적인 교육 개혁의 핵심은 '교육의 실용화'와 '교육의 보편화'에 있었다. 교육의 실용화 이념은 외국어교육과 근대적 군비(軍備)교육으로 구체화되었다. 고종의 교육조서(教育詔書)에서도 그 정신을 발견할 수 있다. 교육의 보편화 이념은 신분과 계층의 구분 없이 범국민적으로 교육의 기회를 부여하려는 근대적 공교육(公教育)의 이념이다. 개화사상가들은 부국강병을 위해 국민교육이 필요하다는 것을 인식하고 있었다. 외국인 선교사들은 여성과 장애아에게도 교육의 기회를 부여했다. 갑오개혁 이후에는 공교육제도가 법으로 명시되어 교육의 보편화가 추진되기 시작했다. 이런 움직임은 외세의 위협이 가중되는 상황에서 교육을 통해 나라를 바로잡자는 교육입국(教育立國) 및 교육구국(教育救國) 사상으로 전개되었다.

≪서양 '근대'교육의 세 가지 특징≫

① 교육의 보편화 : 시민혁명의 성공으로 교육은 인간의 기본 권리로 인식되었고, 교육의 기회는 일반 시민과 노동자계급에까지 확대되었다. 근대교육은 빈부귀천을 가리지 않고 모든 계층과 집단이 교육을 받을 수 있게 된 것을 의미한다.

② 교육의 세속화 : 교육을 운영하고 관리하는 권리가 교회로부터 국가와 부모에게로 넘어갔다. 국가와 부모들은 교육이 특정 종교의 영향력에서 벗어나도록 세속주의를 견지해 왔다. 그리하여 세속적인 관심과 양심의 자유를 지켜가고자 했다.

③ 교육의 민족화 : 서양사회가 근대로 넘어가면서 '민족' 이념이 성장하게 되었다. 민족단위로 통합된 국가들은 민족의식을 고취하기 위해 공교육 체제를 서둘러 도입했다. 그리고 자기 나라의 언어와 역사와 문화를 중시하는 애국교육을 강화했다.

2) 남궁억의 교육사상

남궁억(1863~1939)은 자는 치만(致萬), 호는 한서(翰西)다. 남궁억의 교육사상은 그의 정열적인 교육활동을 통해 알 수 있다. 그는 관리로서, 언론인으로서, 독립운동가로서, 그리고 교육실천가로서 한평생을 민족의 계몽과 독립을 위해 일했다. 그는 특히 주권상실기에 우리의 역사와 말과 글을 보호

하기 위해, 조선어보충, 조선사, 조선이야기, 조선어법, 가정교육 등을 저술하고 직접 학생들을 가르쳤다.

남궁억은 21세에 관립 영어학교에 입학하여 수학했고, 24세에 고종의 통역관으로 처음 관직에 나갔다. 이후 칠곡부사, 내부 토목국장을 지냈다. 토목국장으로 있을 때, 남궁억은 틈틈이 민영환이 설립한 흥화학교에서 동국사와 영문법을 가르침으로써 교육활동을 시작하였다.

남궁억은 34세(1896)에 관직에서 물러나 서재필 등과 독립협회를 조직하고, 독립신문의 영문판 편집에 종사했다. 이어 황성신문을 창간하여(1898) 언론인으로 사회계몽과 국민교육에 전력을 기울였다. 43세(1905)에 다시 관직에 올라 성주목사, 양양군수를 지내면서, 양양에 근대학교인 현산학교(峴山學校)를 설립했다(1906). 남궁억은 강원도 지역사회의 보수적인 유림을 설득하여 현산학교를 설립한 후, 자신이 직접 교사를 겸하여 영어와 음악을 가르쳤다.

남궁억은 1907년에 양양군수를 사임하고, 대한협회, 관동학회 등을 설립하여 회장으로 사회계몽 활동을 전개했다. 1908년에는 한국 최초의 교육잡지인 '교육월보'를 간행했다. 이것은 통신강의록 형태의 출판물을 통해 국민을 교육하려는 의도에서 비롯되었다. 비록 1년 만에 폐간되기는 했지만, 그의 교육적인 정열은 식지 않았다.

남궁억은 1910년 나라를 잃자 기독교에 입교하고, 배화여학교에서 8년간 교사로 일했다. 그는 여기서 영문법, 궁체국문서법, 가정교육 등을 가르쳤는데, 은밀히 우리 역사를 가르치고 '무궁화 삼천리'를 수놓게 하여 민족의식과 애국심을 고취했다. 또한 야간에는 상동에 있는 청년학원의 원장을 겸하여 청년교육에도 힘썼다. 1918년에는 고향인 강원도 홍천군 서면 모곡(牟谷 : 보리울)으로 낙향하여 모곡교회와 모곡학교(牟谷學校)를 설립하고, 일생을 마칠 때까지 후세 교육에 힘썼다. 모곡학교에서는 무궁화를 심어 묘목을 각 지방의 교회와 학교에 배포하고 '무궁화동산'이란 노래를 지어 학생들에게 부르게 했다. 이로 인해 1931년(71세) 이른바 '무궁화사건'으로 일본 경찰에 체포되어 서대문형무소에서 옥고를 치르고 1934년에 석방되었다.

남궁억은 당시 사회에서 요청되던 인재, 즉 애국애족하는 사람, 성실하고 도덕적인 사람, 생산적인 사람을 기르고자 했다. 이를 위해 역사교육, 언어교육, 도덕교육, 예능교육, 실업교육을 중시했다. 남궁억은 자신이 직접 역사와 언어(국어)와 도덕(수신) 교재를 편찬하여 가르쳤을 뿐만 아니라, 예능과 실업교육을 위해 직접 노래도 지어 가르치고, 학생들과 함께 묘목을 심고 새끼를 꼬면서 실천궁행하는 교사상을 보여주었다.

3) 이승훈의 교육사상

이승훈(1864~1930)의 본명은 인환(寅煥), 호는 남강(南岡)이다. 승훈(昇薰)은 그의 자(字)이다. 평북 정주 출신으로 일찍 부모를 여의고, 유기상의 점원으로 일하면서 틈틈이 소학, 맹자, 고문진보후집 등을 공부했다.

이승훈은 1899년 정주의 용동에 승천재(陞薦齋)라는 서당을 세우고 동네 소년들을 모아 가르치다가, 무역상을 경영하여 큰 돈을 모았다. 1907년 고종의 양위 후 안창호의 강연을 듣고 감화를 받아 강명의숙(講明義塾)을 세웠다. 그 해 12월에 오산학교(五山學校)를 세우고 민족교육에 헌신했는데, 이 학교는 후일 항일 독립정신의 요람이 되었다. 그는 또한 독립운동을 위한 비밀결사인 <신민회>(新民會)에 가입하여 민족의 독립을 위해 노력했다.

이승훈은 1911년 5월에 남만주 무관학교 사건, 같은 해 9월에 105인 사건, 그리고 3 · 1운동 때는 민족대표 33인의 한 사람으로 체포되어, 왜경의 혹독한 고문과 전체 9년의 감옥살이를 했다. 52세 때에는 기독교 신자가 되어 평양신학교에서 신학을 공부했고, 1923년에는 <조선교육회>의 임원으로 민립대학 설립 운동을 추진했다. 1924년에는 동아일보 사장에 취임하여 민족의식을 고취하다가, 오산학교의 발전을 위해 동아일보사를 물러났다. 1927년에는 안재홍, 이상재, 한용운 등과 신간회(新幹會)를 결성하여 독립투쟁을 전개하기도 했다. 이승훈은 1930년 67세로 생을 마감할 때까지 오산학교의 교육을 위해 일했다.

이승훈은 민족이 고난받던 어두운 시절에, 특히 고통이 심한 서민을 위해 헌신적으로 노력했다. 그의 교육사업과 독립운동을 위한 단체 활동은 바로 우매한 민중을 깨우치고, 서민의 생활을 향상시키고, 국권을 회복하기 위한 것이었다. 그는 큰 이상을 품고 그것을 실현하기 위해 헌신적으로 실천한 사람이었다. 그는 오산 일대를 농촌과 도시와 학교와 공장이 잘 연결된 새로운 교육도시로 만들 것을 계획하고 힘써 추진했다. 그는 교회와 학교와 산업이 유기적으로 연결된 사회를 만들려 했다. 그가 구상한 이상향(理想鄕)은 교회를 통해 민중을 구원하고, 학교를 통해 교육을 일으키고, 산업을 육성해 힘 있는 나라를 건설하는 것이었다.

4) 안창호의 교육사상

안창호(1878～1938)의 호는 도산(島山)이다. 평남 강서 출신으로, 어려서 유학을 공부하다가, 17세 되던 1895년에 서울로 올라가, 언더우드가 설립한 구세학당(救世學堂; 儆新學校의 전신)에서 공부하며 기독교에 입교했다. 1897년 독립협회에 가입하여 만민공동회를 개최하는 등 민중계몽에 앞장섰다. 1899년에는 고향인 강서에 점진학교(漸進學校)를 설립했다. 이 학교는 지방에 설립된 최초의 사립 초등학교이며, 처음으로 남녀공학을 실시한 학교다.

안창호는 1902년에 미국으로 건너가 재미동포의 단결과 계몽을 위해 <공립협회>(共立協會)를 조직했다. 1906년에 귀국해서 비밀결사인 <신민회>를 조직했다. 이어서 신민회 사업으로 평양에 대성학교(大成學校)를 설립하고(1907), 자기회사(磁器會社)와 태극서관(太極書館 : 출판사)을 설립하고, 대한매일신보를 기관지로 사용했다. 이 사업들은, 학교를 통해 인재를 양성하고, 회사를 통해 상공업을 진흥시키고, 출판사업을 통해 민족을 계몽하기 위한,

점진적 능력배양론을 구체화한 것이다.

1909년에는 최남선 등과 최초의 청년운동단체인 <청년학우회>를 결성하여 민족계몽을 추진했다. 이 단체는 무실(務實), 역행(力行), 충의(忠義), 용감(勇敢)의 4대정신으로, 자아혁신과 자기개조를 통한 민족혁신과 민족개조 운동을 전개했다. 그러나 그는 105인 사건에 연루되어, 중국과 유럽 여러 나라를 거쳐 다시 미국으로 망명했다. 그는 미국에서 대한인국민회를 조직하고(1911) 신한민보를 발행했다. 1913년에는 민족의 독립과 부흥을 위해 일하기 위한 <흥사단>(興士團)을 결성했다.

3 · 1운동 이후에는 상해임시정부에서 내무총장과 국무총리 서리로 취임하여, 독립운동 중심세력의 통합에 주력했다. 임시정부의 요직을 사퇴한 후에는, 중국 남경에 동명학원(東明學院)을 설립하여 다시 교육에 종사했다. 1928년에는 이동녕, 이시영, 김구 등과 한국독립당을 조직하고, 대공주의(大公主義)를 선언했다. 이후 윤봉길(尹奉吉) 의사의 거사로 입건되어 2년 반의 옥고를 치르고 가출옥되었다. 1937년에는 동우회 사건으로 흥사단 동지들과 함께 다시 체포되었다가, 이듬해 병보석으로 출감되어 치료를 받던 중 60세의 일기로 세상을 떠났다.

안창호는 민족의 독립을 위해 힘을 기를 것을 주장했다. 그의 교육사상은 바로 민족의 힘을 기르는 데 초점을 두고 있다. 그는 민족혁신과 민족개조를 강조했으며, 이를 위해 자아혁신(自我革新), 무실역행(務實力行), 점진공부(漸進工夫)에 힘써야 한다고 했다. 자아혁신은 주인정신, 독립정신, 책임정신을 바탕으로 건전한 인격을 형성하는 것을 의미한다. 무실역행은 참되고 실속 있도록 힘써 행하는 것으로서, 부단한 노력과 수양을 강조하는 말이다. 점진공부는 낙심하지 말고 점진적으로 배워나갈 것을 강조한, 그의 기본적인 수학태도이다. 안창호의 점진주의는 학교설립과 민족계몽 활동으로 전개되었다. 그것은 민족의 암담한 현실에 대처해 적극적인 투쟁에 나선 급진적 독립운동가들과 성격을 달리하지만, 민족의 내면적 발전에 초점을 두었다는 데 큰 의의가 있다.

3. 민주적 교육제도의 형성과 발전

1) 미군정기의 교육

세계 제2차 대전의 종전으로 우리나라는 해방을 맞이했다. 일제의 억압에서 풀려나 새로운 역사를 펼쳐나갈 수 있는 계기가 마련된 것이다. 그러나 민족의 자력에 의한 해방이 아니었기 때문에, 한반도는 점령군들에 의해 분할 통치되는 비운을 겪어야 했다. 북위 38도선을 경계로 남한은 미군에 의해, 북한은 소련군에 의해 분할 점령되었다. 이어 이념적 대립과 사회적 혼란으로 어지러운 중에 남과 북은 각각 미군과 소련군의 통치 하에 들어가고 말았다. 그리고 3년간의 군정(軍政)이 실시되었다.

(1) 민주적 교육제도의 형성

1945년 9월, 미군은 남한에 군정청(軍政廳)을 설치했다. 당시 군정을 맡은 미군은 전투부대였으므로, 정치나 행정의 경험을 가진 자가 거의 없었다. 한국의 역사와 문화에 대한 지식도 거의 없었다. 이들은 점령군으로서의 고압적인 태도를 취했을 뿐 아니라 식민지 시대의 통치기구인 총독부를 그대로 유지하려 했다.

미 군정청에서는 친미 성향을 띤 한국 인사들의 협조를 받으며 교육행정을 이끌어 갔다. 그들이 필요로 한 인사는 미국을 비롯한 영어문화권에서 공부를 한 사람이거나 영어로 대화가 가능한 사람, 또는 기독교인이었다.

오천석을 비롯한 10인의 한국인 교육지도자들로 구성된 <조선교육위원회>(The Korean Committee on Education)는 군정청 최초의 자문기구로서, 한국의 교육문제 전반에 대해 심의하고 결정했다. <조선교육위원회>

는 제도상으로는 자문기관이었으나, 실제로는 각 도의 교육책임자나 기관장 같은 주요 인사문제를 다루는 등 자문기관 이상의 역할을 수행했다.

≪조선교육위원회(1945. 9.~1946. 5.)의 역할≫

- ○ 학교 설립 인가 및 개교
- ○ 일본인 직원 해고
- ○ 학무국 요원 추천 및 기구 구성
- ○ 교육행정관 임명
- ○ 교과서 및 교육과정 결정

군정청에서는 <조선교육위원회>의 심의를 거쳐 한국의 교육방침을 결정했다. 그 요지는 일재 잔재의 불식, 평화와 질서의 유지, 생활의 실제에 적합한 지식과 기능의 연마 등이다.

군정청은 당시의 긴급한 과제들을 수습하기 위해 응급행정을 펼쳤다. 우선 전국에 있는 각급 학교들을 서둘러 개교시켰다. 이와 함께 임시 교육과정을 구성하고, 새 교과서를 편찬하고, 교원을 충원하고 재교육하고, 문맹퇴치를 위한 한글강습회도 열었다.

해방 직후 각급학교 학교수 · 학생수 · 교원수(1945년)

구 분	학교수	학생수	교원수
총 계	3,183	1,471,949	24,923
유치원	165	13,534	485
국민학교	2,834	1,366,024	19,729
중 · 고등학교	165	84,572	3,219
고등교육기관	19	7,819	1,490

자료 : 김종철(1965). 교육행정의 이론과 실제, 서울 : 교학사. 41쪽.

1945년 11월에 군정청은 한국의 교육을 설계하기 위해 <조선교육심의

회>(The Korean Committee on Educational Planning)를 구성했다. 이 심의회에는 교육계와 학계의 지도자 100여명이 참여했다. 이 심의회는 교육이념, 교육제도, 교육행정, 초등교육, 중등교육, 직업교육, 사범교육, 고등교육, 교과서, 의학교육 등 10개의 분과위원회를 두고 한국교육의 기초를 다지는 작업을 했다. 이 심의회는 1946년 3월까지 약 4개월간 존속하면서 교육이념, 교육제도, 교육내용 등 한국의 교육 전반에 거친 계획들을 수립하여 군정청에 건의하는 등 한국 교육의 기초를 마련하는 데 중요한 역할을 했다. 군정청 학무국에서는 심의회의 결의를 존중하여 거의 수정 없이 실행에 옮겼다.

≪조선교육심의회(1945. 11.~1946. 3.)가 의결한 것들≫

- ㅇ 홍익인간(弘益人間)의 교육이념 채택
- ㅇ 6-3-3-4제의 단선형 학제 채택
- ㅇ 1년 2학기제 채택
- ㅇ 1946년 9월부터 의무교육 실시

미군정기에 추진된 한국 교육정책의 기본 노선은 일본의 식민지 교육의 잔재를 청산하고, 민주주의 교육을 건설하는 것이었다. 미군정기의 주요 교육시책들은 다음과 같다.

첫째, 교육정책의 한국화를 추진했다. 군정청에서는 한국의 교육을 재건하는 문제에 있어서 한국인들이 스스로 중요한 결정을 할 수 있게 했다. 군정청은 조선교육위원회와 조선교육심의회 같은 한국인 중심의 자문기구를 활용하고, 한국인을 군정청의 학무국 직원으로 채용했다.

둘째, 학교의 교수용어를 한국어로 정했다. 군정청은 국민교육의 기초가 되는 초등학교의 교과서를 한글로 편찬하고 보급하는 일에 힘썼다. 군정청은 학무국에 편수과를 설치하여 한국인 학자들로 하여금 교과서의 편찬 작업을 수행하게 했다. 교과서 편찬의 기본 원칙은 '한글전용과 가로쓰기'였다. 그러나 한자를 모르는 학생들이 배출되는 현상에 대해 비판이 일어나서, 상용한

자 1,000자를 가르치게 했다. 또한 한글을 모르는 젊은 교사들을 대상으로 각지에서 한글강습회를 개설했다.

셋째, 교육의 민주화를 추진했다. 군정청에서는 일본식 교육사상과 방식에 젖어있던 대부분의 교원들에게 민주주의 교육이념을 보급하기 위해, 각종 강습회를 개최했다. 그리고 방학기간을 이용해 민주주의 교육이념과 새로운 교수법에 따른 교원 재교육을 실시했다. 교육제도도 민주주의 이념에 맞게 개편했다. 식민지 시대의 복선형 학제를 개편하여 교육의 기회균등을 원칙으로 하는 단선형 학제를 구성했다. 이에 따라 조선교육심의회가 결정한 6－3－3－4제가 기간학제가 되었다. 교육과정의 민주화도 추진했다. 민주주의 교육의 원리에 따라 종래의 교사중심 수업방식에서 아동중심 수업방식으로, 교과중심 교육에서 생활중심 교육으로 전환하도록 했다. 이런 맥락에서 새교육 운동이 전국적으로 활발히 전개되었다.

넷째, 교육행정의 자치화 및 지방분권화를 추진했다. 군정청은 지방의 교육 자치를 위해, 과거 내무행정에 속해있던 교육행정을 독립시켜 각 도에 교육부를 두고, 각 군에 학무과를 두게 했다. 군정청에서는 교육자치제를 구상하기도 했다.

다섯째, 문맹퇴치를 위한 성인교육을 추진했다. 해방 당시 12세 이상 한국인의 약 78%가 문맹자였다. 군정청 학무국에서는 문맹퇴치를 위해, 1945년 12월에 성인교육위원회를 조직하고, 교육부의 직제를 개편하고, 공민학교를 설치하고, 갖가지 한글강습회를 열었다. 그 결과 1947년 8월에는 문자 해독자가 71%로 증가되었다.

(2) 새교육 운동

새교육 운동은 남한에 새로 도입된 민주주의 이념에 따라 학교의 풍토와 교육방법을 개혁하고자 한 교육개혁 운동이다. 1946년에 들어와 한국의 교육계는 전통적인 교육을 개혁하고자 하는 기운이 나타나기 시작했다. 새교육 운동은 과거의 획일적, 억압적, 주입식 교수법을 지양하고, 아동의 개성을 존중하고 자유롭고 창의적인 활동을 통해 학습하게 하려는 교육운동이다. 새교육 운동을 뒷받침하는 이론적 토대는 듀이의 교육사상과 그것을 바탕으로 한 진보주의의 교육사상이다.

≪새교육 운동의 방향≫

○ 전통적인 교육의 계급주의와 차별주의를 배격한다.
○ 인간을 도구화하는 교육을 배척하고, 사람 자체를 위한 교육을 제창한다.
○ 옛 교육의 특색인 억압주의적 교육에 반기를 들고, 자유에 기반을 둔 교육을 기도한다.
○ 획일주의적 교육을 거부하고, 각 사람의 개인차를 인정하고 개성을 존중하는 교육을 지향한다.
○ 과거의 문화유산을 전달하려는 지식중심의 교육, 현재의 실생활과 유리된 서적중심의 교육을 배격하고, 사람 전체의 발달과 향상을 목적으로 하는, 현실과 따뜻한 교섭을 가진 산 교육을 지향한다(오천석, 1964 : 410-411).

새교육을 이론적으로 처음 소개한 오천석은 1946년 ≪민주주의 교육의 건설≫이란 책자를 펴내어 듀이(J. Dewey)의 교육사상을 소개하는 한편, 민주주의 교육이념을 보급하는 데 힘썼다. 윤재천, 안호상, 백낙준, 심태진, 김기서 등도 신교육연구협의회, 조선교육연구회 등 교육단체를 결정하고, 일선 교사들을 대상으로 민주교육 강습회를 개최하고, 교육잡지들을 발간했다.

새교육 운동은 주로 초등교육을 대상으로 했으며, 교육과정에 대한 연구보다는 학습지도법을 개선하는 데 주력했다. 새교육에 따른 학습지도법은 분단학습, 단원학습, 토의학습, 교사－학생공동계획 등이 주류를 이루었다. 서울의 효제국민학교와 서울대학교 사범대학 부속국민학교는 당시 대표적인 새교육 연구학교들이었다.

오천석

1901년 평남 강서 출생. 1925년 미국의 코넬대학교와 노스웨스턴대학교에서 교육학을 전공했고, 1931년 컬럼비아대학교에서 철학박사 학위를 받았다.

1945~47년 미군정청의 문교부장을 역임하면서 한국 민주교육의 기초를 다지는 데 중요한 역할을 했다. 보성전문학교 교수, 이화여자대학교 대학원장, 대한교육연합회장, 한국교육학회장, 문교부장관 등을 지냈다. 저서로 민주주의 교육의 건설(1946), 교육철학신강(1972), 교육사상전집(1975) 등이 있다.

≪국대안 파동≫

1947년 7월 13일 미군정이 고등교육을 효율적으로 통제하기 위해 국립서울대학교 설립 계획(국대안)을 발표했다. 요지는 과거의 경성대학과 서울 내 관립전문학교들을 전부 폐교하고 전 학계를 대표할 만한 종합대학교로 국립서울대학교를 설치한다는 것이었다. 이에 대해 찬성과 반대의 의견이 각각 크게 일어나 사회적 혼란이 심했다. 국대안 반대운동에는 좌익계의 조직적 개입이 있어 혼란은 더 심해졌다. 문교부는 서울대의 휴교를 선언하고 국대안 반대를 위해 동맹휴학한 학생들을 정학처분했다.

국대안 반대운동은 전국으로 번져 400여 개 학교들이 동맹휴학에 들어갔다. 물론 국대안 지지 운동도 일어났다. 국대안 파동은 약 1년 만에 진정되었고, 계획대로 국립서울대학교가 설립되었다. 국대안 파동으로 인해 약 5천명의 학생이 제적되고 380명의 교수가 해임되었다.

새교육 운동은 해방 직후 한국의 교육을 지도하는 하나의 이념으로 많은 관심을 불러일으켰다. 당시 한국의 교육계를 이끌었던 인물들이 주로 진보주의 교육의 전성기인 1920~1930년대에 미국에서 공부한 인물들이었다는 점도 간과할 수 없다. 그러나 새교육 운동은 당시 교육계의 여건이 매우 열악한 상황이었던 만큼, 현실적으로는 감당하기 어려운 것이었다. 더욱이 새교육 운동은 미국교육의 모방에 지나지 않는다는 문제도 있어서, 큰 성과를 거두지는 못했다.

2) 정부수립과 한국전쟁 후의 교육

(1) 정부수립과 교육

한국은 해방 후 3년간의 미군정기를 지나서야 독립국가로 새로운 출발을 했다. 1948년 5월 10일 남한의 총선거를 통해 구성된 국회에서 7월 17일 헌법을 제정했고, 8월 15일에는 대한민국 정부가 수립되었다. 헌법은 대한민국이 민주공화국임을 선포하고, 국민의 자유와 평등과 창의를 보장했다. 헌법 제16조에는 "모든 국민은 균등하게 교육받을 권리가 있으며, 적어도 초등교육은 의무적이며 무상으로 한다. 모든 교육기관은 국가의 감독을 받으며, 교육제도는 법률로서 정한다."고 규정했다.

정부는 헌법의 규정에 따라 교육의 기회균등, 초등 무상 의무교육, 교육기관에 대한 국가의 감독, 법정주의 원칙에 입각한 교육제도 등을 실현하기 위해 노력했다. 1949년에 정부가 공포한 <교육법>은 한국교육의 이념과 목적을 홍익인간과 인류공영의 이상실현에 둔다고 밝혔다.

한국의 헌법과 교육법은 국민교육, 평등교육, 의무교육의 대원칙을 밝혔으며, 교육자치제에 관한 규정도 명문화했다. 이로써 민주교육을 위한 법적 장치가 마련된 것이다. 그러나 실제로 무상 의무교육의 실시와 교육자치제의 실현은 정치적, 경제적 상황이 호전될 때를 기다려야 했다.

한편 대한민국의 초대 문교부 장관으로 취임한 안호상은 일민주의(一民主義) 교육이념을 제창하였다. 일민주의는 민족의 당면 과제인 민주주의의 확립과 남북통일을 지향하는 이념이다. 일민주의는 일민족일민(一民族一民), 일국일민(一國一民), 세계일민(世界一民), 만민일민(萬民一民), 인민제일(人

民第一)의 의미를 가지고 있다. 안호상은 일민주의를 문교행정의 기본방향으로 삼고, 민족통일의 염원을 실현하고자 했다.

안호상

1902년 경남 의령 출생, 호는 한뫼. 1924년 중국 상하이동제대학(上海同濟大學) 예과, 1929년 독일 예나대학교에서 철학박사학위를 받았다. 1933~45년 보성전문학교 교수를 지내다가, 해방과 함께 서울대학교 교수가 되었다. 1948~50년 초대 문교부장관을 역임했으며 이후에도 다양한 교육, 학술, 문화, 정치 활동을 했다. 학계와 교육계에 기여한 공로로 대한민국 국민훈장 모란장, 독일 십자훈장, 외솔상, 일본 학사회 학술상 등을 수상했다. 주요 저서로는 철학개론, 논리학, 민주적 민족론, 헤겔의 판단론(독문) 등 다수가 있다.

(2) 한국전쟁과 교육

1950년 6월에 발발한 한국전쟁은 열악한 교육환경을 더욱 악화시켰다. 전쟁은 한국 사회를 황폐화시켰고, 남북 간의 불신감과 적대감을 심화시켰다. 정부는 부산으로 임시 수도를 옮기고, 1951년 2월에 <전시하 교육특별조치령>을 발표하여, 중단 없는 국민교육을 추진한다는 의지를 표명했다. 정부는 피난 학생들의 취학을 독려하고, 가교실을 건축하고, 피난 특설학교를 여러 곳에 설치했다. 정부는 전쟁 중에도 수업을 계속할 수 있도록 많은 노력을 기울였으며, 전시생활을 지도하기 위한 교재도 발행했다. 부산, 광주, 전주, 대전에는 <전시연합대학>을 설치했다.

1952년에는 한국 교육사상 최초로 시군 단위의 교육자치제를 실시했다. 정부는 1959년까지 취학률을 96%까지 끌어올리기 위한 의무교육의 준비작업에 착수했다. 현장교육을 개선하기 위해 각종 연구학교를 지정하여 운영하기도 했다.

휴전 이후 가장 두드러진 교육정책은 반공민주교육의 추진과 과학기술교육의 강화였다. 정부는 교과교육과 특별활동을 통해 철저한 반공교육을 추진하고, 고등학교 이상의 학교에 현역장교를 배치해 군사훈련을 실시했다.

미국에서는 2차례의 교육사절단(1952~56, 1956~62)을 파견해 한국의 교육을 과학화하는 데 큰 영향을 미쳤다. 교육방법에서 구안법(project method)이나 문제해결학습(problem solving method)이 연구되고, 시청각교육이 중시되었다. 측정과 평가를 과학화하기 위한 연구가 이루어져, 지능검사를 포함한 각종 심리검사와 표준화된 학력검사가 제작되었다. 학력고사를 객관화하기 위한 객관식 출제방식도 도입되었다. 또한 학생들의 생활지도를 위해 상담교사 제도가 도입되기 시작했다.

1955년에는 해방 후 처음으로 성문화된 교육과정을 갖게 되었다. 문교부는 각급학교의 교육과정을 새로 제정하는 작업을 추진하여, 1954년 4월에 각급학교의 교육과정시간배당 기준을 제정하고, 1955년 8월에는 각급학교의 교육과정을 제정했다. 이 교육과정의 특색은 종래의 지식중심 교과과정을 지양하고 경험중심 교육과정을 취했다는 점이다. 교육과정은 '학교의 지도하에 학생이 하는 모든 경험'을 의미하게 되었으며, 교과목의 학습과 그 밖의 학교학습(특별활동 등)을 동등하게 취급했다.

연도별 취학아동 변화 추이(1954~1959)

연도별	학령 아동수	취학 아동수	비 율
1954	3,246,364	2,678,978	82.5
1955	3,289,865	2,947,436	89.5
1956	3,333,949	2,997,813	89.9
1957	3,480,225	3,170,891	91.1
1958	3,583,427	3,315,989	92.5
1959	3,799,690	3,558,142	96.4

자료 : 문교부(1988). 문교40년사, 153쪽.

휴전 이후 주목할 만한 교육상 변화는 교육인구의 급속한 팽창이었다. 초등교육 취학률은 정부수립 당시에 74.8%였는데 한국전쟁 중인 1951년에는 69.8%까지 떨어졌다가 1959년에 96.4%로 증가했다. 교육인구가 이렇게 팽창한 까닭은 학령인구의 급증, 학부모의 높은 교육열, 정부의 강력한 의무교육 추진 때문이었다. 중등교육과 고등교육도 확충되었다. 그러나 교육의 질을 높여야 한다는 과제는 여전히 남아 있었다.

3) 1960년대 이후의 교육

(1) 1960년대의 교육

한국은 1960년대에 들어와 정치, 경제적으로 큰 변화를 겪었다. 정치적으로는, 1960년 4·19혁명으로 제2공화국이 출범했으나 1961년 5월 16일 군사쿠데타로 무너지고 말았다. 이어 2년 반의 군정기를 거쳐 1963년 12월에 제3공화국이 성립되었다. 경제적으로는, 경제개발 5개년 계획(1차 : 1962~1966, 2차 : 1967~1971)이 추진되면서 각종 개발 계획이 '조국의 근대화'라는 기치 아래 강력히 추진되었다.

제2공화국의 문교부 장관인 오천석은 '교육의 민주화'를 교육정책의 기조로 삼고, 이를 위한 당면 시책으로 학원의 민주화, 교육행정의 분권화, 교육의 질적 향상을 추진했다. 그러나 제2공화국은 지속적인 학원 분규와 사회 혼란을 극복하지 못하고, 1년여 만에 5·16 군사쿠데타로 무너지고 말았다.

군사쿠데타로 들어선 군사정부는 '근대화'와 더불어 간첩침략의 분쇄, 빈곤타파, 인간개조, 문화혁신을 구호로 내세웠다. 군사정부는 교육과 관련하여 인간개조운동과 재건국민운동을 강력히 추진했다. 또한 경제건설과 철저한 반공 이데올로기의 주입 및 방위산업의 육성에 주력했다. 교육은 경제개발과 방위태세의 강화를 위한 목적에 종속되었다. 대학 정책은 학생시위를 방지하는 학원안정에 초점을 두었다.

군사정부는 1962년 1월에 교육법을 개정하여, 1952년 5월부터 실시해 오던 시군 단위의 교육자치제를 폐지했다. 그리고 1963년 2월에는 각급학교의 교육과정을 개정했다. 개정된 제2차 교육과정은 전반적으로 생활중심 교육을 강조했으며, 우리의 손으로 우리의 현실에 맞는 교육을 한다는 취지에서 주체성을 특히 강조했다. 그것은 반공·도덕교육을 철저히 하여 국민정신과 반공의식을 강화하려는 것이었다.

1963년 12월에 들어선 제3공화국은 조국의 근대화를 궁극 목적으로 삼고, 경제개발에 주력하였다. 문교부의 교육방침은 민주시민교육, 생산기술교육의 강화, 과학기술교육의 진흥에 역점을 두었다.

제3공화국 정부는 1962년에 폐지된 교육자치제를 1964년에 부활시켰다. 부활된 교육자치제는 시도의 광역단위 교육자치제로 바뀌었다. 정부는 1968년에 중학교 입시제도를 무시험 추천제로 바꿨다. 이것은 어린이의 정상적인 발달을 촉진하고, 국민학교 교육을 정상화하고, 과열된 과외공부를 해소하고, 가정의 교육비 부담을 감소시키고, 일류중학교 개념을 불식시킨다는 취지였다. 이로써 중학교 교육의 기회가 크게 확대되었다.

국민교육헌장선포

제3공화국 정부는 1968년 12월에 국민교육헌장을 선포했다. 국민교육헌장은 개인과 민족과 국가의 일체감을 강조하고, 협동적 인성과 반공·애국정신을 강조했다. 국민교육헌장은 국가주의적, 전체주의적 이념을 담은 헌장으로서 25년간 교과서에 실리고 정부의 공식행사에서 낭독되었으나, 문민정부가 들어선 후인 1994년에 폐지되었다.

(2) 1970년대의 교육

1970년대는 박정희 대통령의 집권 2기(제4공화국)인 유신체제의 등장으로 특징지어진다. 박 대통령은 비상계엄령을 선포하여, 국회를 해산하고, 정당 및 정치활동을 중지시킨 가운데 유신헌법을 통과시키고 유신체제를 출범시켰다.

1970년대에 추진된 교육정책의 기조는 국민교육헌장의 이념을 구현하기 위한 노력과 함께 안보교육 체제를 강화하는 것이었다. 같은 맥락에서 '새마을 운동'을 효율적으로 추진하기 위해 새마을 교육을 강조했으며, '국적있는 교육'을 위해 도덕과 국민윤리 및 국사 교육을 강화했다. 1973년에 제정된 제3차 교육과정은 이러한 정책적 특성을 잘 반영하고 있다. 제3차 교육과정은 국민교육헌장 이념의 구현에 초점을 두었으며, 미국의 새로운 교육 사조를 반영하여 학문중심 교육과정의 취지를 살리고자 했다.

1970년대에 이루어진 교육상의 중요한 변화는 고등학교 입시제도의 개혁, 대학교육의 개혁, 방송통신교육 체제의 확립, 취학전 교육의 확대와 특수교육의 진흥 등을 들 수 있다.

고교 입시제도의 개혁의 요지는 '고교 평준화 제도'의 도입이다. 정부는 고등학교 입시로 파생되는 여러 가지 폐단을 없애고 중학교 교육을 정상화하기 위해, 인문계 고등학교의 진학을 연합고사와 추첨을 통해 하도록 했다. 즉 연합고사 성적과 체력장 점수를 기초로 하여 해당 학군에서 추첨하여 배정하도록 했다. 실업계 고교의 입시는 응시자의 자율지원에 의하여 전기에 실시하기로 했다.

정부는 대학교육을 개혁하기 위해, 실험대학을 운영하고, 대학의 특성화를 추진하고, 2~3년제의 전문대학을 설치했다. 1973년부터 운영된 실험대학에서는 졸업학점을 160학점에서 140학점으로 낮추는 대신, 교육과정을 내실있게 개편하게 했다. 계열별로 학생을 모집하고, 부전공제와 복수전공제를 채택하고, 능력에 따라 조기졸업이 가능하게 했다. 1974년부터 시행된 대학의 특성화 작업은 제한된 교육재정을 효율적으로 사용하고, 대학별 역할분담에 의한 상호협조관계를 수립하고, 지역 대학을 중점적으로 육성하기 위한 것이었다. 전문대학은 산업구조의 격변과 경제발전의 촉진에 부응하기 위해 설치되었다. 문교부는 1970년에 2년제의 전문학교 제도를 마련하고, 5년제 실업고등학교를 모두 폐지하도록 했다. 그에 따라 1978년에는 간호학교, 초급대학, 전문학교 등의 단기 고등교육기관을 전문대학으로 개편했다.

방송통신교육을 위해 1972년 5월에 서울대학교에 2년제의 방송통신대학을 설치했다. 이것은 경제적 또는 기타 사정으로 일반대학에 진학하지 못한 사람에게 방송과 통신 및 수업 등의 방법으로 고등교육의 기회를 부여하기 위한 것이다. 1974년부터는 국공립 고등학교에 방송통신 교육과정을 둘 수 있게 하여, 정규 고등학교 과정에 진학하지 못한 청소년과 성인들에게 고등학교 과정의 교육을 실시했다.

취학전 교육과 특수교육은 1970년대에 들어와 생활이 안정되면서 크게 발전되었다. 1976년 서울지역의 공립 국민학교에 유치원이 병설되었고, 1979년에는 농촌지역의 국민학교에도 유치원이 병설되어 공립유치원이 확대되었다. 문교부에서는 유치원 교육의 충실을 위해 전문학교와 전문대학에 유치원 교원 양성기관을 설치하도록 했다.

특수교육 분야에서는 1971년부터 공립 국민학교에 특수학급이 설치되기 시작하여 1974년에는 전국 시군의 국민학교에 1개씩의 특수학급이 설치되었다. 이후 각 장애영역별 특수학교들의 교육과정이 제정되었다. 1977년 12월에는 특수교육진흥법이 제정되어, 특수교육을 진흥시킬 준비를 갖추었다.

(3) 1980년대의 교육

1980년대는 박정희 대통령 시해사건 이후에 등장한 신군부(新軍部) 세력의 정치참여와 이를 반대하는 학생시위를 계기로 한 광주항쟁(1980. 5. 18)으로 시작되었다. 제5공화국은 정의사회 구현과 민주복지국가의 건설을 내세우고 과감한 체제개혁을 표방했다. 그리고 제6공화국은 군정(軍政)이라는 여론을 불식시키기 위하여 민주정치와 국민화합을 표방했다.

1980년대의 가장 큰 교육적 변화는 1980년 7월 30일에 발표된 <교육정상화 및 과열과외 해소방안>이다. '7 · 30 교육개혁'이라 불리는 이 조치는 1981학년도부터 대학입학 본고사를 폐지하고, 고등학교의 내신성적과 예비

고사 성적만으로 대학입학자를 선발하도록 했다. 아울러 초·중·고등학교 학생의 과외수업과 중·고등학생의 학원수강을 금지했다. 대학에는 졸업정원제를 도입하여, 1981학년도에는 정원의 130%의 신입생을 모집하고, 1982학년도부터는 150%를 모집했다. 그러나 곧 많은 폐단이 지적되어 1988학년도 입시부터는 종전의 입학정원제로 환원되었다. '7·30 교육개혁'은 전문가들의 충분한 연구 검토 없이 졸속하게 결정되어 획일적으로 적용되었고, 정책결정에 교육적 동기보다는 정치적 동기가 작용했다는 점에서 많은 비판을 받았다.

'7·30 교육개혁' 이후로 대학교육에 큰 변화가 왔다. 문교부는 1981년도부터 2년제의 교육대학을 4년제로 승격시켜 교원교육을 개선하고, 2년제의 방송통신대학을 독립된 국립대학체제로 전환시키면서 5년제의 학사과정으로 승격시켰다. 1983년부터는 평생교육 체제를 구현하기 위해 개방대학(Open University)을 설치했다. 개방대학은 1980년대 후반기에 이르러 그 명칭을 공업대학, 산업대학으로 변경했다. 1985년 3월에는 한국교원대학교를 설치하여 유치원 교사, 초등학교 교사, 중등학교 교사를 한 교육기관에서 양성하는 종합교원양성기관을 마련했다.

교육과정은 1980년대에 두 차례 개정되었다. 1981년에 제정된 제4차 교육과정은 사회적, 개인적, 학문적 적합성을 배려하여 교과목의 수를 줄이고 그 수준도 낮추는 방향으로 조정했다. 예컨대, 국민학교 1~2학년의 교과는 바른생활(도덕, 국어, 사회), 슬기로운 생활(산수, 자연), 즐거운 생활(체육, 음악, 미술)의 3대 영역으로 구성했다. 1987년도에 제정된 제5차 교육과정은 학년간·학교간의 연계 유지, 기초적 학습능력의 중시, 통합교육과정의 확대, 특별활동 강화, 교육과정 운영에 교사와 학교장의 재량권 확대 등을 골자로 하고 있다.

정부는 1984년에 교육법을 개정하여 중학교까지 의무교육을 실시하도록 했다. 우선 1985년도에 도서·벽지 지역에 거주하는 주민의 자녀들에게 실시하고, 점차 실시 대상 지역을 확대하려는 계획을 수립했으나 1990년대에 와서야 그 지역이 확대되었다. 정부는 교육재정을 확보하기 위해 1981년에 교육세법을 제정하여 이듬해부터 징수했다. 이것은 5년간 적용되는 시한부 목적세였지만, 징수기간을 한 차례 연장했다가 1991년에 영구세로 전환했다.

(4) 1990년대의 교육

1990년대에는 문민정부가 출범했다. 1992년에 시작한 문민정부는 다가오는 21세기를 문명사적 전환기로 인식하고, 이에 대비하기 위한 교육에 역점을 두었다. 김영삼 정부는 대통령 직속의 자문기구로 <교육개혁위원회>를 설치했다. 교육개혁위원회는 1995년 5월 31일, '세계화 · 정보화 · 다원화 시대를 주도하는 신교육체제 수립을 위한 교육개혁방안'을 발표한데 이어 총 4차례의 개혁방안을 발표했다. 교육 패러다임을 '공급자 중심'에서 '수요자 중심'으로, '닫힌 체제'의 교육에서 '열린 체제'의 교육으로 전환하고자 한 일련의 개혁안들을 대개 '5 · 31교육개혁방안'이라 불렀다.

'5 · 31교육개혁방안'은 많은 개혁 과제들을 담고 있는데, 주요 내용은 열린교육 체제의 확립, 인간화 교육의 강화, 정보화 교육의 추진, 세계화 교육의 지향 등이다. 열린교육의 이념은 교육의 시기, 교육의 장소, 교육기관간의 통로 등을 열어서 '열린 인간'을 양성하자는 것이었다. 열린교육 운동은 전국의 학교에 급속하게 파급되어, 학교의 교육환경과 교육방법에 큰 변화를 일으켰다.

인간화 교육은 인성과 창의력을 함양하기 위한 것이다. 교육부는 실천 중심의 도덕교육은 물론 청소년 수련활동과 봉사활동을 활성화하도록 했다. 또한 개인의 창의성을 함양하기 위해 자기주도적 학습능력을 향상시키도록 했다.

정보화 교육은 학교를 '작은 정보화 사회'로 조성하고, 정보기술을 활용한 교육활동을 강화하고, 정보소양교육을 실시하고, 정보인력을 양성하는 것이다.

세계화 교육은 1995년 세계경제체제인 WTO의 출현과 세계가 하나의 경제권으로 좁혀지고 있는 현상에 대처하기 위한 것이다. 이를 위해 교육의 질적 향상, 세계시민의 문화의식, 국제적 의사소통능력 등을 강조했다. 이에 따라 초등학교에서 영어 교육을 실시했으며, 사회적으로 회화중심의 영어 교육의 붐이 크게 일었다.

교육과정에도 변화가 있었다. 1995년부터 적용된 6차 교육과정에서는 '학교재량시간'을 개설하여 학교에서 자유롭게 특정 교과목을 설정할 수 있게 했다. 1997년에 공포하여 2000년부터 적용하도록 한 7차 교육과정은 이전에 비해 크게 달라졌다. 초등학교 1학년부터 고등학교 1학년까지 10년간 '국민공통기본교육과정'을 이수하게 하고, 고등학교 2~3학년은 다양한 선택 교과들을 자신의 개성과 진로에 맞추어 선택적으로 이수할 수 있게 했다. 또 '수준별 교육과정'을 도입하여 학생이 자신의 능력 수준에 맞는 수업을 받을 수 있게 했다.

1990년대에는 대안교육이 등장하여 한국 교육에 새로운 변화를 일으켰다. 대안교육(alternative education)은 기존의 학교교육이 갖고 있는 여러 가지 문제에 대한 반작용으로 등장했으므로, 사회적으로 많은 관심을 모았으며, 학교교육에 변화를 촉진하는 효과도 나타냈다. 대안교육은 주말이나 방학을 이용한 소모임이나 캠프 형태로, 혹은 작은 학교형태로 다양하게 전개되었다. 대안교육의 동기와 형태는 다양하지만, 대체로 생태주의적 세계관, 공동체적인 삶, 자유와 자율에 기초한 교육을 지향한다. 대안교육은 1995년 초에 대안교육을 모색하던 이들의 연대를 위한 모임이 열린 이후 매우 빠르게 확산되었다.

고등교육에서도 변화가 있었다. 국민의 소득 수준이 높아지면서 고등교육 인구가 급격히 팽창했다. 고등학교에서 대학으로의 진학률은 1990년에 33.2%였으나 1995년에는 51.4%, 2000년에는 68%로 증가했다. 정부에서는 대학 자율화를 추진하여 대학입시와 입학정원을 대폭 자율화했으며, 편입학 기회도 확대했다. 대학의 다양화와 특성화를 유도하기 위해 대학설립준칙주의를 도입했다. 대학설립준칙주의란 최소한의 대학설립기준을 정하여 고시하고 그 기준이 충족되면 설립을 자유롭게 할 수 있게 하는 것이다. 이에 따라 많은 소규모 특성화 대학이 설립되었다. 외국에 교육시장도 개방하여 국내에 외국 대학의 분교가 설치될 수 있게 했다. 그러나 학령인구의 감소로 인해, 2000년대에는 고교 졸업자수보다 대학입학 정원이 더 많은 역전 현상이 초래되기도 했다.

해방 후 50여 년 간의 한국 교육은 양적인 팽창과 질적인 개선을 기하기 위해 여러 가지 시행착오적인 경험을 했다. 우선 남북 분단 상황은 교육의 이데올로기적 성격을 크게 조장했다. 서양의 많은 교육이론들이 소개되었지만 우리의 자율적인 이론을 만들어 내지 못했다. 현실과 괴리된 제도의 규제와 정책의 잦은 변화로 인해 내실 있는 교육이 어려웠으며, 빈약한 교육재정으로 인해 적절한 교육환경을 구성하기 힘들었다. 공교육에 대한 불신이 높아지고 사교육 의존도가 높아짐에 따라, 사교육비의 지출이 가계에 큰 부담이 되었다.

한국교육이 해결해야 할 중요한 과제는 한국의 문화적 특성에 맞는 자율적인 교육이론을 구성하고, 입시위주의 교육에서 벗어나 교육내용과 방법을 개선하고, 교육을 지원하는 전문적 행정체제를 갖추는 일이다. 기타 고학력화 현상, 사회교육의 확대, 국제사회의 교육개방 등에 대처하는 능력과 지혜가 필요하다. 특히 조국의 통일을 전망하며 남북의 상호 이해와 민족의 동질성을 회복하는 교육이 요청된다.

4. 북한의 교육

1) 북한 교육의 배경

일제에서 해방된 후 북한에는 사회주의 체제가 들어서기 시작했다. 1945년 10월 10에 설치된 조선공산당 북조선분국은 그해 12월에 북조선공산당으로 이름을 바꾸고, 북한 사회의 전반적인 개혁을 주도하면서 국가 기구를 조직해갔다. 1946년에 중앙행정기구로 조직된 북조선임시인민위원회에서는 당면한 개혁과제를 〈20개 정강〉으로 발표했다. 주요 내용은 토지개혁, 중요 산업의 국유화, 8시간 노동제, 초등학교 의무교육 실시 등이다.

남한에 대한민국 정부가 수립된 지 열흘 후인 1948년 8월 25일에 북한에서는 최고인민회의 대의원 선거를 실시하고, 이어서 9월 9일에 조선민주주의인민공화국을 수립했다. 이렇게 해서 분단된 한반도에는 이념과 체제가 다른 두 개의 국가 조직이 들어서게 되었다.

해방 이후 북한은 사회의 전 영역을 사회주의 체제로 개편해 나갔다. 토지개혁을 통해 봉건적인 지주소작제를 폐지했고, 주요 산업시설과 생산 수단들을 국유화했다. 교육도 사회주의적인 질서 속에서 재편되었다.

북한의 교육은 나름대로의 이념적, 정치적, 경제적, 사회문화적 배경을 가지고 있다. 북한 교육의 이념적 배경은 전체주의, 마르크스 · 레닌주의, 주체사상으로 특징지을 수 있다.

전체주의는 사회가 개인보다 중요하며, 개인은 사회를 위해 봉사하고 사회의 요구에 복종해야 한다는 사고방식이다. 국가 권력은 이런 전체주의적 사고를 정치적 이데올로기로 제시하여 인민을 교육하고 지배한다.

마르크스 · 레닌주의는 북한 정권의 출범초기부터 1970년대 중반까지 북한의 공식적 이데올로기였다. 마르크스 · 레닌주의는 변증법적 유물론을 기반으로 하고 있으며, 부르조아지에 대한 프롤레타리아의 계급투쟁을 강조한다. 마르크스 · 레닌주의 이념 하의 교육은 일반적으로 자본가 계급에 대한 증오사상 고취, 이데올로기 교육 강화, 집단주의 실천, 조기교육 강화, 교육 이론과 실천의 결합, 상호 경쟁과 집단 비판 등을 주요 원리로 삼고 있다.

김일성의 주체사상은 1960년대 후반부터 본격적으로 제시되어 마르크스 · 레닌주의와 공존하다가, 1980년대 초에 기본 틀을 갖추면서 마르크스 · 레닌주의를 대체하고 북한의 유일사상으로 자리잡았다. 1980년에 개정된 노동당 규약에서는 "조선 노동당은 오직 위대한 수령 김일성 동지의 주체사상과 혁명사상에 의해 지도된다."고 천명했다. 주체사상은 사람이 모든 것의 주인이며 모든 것을 결정한다는 사상이며, 소련이나 중국식의 혁명 노선이 아닌 북한식의 독자적인 혁명 노선을 드러내는 이데올로기다. 북한은 주체사상을 북한사회의 유일한 공식적 이데올로기로 대체하면서, 조국의 혁명과 건설에 주인다운 태도를 가져야 할 것을 대대적으로 강조했다.

정치적으로 북한은 프롤레타리아 독재체제를 구축했다. 모든 정치권력은 프롤레타리아의 영도기관인 노동당에 집중되어 있다. 노동당은, 한 나라에 하나의 정당만 존재한다는 1국 1당의 원칙에 따라 설립된 유일한 정당으로서, 북한 사회의 모든 기관을 지배할 수 있게 되어 있다.

≪노동당의 목적≫

"조선 로동당의 당면 목적은 공화국 북반부에서 사회주의의 완전한 승리를 이룩하며 전국적 범위에서 민족해방과 인민 민주주의 혁명과업을 완수하는 데 있으며, 최종 목적은 온 사회의 주체사상화와 공산주의 사회를 건설하는 데 있다."(1980년 10월에 제6차 당 대회에서 개정 채택한 당 규약에서)

경제적으로 북한은 사회주의 경제체제를 채택하고 있다. 사회주의 경제체제의 특징은, 국가의 모든 물적 생산수단을 국가나 조합의 소유로 하고, 노동을 통해 생산한 생산물을 사회 구성원의 욕구를 충족시키기 위한 목적으로 배분하고, 모든 경제체제를 중앙의 계획 기관이 수립한 경제계획에 따라 운영한다는 것이다. 북한은 주체사상에 따라 자립경제 노선을 채택하여, 폐쇄적인 경제체제를 고수하고 있다. 북한은 자립 경제를 실현하기 위해 '중공업 우선 정책'과, 국방력의 강화를 염두에 두면서 경제정책을 편다는 '국방 · 경제 병진책'을 추진했다. 북한의 교육에서는 노동을 매우 중시하는 특징이 있다.

사회문화적으로 북한은 집단적 통제사회, 계급사회, 병영사회, 폐쇄사회로 특징지을 수 있다. 북한은 철저한 집단주의 원칙에 따라 국민 생활을 조직적으로 통제하고 있다. 사회계층을 출신 성분과 당성에 따라 핵심계층, 동요계층, 적대계층으로 구분하여, 사회적 지위나 대우에 차등을 두고 있다. 또한 4대 군사노선을 통해 전 인민을 무장시키고 학교와 직장의 조직을 군대식으로 편성했다. 그리고 당의 철저한 정보통제로 인해 북한 주민들은 사회 내·외부에서 일어나는 갖가지 현상, 사건 등에 관한 정보를 거의 갖고 있지 못하다. 문화와 예술도 주민을 공산주의로 교화시키고, 통치체제에 순응시키는 방향으로 운영되고 있다.

북한의 교육은 공산주의적 새 인간 양성을 목적으로 삼고 있다. 공산주의적 새 인간은 공산주의 이념을 가장 잘 실천할 수 있는 인간, 즉 김일성의 주체사상을 가장 잘 실천할 수 있는 인간을 의미한다. 그는 혁명성과 계급성이 투철하며, 지덕체를 골고루 갖추어 전면적으로 발달된 인간이다.

≪공산주의적 새 인간≫

"국가는 사회주의 교육학의 원리를 구현하여 후대들을 사회와 인민을 위하여 투쟁하는 견결한 혁명가, 지·덕·체를 갖춘 공산주의적 새 인간으로 키운다."(1972년 <노선로동당 규약> 제39조에 제시된 학교교육의 이념)

"사회주의 교육의 목적은 사람들을 자주성과 창조성을 가진 공산주의적 혁명인재로 키우는 것이다. 사회주의 교육은 사람들을 사회와 인민을 위하여, 사회주의, 공산주의를 위하여 몸 바쳐 투쟁하는 공산주의적 혁명인재로 키움으로써 사회주의 제도를 위하여 복무하고 로동계급의 혁명위업에 이바지하여야 한다.

…… 사회주의 교육학의 기본원리는 사람들을 혁명화, 로동계급화, 공산주의화하는 것이다. 다시 말하여 사람들을 공산주의 혁명사상으로 무장시키며, 그에 기초하여 깊은 과학지식과 건장한 체력을 가지도록 하는 것이다."(1977년에 제시된 <사회주의 교육에 관한 테제>에서)

북한의 교육은 혁명성을 강조하면서 동시에 과학기술도 강조한다. 즉 북한 체제의 옹호를 위해 혁명성과 계급성이 투철한 공산주의적 인간을 양성하는 한편, 경제성장을 위해 과학 · 기술 분야의 전문인을 양성하고자 한다. 그러나 현실적으로, 공산주의적 혁명성을 강조하면 과학적 전문성이 위축되고, 반대로 과학적 전문성을 강조하면 공산주의적 혁명성이 약화되는 모순이 발생하게 된다. 북한은 이런 홍(紅 : 혁명성)과 전(傳 : 전문성)의 교육적 갈등 속에서 비교적 홍을 더 강조해 온 경향이 있다. 이것은 오늘날 북한이 겪고 있는 경제적 곤경과 무관하지 않다고 볼 수 있다.

2) 교육제도의 변천

북한은 해방 직후 새로운 교육제도의 수립과 일제 잔재의 청산을 주요 과제로 추진했다. 1945년 11월에 일제시기의 '국민학교'를 '인민학교'로 개칭하고, 일본 제국주의의 잔재를 뿌리 뽑을 것을 천명했다. 이어서 학교설립에 필요한 교육재정을 확충하기 위해 인민교육세를 징수하고, 기부금과 애국미를 걷고, 학교 건설현장에 주민들의 노력을 동원했다.

1946년 말에는 새로운 학교체제를 공표했다. 보통교육체계는 인민학교 5년, 초급중학교 3년, 고급중학교 3년으로 정했고, 기술교육체계는 중등단계에 초급기술학교 3년, 전문학교 3년으로 정했다. 그리고 고등교육체계는 교원대학 2년 대학 4~5년, 연구원(대학원과정) 3년으로 정했다. 이 학제의 특징은 초등을 5년으로 한다는 것과 중등을 보통교육과 기술교육으로 2원화했다는 점이다. 그리고 초등 의무교육에 대한 의지는 1946년의 <20개 정강>, 1948년의 <헌법>(제18조) 등을 통해 표명해 왔으나 1950년 남북전쟁 때까지 실현하지 못했다. 이 학제는 1947년 9월부터 시행되어 1950년 남북전쟁 때까지 지속되었다.

한국전쟁 전까지 북한은 사회주의로 무장하기 위해 초등교육을 의무화하려는 노력을 기울였으며, 국가체제를 확고히 하기 위해 소련식 교육을 모방했다. 아울러 반일 · 반미 사상을 고취하며 공산주의를 확고히 정착시키려 했다.

한국전쟁 이후 북한은 교육 재건운동과 함께 공산주의로 무장하기 위해 정치 사상교양을 더욱 강화했다. 1953년에 학제를 개편하여 인민학교를 4년으로 축소하고, 기술전문학교와 대학의 수업연한을 일부 수정했다. 그리고 학교 밖의 기술교육 체제를 강화했다.

북한은 1959년에 학제를 개편하면서, 소련의 모델에서 탈피한, 북한 나름대로의 교육체제를 확립하려 했다. 그것은 기술교육을 특별히 강화하는 방향이었다. 북한은 1959년에 <전반적 인민교육체제를 개편할 데 대한 법령>을 제정하여, 소위 교육일꾼을 양성하고 그에 의한 기술인재 양성사업을 본격적으로 추진하려 했다. 북한에 이런 무드가 조성된 까닭은, 당시 소련이 제기한 평화공존과 스탈린 격하운동으로 인해, 북한이 독자적인 노선을 모색해야만 했기 때문으로 추정된다. 1959년에 개편된 학제에서는 인문계통의 후기 중등교육이 없어지고 전반적으로 기술교육이 강화되었다. 북한은 1960년대 중반으로 넘어올 때까지 경제건설을 위한 기술교육을 지속적으로 강조했다.

북한은 1967년에 학제를 다시 개편했다. 기술교육을 위해 9년제 기술의무교육을 도입하고, 주체사상을 강화하기 위해 5년제 중학교와 2년제 고등학교를 설치했다. 기술일변도로 가던 직전의 학제를 개편하여, 후기 중등단계에 인문교육을 복귀함으로써, 주체사상을 강화했다. 이런 변화는 당시 소련을 비롯해 동구 공산권에 불기 시작한 자유화의 물결로 인한 충격에 대비하기 위한 조치로 해석할 수 있다.

북한의 학제는 1972년데 다시 개편되었다. 골자는 10년제 의무교육을 단계적으로 실시하고, 중학교와 고등학교를 통합해 6년제 고등중학교로 개편하는 것이다. 중등교육의 전후기 구분이 없어진 것이다. 이 틀은 거의 안정적으로 정착되었으므로, 현재의 북한 학제는 이와 크게 다르지 않다.

북한은 1975년에 취학전 교육 1년을 의무교육에 추가해 전반적으로 11년제 의무교육을 실시할 법령을 제정 · 집행했다. 북한은 일찍부터 의무교육을 실시하려는 의지를 보였었다. 한국전쟁 전부터 의무교육을 실시하기로 약속했으나, 실제로는 1956년에 4년제 초등 의무교육을 처음 실시했다. 이후 점차 의무교육 기간을 늘여가다가 1975년에 현재와 같은 11년제 의무교육 제도를 완성했다. 의무교육 기간 동안에는 김일성의 주체사상에 기초한 혁명적 세계관을 특히 강조했다. 북한의 교육에서 최우선적인 강조점은 주체사상에 있었고, 2차적 강조점은 기술교육과 체육교육에 있었다.

1977년에는 북한 교육의 이념과 방향을 조직적으로 정리한 <사회주의 교육에 관한 테제>를 발표했다. 북한은 이것을 발표한 9월 5일을 '교육절'로 제정하여 기념할 정도로, 이 규정을 중시하고 있다. 이후 북한은 고등교육기관들을 크게 확장해 나갔다. 김일성은 공장대학, 농장대학, 어장대학을 증설하고, TV방송대학을 신설하라고 지시했다. 전 인민의 인텔리화를 추진한 것이다.

1980년대 이후에도 북한은 각급학교들을 증설했다. 그리고 주체사상교육과 함께 과학기술교육과 외국어교육을 크게 강조했다. 과학기술교육과 외국어교육을 진흥하기 위해 각종 경진대회도 개최했다. 주체사상교육은 북한의 체제 옹호를 위해, 과학기술교육과 외국어교육은 북한의 경제건설을 위해, 매우 중요시되었다.

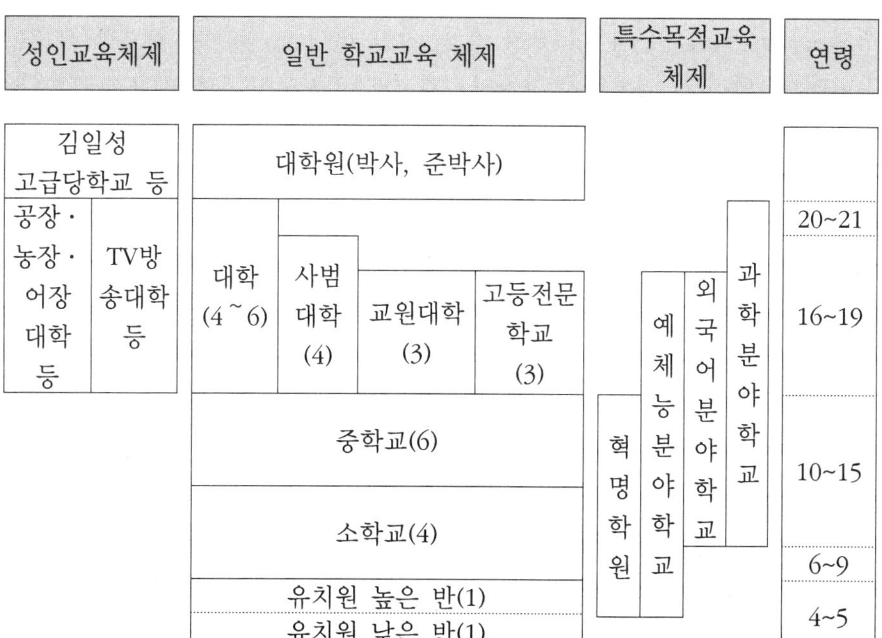

북한의 학제(2002년)

3) 북한 교육의 현실

북한은 1990년대에 들어와 통치이념을 일부 수정했다. 구소련과 사회주의 국가들이 급격히 붕괴하자, 체제의 위기를 느낀 북한은 이에 대응하기 위해 '우리식' 사회주의를 제창했다. 이것은 주체사상을 기반으로 한 북한식 사회주의의 우월성을 나타내기 위한 것이다. 북한은 '우리식' 사회주의야말로 수령과 당과 대중이 혼연일체로 단결된 사회주의임을 강조하면서, 당면한 위기를 극복하고 기존 체제를 정당화하는 논리를 전개해 나갔다.

1994년 김일성이 사망하고, 이듬해부터 2년 연속으로 심각한 홍수 피해를 입으면서 북한은 다시 위기를 맞게 되었다. 극심한 식량난과 국가 경제의 파탄으로 정상적인 학교교육이 이루어지기 어려울 지경에 처했다. 이런 위기에서 탈출하기 위해 등장한 것이 '붉은기' 철학과 '혁명전통' 교육이다. 붉은기 철학은 김일성 사후 사회 전체의 심리적 동요를 방지하고 붉은기를 따라 추호의 흔들림 없이 사회주의의 길로 가야 한다는 집단적 의지를 강조한 것이다. 혁명전통 교육은 혁명열사능과 애국열사능을 건립하고, 대학교와 학교에 혁명사적지나 영웅의 이름을 부여하고, 그들의 고향 마을과 공장과 농장과 군부대에 그들의 이름을 부여하고, 그들의 유자녀들을 국가가 철저히 책임지는 방식으로 이루어졌다.

북한은 김정일 체제가 공식화되자 체제의 안정과 경제 난국을 타개하기 위해 '강성대국'의 건설이라는 국가적 비전을 제시했다. 강성대국의 주요 내용은 주체의 사회주의 나라, 수령중심의 정치·사상 강국, 자력갱생의 경제 강국 등이다. 이것은 사상강국의 토대 위에 경제강국을 건설하겠다는 정책노선이다.

북한은 경제강국의 건설을 위해 과학기술 교육을 매우 강조했다. 이를 위해 교육정책에도 변화를 주었다. 무엇보다 두드러진 것은 수재교육 체제를 확립했다는 점이다. 북한의 수재교육은 남한의 영재교육에 해당한다. 본래 평등원리에 입각한 사회주의 교육체제에서는, 개인차를 존중하여 특별한 교육을 실시하는 영재교육을 반동적인 교육이라고 비판했었다. 그러나 북한은 수재교육을 주체교육의 본보기로 간주하여 최고의 교육조건을 갖추어 주었으며, 예술, 체육, 과학 등 다양한 영역의 수재학교들을 설치·운영하고 있다.

북한은 정보화 시대의 요구에 맞추어 컴퓨터 교육을 강화했다. 1998년부터 전국의 고등중학교에서 컴퓨터 교육을 실시하여 대학의 컴퓨터 교육으로 연결될 수 있게 했다. 그러나 컴퓨터의 보급이 원활하지 못하여, 컴퓨터 교육의 실효성은 그리 높지 않았다.

북한은 급변하는 국제정세에 대응하기 위해 영어교육을 강화했다. 해방이후부터 북한의 외국어 교육은 러시아어가 중심이었으나, 1960년대 중반부터 러시아어와 영어를 제1외국어로 병행하다가, 1970년대 중반부터 영어 중심으로 전환했다. 현재 북한의 고등중학교와 대학에서 영어는 필수과목으로, 러시아어, 일본어, 중국어 등 다른 외국어는 선택과목으로 운영하고 있다.

북한은 계속적인 경기 침체와 식량 부족으로 위기를 맞고 있다. 교육재정의 부족으로 인해, 학교 교육과정을 정상적으로 운영하기 어려워지고 교원이 교직을 이탈하는 사례도 늘어가고 있다. 이런 경제위기에서 탈출하기 위해서는, 사회주의 체제의 개혁과 개방을 통해 생산성을 높이고, 선진 자본주의 국가들과 협력하여 경제회생의 길을 모색할 필요가 있다. 그러나 개혁과 개방은 사상적 이완현상을 초래할 수 있으며, 결국은 북한 체제의 심각한 위협요소로 작용할 가능성이 있다. 또한 교육을 통해 주체사상에 투철한 사회주의적 혁명 인재를 양성함과 동시에 전문적인 지식과 기술을 습득한 과학기술 인력을 양성해야 한다. 북한은 과제를 어떻게 해결하는가에 따라 앞으로의 진로가 크게 달라질 것이다.

정 리

요 약

1. 개화기는 제국주의 열강들의 침략에 맞서야 하는 위기이면서 동시에 근대사회로 발전할 수 있는 기회이기도 했다. 조선은 외국의 발전된 문물을 수용하기 위해 시찰단을 외국으로 파견하는 한편, 국내의 각종 제도를 개혁함으로써 근대적인 체제를 갖추고자 했다.
2. 개화기의 근대적인 교육은 '교육구국' 차원에서 전개되었다. 정부에서는 갑오개혁 이후 근대교육을 실시하기 위한 법규들을 잇따라 공포하고, 갖가지 근대적인 학교들을 설립해 나갔다. 민족의 선각자들도 인재 양성과 애국 계몽을 위해 근대적인 학교들을 설립했다. 국내에 들어온 서양 선교사들도 근대학교들을 설립했다.
3. 한반도가 일본의 식민지로 전락하면서, 이 땅에서는 식민지 교육이 진행되었다. 약 40년간 이 땅의 학교들은 국권상실로 인한 왜곡된 근대교육, 즉 친일교육, 동화교육은 물론 전쟁 지원활동까지 담당해야 했다.
4. 남궁억, 이승훈, 안창호 등 민족 지도자들은 애국 계몽 운동과 근대학교 설립을 통해 국난을 극복하고자 했다. 전국 각지에서는 3·1운동을 비롯한 각종 항일운동과 민족교육 활동을 전개하며 국권회복을 기도했다.
5. 해방 이후 남한에서는 미국의 영향 하에서, 북한에서는 소련의 영향 하에서, 일제 잔재를 청산하고 새 시대를 열기 위한 새로운 교육을 전개해 나갔다. 미군정기 동안 남한에는 홍익인간의 교육이념과 6-3-3-4제의 기간학제가 마련되었다. 같은 기간 동안 북한에는 사회주의 교육의 토대가 마련되었다.
6. 한국전쟁 이후 남북한에서는 각각의 이념과 체제의 우월성을 강조하기 위한 이데올로기 교육과 경제성장을 위한 과학기술 교육이 경쟁적으로 강조되었다.
7. 남한에서는 경제발전과 민주화와 학부모의 교육열에 힘입어 교육인구가 급속히 팽창했다. 고등교육 진학률이 높아지고, 사교육 시장이 확대되고, 대안교육이 시도되는 등 교육계가 빠르게 변하고 있다.
8. 북한에서는 김일성의 주체사상을 기반으로 한 공산주의적 인간 형성을 목표로 하고 있다. 11년 의무교육 체제를 갖추고 사상교육과 과학기술교육에 힘

쓰고 있으나, 최근 10여 년간 심각한 경제난으로 인해 북한 전역에서 어려움을 겪고 있다.

연구 및 토론문제

1. 외국으로부터 밀려오는 개방의 요구는 개화기와 오늘날 어떤 차이가 있나?
2. 한국의 '근대교육'은 '전통교육'과 무엇이 다른가? 교육의 '근대'를 특징짓는 핵심 요소는 무엇인가?
3. 한국의 교육제도와 관행 속에 내재되어 있는 일본적 요소와 미국적 요소를 찾아보자. 한국의 전통적 요소도 찾아보자. 그것들 교육에서 어떤 기능을 하고 있는가?
4. 한국에서 100년 이상의 역사를 가진 학교(대학 포함)를 찾아 그 학교의 변천과정을 알아보자. 그리고 중요한 변화의 마디들을 짚어 보자.
5. 국가 권력이 교육을 철저히 관리하고 이끌어갈 때 어떤 장점, 단점이 있는가? 해방 이후 한국의 역사를 참조하여 분석해 보자.
6. 국가에서 의무교육은 왜 할까? 의무교육은 경제력이 뒷받침되어야 가능하다. 남북한에서 의무교육이 도입·정착되는 과정을 비교해 보자.
7. 남북한의 통일을 위해 어떤 교육적인 노력이 필요한가? 멀지 않은 장래에 통일이 예상된다면 교육계에서는 무엇을 준비해야 하는가?

읽을거리

김기석 외(1999). 한국 근대교육의 태동. 서울, 교육과학사.
김인회(2002). 한국교육의 역사와 문제. 서울, 한국학술정보(주).
김동규(1990). 북한의 교육학. 서울. 문맥사.
김형찬(1990). 북한의 교육. 서울, 을유문화사.
오천석(1975). 한국신교육사. 서울, 광명출판사.
이원호(2002). 그림과 사진으로 보는 교육의 역사. 서울, 문음사.
정재걸 외(1994). 한국 근대 학교교육 100년사 연구(1). 서울. 한국교육개발원.
정재철(1985). 일제의 대한국식민지교육정책사. 서울, 일지사.

제 2 부

서양교육사

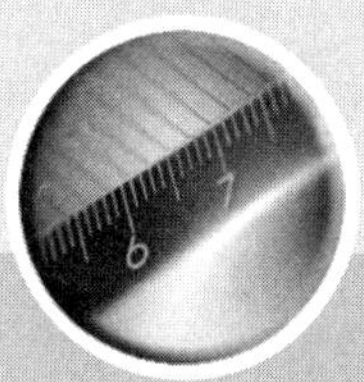

제4장 고대와 중세사회의 교육

개 관

문명의 출발점을 찾아 가는 일은 큰 강의 원류를 찾아가는 것에 비길 수 있다. 크고 작은 숱한 지류들이 모여 큰 강을 이루듯이, 갖가지 삶의 패턴들이 서로 연결되어 문명을 이루었다. 고대 문명은 오래된 문학작품에 나타난 신화나 전설 같은 것을 가지고 재구성함으로써 그 모습을 그려볼 수 있다. 최초의 문명을 만들어 낸 인류는 어떤 인생을 살았을까?

교육의 역사를 연구한 이들은 인류 초기의 교육이 성년식과 결부되어 있었다는 점을 확인해 주었다. 그리고 문자가 발명되고 문자의 기록에 기초를 둔 복잡한 사회제도가 생겨나면서, 교육을 담당할 학교가 생겨났다는 점도 확인해 주었다.

우리 시대의 교육을 이해하기 위해 교육의 기원을 추적해 간다면, 서양 문명의 모태인 고대 그리스를 출발점으로 삼아야 할 것이다. 물론 동양권에서는 고대 중국을 출발점으로 삼는 것이 적절할 것이다. 고대 그리스는 교양 있는 서양인들에게는 마음의 고향 같은 곳이다. 그들은 고대 그리스를 지향함으로써 내면적인 삶을 윤택하게 가꾸어 왔다. 헬레니즘의 빛줄기에서 정신적 자양분을 흡수한 것이다.

교육의 역사에서 주목해야 할 다른 빛줄기는 기독교이다. 기독교는 고대 그리스와는 색다른 삶의 양식과 교육의 모델을 제공했다. 기독교는 중세기는 물론 근대에 들어올 때까지도 실질적으로 교육을 이끌어 온 중심 세력이었다.

고대와 중세기에서 우리는 두 가지 교육의 패턴, 즉 세속사회의 교육과 기독교 공동체의 교육을 음미할 수 있다.

탐 색

· 고대 그리스인들은 어떤 교육을 통해 그 위대한 사상과 학문을 낳았을까?
· 소크라테스, 플라톤, 아리스토텔레스의 교육 사상과 활동을 연구해 보자.
· 소피스트들이 교육의 발전에 기여한 점은 무엇인가?
· 스파르타식 교육의 장단점을 알아보자.
· 교회교육과 세속교육의 차이는 무엇인가?

중심개념

자유교육(liberal education), 아카데미아, 변증법, 소피스트, 수사학, 3R's, 문법학교, 웅변가, 문답학교, 기사도, 수도원학교, 대학, 스콜라철학, 7자유학과

1. 고대 그리스의 교육

1) 고대 그리스의 문화

서양 문화의 원류를 찾아 가면 고대 그리스에 이르게 된다. 유럽인들의 정신세계, 즉 그들의 철학, 과학, 예술, 정치 등 문화의 제 영역은 고대 그리스에 기원을 두고 있다.

일반적으로 서양 문화의 전통을 헬레니즘(Hellenism)과 헤브라이즘(Hebraism)의 두 줄기로 구분하여 설명한다. 헤브라이즘은 히브리인들의 종교를 바탕으로 예수의 탄생 이후 서양 문화에 본격적으로 등장한다. 헬레니즘은 기원전 6~4세기에 그리스에서 발생하여 서양 문화의 기원을 이루었다.

그리스의 학문과 예술은 서양 역사에서 중대한 변화의 시기마다 새로운 길을 안내하는 길잡이 역할을 했다. 고대 로마인들은 그리스 문화를 적극적으로 수용하고 모방했다. 기독교 문화인 중세기로 넘어가는 동안에도 플라톤의 사상은 교부철학에, 아리스토텔레스의 사상은 스콜라 철학에, 이론적인 토대를 제공했다. 중세의 대학들은 고대 그리스의 학문을 기본 과정으로 연구했다. 르네상스(Renaissance)를 통해 근대 문화를 창출한 문인들과 예술인들은 고대 그리스와 로마 문화를 재생함으로써 자유로운 인문적 교양을 추구하려 했다. 또한 19세기의 신인문주의자들도 고대 그리스인들의 이상을 건설적으로 재수용함으로써, 계몽주의의 편협성을 시정하고 인간성의 조화로운 발달과 개인과 사회의 균형 있는 통합을 이루려 했다.

고대 그리스 문화의 특징을 교육과 관련지어 정리하면 다음과 같다.

첫째, 그리스 문화는 자연주의, 현세주의, 인간주의로 특징지을 수 있다.

그리스인들의 신화에 묘사된 신들의 성격은 인간과 비슷하다. 이들의 신은 인간의 정서를 가진 인격화된 신으로서, 인간 가까이서 활동한다. 그리스의 신들은 그리스인들이 세속적인 삶을 자유롭게 발전시키는 데 별로 방해가 되지 않았다. 이런 종교적인 관념을 가지고 세상을 보면, 이 세상은 인간의 본성과 전혀 무관한 것이 아니다. 인간의 삶을 지배하는 신비적인 힘은 사실 인간과 별개의 것이 아니다. 이런 생각을 바탕으로 하여, 고대 그리스인들은 세속적인 학문과 예술과 철학을 구성하여 현실의 삶을 풍요롭게 만들었다.

고대 그리스의 현세적 인간중심의 문화는 교육의 위대한 전통, 곧 자유교육(liberal education)의 이념을 만들어 내었다. 자유교육은 인간의 고유한 본성을 충분히 발달시켜 자유롭고 행복한 생활을 누릴 것을 목적으로 하는 교육이다. 그것은 자유인에게 걸 맞는 교육이고, 자유인으로 하여금 자유를 가장 아름답게 활용하는 능력을 부여하는 교육이다. 자유교육은 특히 이성(理性)을 기반으로 하여 완전히 발달된 인격을 형성하고자 했으며, 인간의 지적, 도덕적, 미적 발달의 균형을 추구했다. 고대 그리스인들의 교육적 이상은 조화롭고 완전하게 발달된 인격을 형성하여, 자유롭고 행복한 삶을 영위하는 데 있었다. 이 자유교육의 이념은 서양 교육사의 기저에 흐르고 있는 전통적 이념이다. 오늘날의 교양교육은 기본적으로 이 자유교육의 정신을 계승하고 있다.

둘째, 그리스 문화는 폴리스(polis) 중심적이다. 고대 그리스는 기원전 1500년경부터 아리안족이 남하하여 그리스반도와 크레타섬에 형성한 100여 개의 폴리스이다. 이 폴리스들은 동일민족으로서 언어와 종교와 관습을 대체로 공유하고 있었지만, 각각 독립된 정치체제를 갖추고 있었다. 폴리스의 자유시민들은 폴리스의 유지와 발전을 위하여 강하게 결속했다. 그들은 개인의 행복과 이상은 반드시 폴리스를 통해서만 실현할 수 있다고 믿었으며, 어떤 경우에도 폴리스와 개인을 분리하여 생각하지 않았다. 고대 그리스의 개인은 근대 사회의 개인과는 달리 폴리스의 일원으로서의 개인이었다. 이런 특징은 마케도니아의 아렉산더(Alexandoros)에 의해 모든 폴리스들이 통합되고 세계주의 시대가 열리기 전까지 지속되었다.

폴리스에는 자유시민을 포함하여 이민족이나 노예 등 여러 계층의 사람들이 있었지만, 폴리스를 유지하고 발전시킬 책임을 지고 있는 이들은 자유시민들이었다. 이들은 사회구조를 개인의 개성과 소질을 충분히 발휘할 수 있도록 조직했으며, 광장에 모여 공공의 문제를 해결하기 위한 집회를 개최했다. 공공 집회는 공적인 문제들을 논의하기도 했지만, 행위의 규범을 제시하고, 인간의 존재 의의를 밝혀주는 곳이기도 했다. 폴리스의 공적인 장소들은 정치적 기능을 행사하는 곳이면서, 동시에 교육의 기능을 행사하는 곳이기도 했다.

고대 그리스는 페르시아 전쟁(B.C. 500~479)을 경계로, 전기 그리스와 후기 그리스로 나누어진다. 전기 그리스는 호머(Homer)의 시에 나타난 '전설의 시대', 스파르타와 초기 아테네로 대표되는 '역사 시대'를 포함한다. 후기 그리스는 아테네가 페리클레스(Pericles)의 영도로 번영을 누리면서 새로운 종교와 도덕과 사상을 발달시킨 '과도기', 마케도니아에게 점령되어(B.C. 338) 헬레니즘의 문화를 형성한 '세계주의 시대'를 포함한다.

'전설의 시대'의 교육은 호머의 두 서사시 ≪일리아드≫와 ≪오딧세이≫에서 그 대강을 추정해 볼 수 있다. 특히 이 시에 등장한 두 영웅의 이야기는 그리스인들이 추구한 이상적인 인간상을 보여준다. 트로이 전쟁의 영웅 아킬레우스(Akilleus)는 힘과 용기와 담력과 인내심을 지닌 '실천적인 인간'의 전형으로 묘사되었으며, 전쟁 후 귀국길에서 표류하는 오딧세우스(Odysseus)는 명석한 판단과 통찰력과 재치와 웅변력을 지닌 '지혜로운 인간'의 전형으로 묘사되었다. 고대 그리스인들은 실천과 지혜를 겸비한 인간을 이상적인 인간상으로 추구했다.

2) 스파르타의 교육

스파르타는 도리아(Doria)족이 라코니아(Lakonia) 지방을 정복하여 세운 폴리스로 기원전 5세기경에 그리스의 최대 강국이 되었다. 스파르타는 정복자의 영예를 유지하기 위해 군국주의적인 정치체제를 갖추었다. 스파르타는 세 계급으로 구성되어 있었다. 지배계급인 스파르티아타이(Spartiatai)는 정치적 권력을 장악하고 있었다. 둘째 계급인 페리오이코이(Perioikoi)는 도시 주변의 반자유민으로서 농업이나 상공업에 종사하며 정치권은 없었다. 셋째 계급인 헬로타이(Helotai)는 국가에 속한 노예들이었다. 지배계급인 스파르티아타이는 아래의 두 계급과 피정복민을 합하여 약 30배에 가까운 피지배계급을 다스렸다.

스파르타의 교육은 철저하게 국가가 관리하고 통제하는 교육이었다. 스파르타는 군국주의적인 정치체제를 갖추고 있었으므로, 교육도 이런 체제를 보조하는 형식을 띠었다. 스파르타의 교육 목적은 이상적인 군인의 양성에 두었다. 이를 위하여 체육과 덕육에 역점을 두었다. 체육은 군사교육의 성격을 매우 강하게 띠었으며, 덕육은 이상적인 군인들에게 요구되는 용기, 충성, 인내, 명예, 희생정신 등을 강조했다. 체육에는 씨름, 창던지기, 말타기, 수영, 달리기 등이 포함되었다. 그들은 체육을 통해 힘과 용기와 민첩성과 인내심을 길렀다. 지적인 내용으로는 기초적인 읽기와 쓰기와 셈하기를 포함하여 음악을 가르쳤다. 음악은 조상들의 용감한 전설인 호머의 시와 국가의 기본법인 리쿠르구스(Lycurgus) 헌법을 암송하게 했다. 군인들의 협동심과 사기를 높이는 합창과 합주도 포함했다. 약 700년가량 지속된 스파르타의 교육은 오직 국가의 안전과 번영을 목적으로 호전적인 관심사들을 추구한 반면, 문학과 예술과 철학 등 심미적이고 지적인 관심사들은 추구하지 않았다.

스파르타의 교육은 오직 지배계급을 대상으로 했으며, 여러 단계를 거쳐 집단적으로 이루어졌다. 스파르타의 아동은 출생 후 공회당(Leske)에서 신체검사를 받았다. 체격이 좋고 튼튼한 아동은 가정에서 양육하였으나, 병약하거나 불구이면 산 속의 동굴에 버려졌다. 가정에서는 아동의 건강과 도덕적 훈련에 초점을 두고 양육했다. 아이들은 7세가 되면 국가에서 관리하는 공동교육장(Agoge)에 들어가 군사 훈련의 성격을 띤 교육을 받았다. 교육감독관인 파이도노모스(Paidonomus)는 보좌관인 에이렌(Eiren)의 도움을 받아 아이들이 강인하고 민첩하고 건전한 습관을 기르도록 훈련했다.

18세가 되면 현역 군인집단 속에 들어가서 2년간 군사훈련을 받았다. 이 기간에는 국토의 지리적 조건이나 군사적 전술을 익혔다. 비밀리에 농노들의 동정을 살피고, 노예계급인 헬로타이를 대상으로 하여 전쟁놀이도 했다. 20세가 되면 에이렌이라 불리는 현역군인으로서 10년간 복무하면서, 군사훈련과 실전에 참가했다. 30세가 되면 성인으로서 완전한 시민권을 부여받고 독립된 가정을 이루었다. 여자 아이들도 남자들과 별로 다름없는 훈련을 받았지만, 가정에 머무를 수 있었다는 점과 덜 격렬했다는 점에서 차이가 있었다. 여자들은 엄격한 교육을 통해, 건강한 아이를 낳고, 정조를 지키고, 국법을 준수하며, 노예를 잘 다룰 수 있는 능력을 길렀다.

스파르타의 교육은 오직 군사적 효율성에 초점을 두었기 때문에, 국가주의적이고 상무적인 기풍을 나타내었다. 그것은 젊은이들을 재치 있고 민첩하게 만들었지만, 안목이 좁은 시민을 만들어 내었으며, 전반적으로 개성을 말살하는 결과를 가져왔다.

한편, 스파르타의 교육은 국가의 번영을 중요시하는 국가주의의 교육이념을 만들어 내었다. 국가주의적 교육이념은 19세기에 공교육 제도가 성립될 때 이념적 기반이 되었다.

3) 아테네의 교육

아테네는 아티카(Attica) 지역에 이오니아(Ionia)족이 세운 폴리스로서, 기원전 7세기 초에 이미 학교를 가지고 있었다. 아테네는 기원전 594년 솔론(Solon)이 집정관이 되면서 민주주의의 기초를 형성했다. 아테네의 교육은 가정과 사립학교를 중심으로 한 사교육(私教育)이었으며, 국가가 직접 관여한 것은 16세에 시작하는 공공체육관(Gymnasium)에서의 훈련과, 18세에서 20세까지의 청년들로 구성된 군사적 집단인 에페보스(Ephebus)의 활동뿐이었다.

7세부터 시작되는 학교교육은 교복(教僕 : Paidagogos)의 안내를 받으며,

두 종류의 사립학교인 음악학교(Didascaleion)와 체조학교(Palaistra)에서 이루어졌다. 이 두 학교들은 "신체를 위해서는 체육을, 영혼을 위해서는 음악을" 가르친다는 아테네 교육의 기본 이념을 반영한 것이었다. 체육은 오종경기인 넓이뛰기, 원반던지기, 창던지기, 달리기, 씨름 외에도 권투, 수영 등을 포함했다. 음악교육은 악기연주, 호머나 헤시오도스의 시와 이솝 우화의 암송, 읽기와 쓰기의 기초를 포함했다. 좀 더 성장한 후에는 웅변, 연극, 역사, 과학 등도 포함했다. 이처럼 다양한 내용을 포함한 아테네의 교육은 조화롭게 발달된 인간을 추구했다. 아테네의 교육은 국가에 유용한 시민을 기르는 것을 추구하면서, 동시에 심신이 조화적으로 발달된 인간을 형성하고자 했다. 다시 말하면, 아테네의 교육은 공적인 유용성과 개인적 탁월성을 함께 추구했다.

16세가 되면 교복의 손에서 벗어나 공공체육관(Gymnasium)에서 2년간 체육을 익혔다. 여기에서는 청년과 성인이 함께 모여 신체를 단련하고 정신을 수양했다. 아테네의 청년들은 이전에 체조학교에서 배운 것들에 추가로 마술(馬術), 경마, 마상사술(馬上射術), 투석, 전차경주, 조정(漕艇) 등을 배웠다. 지적 훈련으로는 성인들과의 자유로운 접촉을 통해 수학, 산술, 천문학, 물리학, 문학, 수사학, 웅변술 등을 배웠다.

18세가 되면 에페보스에 들어가 군대훈련을 받았다. 청년들은 에페베 선서를 하고, 처음 1년은 병영생활을 통해 무기의 조작법을 배우고, 나중 1년은 변경의 사정이나 향토의 지리와 풍토를 익혔다. 20세가 되면 에페베에서 제대하여 시민권을 얻고 사회생활에 참여했다. 모든 시민은 정치에 참여했으며, 20세가 넘어서도 심신의 수양은 게을리 하지 않았다.

아테네는 페르시아 전쟁에서 승리한 후부터 전반적인 변화를 겪게 되었다. 활발한 산업 · 상업활동으로 경제적으로 매우 풍요로워졌다. 종래의 귀족주의적 정치체제는 민주주의적 정치체제로 바뀌었다. 구시대의 비극적 문학형식은 희극으로 전환되었다. 비극의 주제는 윤리적인 것이었으나, 희극의 주제는 사회 풍자와 오락적인 것이었다. 철학자들은 물질의 세계를 탐구하던 종래의 자연철학에서 사회와 인간에 대한 탐구로 대상을 바꿨다. 종교와 도덕에서도 변화가 일어났다. 구시대의 신화들은 폐기되고 자연현상에 대한 합리주의적 해석이 이루어졌으며, 폴리스와 가족제도에 기초를 둔 옛 도덕은 새로 생겨난 이기주의와 회의론으로 시달렸다.

100여년에 걸친 과도기 동안, 교육의 실제적인 목적은 국가에 충성하는 시민의 양성보다는 개인적 교양과 출세에 더 치중하게 되었다. 교육은 한편으로는 개인의 사상과 행동에 보다 큰 자유를 제공하는 것으로, 다른 한편으로는 개인적 발전과 성공을 위한 훈련의 기회를 제공하는 것으로 인식되었다.

여러 외국에서 들어온 소피스트들(Sophists)은 달라진 아테네에서 개인적으로 성공할 수 있는 지식과 기술을 가르쳤다. 이들은 진리와 가치에 대해 주관적, 상대주의적 관점을 가지고 있었다. 이들은 또한 교육의 가치를 실용성에 두고 개인이 사회에서 성공적으로 살아갈 수 있게 준비시켰다. 이들이 중요시한 교육 내용은 문법, 수사학, 논리학 등이었다. 이것들은 상대방을 논박하여 자신의 주장을 관철시키고, 청중의 마음을 움직여 정치적으로 성공하는 데 매우 필요한 것들이었다.

소피스트들과 크게 대립된 교육사상과 활동은 소크라테스(Socrates), 플라톤(Plato), 아리스토텔레스(Aristotle) 등을 통해 이룩되었다. 이 세 철학자들의 교육사상과 활동은 이성의 발달과 진리인 지식의 추구로 특징지어진다. 이들의 교육 목적은 발달된 이성을 통해 진리를 보려는 삶의 태도와 그런 능력에 두었다. 이것은 서양 교육사의 중요한 전통인 자유교육의 이념으로서, 직업 준비나 전문가 훈련에 역점을 두는 실용적 교육에 대비된다.

알렉산더 대제국이 형성되면서(B.C. 338~146) 그리스의 문화는 지중해 연안의 여러 나라들과 동방에 큰 영향을 주었다. 그리스인들의 학문과 예술과 풍습과 제도는 세계 공통의 것이 되었다. 이 세계주의 시대에 그리스 민족은 특정 폴리스의 시민이 아니라 세계의 시민이 되었으며, 개인주의가 크게 확산되었다.

세계주의 시대의 전체적인 조류의 변화에 따라 교육의 내용과 제도에도 큰 변화가 생겼다. 초등교육에서는 음악이나 체육의 중요성이 약화되고, 문자의 교육이 성행하였다. 중등교육에서는 문법이 강조되었다. 음악은 박자가 빠르고 감미로운 감각적인 음률이 유행하게 되었고, 체육은 직업 선수들이 독점하여 학교에서 자취를 감추게 되었다. 학교에서는 문법과 수사학 등 지육(知育)에만 관심을 집중하였다.

고등교육 기관으로는 이소크라테스(Isocrates)의 전통을 잇는 수사학교(修辭學校)들과 플라톤의 전통을 잇는 아카데미아(Akademeia), 아리스토텔레스의 전통을 잇는 뤼케이온(Lykeion), 제논(Zenon)의 스토아(Stoa) 학교, 에피큐로스(Epicuros)의 에피큐로스 학교 등 철학학교(哲學學校)들이 있었다. 수사학교에서는 웅변술 및 당시의 새로운 지식을 실생활에 적용함으로써 그 세력을 키워갔다. 철학학교에서는 형이상학이나 윤리학의 문제들에 대한 탐구와 논증을 주로 하였으나, 실제적 활동에 대해서는 무관심하였다. 후에 아카데미아, 뤼케이온, 스토아 학교 등이 합병되어 아테네대학이 되었다. 아테네대학은 고전적 학문의 중심이었으나, 기독교가 확산된 후에는 이교적(異教的)이라 하여 529년에 유스티니아누스(Justinisnus) 황제에 의해 폐쇄되었다.

이 외에도 알렉산드리아에는 대형 박물관과 도서관이 건립되어 알렉산드리아대학이 되었다. 이곳에서는 방대한 자료를 수집하여 소장하였으며, 이곳에 모인 학자들은 물리학, 수학, 기하학, 천문학 등의 발달에 크게 기여하였다. 알렉산드리아대학은 기원 640년 회교도들의 침입으로 불에 타버렸다.

아테네의 교육은 개인의 발달을 중요시하는 개성신장의 교육이념을 만들어 내었다. 개성신장의 교육이념은 인간존중의 사상을 잘 반영하고 있다. 아테네의 교육은 한편으로는 소피스트들이 중심이 되어 지식의 실용적 가치를 추구하는 교육의 전통을 형성했으며, 다른 한편으로는 소크라테스와 플라톤 등이 중심이 되어 지식의 내재적 가치를 추구하는 교육의 전통을 형성했다.

4) 고대 그리스의 교육사상

(1) 소피스트들

아테네는 페르시아 전쟁에서 승리한 후 눈부신 번영을 누렸다. 경제적인 풍요는 물론 정치적으로 민주주의로 전환되면서, 시민들은 전에 없던 자유를 누렸다. 시민들의 의식 수준이 높아지고, 개인적인 성공을 위한 활동에 관심이 모아졌다. 소피스트는 이런 자유와 풍요의 시대에 개인적인 성공에 필요한 능력을 갖추어주는 교사로 등장했다.

소피스트(sophist)라는 말은 원래 현자, 지혜자, 학자라는 의미를 가지고 있었다. 소피스트들은 대략 기원전 5세기 중반부터 집단을 형성하여 여러 지방을 여행하던 떠돌이 교사들이다. 그들은 대부분 아테네인이 아니었으며, 학파와 같이 응집력 있는 집단을 이룬 것도 아니었다. 그들은 각국의 사회제도와 정치, 경제, 풍속, 자연 등에 관한 다방면의 지식을 가지고 있었고, 개인적인 성공을 원하는 청년들에게 필요한 수사학과 정치학과 문법 등을 가르쳤다. 많은 소피스트들이 비싼 수업료를 받고 사회현상과 시사문제에 대한 단편적인 지식과 형식적인 변론술을 가르쳤기 때문에, '지식을 팔아먹는 사람'이란 멸시어린 평판을 듣기도 했다. 그러나 당시 아테네의 젊은이들이 성공의 필수조건인 지식과 변론을 매우 원했기 때문에, 소피스트들은 아테네에서 성공적인 직업 교사로 활동할 수 있었다. 소피스트들은 아테네로 이주해 온 지 거의 반세기 만에 아테네의 교육을 완전히 석권해 버렸다.

소피스트들의 활동은 개별적이었지만, 기본적인 사고방식은 주관주의적이고 상대주의적이라는 공통점을 갖는다. 최초의 소피스트인 프로타고라스(Protagoras, B.C. 486~451)의 "인간은 만물의 척도다."는 말은 이들의 사고방식을 잘 드러내 준다. 이런 인간중심적이고 개인중심적인 태도에서는 절대적인 존재, 객관적 진리, 보편적 규범 같은 것을 인정하지 않는다. 따라서 보편적인 사회 정의를 추구하거나 객관적인 진리 탐구에 헌신하기보다는, 이와는 반대로 개인적인 이익을 추구하고 출세에 필요한 지식과 기술을 갖추는 일에 관심을 집중했다. 소피스트 중 하나인 고르기아스(Gorgias, B.C. 485~380)는 교육을 법정이나 의회에서 상대자를 논박하여 자기의 주장을 설득시키는 기술과 청중을 매혹시키는 웅변술을 가르치는 것으로 규정했다.

소피스트들은 능숙한 처세와 다면적 도야를 교육의 목표로 삼았다. 그들은 진리를 탐구하기 위한 학문을 추구하지 않았다. 지식을 추구하더라도 참과

거짓의 구분보다는 실제적인 유용성에 더 많은 관심을 기울였다.

소피스트들이 가르친 내용은 주로 토론, 웅변, 수사학 등이었다. 이 외에도 문법, 수학, 역사, 물리학 등도 포함되었다. 특히 수사학은 법정이나 극장이나 시장에서 널리 활용될 수 있었으므로 가장 유용한 교과목이었다. 소피스트들은 개인이 어떠한 상황에 처하든지 임기응변적으로 처세할 줄 알아야 한다고 가르쳤다.

'완전한 교육'을 위해 소피스트들이 요구한 학과목

1. 문법 : 모든 지적 활동의 기초. 언어와 언어구조에 대한 지식
2. 변증법 : 말하고 응답하는 일. 말을 사용하는 연습
3. 수사학 : 어떤 사실을 설득력 있게 설명하고 주장을 관철시키기 위해 말하는 기술
4. 산술, 기하, 지리, 천문, 음악 : 시민에게 필요한 과목들. 중요한 영역들의 심층적 전문지식

A. Reble(정영근 외 역). 서양교육사(2002 : 36).

소피스트들의 교육방법은 주로 모델에 대한 분석과 모방이었다. 호머를 비롯한 거장 시인들의 문구를 인용하고 모방하여, 새로운 상황에 적절한 변론을 전개하는 것이 중요했다. 이러한 모델 분석과 모방의 방법은 이후 지속적으로 유용한 교육 방법으로 활용되어 왔다.

소피스트들의 교육은 개인주의적인 성격을 분명히 했다. 그들은 교육을 직업적 성공을 위한 수단으로 삼았으며, 교육의 목표를 정치적인 처세술을 갖추어 주는 데 두었다. 교육 핵심적인 내용은 수사학과 변론술이었으며, 주요 방법은 모델의 분석과 모방이었다. 소피스트들은 보수를 받는 직업 교사의 선조가 되었다. 그들은 가르치는 기술에 대해 최초로 진지하게 연구하고 실천했던 사람들이었다. 이들은 가르침(teaching)을 하나의 기술(art)로 인식한 최초의 사람들이었다. 그러나 이들의 개인주의적이고 상대주의적인 교육 활동은 아테네의 공동체 의식을 극도로 약화시켰다. 이들은 진리와 사회정의에

대한 헌신을 소홀히 함으로써 아테네의 타락을 촉진시켰다. 이런 문제점은 소크라테스, 플라톤 등에 의해 신랄하게 비판되었다.

(2) 소크라테스

소크라테스(Socrates, B.C. 469~399)는 고대 그리스의 과도기에 태어나, 신·구교육의 갈등 및 개인의 이익과 사회의 이익의 충돌에 관한 문제를 제기하고, 그것을 해결하고자 하였다. 그것은 주로 인간의 행위 윤리와 지식의 성격에 관련된 것이었다. 소크라테스는 이론적 탐구에 멈추지 않고 몸소 실천하며 가르쳤다.

소크라테스는 프로타고라스(Protagoras)의 "인간은 만물의 척도다"는 명제를 철학적 사유의 출발점으로 삼았다. 그는 참으로 인간이 만물의 척도라면 인간은 무엇보다도 자기 자신을 알아야 한다고 생각했다. 그는 델포이 신전의 "너 자신을 알라"는 금언을 자아의 각성을 의미하는 말로 해석하여 교육의 목적으로 삼았다. 소크라테스에게 있어서, 교육의 목적은 단순히 지식(doxa, 俗見)을 축적하기 위한 것도 아니고, 출세를 하기 위한 것도 아니다. 교육의 목적은 오직 자기의 무지(無知)를 자각함으로써 참된 지식(episteme)에 이르도록 하는 것이다. 이것은 당시 유행하고 있던 교육의 관념, 즉 웅변을 잘하고 대중을 설복시키는 기술을 습득하는 것과는 거리가 멀었다. 소크라테스는 진정한 자아의 자각이 있어야 참된 지식을 획득할 수 있으며, 나아가 도덕적인 인격을 형성할 수 있다고 생각하였다.

소크라테스에게 있어서 지식과 도덕은 결코 분리된 것이 아니다. 그것은 "덕(德)은 가르칠 수 있는가?"라는 질문에서 비롯된 논의 속에 잘 나타나 있다. 소크라테스는 지식이 곧 덕이라고 주장하여, 지식이 모든 덕의 기반이 됨을 분명히 했다. 다시 말하면 용기, 절제, 정의 등의 덕목들을 획득하기 위해서는 우선 그 개념에 대한 명백한 인식이 있어야 한다는 것이다. 덕은 옳고 선한 것을 몸에 익히는 것을 의미하지만, 덕 있는 행동이 나오기 위해서는 선악에 관한 지식이 있어야 한다. 이런 주장을 통하여 소크라테스가 말하고자 한 것은 단순히 선(善)이 무엇인지 알기만 하면 선한 행위를 한다는 것이 아니라, 자신이 하려고 하는 행위에 관한 정확한 지식이 없이는 선한 행위가 나올 수 없다는 것이다. 이런 주장을 계속 밀고 나가면 덕은 가르칠 수 있고, 반드시 가르쳐야 한다는 결론에 이르게 된다.

소크라테스의 교육의 방법은 문답법(Dialectic Method)으로 유명하다. 아마도 소크라테스가 현대의 교육이론에 가장 구체적으로 공헌한 것은 그의 교육방법일 것이다. 소크라테스의 방법(Socratic Method)라고도 불리는 그의 문답법은 대화의 상대가 자신의 무지를 자각하게 하는 반어법(反語法)과, 그 자각으로부터 진리를 파악하게 하는 영혼의 산파술(産婆術)의 두 단계로 구성되어 있다. 플라톤의 대화편을 통해 그의 문답법이 진행되는 과정을 좀 더 세밀히 구분하면, 다음 네 과정으로 설명할 수 있다. ① 학생으로 하여금 가르치고자 하는 덕이나 진리의 중요성에 대해 관심을 갖게 하고, ② 그와 관련하여 변증법적으로 자기의 생각을 검토하게 하고, ③ 의식하지 못했던 자기의 무지를 시인하게 하고, ④ 그 곳에서 출발하여 변증법적으로 진리에 이르게 한다. 이러한 대화법은 기계적으로 진행되는 것이 아니라, 스승과 제자 사이의 인격적 관계 속에서 이루어졌다.

(3) 플라톤

플라톤(Plato, B.C. 427년경~347)은 아테네의 명문 출신으로, 20세경에 소크라테스의 제자가 되어 8년간 배웠다. 소크라테스가 사망한 후에는 그의 교육이론을 계승하고 발전시켰다. 그는 소크라테스와 마찬가지로 그리스의 과도기에 새로운 도덕생활의 원리를 제시하고자 했으며, 변증법적인 방법을 통해 참된 지식에 이를 것을 주장했다. 다만 최고선(最高善)을 인식할 수 있는 능력은 소수의 사람들에게만 국한되어 있다고 생각한 점에서 그의 스승과 차이를 보였다. 소크라테스는 모든 사람이 진리에 이르는 인식능력을 가지고 있다고 믿고 그가 만나는 사람이면 누구든 서슴지 않고 대화를 나누었으나, 플라톤은 개인의 능력 수준에 따라 계층적으로 구분된 사회를 구상하고 각 계층의 수준에 맞는 교육을 주장하였다.

플라톤의 교육이론은 철학의 연구에서 비롯되며, 그의 대표적 저술인 ≪국가론≫(Republic)에 잘 나타나 있다. 그의 철학사상의 근간이 되고 있는 것은 이데아(Idea)론이다. 그는 이데아계(Idea界)와 현상계(現象界)의 이원적 세계관을 가지고 있었다. 현상계는 감각(感覺)의 대상이 되는 경험의 세계이며, 이데아계는 이성(理性)의 대상이 되는 초경험의 세계이다. 플라톤에 의하면, 이데아계야 말로 실재(實在)하는 세계이며, 경험의 세계에 있는 모든 개체는 이데아계의 영상(映像) 또는 모사(模寫)에 지나지 않는다. 인간의 영혼은 육체와 결합하기 이전에는 이데아계를 가지고 있었으나, 태어나는 순간에 이데아계를 잃어버렸다. 그래서 인간의 영혼은 잃어버린 이데아계를 늘 사모하고 추구하는데, 이 이데아를 사모하는 것은 영혼의 이성적인 부분이다. 인간이 참된 지식을 획득하는 것은 바로 이성의 사유작용으로 이데아계를 상기해 내는 것이다. 이것이 플라톤의 상기설(想起說)이다.

플라톤에 따르면, 인간의 영혼은 이성(Reason), 기개(Spirit), 욕구(Appetite)의 세 부분으로 구성되어 있다. 이성은 지혜의 덕을, 기개는 용기의 덕을, 그리고 욕구는 절제의 덕을 갖추어야 한다. 그리고 이 세 가지 덕이 조화를 이룰 때 정의(正義)의 덕이 실현된다. 개인의 영혼이 세 부분으로 구성되어 있듯이, 국가에도 통치자, 군인, 생산자의 세 계급이 있다. 각 계급에는 영혼의 경우와 마찬가지로 지혜, 용기, 절제의 덕이 요구되며, 이 세 가지가 조화를 이룰 때 정의가 실현된다.

국가는 국민의 덕 있는 생활과 사회의 질서를 유지하기 위하여 국민을 교육해야 한다. 국민의 교육은 개인의 능력에 따라, 사회의 계급에 따라 그 수준을 달리한다. 우선 우수한 국민을 얻기 위하여 국가는 결혼에서부터 간섭한다. 남자는 30~50세 사이에, 여자는 20~40세 사이에 결혼하여 자녀를 낳게 한다.

신생아는 유모의 손으로 기르되 남녀의 차별을 두지 않고, 3세까지는 주로 신체에 주의하며, 6세까지는 주로 유희나 동화 같은 것으로 심신의 발달을 꾀한다. 7세부터 학교교육이 시작되는데 16세까지는 체조, 3R's(읽기, 쓰기, 셈하기), 음악 등을 중심으로 가르친다. 16세부터는 수학, 천문학 등을 추가하며, 18세부터 20세까지는 체육과 군사훈련을 실시한다. 이 단계에서 성적이 좋지 않은 자들은 생산자계급으로 남게 한다. 일반 국민들의 교육은 대개 이 단계에서 끝난다.

20세부터 30세까지는 4과(Quadrivium : 산수, 기하, 천문학, 음악)를 가르치고, 성적이 좋지 않은 자들은 군인계급으로 남게 한다. 가장 우수한 소수의 엘리트들에게는 30세부터 5년간 철학(辨證法[1]과 形而上學 포함), 정치학, 법학 등을 가르쳐 통치자로서의 소양을 쌓게 한다. 그 후 15년간 고급관리로서 정무에 참여하게 하고, 50세가 되면 철인(哲人)으로서 교육을 완료한다. 이들은 '선(善)의 이데아'를 탐구하고, 후진을 교육하며, 최고의 통치자로 교대로 국정을 담당한다.

플라톤의 교육이론은 아테네와 스파르타의 교육을 종합하려는 의도가 기저를 이루고 있다(이홍우 외 역, 1994 : 50-51). 스파르타는 습관의 훈련, 관습과 법의 존중 등 보수적 경향이 강한데 반해, 아테네는 정치와 학문의 자유, 개성의 존중을 통한 사회의 개선 등 진보적 경향이 강하다. 전자는 국가의 존속에 필요하고, 후자는 국민의 삶에 가치를 부여한다. 이처럼 플라톤은 스파르타식의 훈련과 아테네식의 인격의 원만한 발달을 조화시키려 했으며, 이를 통해 이상국가를 실현하려 하였다.

---

1) 플라톤에게 있어서 변증법(dialectic)은 최고 수준의 교과다. 변증법을 글자대로 풀이하면 사고 능력이 있는 사람들 사이의 이성적인 논의를 뜻한다. 그러나 플라톤이 말하는 변증법은 그의 용어로 선(善, 좋은 것, 진리)에 도달하는 방법이다. 그가 변증법을 최고의 교과로 삼은 까닭은 논쟁에서 승리를 거두기 위해서가 아니라, 선(진리)을 알아야 하기 때문이다. 플라톤이 생각하기에, 완전한 통치자는 선(진리)을 추구하는 학문, 즉 변증법을 체득하고 있어야 한다.

(4) 아리스토텔레스

아리스토텔레스(Aristotle, B.C. 384~322)는 마케도니아 출생으로 18세에 아테네에 와서 플라톤의 아카데미에 입문하여 20년 동안 공부했다. 그는 철학은 물론 생물학이나 물리학 등 과학에도 조예가 깊었다. 사람들은 대개 플라톤과 아리스토텔레스를 대비시킨다. 즉 플라톤은 수학자로서 연역적 방법을 사용하였고, 보편적 실재를 연구하였으며, 관념론(Idealism)의 기원을 이룬 것으로 본다. 반면에 아리스토텔레스는 과학자로서 귀납적 방법을 사용하였고, 개별적 사실을 연구하였으며, 실재론(Realism)의 기원을 이룬 것으로 본다. 이런 대조는 물론 틀린 것이 아니지만, 외형상 이 엄청난 차이에도 불구하고, 아리스토텔레스는 신(神), 영혼, 정치, 교육 등에 관한 생각에서 근본적으로 플라톤과 의견을 같이 한다.

아리스토텔레스의 교육이론은 그의 형이상학과 일관된 방향을 따르고 있다. 그는 모든 사물은 질료(質料 : matter)와 형상(形相 : form)으로 구성되어 있으며, 가능태(可能態 : potentiality)인 질료가 현실태(現實態 : actuality)인 형상을 향하여 운동하고 있다고 보았다. 그에 따르면, 모든 존재는 그 존재에 본래적으로 주어진 목적, 즉 형상을 향해 그 가능성을 실현해 감으로써 존재의 의의를 갖는다. 아리스토텔레스는 실재(實在)를 하나하나의 개별적 존재 속에 구현되어 있는 이데아에서 찾았다. 말하자면 동물이나 인간은 그 내부에 각각 고유의 형상 또는 이데아를 간직하고 있고, 이것을 발현함으로써 스스로를 실현한다는 것이다. 인간의 자기 존재의 고유한 본성을 실현함으로써 존재 의의를 가질 수 있다. 교육은 바로 인간의 본성을 실현시키는 자기실현의 과정이다.

인간의 본성에 대한 아리스토테레스의 생각은 그의 ≪영혼론≫(*De Anima*)에서 찾아볼 수 있다. 아리스토텔레스는 플라톤과 마찬가지로 영혼을 세 부분으로 나누었다. 최하위의 것은 유기체의 영양과 번식의 기능을 하는 식물적 영혼이고, 그 다음은 감각과 욕구의 기능을 하는 동물적 영혼이고, 최상위의 것은 이성이다. 이성은 인간에게 고유한 기능이며, 인간의 존재 의의는 이성을 실현하는 데 있다. 또한 인간이 최고의 목적으로 추구하는 행복은 이성의 실현을 통해 얻을 수 있다.

서양교육사에서 중요한 위치를 차지하는 자유교육(liberal education)의 이념은 이성의 실현을 강조한 아리스토텔레스에게서 그 의미가 확립되고 이론화되었다. 아리스토텔레스에 따르면, 이성을 실현하기 위해서는 지식을 추구해야 하며, 실용적인 목적을 떠나 오직 진리 자체를 목적으로 추구해야 한다. 그것이 자유인이 지식을 추구하는 방식이며, 또한 그렇게 함으로써 인간은 무지와 오류와 편견에서 해방되어 자유롭게 된다. 지식을 그 자체로 목적으로 추구하는 교육은 자유교육이지만, 지식을 직업준비나 기타 실제적인 사용 목적에 맞추어 추구하는 것은 자유교육이 아니다.

교육의 계획에 대한 아리스토텔레스의 의견은 플라톤과 비슷하다. 두 사람은 교육을 언제나 국가와 관련지어 생각하였으며, 교육을 정치의 한 부분으로 인식하였다. 그들은 개인을 국가의 일원으로 육성하려 했으며, 따라서 교육을 국가적인 수준에서 계획하고 통제할 것을 주장했다. 그러나 아리스토텔레스는 더 개인주의적인 경향을 띠었다. 그는 인간을 '정치적 동물'로 보고 인간의 본성이 완전히 실현되는 것은 폴리스를 통해서만 가능하다고 믿었지만, 나라가 덕을 갖추기 위해서는 국민들 각자가 덕을 갖추어야 한다고 주장하였다.

아리스토텔레스가 제시한 연령 단계별 교육은 다음과 같다. 우선 우생학적 배려로서 국가는 결혼에 간섭한다. 남자는 37~50세 사이에, 여자는 18~40세 사이에 결혼하여 자녀를 낳게 한다. 양친은 건강한 아이만 양육해야 하며, 아동이 6세가 되기까지 가정에서 적당한 사지의 운동과 엄선된 동화를 중심으로 교육한다. 아동이 6세가 되면 국가에서 교육을 맡으며, 양친도 책임을 분담한다. 10세까지 초등수준의 교육을 받는데, 좋은 품성과 관용 및 신체발달에 초점을 두어 읽기, 쓰기, 셈하기, 음악, 체조 등을 배운다. 10세가 되면 중등수준의 교육으로 4과(산수, 기하, 천문, 음악)와 시, 문법, 수사학, 문학, 지리 등을 배운다. 20세가 되면 최고수준의 교육으로 심리학, 정치학, 윤리학, 생물학, 철학 등을 배운다.

아리스토텔레스의 교육이론은 도덕적 습관의 훈련과 이성적 능력의 계발에 초점을 두고 있다. 그는 플라톤과 마찬가지로 국가주의적인 교육을 주장하였으며, 지식 중심의 귀족주의적인 교육을 주장하였다. 특히 아리스토텔레스에게서 구체화된 자유교육의 이념은 오늘날에 이르기까지 서양교육사에서 가장 중요한 이념의 하나로 간주되어 왔다.

(5) 이소크라테스

이소크라테스(Isocrates, B.C. 436~338)는 아테네 부호의 가정에서 출생하였다. 그는 당대의 유명한 소피스트인 프로타고라스와 프로디코스에게서 폭넓은 교육을 받았으며, 고르기아스에게서 수사학을 배웠다. 또한 윤리적인 면에서 소크라테스의 가르침에서 많은 영향을 받았다. 이소크라테스는 아테네에 수사학교를 설립하여 50년 이상 관장하며 웅변술을 가르쳤다. 그리스 전역에서 온 학생들은 비싼 수업료를 지불하고, 이 학교에서 배웠다. 사실 기원전 4세기에 정치와 학문에서 이름난 많은 사람들이 이소크라테스의 제자였다.

이소크라테스는 정치적, 지적, 도덕적 지도력을 연마하는 교육을 했다. 그는 당시의 그리스인들이 분쟁을 일으킨 원인은 능력 있는 정치지도자가 부족하기 때문이라고 생각했다. 또한 그는 시범의 가치와 힘을 믿고, 보통 사람들을 위해 확고한 시범을 보일 수 있는 지도자를 교육하려 했다. 그는 이런 정치적 능력을 가진 지도자, 즉 웅변가를 양성함으로써 그리스를 문명사회로 만들고자 했다.

이소크라테스에 의하면, 진정한 웅변가는 품성이 뛰어나고 공공의 행복에 전념하는 사람이어야 한다. 웅변가는 겸손한 태도와 정직하고 애국적인 정열이 있어야 하며, 그것을 가지고 청년들을 가르쳐야 한다. 웅변가의 임무는 국민 전체의 행복을 위하여 노력하는 것이다. 웅변가는 훌륭하고 고귀한 목적을 선택하고, 인간의 행복과 공동의 선에 헌신해야 한다. 그리고 웅변가는 그리스 세계를 다루고, 국가의 문제를 논의하고, 범 그리스적인 의회에서 논의하는 데 적합한 글을 써야 한다. 이런 목적을 달성하기 위해서는, 수사학의 원리와 기술 뿐 아니라 일반적인 지식도 갖추어야 한다. 웅변가가 되는 데는 문학, 논리학, 역사, 정치, 윤리학, 예술, 음악 등이 중요하다.

이소크라테스는 당시의 소피스트들을 비판했다. 그들은 논리적 언어유희에 젖어있는 논쟁술사이며 언어적 능력을 자기주장의 기술로 전락시킨 수사가에 지나지 않았기 때문이다. 이소크라테스가 보기에 그들은 '정치적인 화법'에 관심을 집중하여 실용적인 웅변술을 가르쳤고, 계략과 연설문을 짓는 기계적인 공식을 가르칠 뿐, 진리에는 관심이 없었다. 이소크라테스는 또한 플라톤의 아카데미에도 반대했다. 플라톤은 생활의 실제에 도움이 되지 않는 사변적 철학이나 기하학 같은 것들을 중심으로 가르쳤기 때문이다. 이소크라테스는 사회생활과 거리가 먼 철학적 교양보다는 현실 사회에 유능한 생활인이 되는 데 필요한 실용적 지식을 강조하였다. 그는 지식 그 자체의 추구나, 행동에 관계되지 않는 지식은 학문으로서 가치가 없다고 생각했다. 그에게 있어서 학문의 가치는 올바른 행동을 위한 판단이나 결정에 도움을 주는 데 있다.

이소크라테스의 교육적 관심은 고등교육에 집중되어 있었다. 그는 실용적인 지식을 강조하였고, 실제적인 지도력을 갖춘 웅변가를 도야하고자 했다. 그의 수사학교는 이후 로마에 도입되어 로마의 교육에 크게 공헌하게 되었다.

2. 고대 로마의 교육

1) 고대 로마 교육의 실제

고대 로마인들은 매우 실제적인 민족성을 가지고 있었다. 그들은 군사적,

정치적 제도를 조직하고 운영하는 데 탁월한 능력을 발휘했다. 그들은 실질적인 것을 추구했다. 일상생활에서 근면 검소하고, 도덕과 법률을 중시하고, 부모와 국가에 복종하는 기풍을 확립했다. 그들은 무엇보다도 법률을 발전시켜 제도적인 생활체계를 형성했다.

고대 로마인들은 국법과 스토아 철학과 기독교에 의해 배양된 실천적 덕성의 힘으로 도덕적 인생관을 고양시켰다. 로마인들은 그리스인들과 같이 지적이거나 예술적이지 않았고, 히브리인들과 같이 종교적이지도 않았다. 그러나 그들은 뛰어난 조직력을 발휘하고, 외래문화를 효과적으로 응용하여 그들 자신의 문화로 발전시켰다. 로마의 문화는 조직과 응용이라는 지극히 실천적인 방향으로 전개되었다.

로마는 기원전 753년경에 라틴(Latin)족이 중심이 되어 티베르(Tiber)강 유역에 건국한 것으로 알려져 있다. 라틴족은 농사와 목축을 주로 하는 민족이었는데, 주변국으로부터 자신들을 보호하기 위해 연합 도시국가를 이루었으며, 기원전 275년경에는 이탈리아반도를 통일했다. 이어서 그리스와 소아시아 등을 정복하고, 이집트와 지중해 연안의 모든 국가를 지배하는 대제국을 건설했다. 그리하여 로마는 여러 지역의 문화를 융합하여 새로운 문화를 만들어 냈고, 각 지역에 로마의 찬란한 문화를 전파했다.

> 기원전 3세기 이전의 로마의 교육에 관해서는 알려진 바가 거의 없다. 공화정 시대(B.C. 509~27)의 교육은 대체로 로마의 순수한 전통이 보존되었으나, 공화정 말기부터 그리스의 문물이 유입되어 제정 시대(B.C. 27~A.D. 476)의 교육은 그리스의 영향이 뚜렷해졌다.

전통적으로 로마의 교육은 가정에서 이루어졌으며, 학교는 중시되지 않았다. 아버지가 도덕적, 신체적 훈련의 책임을 졌고, 어머니도 자녀의 양육에 임하였으므로 자녀를 유모나 노예에게 맡기는 일은 없었다. 아이들은 부모로부터 고대 로마의 영웅이나 위인의 전기를 배웠고, 조금 성장하여서는 아버지를 따라 실제적인 교육을 받았다. 때로는 정치가나 군인으로부터 그 방면의 교육을 받기도 했다.

공화정 시대의 교육의 이상은 강한 의지와 실천적인 능력을 갖춘 사람을 양성하는 것이었다. 전쟁 중에는 강력한 군인으로, 평화 시에는 근면하고 책임감이 강한 애국 시민으로, 로마의 전통을 이어갈 수 있는 사람을 양성하고자 했다.

가정교육의 중심은 어머니였다. 어머니는 자녀에게 건전한 도덕적, 종교적 감정을 길러 주고, 올바른 인생관과 생활태도의 기초를 닦아 주었다. 자녀에 대한 아버지의 권한은 절대적이었다. 아버지는 자신이 활동하는 어느 곳이든 자녀를 데리고 다녔다. 아버지는 과거의 영웅이나 정치가의 찬가를 들려주고, 경작과 파종에 참가시키며, 승마, 수영, 권투, 검술 등을 시범을 통해 연습시켰다. 또한 읽기, 쓰기, 셈하기 및 법률생활에 필수적인 지식도 전수했다.

로마의 학교는 모두 사립이었다. 로마에는 일찍부터 루두스(Ludus)라는 초등학교가 생겼다. 이곳에서는 독서교사가 읽기, 쓰기, 셈하기 및 12동판법을 가르쳤다. 로마는 그리스를 정복(B.C. 146)한 다음부터 그리스의 문화에 물들기 시작했다. 초등학교에도 그리스 시인의 작품이 소개되었으며, 호머의 시편은 오랫동안 로마의 중심적인 교재가 되었다. 그리고 그리스의 문헌들을 가르치기 위한 문법교사가 상류가정의 교사로 혹은 학교의 교사로 채용되었는데, 이들을 그라마티쿠스(Grammaticus) 또는 리테라투스(Literatus)라 불렀다. 공화정 말기에는 중등 수준의 문법학교가 출현했다. 여기서는 그리스 문법과 로마 문법 및 그리스·로마의 작품을 가르쳤다. 그리고 점차로 그리스의 수사학도 가르치기 시작했다. 수사학은 상류가정의 자녀들이 배우기 좋아했으며, 학교나 제도로 정비되지 못한 채 제정 시대로 넘어갔다.

로마는 기원전 27년 옥타비아누스(Octavianus)에 의해 제정(帝政) 시대를 열면서 황금시대를 맞게 되었다. 제정 시대의 교육은 그리스식의 학교제도를 통해 이루어졌다. 공화정 시대의 가정중심의 교육은 학교중심의 교육으로 전환되었다. 역대 황제들은 학교교육을 장려하여, 교육기관의 시설개선과 교사의 지위향상을 위해 노력했다. 그러는 가운데 학교교육은 초·중·고등의 3단계의 형식을 이루며 발전하여 갔다.

종래의 초등교육 기관이었던 루두스는 더욱 보급되었고, 교육내용도 훨씬 풍부해졌다. 중등교육 기관인 문법학교들도 확장되었고, 교육내용은 아주 광범하여졌다. 문법학교 교사들은 그리스 문법과 라틴 문법은 물론 시문학도 가르쳤다. 교재로는 호머의 시가 가장 많이 사용되었고, 그 다음이 베르게리우스와 키케로의 작품이었다. 로마의 역사와 지리도 중요한 교육내용이었다. 특히 고등교육의 예비과정으로 중등교육을 할 경우에는 7자유학과(setem artes liberales), 즉 문법, 수사학, 논리학, 산수, 기하학, 천문학, 음악을 가르쳤다.

고등교육 기관으로는 수사학교와 철학학교가 있었으나, 수사학교가 거의 대부분을 차지했다. 7자유학과의 예비과정을 수학하고 정치계에서 활동하려는 자들은 수사학교에 들어갔다. 수사학교는 로마 사회가 이상으로 하는 웅변가를 양성했다. 웅변가는 도덕적 성품과 실용적인 지식과 정치적 지도력을 갖춘 인물을 말한다. 수사학교에서는 수사학과 웅변술에 매우 큰 비중을 두어 가르쳤으며, 그 내용은 그리스나 로마의 유명한 시인, 역사가, 철학자, 변론가의 작품이 중심이 되었다. 수사학교를 수료한 자들 중에는 철학학교에서 공부를 더하는 이들도 있었다.

철학학교에서는 윤리학, 변증법, 논리학, 법학, 수학, 물리학, 의학 등을 폭넓게 가르쳤으며, 윤리학이 특히 중요시되었다. 수사학이나 철학은 그리스로부터 전래되어 발전한 것인데 비해, 법률은 로마인에 의하여 독자적으로 발전하였다. 법률학의 전문적 교양은 유능한 인간의 필수조건이 되었다.

제정 시대의 교육은 전반적으로 가정교육과 사회교육이 약화된 반면, 학교교육이 발전되었다.

2) 고대 로마의 교육사상

(1) 키케로

키케로(Marcus Tullius Cicero, B.C. 106~43)는 공화정 후기에 통령(統

領)을 지낸 웅변가이며 정치가이다. 키케로는 그리스의 영향을 받은 로마의 대표적인 교육사상가이다. 그의 교육사상은 그의 대표적 저서인 ≪웅변가론≫(*De Orator*)에 잘 나타나 있다. 이 책은 로마에 그리스의 영향이 고조된 시기에 쓰여진, 그리스의 영향을 결정적으로 대변하는 작품이기도 하다. 이 책에서 그는 교육의 실제적 목적은 인문주의적 교양을 지닌 웅변가의 육성이라고 주장했다.

키케로는 성선설의 인간관을 바탕으로 하여, 인간의 천부적인 소질을 완성시키는 것이 교육의 본질이라고 생각했다. 그에 따르면, 인간정신의 최고 기능은 이성에 있으며, 이성을 완전히 실현할 때 인간의 덕(virtus)을 갖추게 된다. 그리고 이 덕을 갖춤으로써 인생의 최고 목적인 행복한 생활(beata vita)에 이를 수 있다. 교육의 목적은 바로 인간의 덕을 갖추고 행복한 생활을 하게 하는 데 있다. 이러한 행복한 생활과 인간의 덕스러움을 관련짓는 이론은 그리스의 기본 사상이었다. 그리스의 인문주의적 교육관은 조화로운 인간성과 이성의 개발에 초점을 두고 있으며, 이를 통한 덕과 행복의 실현을 교육의 목적으로 삼았었다. 이것을 로마의 실정에 맞추어 구체화한 것이 그의 웅변가의 인간상이다.

그가 살았던 공화정 시대의 로마에서는 웅변가가 모든 시민의 존경과 동경의 대상이 되었었다. 웅변가는 정치인으로서 법정이나 의회에서 활약하는 동시에 교사와 학자 및 종교의 지도자도 되었기 때문이다. 이러한 사회적 현실에 인문주의적 인간상을 융합하여 이론화 한 교육의 모델이 웅변가였다. 이런 웅변가의 인간상은 키케로의 독창적인 것이 아니라, 고대 그리스의 소피스트들, 특히 이소크라테스의 사상을 로마의 현실에 맞게 발전시킨 것이라 할 수 있다.

키케로는 웅변가가 되기 위해서는 우선 선천적인 소질이 있어야 한다고 했다. 그는 풍부한 소질을 웅변가가 되기 위한 가장 중요한 조건으로 보았다. 다음으로는 교육과 훈련을 통해 그 소질을 잘 발달시켜야 한다고 했다. 훌륭한 웅변가가 되기 위해서는 문화 전반에 관한 풍부한 지식과 유창한 언변을 갖추어야 한다. 다시 말하면, 변증론자의 예리함, 철학자의 지식, 시인의 표현법, 법률가의 기억력, 배우의 음성과 설득력 있는 몸짓 등을 갖추어야 한다.

키케로는 웅변가 교육에서 실제적인 지식을 강조했다. 그의 교육사상은 후에 퀸틸리아누스에게 계승되었다. 특히 문예부흥기에는 그의 사상과 문장이 인문주의자들에게 예찬되고 모방되어, 키케로주의를 낳기도 하였다.

(2) 퀸틸리아누스

퀸틸리아누스(Marcus Fabius Quintilinus, A.D. 35~96년경)는 스페인에서 출생하여 교육을 받기 위해 로마로 왔다. 그는 유명한 수사학자였던 아버지로부터 어려서부터 수사학과 법학을 배웠다. 그는 로마에 수사학교를 설립하여 20년간 문법, 문학, 수사학 등을 가르쳤다. 그는 베스파시안(Vespasian) 황제의 신임을 얻어 국가의 보조금과 봉급을 받았다.

그의 대표적인 저서는 ≪웅변교수론≫(*Institutio Oratoria*, 12권)이다. 이 책은 그의 교직생활 20년을 토대로 쓰여졌으며, 로마인에 의해 교육적 실천과 이상을 구현한 가장 중요한 책으로 평가받고 있다. 이 책은 체계적인 교육저서로서 후세에 인문주의자들에게 큰 영향을 주었다.

로마의 오랜 교육적 전통은 가정중심의 사적인 과정이었다. 퀸틸리아누스는 가정교육을 인격형성을 위한 기초로 생각하여 매우 중요시했다. 그러면서도 교육을 공적인 것으로 생각하여 학교교육의 의의를 강조했다. 특히 공립학교의 체제를 바람직한 것으로 주장했다.

그는 웅변가를 이상적인 인간으로 생각했다. 그가 생각하는 완벽한 웅변가는 '선(善)한 사람'이며, 변론에 탁월할 뿐만 아니라 정신적으로 뛰어난 사람이다. 또한 고결한 생활의 기초를 가지고 있어서 인격과 지식과 변론에 있어서 완전한 사람이다. 퀸틸리아누스는 웅변가에게 필요한 자질을 구체적으로 여섯 가지로 지적했다. 그것들은 사물에 관한 지식, 어휘능력과 적절하게 단어를 선택하는 능력, 태도의 우아성과 세련됨, 역사와 법률에 관한 지식, 좋은 기억력, 효율적인 제시법이다. 그는 무엇보다도 도덕적 인격을 가장 강조하여, 웅변가는 필수적으로 선한 사람이어야 한다고 했다.

퀸틸리아누스는 이상적인 인간을 양성하기 위해, 아이가 말을 배우고 첫 공부를 시작하는 단계에서부터 웅변술의 대가가 될 때까지 거쳐야 할 교육의 과정을 자세히 설명하였다. 그는 교육의 과정을 학생과의 관련에서, 학생을 중심으로 설명했다.

퀸틸리아누스는 아주 어린 유아의 시기에서부터 교육적인 배려를 해야 한다고 주장하였다. 그에 따르면, 양친은 교양이 있어야 하고, 유모와 가정교사를 선정하는 경우에는 도덕성과 언어의 정확성을 중시해야 한다. 아이들의 교우관계도 매우 중요하다. 가정에서의 언어교육은 모국어인 라틴어보다 그리스어를 먼저 가르쳐야 한다. 라틴어는 일상생활 가운데 저절로 습득될 수 있으나 그리스어는 외국어이기 때문에 의식적으로 가르쳐야 한다. 특히 로마의 문화가 그리스에서 유래한 것이기 때문에 그리스어부터 가르치는 것이 옳으며, 두 가지 언어를 모두 습득하게 해야 한다.

학교교육에 대해서 당시에는 많은 논란이 있었으나, 퀸틸리아누스는 학교교육의 중요성을 역설하였다. 그에 따르면, 가정에 고립된 교육은 위선을 조장하고 소심한 성격을 지니게 하지만, 학교생활은 학생들의 경쟁심을 자극하는 데 효과가 있고, 학우들과 우정을 형성하며, 공동체 생활에 익숙하게 해 준다는 이점이 있다.

그는 로마의 교육에서 오랫동안 사용되어 온 체벌을 적극 반대했다. 아동의 근면성을 자극하기 위해서는 경쟁심, 칭찬, 교사의 사랑이 필요하며, 특히 흥미로써 동기를 유발시킬 것을 주장했다. 또한 교사는 아동의 개성을 파악하여 그것에 따라 지도해야 하며, 경쟁은 학습의 수단으로 충분한 가치가 있다고 했다.

학교교육에 관한 그의 주장은 문법학교와 수사학교의 교육을 포함한다. 문법학교에서는 문법, 작문, 음악, 수학, 체육 등을 가르치되, 특히 문법과 작문을 중시하였다. 수사학교에서는 작문, 산문가의 문장독해, 수사학의 이론 등을 가르쳤다.

퀸틸리아누스는 교육이 아동의 연령에 맞추어 진행되어야 한다고 생각했다. 그는 조기교육과 학교교육의 중요성을 강조하였고, 개인차에 따른 교육을 중시하였다. 그는 체벌을 부정하고 흥미로써 동기를 부여하도록 하였으며, 교사의 칭찬과 사랑 및 학생의 경쟁의식을 교육적으로 가치 있게 보았다.

3. 중세의 교육

1) 중세의 문화

서양의 중세 사회는 대체로 게르만족의 이동으로 서로마제국이 멸망한 때(476년)로부터 문예부흥이 일어나고 동로마제국이 멸망한 때(1453년)까지의 약 천 년 간을 말한다. 중세의 문화는 그리스-로마의 문화, 기독교 문화, 게르만 문화의 세 요소가 서로 어우러져 형성되었지만, 기독교 문화가 가장 지배적이었다. 장원제도와 봉건제도를 기반으로 한 중세의 유럽 사회는 기독교를 기반으로 문화적 통일성을 이루고 있었다. 중세 사회는 주로 봉건 영주들과 교회의 영향력에 의해 지배되고 있었다.

기독교에서 숭배하는 신은 고대 그리스의 신들과는 매우 다르다. 기독교의 신은 천지와 인간을 창조하였으며, 자연을 섭리하고 인간의 역사를 이끌어간다. 인간은 신의 피조물로서, 철저히 신의 뜻에 합치된 삶을 살아야 한다. 인생의 근본적인 문제는 이성으로 해결될 수 있는 것이 아니라, 오직 신의 구원과 은혜로 해결될 수 있다. 이러한 기독교는 콘스탄티누스(Constantinus) 대제에 의해 로마제국이 공인하는 종교가 되었으며(313년), 이후부터 유럽 사회는 시간이 지남에 따라 점차 기독교화 되어 갔다.

교육도 점차 기독교의 지배하에 들어가게 되었다. 그리하여 교육은 종래와는 전혀 다른 성격을 띠게 되었다. 교회의 교육과 교회 의식의 훈련이 종래의 지적 요소를 대신하였고, 체육이나 예술이나 수사학 등은 교육의 세계에서 멀어져 갔다. 자연적 성정이나 인간적 흥미는 억압되고, 개성의 발전이나 미적 개발은 죄악시되었다. 지적인 요소는 교육에서 배제되었고, 교육에 다시 도입되는 경우에도 순전히 단련적 개념으로 도입되었다. 교육은 경건한 신앙심과 도덕성을 강조했으며, 내세에 대한 준비를 목적으로 했다. 그리하여 그리스의 자유주의적이고 개성적인 교육과, 로마의 실제적이고 사회적인 교육은 자취를 감추고, 도덕적이고 단련적인 교육이 출현했다. 수도원(修道院)의 교육은 도덕적, 단련적 교육의 전형적인 사례이다.

중세 초기에 그리스와 로마의 학문에 대한 기독교 교부(教父)들의 태도는 우호와 적대의 두 가지로 나누어졌다. 우호적인 태도를 취한 교부들은 대체로 그리스의 교부들이다. 그들은 고대의 학문은 기독교에 유익한 것이 함축되어 있으며, 성서를 가르치기 위해 고대의 학문을 이용해야 한다고 생각했다. 반면에 적대적인 태도를 취한 교부들은 대체로 로마의 교부들이다. 이들은 고대의 학문은 대체로 불순하고 부도덕한 것을 내포하고 있으므로 기독교의 목적과는 상반된다고 생각했다. 따라서 기독교는 고대의 학문과 타협할 수 없다고 생각했다.

중세의 후반에 이르면 신학적인 문제가 관심사가 되어, 논리학이나 철학이 기독교를 이론적으로 지지하기 위해 이용되었다. 그 결과 스콜라철학

아우구스티누스

아우구스티누스(Aurelius Augustinus. Saint Augustine of Hippo라고도 함. 396~430)

로마령 아프리카에 있던 도시 히포의 주교로서, 당시 서방교회의 지도자이자 고대 기독교의 가장 위대한 사상가로 평가된다. 세계의 역사를 하나님의 의지가 실현되는 과정으로 해석하고, 인간의 삶의 목적을 신의 사랑에 참여하는 행복에 두었다. 그는 신으로부터 오는 '지성의 빛'이 인간의 마음을 조명함으로써 인간은 진리를 인식할 수 있게 된다고 주장했다.

(Scholasticism)이 발생했다. 또한 세속적인 교육도 생겨났다. 카알(Charles Karl) 대제를 중심으로 한 교육사업이 있었고, 봉건제도 하에서 기사(騎士)의 교육이 실시되었다. 그리고 봉건사회가 붕괴되고 시민사회가 발생하면서 대학과 시민학교 출현하게 되었다.

2) 기독교 교육

기독교는 예수(Jesus Christ)를 믿는 사람들의 종교이다. 기독교는 예수의 가르침을 받은 제자들과 또한 이들의 가르침을 받은 사람들이 교회를 이루면서 세계적인 종교로 확산되기 시작했다. 기독교의 신관과 세계관은 유대교(Judaism)의 영향을 많이 받았으나, 독특하게 삼위일체설(三位一體說)을 확립했다. 삼위일체란 신이 자신을 계시하는 방도가 성부(聖父), 성자(聖子), 성령(聖靈)의 셋인데, 이 삼위는 각자 독립된 존재가 아니라 원래 하나라는 뜻이다. 기독교에서는 성자 예수의 죽음과 부활로 인해 인류가 죄에서 구원받을 수 있게 되었다고 한다.

기독교는 인간의 삶을 고대적인 사유에서는 도저히 상상할 수 없었던 방식으로 이해했다. 즉 인간의 삶을 '죄와 은총'의 관점에서 이해한 것이다. 기독교의 관점에서 볼 때, 인간은 본래 자기의 욕심대로 행동하면서 죄를 짓게 되고, 그 죄로 인해 죽음에 이를 운명을 지녔다. 그러나 인간의 죄를 용서하는 신의 은총이 예수를 통해 실현되었으므로, 인간은 예수를 통해 구원을 받을 수 있게 되었다. 이러한 '인간의 죄와 신의 은총'이라는 관점에서 보면, 부나 권력과 같은 현세적 가치들은 궁극적인 것이 아니다. 따라서 인간은 현세를 초월한 신의 나라에서 신의 영광을 찬양하며 영원한 평화를 누릴 것을 소망해야 한다.

기독교는 교회를 중심으로 이교도와 비신자들을 교화시켜 나갔다. 교회는 기독교인들이 그들의 신에게 제사하는 곳일 뿐만 아니라 서로 친교하고, 가르치고, 구제하는 곳이기도 하다. 교회는 로마 사회에서 그 조직을 견고히 하여 전반적인 사회질서를 유지하는 데도 영향을 미쳤다. 또한 교회는 학교를 설립하여 플라톤적인 그리스 사상과 로마식의 이방학교들을 밀어내었다. 중세기 동안 유럽의 교육은 거의 대부분 교회에 의해 주도되고 관리되었다.

(1) 기독교 교육기관

기독교 교육은 거의 대부분 교회의 부설학교와 수도원에서 이루어졌다. 각 교회에서는 문답학교(問答學校 : Catechumenal School)를 설치하여 이교도를 기독교로 교화시켜 나갔다. 문답학교는 2세기경부터 조직된 학교로서, 아직 세례를 받지 못한 사람들에게 하나님, 예수, 구원, 죄, 부활, 심판 등에 관한 기독교의 기본 교리들을 가르쳤다. 이 학교는 남녀노소 누구나 입학할 수 있었으며, 이 학교를 거쳐야 세례를 받고 교회의 정식 구성원이 될 수 있었다. 수업연한은 처음에는 단기간이었으나, 차차 길어져 2~3년의 과정을 거치게 했다.

교회는 문답학교의 교사를 양성하기 위해 문답교사학교(問答教師學校 : Catechetical School)를 설치하였다. 이 학교는 고급 문답학교라 부르기도 한다. 이 학교는 문답학교의 교사를 양성하면서, 한편으로는 교회의 지도자를 양성할 목적으로 설립되었다. 이 학교는 알렉산드리아나 안티옥 등 동방지역에서 발달했으며, 그리스 철학에 대항하여 기독교를 옹호하기 위하여 설치되었다. 이 학교는 기독교 교리와 그리스 철학의 교섭과 융합이 시작된 곳이기도 하다. 예컨대, 179년에 이 학교의 교장이 된 판타이누스(Pantaenus)는 스토아학파의 철학자로서 기독교에 입교한 사람인데, 그는 그리스 철학 및 수사학을 기독교 교리를 정리하는 데 이용하였다. 이 학교에서는 신학과 함께 철학, 수사학, 천문학, 문학, 역사학, 자연과학 등 고대의 학문도 가르쳤다.

교회는 각 교구의 본산(本山)이 있는 곳에 본산학교(本山學校 : Cathedral School)를 설치했다. 사원학교, 감독학교, 주교좌성당학교라고도 불리는 이 학교는 4~5세기경 이탈리아와 스페인 등지에서 발생하여, 8세기에 카알대제의 보호와 장려로 크게 발달했다. 이 학교는 중세 기독교 교육기관 중에서 가장 높은 고등교육 기관이며, 성직자를 양성하는 것이 목적이었다. 교육 내용은 읽기, 쓰기, 찬송가 등 기초적인 것들과, 성경, 신학, 문법, 철학, 과학, 그리스 학예 등 고등한 것들을 가르쳤다. 중세 기독교 교리의 이론적 틀을 마련한 스콜라 철학은 본산학교의 교사(Scholasticus)들이 중심이 되어 연구한 데서 비롯되었다. 본산학교는 11~12세기경에 전성기를 이루었으며, 프랑스혁명 직후까지도 존속했다.

7세기부터 종교개혁 때에 이르기까지 서유럽에서 가장 중요한 학교는 수도원학교였다. 수도원(Monasterium)은 529년에 성 베네딕투스(Benedictus)에 의해 처음 설립되었다. 남 이탈리아의 몬테카시노 산에 설립된 이 수도원은 금욕주의를 바탕으로 73조의 계율을 준수하며, 순결, 청빈, 복종의 3대 덕을 실천하고자 했다.

수도원은 성인 수도사만 수용한 것이 아니고 장차 수도사가 되고자 하는 아동도 수용하여 가르쳤다. 이 아동을 대상으로 교육한 것이 수도원학교이다. 수도원에 부설된 학교는 원래 수도사를 양성하는 것이 목적이었으나, 9세기 이후에는 일반아동도 수용하여 가르쳤다. 수도사를 지망하는 이들을 정원(正員, pueri oblati)이라 하여 내교(內校, Schola interior)에 수용하고, 일반아동은 외원(外員, externi)이라 하여 외교(外校, Schola exterior)에 수용했다.

교육과정은 초등과정과 고등과정으로 나누어져 있었다. 초등과정에는 읽기, 쓰기, 셈하기의 기본 교과와 음악, 라틴어, 문법, 시편 암기 등이 포함되었다. 고등과정에서는 7자유학과를 가르쳤다. 7자유학과는 문법, 수사학, 논리학의 3학(三學)과 산수, 기하학, 천문학, 음악의 4과(四科)로 나누어져 있었다. 작은 수도원에서는 3학을 가르치는 데 그쳤고, 큰 수도원에서는 4학까지 포함했다. 이 외에 신학까지 가르치는 곳을 완전한 학교라 불렀다.

수도원의 훈육은 매우 엄격했으며, 가끔 체벌도 가해졌다. 일반적인 교육방법은 문답식이었으며, 명상과 사색의 방법을 사용하기도 했다. 수도원은 기숙사를 가지고 있었기 때문에 교사와 학생의 인격적인 접촉이 쉬웠다. 또한 수도원에서는 농경, 목공, 야금, 직물 등의 노동을 통해 여러 기술을 전수했고,

수많은 고전을 필사하고 보존하여 고대의 문화를 전수했다.

(2) 스콜라 철학과 교육

스콜라 철학은 중세 후기인 11세기경부터 수도원학교나 본산학교에서 활기를 띠었던 철학의 방법과 경향성을 말한다. 주로 기독교 교리의 논리적 기초를 확립하여, 기독교의 권위를 확립하고자 했다. 중세 전반에는 교회의 권위에 복종하여 기독교의 교리를 절대적인 진리로 받아들였으나, 십자군 원정으로 인해 동서의 교통이 열리고 다른 민족의 사상과 문화가 유입되어 종교적 신앙을 새롭게 정립할 필요가 생겼다. 스콜라 철학은 이런 필요에 의해 생겨났다. 스콜라 철학의 목적은 이성에 의해 신앙을 지지하고, 논의를 통해 이단을 공격하는 것이었다. 따라서 신앙이 이성보다 우위에 있었고, 철학은 교회를 옹호하는 도구가 되었다.

스콜라 철학은 캔터베리(Canterbury)의 대주교인 안셀무스(Anselmus)에 의해 시작되었다. 그에 의하면, 신앙은 인식에 선행한다. 이해력이 없는 자는 신앙에만 만족할 것이고, 이해력이 있는 자는 신앙에서 나아가 인식에 도달해야 한다. 그의 "나는 알기 위하여 믿는다."는 말은 스콜라 철학의 기본적인 방법론이었다. 그는 논리적으로 신의 존재와 구원을 증명하고자 하였다. 신의 존재를 증명하기 위해 그가 활용한 것은 플라톤의 이데아론이었다. 안셀무스의 실재론(Scholastic Realism)은 "보편자는 개체에 선행하여 존재한다."는 명제로 대변되며, 가톨릭교회는 이 실재론에 의하여 그 근거를 확고히 하였다.

스콜라 철학은 이후 아벨라르두스(Abelardus)에 의해 더욱 발달되었다. 그는 삼위일체설을 확립하였고, 실재론과 유명론(唯名論, Nominalism)의 극단적 대립을 피해 절충적인 개념론(槪念論, Conceptualism)을 취하였다. 이 개념론은 교회에 의하여 인정되었다. 그러나 그는 이성은 신앙에 선행하고 기독교 신앙의 대부분은 이성에 의해 보완될 수 있다고 주장하여 교회로부터 단죄되었다.

스콜라 철학은 13세기에 와서 전성기를 이루었다. 토마스 아퀴나스(Thomas Aquinas)는 아리스토텔레스의 철학을 바탕으로 스콜라 철학의 종합적 체계를 완성하였다. 그는 아리스토텔레스의 형상과 질료의 관계를 활용하여, 우주의 체계와 인간의 위치를 설명하였다. 그에 따르면, 우주는 자연계와 은총계, 국가와 교회, 세속의 덕과 종교적인 덕은 각기 질료와 형상, 수단과 목적, 하위와 상위의 관계를 갖는다. 이성과 신앙도 이런 관계에 놓여 있으며, 신앙은 이성의 위에서 이성을 완성시켜 주는 것이다. 우주는 하나님의 의지와 계획대로 움직이며, 그 계획은 이 지상의 정의와 평화 및 구원을 위한 것이다. 스콜라 철학은 이후 둔스 스코투스(Duns Scotus)와 그의 제자인 오캄(W. Occam)으로 계승되었으나, 오캄에 와서 크게 쇠퇴하였다.

스콜라 철학은 중세 후기의 수도원 학교와 본산학교는 물론 나중에 설립된 대학에도 큰 영향을 미쳤다. 스콜라 철학의 영향으로 기독교의 교육은 단순히 신앙만 강조한 것이 아니라 학문적인 형태로 정리되고 근거가 갖추어졌다. 그리스 철학이 교육내용에 포함되었으며, 종교철학과 신학 및 변증법적 훈련이 부과되었다. 교육방법에는 연역적 사고와 삼단논법을 포함하여 변증법적 훈련이 적용되었다. 신학 연구에서 중시된 엄밀한 논리적 사고는 다른 교과에도 적용되었다. 한 이론의 정당성을 입증하기 위한 증거제시와 반대의견에 대한 논리적 반박, 그리고 문제에 대한 권위 있는 대답을 준비하기 위한 사고의 정밀성이 요구되었다. 이것을 훈련시키기 위해 강의, 문답, 토론 등의 방법이 사용되었다.

3) 세속 교육

(1) 카알 대제의 교육사업

중세의 세속 교육은 프랑크왕국의 카알 대제(Karl der Gross)가 실시한 교화사업을 비롯하여, 기사도 교육, 시민학교, 대학 등에서 이루어졌다. 카알 대제는 신성 로마제국을 건설하고, 문화적 통일과 부흥을 이룩하고자 교육사업에 관심을 기울였다. 그는 782년 요크(York)의 본산학교의 석학인 알퀸(T. Alcuin)을 초청하여 궁정학교를 설치했다. 이 학교에서 대제 자신은 물론 왕후, 왕자, 왕녀 및 왕족들이 귀족 자제들과 함께 교육을 받음으로써 솔선수범하여 학문을 장려했다. 이 학교의 주요 교과목은 신학, 라틴어, 그리스어, 문법, 수사학, 변증법, 산술, 천문학 등이었다. 이 학교에서 다수의 관리를 채용했기 때문에 그 영향은 매우 컸다. 이 외에도 학자들의 연구단체가 만들어져 학술이 진작되었다.

카알 대제는 교회와 수도원을 통하여 게르만 민족을 교화하려고 했다. 787년에 모든 사교(司敎)와 수도원의 장에게 교서를 내려 기독교의 포교와 일반 서민의 교육을 장려했다. 789년에도 법령을 발포하여, 수도원학교 및 본산학교에 다니는 모든 아동에게 찬송가, 문자, 창가, 산술, 문법을 가르칠 것을 명령했다. 이어서 사신을 보내어 법령의 실시 여부를 감독하게 했다. 또한 802년에는 모든 아동이 교육을 받아야 한다는 법령을 공포하여, 국민교육제도의 선구를 이루었다. 카알 대제의 교육사업은 국가의 권력으로 국민교육을 장려한 근대적 시도의 선구로 평가되고 있다.

(2) 기사도 교육

기사계급은 10세기경 봉건제도가 성립되면서 나타난 상류의 무사계급이다. 이들은 본래 무지하고 야만적이었으나 12세기 이후 귀족의 행동규범인 세련되고 우아한 기사도를 확립하게 되었다. 기사도 교육은 기사들에게 기독교 정신과 군사적 미덕을 갖추어 주기 위해 실시되었다. 기사들은 용기, 예절, 명예, 무예, 충성, 신앙 등의 덕목을 삶의 지표로 삼았다. 그들은 봉건 영주에게 봉사하는 전사였으며, 교회를 지키고, 약자를 돕고, 부인을 존경하는 신사였다. 전쟁터와 교회와 궁정이 기사의 이상을 실현시켜 주는 곳이었다.

기사도 교육은 학교와 같은 형식적인 교육기관을 통해 이루어진 것이 아니라, 봉건 영주의 성과 장원에서 실제적인 생활을 통해 이루어졌다.

기사도 교육은 크게 3단계를 거치게 되어 있었다. 봉건귀족의 아들은 6세까지 가정에서 모친이나 시녀의 손으로 양육되었다. 건강한 신체와 쾌활한 성격과 경건하고 순종적인 태도를 형성하는 데 주안점을 두었다. 7세부터 13세까지는 시동(侍童, page)으로서, 영주의 궁정에 들어가 상류사회의 풍습과 예법 등 행동양식을 배웠다. 남자 주인에게서는 사냥이나 여행에 따라다니며 배웠고, 귀부인으로부터는 생활규범과 초보적인 읽기나 쓰기는 물론 창가와 작시법(作詩法)도 배웠다. 특히 종교교육은 경건, 순종, 친절 등의 미덕을 기르기 위해 매우 중시되었다. 14세에서 20세까지는 시생(侍生, Squire)으로서, 주로 남자 주인에게 시중들며 기사가 되기 위한 소양을 직접 교육받았다. 교육내용은 기사 7예(七藝)인 승마, 수영, 궁술, 검술, 수렵, 장기, 작시를 배웠으며, 이 외에도 음악과 무용 및 기사의 용어인 프랑스어를 배우기도 하였다. 21세기 되면 대축제일에 기사입문식을 거쳐 기사가 되었다.

기사도는 11~13세기에 가장 왕성하였다. 기사도 교육은 귀족 계급의 교육이며, 남자에 국한된 교육이었다. 기사도 교육은 생활 현장에서 직접적인 실천을 통해 이루어졌으며, 군사기술의 일부로 체육을 강조하였다. 기사도 교육은 사회적 교양을 강조하여 후에 신사교육의 지표로 간주되었다.

(3) 시민학교

시민학교는 중세기 말경 상공업을 기반으로 새로이 형성된 시민계급이 자신들의 실생활에 필요한 지식과 기술을 가르치고자 설립한 학교다. 십자군 전쟁의 결과로 유럽은 사라센 문화의 영향을 크게 받게 되었으며, 무역이 성행하여 상공업 계급이 성장하는 반면 교회의 신부와 기사계층은 쇠퇴하였다. 부를 축적한 새 상인들은 영주에게 상납하고, 자기들을 보호하기 위해 자위병을 기르며, 점차 영주에 대립할 만큼 세력을 키웠다. 이들은 조합(guild)을 조직하여, 상공업을 통제하고 안으로 주종관계의 체제를 확립하였다. 새로운 자유도시와 새로운 시민계급이 성장하면서, 이들의 실제적 요구에 부합된 시민학교들이 생겨나게 되었다. 시민학교들은 시민생활의 실제적인 요구를 충족시키기 위한 것이었으므로, 종래의 기독교 교육이나 기사도 교육과는 성격과 내용이 전혀 달랐다.

새로운 시민 가운데도 상류와 하류의 구분이 생기고, 그에 따라 학교들도 분화되었다. 상류계층을 형성하게 된 시민은 자유도시의 지배자가 되었으며, 그들의 자녀들에게 지도자적 자질을 갖추어 주려했다. 13세기경에 독일의 여러 도시들에서 시 의회가 교사를 채용한 의원학교(議員學校, Schlolae Senatoriae)는 후일 라틴어학교(Latin Schule)의 선구가 되었다. 영국에는 퍼블릭스쿨(Public School)과 문법학교(Grammar School)가 발달했다. 이 학교들은 대학 진학을 예비하는 교육기관으로 오늘날 중등교육의 표본이 되었다.

하층 시민계급을 위한 학교로는 독일 지방에는 상업용 독서와 산술을 가르치는 독일어학교(Deutsche Schule)와 쓰기학교(Schreib Schule) 등이 발달했으며, 영국에서는 조합 소속의 자녀들에게 보통교육을 실시한 조합학교(Guild School)가 발달했다. 그리고 각국에는 교회의 신부가 교구의 아동을 가르치는 교구학교(Parish School)가 있었다. 이후 조합학교와 교구학교가 결합하여 형성된 시민학교(Burgher School)가 생겼으며, 중세 말기에는 예배당학교(Chantry School)도 많이 개설되었다.

한편, 중세 후반에는 상공인들의 조합에서 직업 기술을 습득시킨 도제교육제도(Apprenticeship System)가 있었다. 도제교육은 도제(徒弟, Apprentice), 직공(職工, Journey man), 장인(匠人, Master)의 세 단계를 거치게 되어 있었다. 7~8세에 시작하는 도제교육은 약 7년 정도의 기간 동안 장인 밑에 들어가, 침식을 같이 하면서 장인을 도우며 기술을 배웠다. 기술을 어느 정도 습득하면 직공이 되어 다른 장인의 공장이나 영업소를 다니면서, 임금을 받고 일하면서 기술을 더 익히고, 그 장인 밑에 있는 다른 도제를 가르치기도 하였다. 직공은 장인이 되기 위해 시험작품을 제출하였다. 여기서 합격하면 그는 장인으로 인정을 받았고, 그의 작품은 '장인의 작품'(Masterpiece)이라 하였다. 이런 도제교육의 전통은 19세기에 근대학교가 나타나 조직적인 직업교육을 할 때까지 계속되었다.

(4) 대학

12세기경 유럽에는 수도원학교와 본산학교를 모태로 하여 대학이 생겨났다. 고대의 대학들은 기독교의 억압과 이민족의 침입으로 대략 800년 이전에 모두 소멸해 버렸다. 중세 후반에 대학이 발흥한 데에는 몇 가지 배경 요인이 있었다. 카알 대제 이후 수도원학교와 도서관 및 본산학교가 크게 발달하였고, 스콜라 철학의 지적인 훈련이 탐구심을 자극했으며, 유능한 학자들이 많이 배출되었다. 상공업이 발달로 자유도시가 생겨나고 시민계급이 성장하여, 세속적인 학문에 많은 관심을 기울이는 등 교육열이 높아졌다. 또한 이슬람교도의 침입과 십자군 원정으로 인해 사라센 문화가 유입되면서, 사라센이 발전시킨 고대 문화와 대학에 자극을 받게 되었다. 특히 철학과 자연과학에서, 그들의 사상의 자유와 독특한 연구태도로부터 많은 영향을 받았다.

대학은 종교에 제약됨이 없이 학자와 학생들이 자유롭게 모여 학문을 연구한 '일반연구소'(Studium Generale)들이 모체가 되어 설립되었다. 순수하게 학문연구를 위해 설립된 일반연구소들은 점차 조합(guild)과 같은 조직을 형성하여 자치권을 확보했다. 오늘날 대학을 의미하는 우니베르시타스(Universitas)는 당시엔 학문연구와는 하등 관계없이 단지 단체를 의미할 뿐이었다. 단과대학을 의미하는 칼리지(College)는 학생들이 기숙하는 합숙소(Collegium)에서 유래되었다. 대학은 그 세력이 커가면서 교황이나 황제로부터 몇 가지 특권을 확보하고, 대학으로 공인받게 되었다. 당시 대학이 가진 특권은 세금과 부역의 면제, 대학내부의 재판 및 형벌의 권리, 그리고 학위수여권 등이다.

대학이 수여하는 학위는 남을 가르칠 수 있다는 자격증명서였다. 대학이 수여하는 학위로는 마지스터(Magister), 닥터(Docter), 라센치아(Licentia) 등이 있었는데, 이것들은 모두 교수가 될 수 있는 자격을 구비했다는 것을 의미했다. 이보다 낮은 학위로 박카로레우스(Baccalaureus)가 있었는데, 이것은 예비과정인 2~3년의 인문학과와 여기에 이어서 2~3년의 전문 학과에서 공부한 자에게 수여하였다. 대학의 교수가 되기 위해서는 이보다 2~3년 더 공부한 후 마지스터나 닥터의 학위를 취득해야 했다.

중세 대학의 모체가 된 대학들은 이탈리아의 볼로냐(Bologna)대학과 살레르노(Salerno)대학, 프랑스의 파리(Paris)대학, 영국의 옥스퍼드(Oxford)대학 등이다. 남유럽의 대학들은 대체로 볼로냐대학을 모범으로 삼았고, 북유럽의 대학들은 일반적으로 파리대학을 모범으로 삼았다.

이탈리아의 북부에 위치한 볼로냐 지방에는 로마의 전통을 지켜오면서 법에 대한 관심이 많았다. 이곳에는 8세기경부터 법률학교가 있었다. 1088년에는 유명한 법학자 이르네리우스(Irnerius)가 일반연구소를 열어 많은 학생들이 모여들었으며, 곧 대학으로 발전하였다. 볼로냐대학은 1158년 황제로부터 대학으로 공인받았다. 살레르노대학은 의학을 중심으로 발전하였다. 살레르노 지역은 기후가 온화하고 온천이 많아 병자들이 많이 모여들었으며, 의학에 대한 관심이 많았다. 살레르노대학은 사라센의 의학과 그리스의 의학의 영향을 많이 받았으며, 1231년에 공인받았다. 프랑스의 파리대학은 아벨라르두스의 노력으로 많은 학생이 모여든 노트르담 본산학교와 다른 교회의 부속학교들이 병합되어 설립되었다. 파리대학은 신학과 철학을 중심으로 발전하였으며, 1180년에 황제의 공인을 받았다. 영국의 옥스퍼드대학은 1167년 옥스퍼드 본산학교에 파리대학을 모방하여 설립되었다.

중세의 대학들은 각각 특색 있는 학과를 가졌으나 점차 다른 학과도 개설하였다. 완전한 조직을 갖춘 대학은 신학과, 법학과, 의학과 및 그 예비과로서 인문학과(Facultas Artium)를 두어 4개과로 구성하였다. 인문학과에서는 주로 7자유학과를 가르쳤으며, 아리스토텔레스의 연구와 심리학, 자연철학, 윤리학 등을 포함했다. 신학과에서는 성서와 토마스 아퀴나스의 신학대전 등을 위주로 했다. 법학과에서는 로마법, 현행법, 교회법 및 그라티아누스(Gratianus)의 법전을 주로 가르쳤다. 의학과에서는 히포크라테스(Hippokrates)의 의학서를 비롯하여 그리스, 사라센, 유대, 살레르노의 의서들을 가르쳤다. 교수법은 주로 강의와 토론에 의존하였다.

정 리

요 약

1. 고대 그리스인들은 인간중심의 문화 속에서 자유교육(liberal education)의 이념을 만들어 냈다. 자유교육은 인간의 고유한 본성을 충분히 발달시켜, 자유롭고 행복한 삶을 영위하려는 교육이다.
2. 고대 그리스의 대표적 폴리스인 스파르타와 아테네는 중요한 교육의 전통들을 만들어 내었다. 스파르타는 국가의 번영을 중요시하는 국가주의의 교육이념을 만들어 내었다. 국가주의적 교육이념은 19세기에 공교육 제도가 성립될 때 이념적 기반이 되었다. 아테네는 개인의 발달을 중요시하는 개성신장의 교육이념을 만들어 내었다. 개성신장의 교육이념은 인간존중의 사상을 잘 반영하고 있다.
3. 후기 아테네에서는 소피스트들이 수사학과 변론술을 중심으로 실용적 가치를 추구하는 교육의 전통을 형성했으며, 소크라테스와 플라톤 등은 철학을 중심으로 지식의 내재적 가치를 추구하는 교육의 전통을 형성했다.
4. 고대 로마는 그리스의 문화와 교육을 수용하고 모방했다. 고대 로마의 교육은 웅변가 양성을 목적으로 했으며, 이를 위해 그리스식의 교육을 실시했다.
5. 중세의 교육은 기독교교육과 세속교육으로 나누어볼 수 있다. 기독교교육은 교회에 설치된 문답학교, 고급문답학교, 본산학교, 그리고 수도원에 설치된 수도원학교에서 주로 실시했다. 세속교육은 궁정학교, 기사도, 도제교육, 도시의 시민학교들, 대학 등으로 다양하게 이루어졌다.

연구 및 토론문제

1. 아테네와 스파르타의 교육을 비교하면서, 국가와 교육의 관계에 대해 연구해 보자. '국가가 관리하는 교육 모델'과 '시민(또는 시장)이 관리하는 교육 모델'을 비교해 보자.
2. 로마는 그리스를 군사적으로 정복한 다음, 그리스의 학문과 교육을 적극적으로 수용하고 모방하여 자신의 것으로 만들었다. 그리스와 로마, 어느 쪽이 더 문화강국인가?

3. 중세기 동안 교회는 교육을 어떻게 관리했나? '종교가 관리하는 교육 모델'은 현대 사회에서 얼마나 적합한가?
4. 중세기 기독교 문화권에서 세속교육은 어떻게 이루어졌나?
5. 중세기 후반, 상업적인 도시의 발달은 교육에 어떤 변화를 일으켰는가?
6. 중세의 대학에서 발견할 수 있는 '대학의 이념'은 무엇인가? 그것은 오늘날의 대학의 이념과 어떤 차이가 있나?

읽을거리

김안중 역(1990). 플라톤의 교육론(R. S. Nettleship). 서울, 서광사.
성기산(1993). 서양교육사연구. 서울, 문음사.
연세대학교 교육철학연구회 편(1996). 위대한 교육사상가들 I. 서울, 교육과학사.
오인탁(1994). 고대 그리스의 교육사상. 서울, 종로서적.
이홍우 외 역(1994). 서양교육사(W. Boyd). 서울, 교육과학사.
정영근 외 역(2002). 서양교육사(A. Reble). 서울, 문음사.

제5장 근대의 교육

개 관

14세기경부터 중세 봉건사회가 무너지기 시작했다. 집권적인 통일국가가 성장하면서 교황권은 쇠퇴하고 중세문화도 시들어갔다. 근대의 문은 르네상스가 열었다. 르네상스는 고전문예의 부흥을 통해 새로운 문화를 창조하려는 문화운동이었다. 이어 종교개혁이 일어나, 1,000년간 중세문화를 지배해 온 중세교회의 통일에 종지부를 찍었다. 그리고 지리상의 발견을 통해 유럽 세력은 전 지구상으로 팽창해 갔다. 그에 따라 유럽의 경제는 비약적으로 발전할 수 있었다.

17~18세기는 혁명의 시대였다. 과학의 발달은 지식 혁명을, 정치의식의 발달은 시민혁명을, 기계의 발달은 산업혁명을 일으켰다. 이에 따라 삶의 양식이 변하고 교육의 내용과 형식이 바뀌었다.

르네상스와 종교개혁은 중세의 종교적 교육을 고전중심의 인문주의 교육으로 돌려놓았다. 새롭게 발달한 과학은 객관적인 지식 탐구의 방법을 교육세계에 끌어들였을 뿐 아니라, 교육이 더 실용적인 목적을 위해 봉사하도록 요구했다. 시민혁명은 교육을 관리하는 주체를 교회에서 국가로 전환시킴으로써, 공교육 체제가 도입될 수 있는 길을 열어놓았다.

탐 색

- 르네상스 운동은 중세를 극복하기 위해 왜 고대로 눈을 돌렸을까?
- 인문주의자들은 교육에 어떤 변화를 가져왔나?
- 종교개혁자들이 교육에 끼친 공과는 무엇인가?
- 실학주의 교육은 인문주의 교육과 어떤 점이 다른가?
- 계몽주의가 교육에 미친 영향은 무엇인가?
- 근대사회의 대표적인 교육사상가들의 교육사상을 조사해 보자.

중심개념

르네상스, 종교개혁, 인문주의, 고전중심 교육, 키케로주의, 실학주의, 계몽주의, 자연주의, 합자연의 원리, 범지주의, 범애파, 소극적 교육론, 의무교육

1. 문예부흥과 교육

1) 문예부흥 운동의 전개

15세기를 전후하여 유럽 전역에서는 정신적으로 눈부신 각성이 일어났다. 이탈리아에서 출발하여 유럽 전역에 파급된 르네상스(Renaissance)는 문자적으로는 고대 문예의 부활과 재생을 의미하지만, 실제로는 중세적인 세계관과 인간관을 극복하고 인간중심의 새로운 세계관과 인생관을 수립하려는 운동이었다. 중세의 기독교 문화는 인간의 자연스런 본성을 죄악시하고 세속적 욕망을 억압하였으나, 문예부흥기의 진보적 사상가들은 인간의 본성을 아름답게 보고 현세적 가치를 중요시하며, 개인적인 자유와 발전과 행복을 추구했다.

> 근대는 새로운 시대를 의미한다. 근대(modern)를 의미하는 라틴어 모데르누스(modernus)는 '오늘날의' 또는 '현대의'라는 뜻이었으나, 점차 의미가 변해 '낡은'의 반대말인 '새로운'이란 뜻을 포함하게 되었다.
>
> 서양의 역사를 고대-중세-근대로 구분할 때, 중요한 의미를 갖는 것은 고대와 근대다. 중세는 단지 고대와 근대 사이에 끼어 있는 시대를 의미할 뿐이다.

이탈리아의 문예부흥은 그 내용에 있어서 고대 정신에 의하여 새롭게 태어난 미술과 문학을 포함하고 있었다. 그 중에서도 고대 문학을 애호하는 사람들을 인문주의자(Humanists)라 불렀다. 그것은 신적인 문학(Literae diviniores)인 중세 신학에 대하여, 인간적인 문학(Literae humaniores)인 고대 그리스와 로마의 문학을 애호하는 사람들이라는 뜻이다. 중세의 수도원학교나 대학에서도 인간적인 문학은 기초과목으로 인정되었으나, 당시는 기독교의 범주를 벗어나지 못했었다. 그러나 문예부흥기의 인문주의자들이 고전을 열렬히 수집하고 연구할 때는 이미 그러한 중세적 테두리에서 벗어나 있었다. 이들은 고전에서 새로운 인생관, 즉 중세의 그것보다 더 자유롭고 더 넓고 합리적인 인생관을 찾았다. 그것은 신성이 아니라 인간성을 바탕으로 하는 훨씬 인간적이고 현세적인 인생관이었다.

14세기 후반부터 이탈리아에서 시작한 초기의 문예부흥은 15세기 후반에 알프스 산을 넘어 북유럽에 확산된 후기의 문예부흥과 성격상 많은 차이가 있다. 양자는 똑같이 인문주의의 성격을 갖지만, 남유럽의 것은 개인적인 성격이 강한 반면에 북유럽의 것은 사회적인 성격이 강하다.

이탈리아를 중심으로 한 남유럽의 인문주의는 개인의 자유와 행복을 추구하는 개인주의를 바탕으로 한다. 남유럽의 인문주의자들은 고전의 학문과 문학에 관심을 두고 거기서 인문주의적 생활양식을 배우려 했다. 이들은 상공업을 바탕으로 많은 부를 축적하고 있었으며, 정치적으로도 독립하여 많은 특권을 누리고 있었다. 또한 이탈리아는 고대 그리스와 로마 문화의 본거지로서 유럽의 어느 지역보다도 고전 문화의 유산과 전통을 많이 간직하고 있었다.

14세기 단테(Dante)에 이어 페트라르카(F. Petrarca), 복카치오(G. Boccaccio) 등은 새로운 정신의 선구자로서, 중세적 억압에서 벗어나 인간의 내면적 정서를 자유롭게 표현했다. 이들은 또한 고전을 부흥시키고 도서관 건립에 앞장서 문예부흥운동의 선구적 역할을 했다. 문예부흥기 이탈리아의 문화중심지들에는 저명한 학자들에 의한 고전 공개강의가 붐을 이루었고, 학교교육을 통해 고전연구의 기풍이 확산되었다. 고전에 관한 지식은 귀족들의 교양과 상류층의 지적 흥미의 주류를 이루었으며, 젊은이 교육의 주된 내용이 되었다. 그러나 문예부흥기의 이탈리아는 지나친 개인주의와 자유주의로 말미암아 이기심과 허영이 확산되고, 정치적으로 마키아벨리즘(Machiavellism)의 권모술수가 작용하는 폐단도 있었다.

북유럽의 인문주의는 15세기 후반부터 확산되기 시작했다. 네덜란드와 독일 등 북유럽의 민족들은 개인적 교양이나 심미적 감상력에 큰 관심을 갖지 않았다. 이들은 고대 그리스나 로마의 문예에 이탈리아의 인문주의자들처럼 열광하지 않았으며, 오히려 더 학구적이고 비판적인 태도로 대하였다. 또한 히브리어 원전에 의한 구약성서 연구와 그리스어 원전에 의한 신약성서의 연구에 몰두하여, 기독교 본래의 정신에 충실하려 했다. 그리하여 북유럽의 인문주의는 기독교적 인문주의의 길을 걷게 되었다. 북유럽의 문예부흥운동은 개인의 교양이나 자기 장식적인 것이 아니라, 민중의 사회생활 원리를 파악하고 선양하려는, 종교적이고 도덕적인 사회운동으로 전개되었다. 이것은 결국 종교개혁운동으로 발전하게 되었다.

문예부흥기 인문주의자들의 세 가지 관심사(P. Monroe, 1928 : 160-162).

① **고대 그리스와 로마인들의 삶과 사상에 대한 관심** : 고대인들은 인생과 문학과 예술에 대해 중세인들보다 훨씬 다양한 관심과 풍부한 지식을 가지고 있었다. 그래서 문예부흥을 열어가는 사람들은 라틴어, 그리스어, 고전문학에 대한 열성적이고도 광범위한 연구를 하게 되었다.

② **인간의 주관적 감정의 세계에 대한 관심** : 이것은 사는 즐거움, 현세에 대한 명상적 쾌락과 만족, 아름다운 것의 감상 등을 포함한다. 인간의 내면세계에 대한 분석은 이제 종교나 철학의 관점에서가 아니라 문학과 예술의 심미적 관점에서 이루어졌다.

③ **물리적인 자연의 세계에 대한 관심** : 문예부흥기의 학자들은 고대 그리스인들의 신념과 방법에 따라 자연현상을 직접 관찰하고 실험하게 되었다. 그 결과 지리적 발견과 탐험 및 천문학적 발견들이 이루어졌다.

2) 인문주의 교육

문예부흥기의 교육의 변화는 중세기 동안 배제되었던 고대 교육의 요소들을 교육의 이상과 실제에 포함시키는 형태로 이루어졌다. 그것은 신체적인 요소와 미적인 요소였다. 중세기 동안 기사도 교육 외에는 볼 수 없었던 체육이 다시 살아났고, 이와 더불어 실제적인 행위와 도덕적인 판단도 중시되었다. 그리고 금욕주의적인 중세의 교육에서 배제되었던 아름다움의 추구는 문학과 예술의 표현에서 두드러졌지만, 행위의 측면에서도 나타났다. 인문주의 교육은 전반적으로 중세기 동안 금지되었던 사상의 자유와 표현의 자유와 창의적 활동의 자유를 추구하는 방향으로 이루어졌다.

인문주의 교육의 가장 큰 특징은 고대 그리스에서 형성되어 로마의 키케로와 퀸틸리아누스 등에 의해 계승된 자유교육(liberal education) 사상의 부활이었다. 자유교육은 인격의 조화로운 발달을 추구하며, 인간적인 교양을 갖춘 자유인을 길러내고자 했다. 이것은 초현실적, 초자연적, 금욕적인 기독교 교육이념을 반대하고, 물질적 생활에 구속된 실리주의에도 반대하는, 고대의 자유교육의 이념이었다.

> "우리는 자유인에 합당한 교양을 자유교양이라 한다. 그것은 우리가 그것에 의해 덕과 지혜를 획득하고 실천하는 교양이다. 그리고 심신의 최고의 능력을 일깨우고, 훈련하고 발전시켜, 인간을 고상하게 하고, 그 존엄에 있어서 최고의 위치를 차지하게 하는 교육을 자유교육이라 부른다."
>
> −1374년에 파두아 대학 교수인 파울루스 베르게리우스(Paulus Vergerius)가 정의한 자유교육의 이념 (P. Monroe, 1928 : 168)

문예부흥기에 고대 그리스와 로마의 언어와 문학으로 구성된 새로운 교육내용은 인문학(Humanitas)이라 불리었다. 인문학은 인류의 고유한 추구와 활동을 의미하는 말이었으며, 자유교육의 이념을 실현하기 위해서는 인문학을 공부해야 했다. 그런데 시간이 지나면서, 당초에는 수단에 불과하던 고대의 언어와 문학이 그 자체로 목적으로 간주되기에 이르렀다. 이런 변화는 점진적인 것이었으나, 인문학은 고대의 언어와 문학을 가리키는 말로 바뀌어 갔다. 인문주의 교육은 고대의 언어와 문학의 습득을 강조하는, 편협한 고전

중심의 교육으로 바뀌었다. 고전 문헌들에 담겨있는 인문주의적 정신과 사상을 받아들이는 것이 목적이 아니라, 고대의 언어와 문학을 아는 것 자체가 목적이 되어 버렸다. 그리하여 자유교육의 이념인 인격의 조화로운 발달을 추구하는 데까지 이르지는 못했다.

인문주의 교육은 16세기에 와서 매우 편협된 형식주의에 빠져버렸다. 인문주의 교육은 고대 로마의 수사학자이며 웅변가인 키케로의 유명한 문장을 철저히 모방하려는 경향을 띠었다. 키케로주의(Ciceronianism)라 불린 이 편협한 형식주의에서, 교육의 목적은 키케로식의 완전한 라틴 문체를 구사하는 데 두게 되었다. 키케로주의자들은 학교의 전 과정을 키케로와 그 모방자들의 작품을 연구하는 데 한정하고, 모든 회화나 문장은 키케로의 어구로 표현되어야 한다고 생각했다. 그들은 키케로의 문장을 정독하고, 그의 용어와 문법을 연구했다. 그리고 모든 회화와 작문에서 키케로의 용어와 문법을 구사하려 했다. 이와 같이 고전에 담겨있는 인본주의적 사상은 도외시하고 오직 그 수사학적 표현 양식에만 관심을 집중시킨 형식주의는 사실상 인문주의의 본질에서 벗어난 것이었다. 인문주의의 대표적인 교육사상가인 에라스무스(Erasmus)는 이런 형식주의를 극복하고 본래의 인문주의가 추구하였던 교육을 실현하고자 노력했다.

문예부흥기에 전통적인 학교들은 인문주의 정신으로 개혁되어 갔으며, 인문주의 이념에 입각하여 새로운 학교가 생겨나기도 했다. 이런 변화는 보수주의와 중세적인 학문의 저항을 이겨내면서 서서히 이루어졌다. 전통적 대학들은 그리스어 강좌와 라틴어 강좌를 개설하게 되었고, 새로 설립되는 대학들은 인문주의 이념을 토대로 삼았다. 중등학교들도 인문주의 이념에 따라 교육했다. 이탈리아의 궁정학교(Court School), 독일의 왕후학교(Fürsten Schulen)와 김나지움(Gymnasium), 프랑스의 콜레쥬(Collèges)와 리세(Lyceès), 영국의 퍼블릭스쿨(Public School) 등 문예부흥기에 설립된 중등학교들은 전형적인 인문주의 학교들이었다.

현대적인 시각에서 본 인문주의 교육의 한계

① 인문주의 교육은 인간중심의 세속적인 가치를 추구했으나, 상류계층을 대상으로 했다는 점에서 한계가 있다. 하층의 일반 시민들과 농민들은 인문주의 교육에서 아무런 혜택도 받을 수 없었다.

② 인문주의 교육은 고전의 언어와 문학에 치우쳤다. 고전과 문학은 귀족들의 교양을 갖추어 주기에 적합한 것으로 여겨졌으나, 일반 대중의 실생활과는 무관한 것이었다.

③ 인문주의 교육은 형식적인 언어주의로 흐르고 말았다. 이것은 인문주의 교육이 실생활과는 유리된 채, 고전의 언어와 문학에만 집착한 당연한 결과였다.

대표적인 인문주의 교육사상가들

이탈리아의 베르게리우스(P. Vergerius, 1349~1428), 비토리노(Vittorino de Feltre, 1378~1446), 네덜란드의 에라스무스(Desiderius Erasmus, 1466~1536), 영국의 토마스 모어(Sir Thomas More, 1478~1535), 프랑스의 라블레(F. Rabelais, 1483~1554), 스페인의 비베스(J. L. Vives, 1492~1540) 등

3) 에라스무스의 교육사상

에라스무스(Desiderius Erasmus, 1466~1536)는 네덜란드의 로테르담(Rotterdam)에서 출생하여 소년시절에 수도원 학교에서 교육을 받았다. 후에 인문주의의 영향을 받아 파리, 옥스포드, 이탈리아 등지를 다니면서 고전어 학습에 열중했다. 1509년에는 영국의 케임브리지 대학에서 그리스어 교수가 되어 인문주의 운동을 일으켰으며, 그 후에도 영국, 프랑스, 스위스, 이탈리아 등지를 여행하면서 많

은 학자들과 교류하며 인문주의 교육에 공헌했다. 그는 우신예찬(1509)을 비롯하여 많은 저술을 남겼는데, 교육과 관계되는 것들로는 키케로주의자(1528), 학습방법론(1512), 아동·자유교육론(1529) 등이 있다.

에라스무스는 기독교적 인문주의자로서 고전 연구를 통해 성서 원전을 이해하고자 했다. 그는 성서의 정확한 의미를 파악하고 실천하기 위해서는 고대의 학예에 대한 지식과 이해가 있어야 한다고 생각했다. 그는 당시 교회의 형식주의와 교단의 권력과 치부 및 스콜라 철학의 공허함 등에 대해 비판하고, 원시 기독교로 돌아갈 것을 주장했다.

에라스무스는 교육의 목적을 경건한 신앙을 갖게 하는 것, 자유학예를 사랑하고 철저히 학습하는 것, 인생의 의무를 다하도록 준비시키는 것, 좋은 생활습관을 갖게 하는 것에 두었다. 이런 목적을 달성하기 위한 교육내용은 성서문학, 고전, 라틴어를 중심으로 하는 언어 교육이었다. 그는 경건한 신앙을 앙양하기 위해서는 성서문학을, 인문주의적 교양을 갖춘 인간을 양성하기 위해서는 고전을 공부해야 한다고 생각했다. 그리고 라틴어를 중심으로 하는 그리스어와 히브리어 교육은 고전을 이해하고 성서를 올바로 해석하기 위한 전제 조건이 된다고 보았다.

교육의 방법에 관한 에라스무스의 생각은 매우 진보적이었다. 그는 야만적인 훈련 방법을 비판하고 보다 매력적인 방법을 장려했다. 그는 아동에 관한 연구를 권장하고, 아동의 학습의 개별적 관리와 지도를 강조했다. 또한 어머니의 역할, 유희와 운동의 중요성, 교육과 생활과의 밀접한 관계의 필요성을 강조했다. 그는 조기교육과 입문적 학습의 중요성을 강조한 반면, 무엇보다도 키케로주의와 같이 형식주의에 빠져든 편협한 교육사상가들을 비판했다.

에라스무스가 후세의 교육에 미친 영향은 매우 컸다. 16·17세기의 교육 지도자들과 당시의 중요한 학교들은 거의 대부분 에라스무스의 영향을 받았다.

2. 종교개혁과 교육

1) 종교개혁 운동의 전개

독일, 스위스, 영국 등 북유럽에서 일어난 종교개혁 운동은 북유럽의 문예부흥 운동과 거의 동시에 일어났다. 종교개혁 운동은 북유럽의 문예부흥 운동을 사회적, 종교적, 도덕적 차원에서 전개한 것이라고 볼 수도 있다. 문예부흥과 종교개혁은 기본적으로 자아의 각성과 해방을 지향했다. 양자는 획일주의에 반대하여 개인주의를 강조했고, 자본주의 사회의 생성과정에서 연유되는 경제적 갈등을 배경으로 하고 있으며, 연구에 있어서 원전(原典)에 충실하려고 했다는 점에서 같은 성격을 띠고 있었다. 문예부흥 운동은 고전 문예를 부흥시켜 인문적 교양을 갖춘 새로운 인간을 형성하려 했고, 종교개혁 운동은 성서로 복귀하여 도덕과 종교를 개혁하고 새로운 사회를 건설하려 했다.

종교개혁 운동은 교회세력을 근간으로 하는 세계국가적 조직을 부정하고,

문예부흥과 종교개혁의 비교

문예부흥	종교개혁
이탈리아에서 출발	독일에서 출발
개인적 운동	사회적 운동
무역에 성공한 상업자본가 계급이 기반	생업에 종사하는 일반 서민계급이 기반
심미적 가치, 귀족적 교양, 세속적 명성 추구	진실한 신앙 추구, 가톨릭교회의 타락에 반항
현세 중시	내세 중시
'인간의 본성은 선하다'	'인간의 본성은 원죄에 물들었다'
이성 신뢰, 개성 존중	신앙 강조, 절대적 신성 옹호

민족적 자각에 입각하여 새로운 사회조직을 건설하는 방향으로 진행했다. 종교개혁은 단순히 교회의 개혁이 아니라 지적, 정치적, 경제적 영향이 복합적으로 작용한 것이다. 종교개혁자들은 신학과 도덕의 두 영역에서 로마 가톨릭교회에 반발했다. 종교개혁자들은 스콜라 철학에 의존해 교리를 견고화시킨 가톨릭교회의 제도적 권위를 부정하고, 원시 기독교로 되돌아가고자 했다. 이들은 성서의 권위 외에는 어떤 권위도 인정하려 하지 않았다. 이들은 로마 교황청의 면죄부 판매와 미신적인 성유물(聖遺物) 숭배 및 성직자들의 부패를 비판했다.

종교개혁이 일어난 데에는 다른 많은 사회적 요인들도 작용했다. 영국과 프랑스 등 봉건적 정치형태에서 벗어나 중앙집권적 근대국가를 형성한 국가들은 로마 가톨릭교회와 갈등 관계를 이루고 있었으며, 경제적으로 어려움을 겪던 여러 나라의 왕들과 봉건귀족들 및 농민들은 교회의 부조리한 부의 축적에 반감을 가지고 있었다. 또한 정치적으로 독립된 북유럽의 자유시들도 종교개혁에 호응하였다. 그리하여 종교개혁은 정치적 운동의 성격을 띠면서 전반적인 사회개혁운동으로 전개되었다.

종교개혁의 선구는 중세 말기에 영국의 위클리프(J. Wyclif, 1324~1384)와 보헤미아의 후스(J. Huss, 1369~1415)에게서 볼 수 있다. 이로부터 1세기가 지난 1517년, 교회의 면죄부 판매를 비롯한 각종 부조리에 대해 루터(M. Luther)가 95개조 항의문을 게시한 것이 결정적 계기가 되어, 종교개혁이 일어나게 되었다. 종교개혁은 곧 독일 전역에 확산되었고, 이어서 스위스의 쯔빙글리(Zwingli, 1484~1531)와 칼빈(Calvin, 1509~1564) 등을 통해 전 유럽으로 퍼져나갔다.

종교개혁을 파급시키는 데에는 당시에 발달된 인쇄술이 크게 기여했다. 인쇄술의 발달로 유럽인들은 루터의 싸움과 그 의미를 알고 호응할 수 있었다. 또한 모국어로 된 성서가 널리 보급되어 일반 대중들이 읽을 수 있었다는 것도 종교개혁이 성공할 수 있었던 큰 요인의 하나였다. 종교개혁의 결과로 유럽은 루터주의(Lutheranism), 칼빈주의(Calvinism), 영국의 국교주의(Anglicanism)의 새로운 정신적 지배권이 형성되었다. 이로써 서양 세계는 신교(Protestant)와 구교(로마 가톨릭)의 두 세계로 양립하게 되었다.

2) 종교개혁기의 교육

종교개혁이 교육이론과 실제에 미친 영향은 매우 컸다. 신교의 교육은 기본적으로 종교적, 도덕적 성격을 띤 것이었다. 그것은 과거 가톨릭교회의 그릇된 신학과 관행을 바로잡기 위한 것이었다. 종교개혁자들은 가톨릭의 의식(儀式)보다는 내적 경건을, 신부의 권위보다는 성서의 직접적 해석을 통한 개인적 판단과 책임을 중시하였다.

종교개혁자들은 교육을 통해 개인의 의식과 양심의 자유를 추구하는 한편, 사회와 국가와 교회를 위해 봉사하는 도덕적 품성을 기르고자 했다. 그들은 국민의 종교적, 도덕적 품성을 함양시키는 데 있어서 국가의 역할이 중요하다고 보고, 국민의 교육을 위해 국가는 교회와 협력할 필요가 있음을 주장했다. 또한 그들은 모든 개인을 교육하여 구원에 이르게 하려 했으므로, 교육은 계급과 성에 관계없이 이루어져야 한다고 주장했다. 이를 위해 교육의 책임은 국가가 담당해야 한다고 주장했다. 그들은 보편적 의무교육, 무상 공교육을 주장하여, 교육의 역사에서 초등교육의 이념을 가장 분명히 정립하였다.

종교개혁은 초등교육의 발달에 크게 기여하였다. 종교개혁 당시에는 국민대중에게 교육의 기회가 널리 주어지지 못했다. 교육의 기회를 확충하기 위한 노력은 있었지만, 민주적 교육관이 지배한 것은 아니었다. 당시는 상층계급을 위한 교육과 일반 서민들을 위한 교육이 구분되어 있었다. 상층계급에게는 고전에 의한 중등교육을 시키고 일반 서민들에게는 모국어에 의한 초등교육을 시켰다.

초등수준의 일반 교육기관으로는 모국어학교가 있었다. 일반 서민들의 자제는 이곳에서 종교, 읽기, 쓰기, 노래하기, 체육, 실과 등을 배웠다. 종교는 교육내용의 중심을 이루고 있었으며, 성서를 기본으로 하고, 교리, 찬송, 주기도문을 중요한 내용으로 포함하였다. 체육과 음악도 대체로 종교적인 목적으로 중시되었다. 실과는 직업 훈련을 목적으로 하였다. 모국어학교의 교과들은 생활의 기본이 되는 종교적, 도덕적, 직업적 목적에 부합된 것들이었다. 모국어학교는 대개 루터파나 칼빈파가 지배하는 나라에서 발달하였다.

중등교육과 고등교육은 인문주의와 신교주의의 융합적 성격을 띠었다. 루터와 칼빈은 교사, 목사, 정치가 등 지도층의 교육을 위해 인문주의적 교육내용을 중시했다. 중등교육은 지도층의 준비학교로서 라틴어를 중심으로 했으며, 그리스어, 히브리어, 변증법, 수학을 추가했다. 종교개혁기에 중등학교들은 대체로 국가와 도시에 의해 설립·운영되면서도 교회의 지도와 감독을 받았다.

고등교육에서는 종래의 스콜라 철학적인 신학 대신에 성서의 직접적인 연구가 이루어졌으며, 과거보다 법률, 의학, 철학의 중요성이 강화되었다. 특히 국가의 중요성이 증대함에 따라 대학은 점차로 세속 제후에게 종속되었다. 과거의 대학들은 신교의 이념에 따라 개편되고 새로운 대학들이 설립되었다. 신교의 대학들은 교회의 재산에 의해서가 아니라 제후의 보호 하에 운영되었다. 낡은 수도원이나 교회를 해체하여 생긴 기금으로 유지되는 대학, 김나지움을 발전시켜 만든 대학들이 많이 생겨났다.

그러나 종교개혁자들의 교육방법은 종래의 형식주의에서 별로 나아진 것이 없었다. 초등학교에서 단어의 형식적 발음, 교리에 대한 대답, 성경 구절의 암송이 그 의미의 이해보다 앞서서 강조되었다. 그리고 엄격한 훈육과 기계적인 통제가 계속되었다.

종교개혁은 유럽사회에 기독교적 윤리관을 확립하는 데 기여했다. 신교의 교육은 공교육과 의무교육의 이념을 제시했고, 초등의 보통교육을 확대하는 데 기여했다. 그리고 교육내용을 세속화하여 다양한 교과를 습득할 수 있게 했다.

종교개혁기의 대표적인 교육사상가들

신교 : 루터(M. Luther, 1483~1546), 멜란히톤(P. Melanchthon, 1497~1560), 칼빈(Calvin, 1509~1564), 녹스(J. Knox, 1505~1572) 등

구교 : 로욜라(Ignatius Loyola, 1491~1556), 얀센(C. Jansen, 1585~1638) 등

3) 루터의 교육사상

루터(M. Luther, 1483~1546)는 1512년 신학박사 학위를 받고 비텐베르크(Wittenberg) 대학의 신학교수가 되었다. 그는 1517년 로마 가톨릭 교회에 대하여 95개조 항의문을 게시하여 종교개혁의 선봉자가 되었다.

루터의 교육사상은 결혼생활에 관한 설교(1519), 기독교적 신분의 개선에 관해서 독일 국민이 기독교 귀족에게 주는 글(1520), 독일의 각 도시의 시장 및 시의회 의원에게 기독교적 학교를 설립하고 유지할 것을 권고하는 글(1524), 아동의 취학의무에 관한 설교(1530) 등에 잘 나타나 있다.

루터는 교육을 세속화하려 했다. 그는 종래의 기독교 교육, 특히 수도원이나 본산에 부속된 학교의 교육을 반대했다. 사회로부터 유리된 채 과도한 훈련과 우울한 생활을 강요하는 교육은 아동의 성장에 해가 된다고 보았기 때문이다.

루터는 국가가 교육을 책임지는 공교육 제도를 주장했다. 그는 계층과 성별의 차이 없이 모든 학부모가 자녀를 학교에 보내는 보편교육을 주장했다. 또한 그는 모든 국민이 병역의 의무를 필해야 하는 것과 마찬가지로, 국가의 방위와 번영을 위해 교육을 의무화해야 한다고 주장했다.

그는 학교의 교육내용에 관해서 신교의 정신과 인문주의를 결합하여 풍부한 교과를 강조했다. 성서연구에 필요한 라틴어, 그리스어, 히브리어는 물론이고, 대학의 교과로 수학, 변증법, 수사학, 자연과학, 체육, 음악 등을 주장했다.

루터는 가정을 교육의 중요한 기반으로 생각했다. 그는 결혼생활의 최고의 사명을 자녀교육에 두고, 결혼의 신성함과 자녀를 존중할 것을 강조했다. 아동의 건강한 신체, 경건한 신앙심 등은 가정에서 가장 잘 길러질 수 있다고 보았다.

루터는 또한 교직의 중요성을 역설했다. 그는 교직을 성직과 같은 차원에서 강조했으며, 초등교육에서 여교사의 필요성을 역설했다.

4) 구교의 교육

독일, 스위스, 영국 등지에서는 종교개혁이 성공을 거두었지만, 이탈리아, 스페인, 프랑스 등지에서는 계속 로마 가톨릭을 유지했다. 종교개혁 이후 가톨릭교회에서는 자체적으로 교회개혁운동을 벌여 나갔다. 교황이 주재한 트리엔트 종교회의(Council of Trent, 1545~1563)에서는 그 동안 논란의 대상이 되어 온 모든 교회의식을 재확인하고 명백히 했다. 또한 교회 지도자들의 성품을 향상하는 한편, 교단과 조합을 설립하고 교육 사업을 전개했다. 1540년 로욜라(Ignatius Loyola)가 설립한 예수회(Society of Jesus), 1637년 얀센(C. Jansen)과 생 시란(Saint Syran)이 설립한 얀센파(일명 Port Royal 파), 1684년 라 살레(La Salle)가 설립한 기독교 형제단(Brethren of the Christian Schools) 등은 구교의 교육에 크게 기여했다.

구교의 교육 사업에서 가장 두드러진 것은 예수회의 교육이었다. 예수회는 로욜라가 중심이 되어 1534년에 조직되었으며, 1540년에 교황으로부터 공인되었다. 예수회는 엄격한 군대식의 규율과 조직을 가지고 있었다. 교육에도 그 성격이 반영되어 계급적 색채와 엄격한 훈련을 수반하였다. 예수회는 약 300년 동안 유럽의 각지에서 많은 지도자를 양산해 내었다.

예수회는 일반대중을 위한 초등교육에는 별로 관심을 보이지 않고, 중등과 고등교육기관으로 하급과(Studia Inferiora)와 상급과(Studia Superiora)를 두어 운영했다. 하급과는 독일의 김나지움이나 영국의 문법학교에 해당한다. 이곳에서는 10~14세의 소년들이 입학하여 5~6년의 교육을 받았다. 교육내용은 라틴어 문법을 비롯하여 그리스어 문법, 고전, 시, 수학, 자연과학, 역사, 지리 등이었다. 상급과는 7~9년의 대학 및 대학원 과정으로 운영했다. 상급과는 3년간의 철학과정과 4년간의 신학과정으로 되어 있었다. 철학과정을 마치면 석사학위(Magister)와 교사자격을 부여했으며, 신학과정을 마치고 연구논문과 공개시험에 합격하면 신학박사학위(Doctor)를 수여했다.

예수회의 교육내용은 인문주의의 고전들을 중심으로 했기 때문에 당시의 다른 학교들과 별 차이가 없었다. 예수회의 교육방법은 끊임없는 반복 훈련과 암기를 중심으로 했다. 상급과에서는 토론, 과제논문, 번역연설을 중시했다. 예수회는 특히 교원양성에 주력하여 학교의 수업이 철저히 이루어지게 했다. 체계적인 교원양성과 철저한 수업은 예수회가 교육 사업에 성공을 거둘 수 있게 된 중요한 요인이었다.

※ 17~18세기의 사회 변화

문예부흥과 종교개혁으로 근대의 눈을 뜨기 시작한 유럽은 16세기 이후 18세기에 이르기까지 절대왕정 시대를 맞이하게 되었다. 17세기는 유럽 사회에 봉건체제가 붕괴되고 근대사회가 성립되는 과도기적 단계로서, 각국이 절대왕권을 중심으로 근대국가의 체제를 갖추기 시작했다. 그리고 영국의 명예혁명(1688)과 프랑스 혁명(1789)을 거치면서, 유럽에는 봉건사회가 해체되고 근대 시민사회가 형성되었다.

유럽 사회는 문예부흥과 종교개혁을 통해 인간의 자아와 양심을 발견한데 이어 지리상의 발견을 이룩함으로써, 내적으로나 외적으로 새로운 세계를 열어나갔다. 유럽 사회는 인쇄술의 발달로 지식의 축적과 전파 속도가 빨라진데다가, 화약과 나침반 등을 이용하여 신항로와 신대륙을 발견함으로써, 문화의 교류와 세계관의 변혁을 가져오게 되었다. 특히 지리상의 발견은 유럽인들이 남북아메리카와 아시아, 아프리카 등 세계로 뻗어나가는 중대한 계기가 되었다.

17세기는 과학연구가 놀라운 진보를 이루면서 지식이 혁명적으로 발전한 시대였다. 코페르니쿠스(N. Copernicus)의 지동설에 이어 갈릴레이(G. Galilei)와 케플러(J. Kepler)가 천문학에 큰 업적을 남겼다. 영국의 뉴튼(I. Newton)은 만유인력의 법칙을 발견했고, 베이컨(F. Bacon)은 과학적 탐구방법으로 귀납법을 강조했다. 데카르트(R. Descartes), 로크(J. Locke) 등은 철학에 큰 업적을 남겼다.

과학과 철학이 발달하면서 지식의 성격과 지식의 습득 방법에 대해 상호 대립하는 두 이론이 제시되었다. 베이컨과 로크의 경험론은 감각적 경험을 통해 진리를 탐구할 것을 주장했다. 데카르트의 합리론은 이성의 명료한 사고과정을 통해 진리를 발견할 것을 주장했다. 경험론과 합리론은 진리의 탐구 방법에서 강조하는 바가 다르긴 하지만, 진리를 탐구하고 세계를 이해하는 인간의 능력에 대한 신뢰에는 차이가 없다. 유럽인들은 이제 인간의 지적인 능력을 신뢰하게 되었고, 이것을 바탕으로 자연세계를 정복할 수 있으리란 자신감을 갖게 되었다.

새로운 세계의 발견, 자연법칙의 발견, 증기기관의 발명 등은 산업혁명을 낳았고, 근대국가 체제의 성립, 계몽사조의 등장, 프랑스 혁명 등은 자유로운 시민사회로 길을 열었다. 이런 변화는 전반적으로 유럽인들의 사고의 틀과 생활양식에 커다란 변화를 일으켰다. 그리고 그것은 교육의 내용과 방법에도 큰 영향을 미치게 되었다.

3. 실학주의와 교육

1) 실학주의의 발달

17세기 교육의 내용과 방법상의 변화는 실학주의(實學主義, Realism)로 나타났다. 실학주의는 경험적 사물에 의한 교육을 강조하는 교육사상이다. 이것은 언어에 의한 교육을 강조하는 언어주의(Verbalism)와 대립한다. 실학주의는 또한 인문적 교양보다는 실생활에 유능한 인물의 양성에 초점을 두었다.

종래의 인문주의적 교육의 내용과 방법은 언어와 서적과 기억을 중요시했다. 인문주의 교육은 개인적, 문학적, 심미적 목적을 추구했다. 종교개혁자들의 관심은 초기의 인문주의자들과는 달리 사회적, 정치적, 종교적, 도덕적인 데 있었지만, 교육의 내용과 방법에서는 인문주의자들과 별로 다를 게 없었다.

그러나 실학주의는 교육의 이론 및 실제에 있어서 관념보다 사물을 중요시하고, 고전어나 고전문학보다 자연현상과 사회제도를 중요시했다. 실학주의 교육은 언어나 문학에 의해 인격을 도야하기보다는 자연현상과 사회제도를 연구하여 현실 세계를 구체적으로 인식하는 데 역점을 두었다. 실학주의는 현실에 대한 객관적인 이해를 강조하고, 실생활에 유능하게 대처할 수 있는 인간을 양성하고자 했다. 그리하여 실학주의는 지식의 실용적 가치와 백과전서적인 교육내용을 강조하고, 모국어를 중시했다.

실학주의 교육은 인문적 실학주의, 사회적 실학주의, 감각적 실학주의의 단계를 거치며 발달하였다. 인문적 실학주의는 편협한 인문주의에 반대하여 등장한 것으로 초기 문예부흥기의 교육관과 유사하다. 편협한 인문주의는 고전의 형식과 언어적 방면에 한정되었으나, 인문적 실학주의는 고전의 내용과 정신을 중시했다. 인문적 실학주의자들은 고전의 연구를 통해 실생활에 잘 적응할 수 있는 사람을 양성하고자 했다. 이들은 고대 그리스와 로마의 고전에 정통해야 자기의 자연적 사회적 생활환경을 이해할 수 있다고 생각했다. 이들이 고전을 중요시하는 것은 인문주의적이지만, 고전의 내용을 이해하고 그것을 실제에 적용하려 한 점에서는 실학주의의 초기 모습을 보여준다. 인문적 실학주의의 대표적인 인물로는 스페인의 비베스(J. L. Vives), 프랑스의 라블레(F. Rabelais), 영국의 밀턴(J. Milton) 등이 있다.

사회적 실학주의는 서적보다는 사회생활의 경험을 통해 세상물정에 밝은 사람을 길러내고자 했다. 사회적 실학주의는 고전과 같은 서적에 의존한 인문주의적 교육은 지양하고, 사회생활의 구체적인 경험을 중시했다. 사회적 실학주의자들이 보기에, 교육은 청소년들이 보다 유쾌하게 인생을 살아갈 판단력과 성품을 형성하게 하는 일이다. 그들은 교육을 통해 개인적으로 행복한 생애를 보낼 뿐만 아니라 사회에 유익한 실무자로서 일할 수 있는 사람을 양성하고자 했다. 이런 교육을 위해 체육, 역사, 철학, 여행 등을 중시했다. 특히 국외의 여러 지역을 여행하고 사교계에 진출하여 다양한 문화와 관심사를 접할 것을 강조했다. 사회적 실학주의가 이상적 인간상으로 추구한 신사(gentleman)는 견문이 넓고 교양 있는 사회인을 의미했다. 사회적 실학주의의 대표적인 인물로는 프랑스의 몽테뉴(M. Montaigne)가 있다.

감각적 실학주의는 실학주의의 가장 발전된 형태이다. 감각적 실학주의는 인간의 감각적 지각을 교육의 기초로 삼았다. 감각적 실학주의자들은 실물이나 표본을 직접 관찰함으로써 학습하는 것이 효과적이라고 생각했다. 이것은 과학이 이룩한 지식과 방법을 교육에 도입한 것이다. 감각적 실학주의자들은 지식과 진리의 원천으로 자연현상에 관심을 기울이면서, 교육을 인위적 과정이 아닌 자연적 과정으로 보려 했다. 그리하여 교육을 이끌어 가는 방법적 원리를 자연에서 찾고자 했다. 감각적 실학주의의 대표자인 코메니우스(J. A. Comenius)의 자연주의적 수업이론은 자연의 질서에 따르는 '합자연의 원리'를 기본으로 하고 있다. 감각적 실학주의는 과학정신을 가장 잘 반영하고 있기 때문에 과학적 실학주의라고도 부른다.

2) 실학주의 교육사상

(1) 코메니우스

코메니우스(J. A. Comenius, 1592~1670)는 모라비아의 동포교단(Moravian Brethren)에 속하는 신교 가정에서 태어났으며, 하이델베르크 대학을 졸업한 후에 동포교단의 목사가 되었다. 그의 대표적인 저서로는 ≪언어입문≫, ≪세계도회≫, ≪대교수학≫ 등이 있다.

언어입문은 라틴어 공부의 입문서로 유럽 전역에서 라틴어 초보자의 교과서로 사용되었다. 세계도회는 세계에 있는 모든 기본적인 사물과 인간의 모든 기본적인 활동에 관한 단어 목록을 눈으로 볼 수 있게 나타낸 책이다. 이것은 언어입문을 단순화하여 삽화의 매력을 더한 것이라 할 수 있다. 이 책은 학교용 도서로 그림이 들어간 최초의 책으로 알려져 있다.

대교수학은 '모든 사람에게 모든 사물을 가르치는 기술'이라는 부제가 붙어 있으며, 교육자에게 길잡이가 될 수 있는 원리를 진술하였다. 이것은 광범

위하고 체계적인 교육학 서적으로 코메니우스의 교육사상을 가장 잘 보여주는 책이다. 이 책은 교육의 본질과 목적, 일반교수론, 도덕 및 종교적 도야와 학교 훈련, 학교계통의 4편으로 구성되어 있다.

코메니우스는 기독교의 인생관을 기초로 교육을 바라본 교육사상가이다. 그는 교육의 목적을 인생의 목적과 연결해서 제시하였다. 그에 따르면, 인간의 궁극적 목적은 신과 함께 영원한 행복을 누리는 데 있다. 인간은 신이 창조한 모든 피조물들 가운데서 가장 뛰어난 존재이다. 왜냐하면 인간은 이성적인 존재이고, 다른 피조물을 지배하는 존재이며, 신에게 만족을 줄 수 있는 존재이기 때문이다. 그는 교육을 인간의 목적을 달성하기 위한 수단으로 보고, 위와 같은 인간의 존재 규정에 따라 교육의 임무를 세 가지로 제시했다. 그것은 모든 사물의 원인과 법칙을 알게 하는 지적 훈련, 자기 자신과 만물의 지배자가 되게 하는 도덕적 훈련, 자기 자신과 일체의 사물을 신에 귀의시키는 종교적 훈련이다. 코메니우스는 지식과 도덕과 경건을 별개의 것으로 분리시키지 않고, 논리적이고 심리적인 관계로 통일시켰다.

코메니우스는 인간의 지적, 도덕적, 종교적 훈련을 가능하게 하는 기초를 생득적으로 인간의 내면에 존재하는 소질, 즉 인간의 본성에 두었다. 따라서 교육은 외부로부터 무엇을 넣어주는 것이 아니라, 인간이 본래부터 가지고 있는 것을 개발하여, 그대로 표출하게 하는 것이다. 그는 인간의 내면적 자연을 성찰하고, 자연계를 지배하는 법칙에 따라 인간의 내면적 자연을 발달시키려는 '합자연의 원리'를 주장했다.

코메니우스의 교수방법론은 자연의 질서에 따르는 합자연의 원리와 사물을 직접 관찰하고 다루는 직관의 원리를 취하고 있다. 이것은 루소와 페스탈로치 등에 계승되어 더욱 발전되었다.

교육의 내용에 대한 코메니우스의 제안은 범지주의(汎知主義, Pansophism)에 기초하고 있다. 범지주의는 모든 지식을 가르치려는 생각을 말한다. 그의 범지주의는 신이 창조한 세계에서 사물을 부분적으로 아는 것은 신을 불완전하게 하는 것이라는 형이상학적 신조를 바탕으로 하고 있다. 그는 모든 인간이 삶과 세계의 모든 것을 보다 깊고 넓게 알아야 한다고 생각했다. 그는 신과 자연과 인생과 예술에 관한 모든 지식을 널리 보급하여, 모든 사람들의 지적 수준을 끌어올리고자 했다.

코메니우스의 합자연의 교육 원리(P. Monroe, 1928 : 242).

① 알아야 할 것은 무엇이든 가르쳐야 한다. 단순히 형식이나 기호에 의해서가 아니라 사물이나 관념을 아동에게 직접 제시함으로써 가르쳐야 한다.
② 무엇이든 일상생활에 응용되고 일정하게 유용한 것을 가르쳐야 한다.
③ 무엇이든 간결하게 가르쳐야 한다.
④ 무엇이든 그 근원과 원인에 관련하여 가르쳐야 한다.
⑤ 일반원리를 먼저 가르치고 세부적인 것은 나중에 가르쳐야 한다.
⑥ 사물(주제)의 모든 부분은 가장 작은 부분이라 하더라도 그 순서, 위치, 상호관계 등에 관련하여 가르쳐야 한다.
⑦ 모든 사물은 정당한 순서에 따라 가르치고 한 번에 하나의 사물을 가르쳐야 한다.
⑧ 어떠한 주제라도 완전히 이해되기 전에는 다른 주제로 진행해서는 안 된다.
⑨ 습득한 지식을 명확하게 하기 위해 사물 상호간의 차이를 역설해야 한다.

인간의 지식을 백과사전식으로 조직하려는 생각은 중세에도 있었으나, 코메니우스의 의도와 방법은 그것과 크게 달랐다. 종래의 백과전서는 단지 사실의 모음이었으나, 코메니우스의 것은 보편적 원리를 중심으로 사실을 배열한 것이었다. 그의 교육과정 조직은 보편적 법칙의 요소를 출발점으로 해서 가장 잘 알려져 있는 사물에서 점차 미지의 사물로 진행하고, 결국 모든 지식이 획득될 때까지 진행하는 것이었다.

코메니우스의 범지적 교육과정은 그가 제시한 교육제도와 내용 속에 잘 나타나 있다. 그는 자녀의 교육을 담당할 양친들이 교육에 대한 이해와 능력이 부족하므로 학교가 필요하다고 주장했다. 그가 제안하는 교육체제는 가정과 학교를 포함하여 24세까지 4단계를 거치게 되어 있다. 그것은 어머니학교(Schola Materna), 모국어학교(Schola Vernacula), 라틴어학교(Schola Latina), 대학

(Academia)이다.

어머니학교에서는 1~6세의 유아가 가정에서 어머니로부터 기초교육을 받는다. 여기서는 건강, 일상언어, 신앙의 기본, 자연계의 기본 사실 등을 배운다. 모국어학교에서는 7~12세의 아동이 모국어를 통하여 초등의 보통 교육을 받는다. 교육내용은 종교, 산수, 역사, 지리, 미술, 물리 등이다. 라틴어학교에서는 13~18세의 청소년이 중등수준의 교육을 받는다. 교육내용은 모국어, 라틴어, 그리스어, 히브리어 등 4개의 언어와 7자유학과, 그리고 물리, 지리, 역사, 도덕, 종교 등이다. 대학에서는 19~24세의 청년들이 고등교육을 받는다. 교육내용은 전공분야별로 신학, 법학, 의학, 철학 등이며, 여행과 고전도 중시했다.

코메니우스는 또한 각급 학교에 수공, 공업기술, 유희활동을 삽입할 것을 제안했다. 그가 제안한 내용은 너무 많은 것을 포함하고 있을 뿐 아니라 인문주의적 한계를 완전히 벗어나지 못했다는 문제가 있다. 그러나 그는 자연의 질서에 따른다는 기본 원리에 따라 교과조직을 체계적으로 하고, '세계도회'와 같이 감각적 직관을 활용하게 하는 교재를 편찬함으로써, 근대적 교육의 선구가 되었다.

(2) 로크

로크(J. Locke, 1632~1704)는 교육학자라기보다는 경험주의 철학자로 더 잘 알려져 있다. 그의 교육사상은 ≪교육론≫(1693)에 나타나 있다. 그러나 그의 교육사적 의의와 공헌은 실학주의의 토대가 된 경험주의 철학과, 형식도야설의 근거가 된 백지설에 있다고 할 수 있다. 이런 것들은 그의 ≪인간오성론≫(1690)에 잘 나타나 있다.

로크의 교육론은 체육, 덕육, 지육을 통해 건전한 인격을 갖춘 신사를 길러내는 것을 목적으로 하고 있다. 체육은 그의 교육론에서 매우 중요시되고 있다. 그는 '건전한 신체에 건전한 정신이 깃든다.'는 격언을 필두로, 인간정신은 경험에 의하여 이루어지며 경험은 신체의 건강을 전제로 한다고 했다. 그는 체육을 위해 단련을 중요시 했다. 그가 제시한 단련의 방법들은 냉수욕, 수영, 추위와 더위에 대한 저항력 기르기, 신선한 공기, 충분한 운동과 수면, 가벼운 복장, 규칙적 식사, 절주(節酒) 등이다.

덕육은 자신의 욕망을 억제하고 이성에 따라서 행동하게 하는 것이다. 그는 덕육을 신사도에서 가장 중요한 것으로 보고, 지육보다 훨씬 더 강조했다. 그에 따르면, 어려서 자기의 의지를 타인의 이성에 복종시키는 습관을 기르지 못한 자는 장성한 후에 자기의 이성에도 복종할 수 없다. 덕육은 가정교사를 통해서 효과적으로 길러질 수 있으며, 또한 성서의 인물들을 모방함으로써 가능하다고 보았다.

지육은 덕을 쌓고 사고를 깊게 하는 수단이다. 로크는 지식 그 자체의 추구를 반대하고, 지식을 사회생활을 유능하게 하기 위한 수단으로 보았다. 그는 학과를 가르칠 때는 모국어로부터 시작하고, 아동이 즐기는 놀이나 동화와 함께 가르치는 것이 좋다고 보았다. 그가 제시한 교육내용은 말하기, 읽기, 쓰기, 그리기, 프랑스어와 라틴어, 산수, 천문, 해부학, 정치학, 법률, 수사학, 논리학 등 백과사전적 지식이다.

로크는 교육을 통해 신사를 양성하고자 했다. 그가 말하는 신사는 다음과 같은 자격을 갖추어야 한다. 첫째는 덕성이다. 신사는 신을 믿고, 진실을 말하고, 사랑과 친절로써 타인을 대해야 한다. 둘째는 실천적 지혜이다. 신사는 세상사를 잘 처리하고 예견할 수 있는 능력을 가지고 있어야 한다. 셋째는 예절이다. 신사는 다른 사람의 기분을 나쁘게 하지 않는 품성을 갖추고 있어야 한다. 넷째 지육이다. 이 밖에도 신사는 교양을 위해 취미, 운동, 작업, 여행, 승마, 춤 등을 즐길 수 있어야 한다.

교육의 역사에서 주목해야 할 로크의 위대한 공헌은 사실 그의 교육론보다는 그의 경험주의 인식론과 인간의 본성에 관한 이론에 있다. 그는 인간의 지식이 획득되는 심리적 과정을 분석했다. 그에 따르면, 모든 지식은 감각적 경험을 통해 획득된다. 그리고 인간의 마음은 백지(tabla rasa)와 같다. 학습은 감각으로부터 얻은 자료로 만들어지는 인상이 마음에 새겨지면서 일어난다. 마음은 어떤 형태로 결정된 것이 아니라 경험을 통해 인상을 수용함으로써 어떤 특징을 갖추어 간다. 이런 주장은 경험을 통해 어떤 학습도 가능하다는 교육만능론을 낳게 되었으며, 다른 한편으로는 마음을 순전히 수동적인 것으로만 보고 있다는 문제가 있다. 이런 마음의 이론에 따르는 교육은 학생의 외부에서 영향을 주는 과정이지, 학생의 자율성이나 내면적 성장가능성을 신장시켜 주는 과정이 아니다.

한편, 로크의 능력심리학(Faculty Psychology)은 교육에서 상당히 영향력을 발휘해 온 형식도야설(Formal Discipline Theory)의 이론적 근거가 되었다. 능력심리학은 인간의 마음 속에는 지각, 기억, 변별, 추리, 상상 등 특정한 능력들을 담당하는 부위가 있다고 가정한다. 형식도야설은 이 가정되는 마음의 각 부위의 능력들을 연습을 통해 신장시킬 수 있다는 이론이다. 이것은 신체 훈련을 통해 근육을 단련시키듯이, 연습을 통해 마음의 능력(心筋)을 단련시킬 수 있다는 이론이다. 형식도야설에 따르면, 교육의 임무는 낱낱의 지식을 습득하게 하는 것이 아니라 모종의 학습 자료를 통해 마음의 능력들을 길러가게 하는 것이다. 이런 생각은 훈련적 교육관을 형성하여, 18~19세기의 많은 학교들이 학생들의 지적인 훈련에 열중했다.

4. 계몽주의와 교육

1) 계몽주의의 특징

18세기 유럽 사회는 절대주의 국가들이 개인의 사상과 신앙의 자유를 억압하는 가운데서, 이성을 앙양하고 전통과 사회적 억압에서 해방되려는 지적인 움직임이 일어났다. 계몽주의(Enlightenment)라 불리는 이런 지적인 움직임은 인간의 이성에 대한 완전한 신뢰를 기초로 하여, 모든 전통과 권위 및 교권의 속박으로부터 벗어나려는 합리주의적 사상운동이었다. 계몽주의는 데카르트의 합리주의, 뉴튼의 기계론적 우주관, 로크의 경험주의 인식론과 자유주의 정치이론을 사상적 기반으로 하고 있다. 계몽주의는 영국에서 시작하여 18세기 프랑스에서 활짝 피어났다.

계몽주의는 합리주의와 자연주의의 두 요소를 가지고 있다. 프랑스에서 초기의 계몽주의는 이성의 능력과 사상의 자유를 중시하는 합리주의면서 귀족계급에 한정된 귀족주의적 성격을 띠었다. 프랑스의 대표적 계몽주의자인 볼테르(Voltaire)와 그의 협력자들은 구체제에 저항하여 각종 악폐를 일소하고자 했다. 그들은 타락한 기독교를 비판하고, 인간의 이성에 기초하여 새 질서를 수립하려 했다. 그러나 그들은 하층계급의 생활과 교육에 대해서는 거의 무관심했다. 그래서 그들은 그들이 반대했던 특권 귀족 못지않게 귀족적 성격을 띠었다.

18세기 후반에 들어와 계몽주의는 그 성격과 방향이 다소 전환되었다. 교회에 대한 이전의 공격은 사회 · 정치적 조직의 폐해에 대한 비판으로 바뀌었고, 현실적 악폐를 시정하려는 노력은 이상사회를 건설하려는 방향으로 나타났다. 이성의 지배로써 소수의 지적 귀족주의를 지향하던 것이 이제는 국민대중의 향상을 기대하는 방향으로 진행되었다. 이 후기 사상의 중심인물은 루소(J. J. Rousseau)였다. 그는 이성의 법칙보다는 자연적 감성을, 소수의 귀족보다는 다수의 평민을 더 사랑하였다. 그는 인간을 자연의 빛에 비추어 그 본래의 모습을 바라보았다. 자연 상태의 인간을 존중하는 루소의 자연주의는 정치와 교육의 두 방면에서 혁명의 씨앗을 뿌렸다. 그것은 정치적으로는 자유와 평등의 이념을 기초로 하는 정치체제를 지향하였고, 교육적으로는 인간의 본성에 맞는 교육내용과 방법을 주장했다.

교육에 있어서의 자연주의 운동은 르네상스 운동 못지않게 중요하다. 감각적 실학주의에서 볼 수 있었던 자연주의보다 18세기의 자연주의는 훨씬 혁명적인 것이었다. 자연주의는 이성을 지나치게 강조하는 합리주의와는 달리, 감성을 중요시하고 전인적인 교육을 추구했다는 점에서, 계몽주의와 대조되는 면이 있다. 그러나 교회와 국가의 횡포에 대항하고 전통의 권위에 대항하여 개인의 자유와 권리를 중요시했다는 점에서 계몽주의의 한 부분을 이룬다.

자연주의 교육은 '자연에 따라서' 하는 교육을 의미한다. 이 때 자연에 따라서 교육한다는 말은 세 가지로 해석될 수 있다. 첫째로 그것은 자연에서 발견되는 여러 법칙들을 교육의 과정에 적용한다는 뜻으로 해석할 수 있다. 이것은 감각적 실학주의가 채택한 교육의 원리이다. 이 원리를 교육에 적용하는 것은 합리적이라 볼 수 있지만, 적지 않은 위험도 따른다. 왜냐하면 '자연'이란 말의 서술적 의미에 주목할 때와 규범적 의미에 주목할 때, 자연의 의미 해석이 달라지기 때문이다. 또한 자연에 대한 해석은 문화에 따라 다를 수 있기 때문에 객관적인 자연의 질서를 발견하기 어렵다는 문제도 있다. 그리고 자연의 질서를 너무 주장하면 인간의 보편적인 측면만 부각되고 개별적인 측면은 무시되기 쉽다는 문제가 있다. 끝으로 교육의 대상인 인간은 자연물과는 달리 정신적이고 활동적이기 때문에 불변적인 자연의 법칙을 그대로 적용시킬 수 없다는 문제도 있다.

둘째로 '자연에 따라서' 하는 교육은 인간발달의 자연적 법칙을 발견하여 이에 따라 지도한다는 뜻으로 해석할 수 있다. 이것은 감각적 실학주의의 한 측면이면서, 동시에 발달심리학의 지식을 활용하는 현대의 교육에서도 볼 수 있는 생각이다. 여기서 중요한 것은 인간발달의 자연적 법칙을 얼마나 정확하게 찾아내는가이다.

셋째로 '자연에 따라서' 하는 교육은 인간이 본래부터 가지고 있는 자연성, 즉 인간의 본성을 반영하여 가르친다는 뜻으로 해석할 수 있다. 이것은 아동의 흥미, 욕구, 자발성, 본능 등을 인정하고, 그 기초 위에서 교육을 실시한다는 뜻이다. 자연주의 교육의 중요한 의미는 여기에 있다고 볼 수 있다.

2) 루소의 교육사상

루소(J. J. Rousseau, 1712~1778)는 스위스의 제네바에서 태어났다. 1741년부터는 프랑스의 파리에서 활동하면서 백과전서파의 문필가들과 교류했

다. 그는 ≪신(新)에로이즈≫(1776), ≪사회계약론≫(1762), ≪에밀≫(Emile, 1762) 등의 대작을 저술하여 18세기의 대표적인 사상가가 되었다. 특히 사회계약론은 프랑스 혁명의 지도자들에게 정치체제에 관한 중요한 아이디어를 제공했으며, 에밀은 아동의 자연스런 특성을 존중하는 교육, 즉 아동중심 교육의 선구가 되었다.

루소의 자연주의 교육사상은 그의 에밀을 통해 알 수 있다. 루소의 교육사상은 인간의 본성에 대한 신뢰에서 출발한다. 그는 인간의 본성이 선하다고 보고, 선천적으로 부여된 자연적 성정을 자유롭게 발전시키고자 하였다. 그는 교육의 목적을 사회적 제약으로부터 벗어나 자기 자신의 삶을 살아가는 자연인을 기르는 데 두었다. 루소가 말하는 자연인은 야만인이 아니라 자기 자신의 본성의 법칙에 의해서 통제되고 지도되는 인간을 의미한다. 루소는 부패한 사회의 관습에 대항하여 자기의 본래의 선과 행복과 자유를 누릴 수 있는 인간을 양성하고자 했다.

루소는 인간의 성장에 영향을 미치는 것들을 세 가지로 보고, 그것들을 자연의 교육, 인간의 교육, 사물의 교육으로 구분했다. '자연'은 인간이 날 때부터 가지고 있는 모든 특성과 능력을 의미한다. '인간'은 이 자연적 특성과 능력을 신장시키기 위해 취할 수 있는 모든 인위적인 노력과 방법을 의미한다. 그리고 '사물'은 인간에게 자극을 주는 주위의 모든 경험적 조건들을 의미한다. 이 중에서 자연은 인간의 힘으로 어떻게 할 수 없는 것이고, 사물은 어느 정도까지는 인간의 힘으로 좌우할 수 있으며, 오직 인간만이 자유로이 조절할 수 있는 것이다.

루소에 따르면, 교육이 완전하게 이루어지기 위해서는 이 세 교육이 일치해야 한다. 그리고 일치를 위해서는 인간의 힘으로 어떻게 할 수 없는 '자연의 교육'의 방향으로 다른 두 가지의 교육이 따라가야 한다. 그래서 루소는 자연을 관찰하고, 자연이 지시하는 길을 따르라고 말한다. 이상적인 교육은 아동의 자연적 발육에 따라야 한다. 그것은 아동의 천부적 소질과 품성을 발견하여 그것을 신장시키는 교육이다. 그것은 교사가 외부에서 무엇을 첨부하는 것이 아니라, 아동이 자신의 내적인 특성을 발전시키는 것이다. 따라서 교육은 자연적이어야 하며, 소극적이어야 한다.

루소는 인위적으로 형성된 지식의 체계보다는 아동의 본성에서 나오는 흥미와 생활의 필요에 의해 자연스럽게 일어나는 활동을 중심으로 교육내용이 구성되어야 한다고 생각했다. 루소는 기성 사회의 규범과 지식을 주입하는 것에 반대하고, 아동이 스스로 느끼고 생각하고 판단하고 활동할 수 있는 교육적 환경을 마련해 줌으로써, 아동이 자율적으로 학습할 수 있게 해야 한다고 주장했다.

루소의 교육방법적 원리는 소극적 교육과 발달단계에 따른 교육으로 정리할 수 있다. 소극적 교육은 교사가 일방적으로 어떤 지식이나 관념을 부과하는 것이 아니라, 아동이 스스로 활동하고 학습할 수 있게 도와주는 교육이다. 그것은 아동의 타고난 본성을 자유로이 발휘시키기 위해서, 교사가 오직 소극적으로만 개입하는 교육이다. 그것은 덕을 가르치는 것이 아니라 악덕으로부터 지켜주며, 진리를 가르치는 것이 아니라 오류로부터 아동을 지켜주는 교육이다.

루소는 인간의 발달과정을 유년기, 소년기, 청소년기, 청년기의 네 단계로 나누고, 각 단계에 맞는 교육을 실시할 것을 주장했다. 유년기(1~5세)는 체육의 단계이다. 이 시기에는 유아가 가지고 있는 모든 능력을 충분히 발휘하게 해 주어야 한다.

소년기(5~12세)는 신체와 감각의 훈련단계이다. 이 시기에는 사물의 양을 재고, 수를 세고, 무게를 알아보고, 사물 가운데 필연성이 있음을 감지시킨다. 도덕적 훈련은 자연에 맡겨, 자신의 행동의 결과를 경험하게 한다.

청소년기(12~15세)는 지육의 단계이다. 유용성을 지도원리로 하고, 그의 호기심을 이용한다. 어른의 지식을 전달하는 것이 아니라 스스로 발견하게 하고, 어른의 판단에 따르게 하는 것이 아니라 그의 판단력을 길러준다. 사물과 세계만이 교과서가 되게 하고 독서는 금한다. 다만 자연에 알맞은 생활을 배우게 하기 위하여 「로빈슨 크루소」만은 허용한다.

청년기(15~20세)는 덕육의 단계이다. 이 시기는 이성(異性)에 대해 눈을 뜨는 시기이므로, 남성과 여성의 역할 및 사회관계를 배우게 한다. 심성의 교육은 교훈에 의해서가 아니라 타인과의 접촉, 교사의 모범, 역사의 연구에 의하여 이루어지게 한다. 종교교육은 18세 이후에 한다. 이 시기의 교육의 주요 목적은 인생의 도덕적, 종교적, 사회적 기초를 마련해 주는 것이다.

루소의 교육사상은 지성보다는 감성을, 성인보다는 아동을, 사회보다는 개인을, 귀족보다는 일반대중을 중시했다. 그러나 무엇보다도 중요한 것은 현대의 진보적 교육의 기초가 된 그의 소극교육론이다. 루소의 교육사상은 이후 범애파(汎愛派)의 범애학교, 페스탈로치의 직관교수법, 듀이의 아동중심 교육 등에 큰 영향을 주었다.

3) 17~18세기 교육의 실제

17~18세기 동안 유럽은 과학과 철학에 있어서 놀라운 발달을 이룩했다. 교육사상도 베이컨, 로크, 코메니우스, 루소 등에 힘입어 크게 발달되었다. 그러나 교육의 실제는 매우 무기력했다. 소규모의 시골 학교는 물론 유럽의 이름 있는 대학들까지 거의 모든 교육기관이 침체의 늪에 빠졌다. 또한 이 기간 동안 종교와 도덕에는 생기 없는 형식주의가 성행했다. 이에 대한 반동으로 독일에서는 경건파, 프랑스에서는 얀센파, 영국에서는 청교도주의가 일어났으나 현실은 크게 달라지지 않았다.

독일은 30년 전쟁(1618~1648)으로 전 지역의 학교교육이 침체되었다. 그러나 1642년 고타(Gotha)의 영주인 에른스트(Ernst) 공이 신교의 교육이념에 따라 의무교육을 법으로 공포하여 근대적 보통교육의 선구를 이루었다. 그리고 프리드리히 빌헬름 1세(Friedrich Wilhelm Ⅰ)는 1713년과 1717년에 의무취학령을 발표하여 독일의 의무교육을 시작했다.

독일에서 공교육 제도가 본격화된 것은 1763년 프리드리히 2세(Friedrich Ⅱ)에 의해 공포된 <일반지방학사령>이다. 이것은 취학의 의무와 교사의 자격과 면허에 관해 자세히 규정했다. 그리고 1794년 프리드리히 빌헬름 2세에 의해 제정된 <일반지방법>에서는 당시의 보편적 관례였던 종파에 의한 학교의 통제를 금지하고 국가에 의한 교육의 통제를 규정했다.

독일의 실학주의 교육은 프랑케(H. Francke)와 슈페너(Spener)를 중심으로 한 경건주의 운동에 의한 학교에서 시작되었다. 이 학교에서는 코메니우스의 사상의 종교적 방면을 강조했다. 1692년 프랑케는 할레(Halle)에 대규모의 교육자선시설을 설립하였다. 여기서는 실제적 생활준비와 종교적 감화를 목적으로 하여 코메니우스의 사상을 실현하려 했다. 1694년에는 할레대학이 창설되었다. 할레대학은 종래의 대학의 편협성에 저항하여, 실과적 학과들을 개설했으며, 새로운 방법과 근대어로 가르쳤다. 실학주의의 정신을 가장 완전히 구체화한 것은 1747년 헥커(Hedcker)가 설립한 실과학교이다.

18세기 후반 독일에는 자연주의 교육운동이 일어났다. 루소의 교육사상에 영향을 받아 범애파가 형성되고 새로운 교육운동을 전개하였다. 범애파의 교육사상은 인류애(Philanthropia)의 실현, 즉 종교나 민족의 차별 없이 전인류를 사랑하여 그 행복을 증진시키는 것을 목표로 했다. 바제도우(J. B. Basedow)는 1776년 데소우(Dessau)에 범애학원을 창립하고 범애파의 교육이념에 따라 교사교육을 실시하였다. 또한 범애학원의 교사였던 잘츠만(C. G. Salzmann)은 슈네펜탈에 학교를 세워 범애파의 교육을 발전시켰다.

프랑스의 실학주의는 라블레와 몽떼뉴가 선구를 이루었고, 라 살레의 기독교 형제단에서 설립한 학교들을 통해 크게 전개되었다. 프랑스의 중등교육은 예수회가 장악하고 있었고, 대학은 전제왕권을 배경으로 하는 보수적 종교단체의 지배하에 있었다. 그리하여 자유정신이 많이 억압되었다. 예컨대, 프랑스에서는 몽테스큐의 ≪법의 정신≫이나 루소의 ≪에밀≫ 등 시대를 앞서가는 서적들을 연구하지 못하게 했다.

그러나 1762년에 프랑스의 중등교육을 장악하고 있던 예수회를 추방시키면서, 새로운 국민교육체제를 계획하기 시작하였다. 프랑스 혁명을 전후하여 디드로(Diderot), 꽁도르세(Condercet), 탈레랑(Talleyrand) 등 교육개혁자들이 공교육제도를 수립하기 위한 조직방안들을 제출하면서 국민교육 제도의 기초가 마련되었다. 프랑스 혁명 이후 나폴레옹이 집권하면서 1802년에서 1806년까지 수차례에 걸쳐 교육법을 제정하여, 이른바 나폴레옹 학제를 완비하였다.

영국에서는 비국교회의 중등교육기관인 아카데미에서 실과를 도입하여 실학주의와 관련된 교육을 실시했다. 1662년 비국교회파의 목사들이 추방되면서 비국교회의 목사나 신도들은 새로운 형의 학교를 형성해 갔다. 이 학교들은 새로운 실과를 많이 포함하는 폭 넓은 교육을 실시했는데, 고전적인 퍼블릭스쿨보다는 더 직접적으로 사회의 실무를 준비시켰다. 그러나 대학과 교회 및 국가는 여전히 구형의 학교를 전적으로 선호했다. 뉴튼이 교수로 있던 케임브리지 대학에서는 수학이나 자연과학에 중점을 두었지만, 대학들은 대체로 국왕과 교회의 세력에 억압되어 고전과 스콜라철학에 집착했다.

영국의 초등교육은 종교단체나 자선단체 또는 개인에 의한 사학에 의존했으며, 정부는 관여하지 않았다. 영국의 초등학교는 주로 국교의 후원을 얻어 1699년에 조직된 <기독교 지식보급협회>와 1701년에 조직된 <외국 복음 종교협회>에 의해 추진되었다. 이처럼 영국의 초등교육은 교육사업과 전도사업을 겸해서 실시되었다. 1780년 레이크스(R. Raikes)의 일요학교(Sunday School)와 오웬(R. Owen)의 유아학교(Infant School), 18세기 말엽 벨(A. Bell)과 랭카스터(J. Lancuster)의 조교학교(Monitorial System School) 등이 설립되어 초등교육기관이 대량으로 보급되었다.

정 리

요 약

1. 문예부흥기에 인문주의자들은 고대의 연구를 통해 중세적인 것들의 속박에서 벗어나 새로운 세계를 열어가고자 했다. 이에 따라, 고대 그리스와 로마의 언어와 문학은 교육의 중심된 내용이 되었다.
2. 16세기에 들어와 인문주의는 본래의 이념을 상실하고 편협한 형식주의에 빠지고 말았다. 키케로식의 라틴 문체를 모방하려는 경향으로 인해, 인격의 조화로운 발달을 추구한 한 자유교육의 정신을 제대로 살려내지 못했다.
3. 종교개혁은 유럽의 사회개혁 운동의 성격을 띠었다. 종교개혁으로 인해 사회체제는 물론 교육체제도 바뀌었다. 종교개혁자들은 국가에 의해 주도되는 의무교육체제를 도입하려 했으며, 교육의 역사에서 초등교육의 이념을 가장 분명히 드러내 주었다.
4. 예수회를 중심으로 구교의 교육개혁이 일어났다. 중등과 고등교육에 초점을 둔 예수회의 교육은 군대식 조직 운영과 체계적인 교원양성으로 큰 성공을 거두었다.
5. 자연과학이 발달하면서 실생활에 유능한 인물 양성과 실물에 의한 교육을 강조한 실학주의가 등장했다. 실학주의 교육은 인문적 실학주의, 사회적 실학주의, 감각적 실학주의로 발전해 갔다.
6. 코메니우스가 제창한 합자연의 교육원리는 루소의 자연주의 교육이론으로 발달되었다. 코메니우스의 자연주의가 자연의 법칙에 따르는 교육이라면, 루소의 자연주의는 인간의 자연스런 본성에 따르는 교육이라 할 수 있다. 루소의 소극적 교육론은 아동중심 교육의 이론적 토대를 제공했다.
7. 18세기에는 독일과 프랑스를 중심으로 공교육 체제가 등장하기 시작했다. 교회에 의한 학교 통제가 국가에 의한 학교 통제로 전환되기 시작한 것이다. 그러나 영국의 초등교육은 여전히 종교단체나 자선단체, 또는 개인에 의한 사학에 의존했다.

연구 및 토론문제

1. 인문주의와 인문학이 주도하는 교육은 그 전의 신학이 주도한 교육, 그 후의

과학이 주도하는 교육과 어떤 차이가 있나?

2. 문예부흥으로 새로운 시대를 연 인문주의가 교육의 내용과 방법에서 편협한 형식주의로 타락한 까닭은 무엇인가? 아울러 오늘날의 교육에서 극복해야 할 형식주의의 폐단은 무엇인가?
3. 실학주의 교육과 인문주의 교육은 목적, 내용, 방법 면에서 어떤 차이가 있나?
4. 효과적인 교육을 위해 인간의 감각기관을 충분히 활용하려는 감각적 실학주의가 교육의 역사에서 높이 평가되는 이유는 무엇인가?
5. 코메니우스의 범지주의는 모든 지식을 가르쳐야 한다는 생각이다. 정말로 이 세상에 존재하는 모든 지식을 학생들에게 가르쳐야 하는가? 우리는 코메니우스의 주장을 어떻게 이해해야 하는가?
6. 계몽주의에는 합리주의적 요소와 자연주의적 요소가 포함되어 있다. 이것들을 가려내 보자. 합리주의와 자연주의는 각각 교육에 어떤 영향을 미쳤나?
7. 루소가 주장한 '소극적 교육'은 아동이 주도하고 교사가 보조하는 형식이다. 이것은 교사가 주도하는 교육과 비교할 때 어떤 장점이 있는가? 단점은 무엇인가?

읽을거리

문지영 역(2003). 아동의 탄생(P. Aries). 서울, 새물결.

안인희(1997). 루소의 교육론 : 에밀. 서울, 서원.

연세대학교 교육철학연구회 편(2001). 위대한 교육사상가들Ⅱ. 서울, 교육과학사.

이원호 역(1984). 교육사 : 교육문제변천사(J. S. Brubacher). 서울, 문음사.

이홍우 외 역(1994). 서양교육사(W. Boyd). 서울, 교육과학사.

정확실 역(1998). 대교수학(J. A. Comenius). 서울, 교육과학사.

조종인 역(1994). 교육사개설(P. Monroe, 1928). 서울, 교육과학사.

제6장 19~20세기의 교육

개 관

시민혁명과 산업혁명으로 인해 세계는 빠르게 변해갔다. 근대화가 진행되면서 19세기에는 근대 시민사회와 국민국가가 확립되었다. 자본이 축적되고 자유가 확장되면서 인간 정신의 잠재적 요소들이 피어나기 시작했다. 그에 따라 자유주의, 민족주의, 사회주의 등 다양한 현대사상의 조류들이 형성되었다.

19세기의 교육사상은 신인문주의로 특징지을 수 있다. 신인문주의는 인간의 전인적 발달을 추구하는 교육사상이다. 신인문주의는 자연주의를 계승하여 인간의 제반 능력을 계발하려는 노력으로 나타나기도 했지만, 다른 한편으로는 국민국가의 성장과 연결되어 국가주의 교육사상으로 나타나기도 했다.

20세기는 자유민주주의와 자본주의가 발달했다. 과학기술도 눈부시게 발달했다. 두 차례의 세계대전을 겪으면서 국제 관계는 복잡하게 재편되었다. 삶의 영역이 복잡하게 분화됨에 따라 사상도 이전 시대와 비교할 수 없을 만큼 다양한 양상을 띠었다.

20세기의 교육은 민주주의 정신을 바탕으로 아동을 존중하는 방향으로 전개되었다. 교육기회는 확대되었고, 교육방법은 과학화되었으며, 교육조직은 체계화되었다. 그리고 새로운 교육을 모색하기 위한 다양한 교육실험들이 이루어졌다.

탐 색

· 국가가 교육을 관리하는 공교육체제가 정착되는 과정을 살펴보자.
· 19세기에 등장한 신인문주의는 이전의 인문주의와 무엇이 다른가?
· 국가주의 교육은 왜 등장했는가?
· 페스탈로치가 '교육의 성인(敎聖)'으로 추앙되는 이유는 무엇인가?
· 민주주의의 원리에 따르는 교육의 특징을 조사해 보자.

중심개념

신인문주의, 국가주의, 전인교육, 교육학, 유치원, 공교육 제도, 산업혁명, 빈민교육, 신교육운동, 진보주의, 노작교육, 민주주의

1. 19~20세기의 사회와 문화

18세기에서 19세기로 이어지는 유럽 사회는 지나간 어느 시대보다도 급격한 변화를 겪었다. 정치적으로는 미국의 독립과 프랑스 혁명을 계기로 자유민주주의의 발달을 가져왔다. 그러면서 다른 한편으로는 부국강병을 목적으로 하는 제국주의적 국가형태를 갖추게 됨으로써 자국의 영토 확장과 식민지 확보를 위해 여러 나라들이 서로 경쟁하게 되었다.

경제적으로는 산업혁명을 계기로 자본주의 경제체제가 형성되었으며, 전 세계를 하나의 경제 단위로 묶는 국제 무역망이 확충되었다. 그러면서 산업자본이 확립되고, 자본가와 노동자의 대립, 도시화 등의 사회적인 문제가 발생했다.

사회 · 문화적으로도 큰 변화가 일어났다. 종교의 권위가 축소된 데 반하여 세속적 세력이 크게 확대되었으며, 점차 귀족사회에서 시민사회로 전환되었다. 문학에서는 낭만주의 사조가 등장했다. 낭만주의 문예사조는 자연주의 교육사상과 함께 인간의 조화로운 발달을 추구하는 신인문주의 사상의 성립에 영향을 주었다.

19세기의 사상계에는 새로운 것들이 많이 등장했다. 전반적으로 신인문주의라 불리는 이 사조의 특징은 18세기의 계몽사상에 대립된 것이었다. 신인문주의는 고대의 문화를 부흥시킨 데에 추가로 몇 가지 새로운 요소를 첨가한 사상이다. 새로 추가된 요소는 국가의 본질과 기능에 대한 인식, 인류의 역사와 전통에 대한 인식, 사회의 유기적 특성에 대한 인식, 실증주의적 과학정신, 실리를 추구하는 경제관 등이다.

19세기 후반에는 다윈(C. Darwin)의 진화론과 마르크스(K. Marx)의 경제이론이 등장했다. 진화론은 제국주의의 이론적 토대가 되었고, 마르크스 이론은 사회주의 국가의 이념적 토대가 되었다. 이런 사상적 요소들은 근대국가의 교육에 큰 영향을 미쳤다.

20세기에 들어와 세계는 매우 복잡해졌다. 선진 자본주의 국가들이 경쟁적으로 해외진출에 나섰다. 이처럼 제국주의가 팽창하면서 열강들의 이해관계가 대립되고, 그 대립이 제1차 세계대전(1914~1918)을 유발시켰다. 세계대전 후 제정은 붕괴되고 자유 민주주의가 발달했으나, 자본주의가 내포한 모순과 관련해서 사회주의 국가가 출현하게 되었다. 1929년부터 세계가 경제공황을 겪게 되면서 독일, 이탈리아 등 후진 자본주의 국가들에서 전체주의 체제가 확립되었다.

제2차 세계대전(1939~1945)은 전체주의와 민주주의의 투쟁이라는 이데올로기적 성격이 강했다. 2차 대전은 자유 민주주의의 승리로 끝났으나, 소련을 중심으로 한 공산주의 세계가 크게 확대되면서 세계는 냉전의 긴장된 관계를 형성했다.

정치, 경제, 대외관계 등 사회적 상황이 달라짐에 따라 교육에도 큰 변화가 일어났다. 제국주의는 국제적 경쟁에 대처하기 위해 교육을 국민 통일의 방책으로 삼는 한편, 생산경쟁의 기본 수단으로 이용했다. 그리고 제1차 세계대전 이후 자본주의 국가들은 식민지 진출에 맞추어 중등교육을 개편하고, 식민지와 반식민지 국가들에서는 민족의 독립을 위한 교육을 지향했다. 제2차 세계대전 이후 자유 민주주의와 공산주의의 양대 진영이 대립되면서 각각 민주주의 이념과 공산주의 이념에 맞추어 교육의 방향을 잡았다.

그러나 20세기 말에는 소련이 해체되고 동구권 국가들이 독립하면서 국제관계는 크게 달라졌다. 사회 이념도 다양하게 분화되었다.

2. 신인문주의와 교육

1) 신인문주의의 특징

19세기의 교육사상은 두 줄기로 형성되었다. 하나는 신인문주의를 기초로 하는 심리학적 계발주의 교육사상이고, 다른 하나는 제국주의적 국가들의 출현과 관련하여 생겨난 국가주의 교육사상이다.

심리학적 계발주의의 기초가 된 신인문주의는 합리주의와 여러 면에서 대조된다. 합리주의가 주지적, 개인적, 반역사적인 색채가 강한데 반해, 신인문주의는 정의적, 국민적, 역사적인 색채가 강했다. 신인문주의는 고전문화의 형식적 모방에 그쳤던 구인문주의를 비판하고, 그리스의 고전 속에 담겨진 정신과 사상을 본받으려 했다. 고전의 정신은 지성과 정서와 의지가 조화롭게 발달된 인간을 지향한다. 신인문주의자들이 고전을 연구한 목적은 고전연구를 통해 당대의 문화적 향상을 기하는 데 있었다. 신인문주의는 개성을 존중하면서도 사회성과 역사성을 중시했으며, 국가주의와 공존할 수 있는 사상체계를 가지고 있었다.

심리학적 계발주의는 자연주의의 교육원리를 발전시킨 것이다. 심리학적 계발주의는 기본적으로 교육을 어떤 종류의 지식을 전달하는 인위적 과정으로 보지 않고, 인간성의 내면에 있는 제 능력을 계발하는 과정으로 본다. 그것은 아동의 발달과 교육의 과정에 대한 구체적인 연구를 통하여, 교육의 내부적 조건을 개선하는 이론을 발전시켰다. 그것은 교육이 기초해야 할 원리를 인간 정신의 활동과 발달에 관한 지식 속에서 찾으려 하였다. 관찰과 실험을 통해서 심리학적 제 원리를 과학적으로 설정하는 일은 19세기 중엽에 와서 이루어지기 시작했으며, 그 원리를 교육에 적용시키는 일은 더 나중에 이루어졌지만, 그런 교육의 기초를 마련하려는 노력은 이미 19세기 초기에 시작되었다. 무엇보다도 분명해진 것은 인간성에 관한 과학적인 해명이 가능하고, 올바른 교육관과 효과적인 교수법은 이런 연구의 성과에 기초해야 한다는 점이다.

심리학적 계발주의는 교수법과 교실의 분위기를 개선하고, 교사의 성격과 역할을 개선하고, 나아가 교육의 본질에 관한 보다 포괄적이고 진실한 개념을 보급하는 데 기여했다. 페스탈로치, 헤르바르트, 프뢰벨 등은 독자적인 교육이론을 가지고 실천에 옮긴 대표적 교육사상가들이다.

2) 페스탈로치의 교육사상

페스탈로치(J. H. Pestalozzi, 1746~1827)는 스위스의 취리히에서 태어났다. 그는 루소의 영향을 많이 받아 자연주의적 이상을 추구했다. 그의 탁월한 교육이론은 모두 그의 교육실천에서 나온 것이다. 그는 몸소 학교를 운영하고, 학생들을 가르치고, 주민들을 계몽하고, 교육이론을 구성했다. 그의 최초의 교육적 저작인 ≪육아일기≫는 자기의 자녀를 교육한 경험에서 나온 것이었다. 그는 지속적인 교육적 실험을 통해 ≪에밀≫에 기술되어 있는 교육의 장점과 단점을 고찰하고, 적극적인 조직과 수정을 가해 최선의 교육원리를 찾으려 했다.

페스탈로치는 노이호프(Neuhof)에서 황무지를 개척하여 농장을 경영했으나 실패하고, 그곳에 빈민학교를 설립(1774)하여 주위의 빈민 아동과 고아들을 가르쳤다. 그는 빈민들의 경제적 자립을 위해 이 학교에서 실업교과들을 가르쳤으나, 경영난으로 1780년 문을 닫고 말았다. 이후 약 18년 동안 페스탈로치는 저술 작업을 계속했는데, 대표적인 작품으로는, 자신의 교육적 이상을 담은 ≪은자(隱者)의 황혼≫(1780), 악의 추방과 가난의 근절을 주제로 한 농촌소설 ≪린하르트와 게르트루트≫(1781~1787, 전4권), 그리고 교육의 궁극적 목표를 도덕적 인간의 형성으로 제시한 ≪인류의 발전에 있어서 자연의 길에 관한 나의 탐구≫(1979) 등이 있다.

페스탈로치는 1798년 12월 슈탄츠(Stanz)에서 다시 교육 사업을 시작했다. 그는 당시 프랑스와 스위스 간의 전쟁에서 생긴 고아들을 맡아서 고아원을 운영했다. 80여명의 고아들로 시작한 이 고아원에서, 그는 도덕성을 찾아볼 수 없다고 여겨졌던 고아들도 사랑과 신뢰를 바탕으로 교육하면 도덕적으로 선한 인간이 될 수 있다는 것을 보여주었다. 그리고 제반 교육활동을 손작업과 결부시켜 아동의 직접적 흥미를 자아내는 새로운 방법을 실험하였다. 그러나 6개월 후 이 고아원은 프랑스군의 야전병원으로 사용되면서 폐쇄되었다. 그는 이 고아원에서 한 활동을 편지 형식으로 기록하여 ≪슈탄츠 통신≫(1799)으로 출판했다.

1799년 7월 페스탈로치는 부르크도르프(Burgdorf)로 옮겨 서민들을 위한 제2소학교의 보조교사가 되었다. 이곳에서 그는 가정생활을 교육의 중요한 출발점으로 하는 독자적인 교수법을 전개했으나, 그의 교육방법을 이해하지 못하는 동료교사와 학교장과 마찰을 일으켜 그 학교를 그만두었다. 그는 1801년 그곳의 고성(古城)에 사립학교를 세우고 약 4년간 성공적으로 운영했다. 이 학교에서 그는 아동의 자유를 보장하면서 학습동기와 자발성을 유도하는 교육방법을 사용했다. 이 학교는 성공적으로 운영되고 있었지만 당시의 정치적인 동요로 오래 지속되지 못했다. 그곳에서 그는 자신의 가장 체계적인 저작 ≪게르투르트의 자녀교육법≫(1801)을 출판했다. 이 책은 직관교수법을 중심으로 아동교육법을 서술한 중요한 서적이다. 이어서 ≪직관의 ABC≫(1803) 등 다수의 책이 출간되었다.

이후 페스탈로치는 이페르텐(Iferten)으로 옮겨 그의 마지막 가장 긴 교육실험에 들어갔다. 1805년에 시작된 이페르텐의 학교는 크게 번창하여 유럽의 중심적인 학교가 되었다. 유럽 각지에서 그의 학교를 참관하고 교수법을 배우려는 학자와 교육자들이 몰려왔다. 페스탈로치는 이 학교에서 다소의 갈등과 내분을 겪으면서 20년 간 헌신적으로 노력하였다. 그는 1825년 다시 노이호프로 돌아와 그의 자서전격인 ≪백조의 노래≫(1826)를 저술하고 1827년 사망하였다.

> "정신적, 도덕적, 시민적으로 나락에 빠진 유럽을 구제하는 교육은 인간성 지향 교육, 인간의 전인적 도야 외에는 없다."(Pestalozzi, 1815 / 김정환 1995 : 51 재인용)

페스탈로치는 교육의 목적을 인간의 타고난 본성을 개발하고 도야하는 데 두었다. 그는 인간 본성의 선함과 발전 가능성을 믿었고, 모든 인간이 평등하다는 신념을 대전제로 하여 교육하였다. 그는 특정 신분이나 직업을 가진 인간을 만들기 보다는 인간성을 충분히 실현시키는 것을 목표로 하였다. 그는 인간의 지능력, 심정력, 기능력을 조화롭게 도야하고자 하는 전인교육관을 가지고 있었다.

페스탈로치는 인간성 안에 동물적(자연적), 사회적, 도덕적 상태의 세 단층을 설정한다. 그에 따르면, 자연적 상태의 인간은 동물과 근본적으로 다르지 않다. 거칠고 야수적이기는 하지만 선한 충동도 가지고 있다. 삶에는 이 두 가지 본능의 작용이 불가결한데, 이것들이 올바른 관계에 놓일 때, 즉 슬기로운 자연 질서에 놓일 때 선(善)이 된다.

사회적 상태의 인간은 이기심으로 자극된 폭력적 행위를 법으로 규제하는 상태를 말한다. 협약에 의한 사회적 행위는, 그것이 아무리 최대다수의 최대행복을 위한 것일지라도, 그것만으로는 인간의 내면적 욕구를 충족시켜 주는 도덕적인 것이 될 수 없다.

도덕적 상태의 인간은 교육이 목표로 하는 이상적인 인간이다. 도덕의 본질은, 그것이 철두철미하게 개인의 내면세계에서 솟구치는 영혼의 갈구를 충족시키기 위해, 사회적인 상태의 타락에서 벗어나는 데 있다. 이것은 하나의 새로운 탄생이며, 독자적인 결단에 의한 개인적 행위이다. 결국 참된 교육은 각자의 개성적 결단에 의해 자신의 인격을 완성적으로 도야하고, 새로운 가치와 규범을 모색함으로써, 도덕적 상태의 인간이 되게 하는 것이다.

페스탈로치의 교육방법은 '합자연의 원리'로 특징지어진다. 이것은 인간의 본성을 발전시키는 방법은 자연의 필연적인 법칙을 따라야 한다는 것이다. 교육은 식물의 성장과정에서 보듯이 안에서 밖으로, 단순한 것에서 복잡한 것으로, 가까운 곳에서 먼 곳으로 진행되어야 한다. 그리고 동물의 생활에서 보듯이 욕구의 충족에서 사랑의 발현으로, 이기적 본능에서 사회성으로, 수동성에서 자발성으로 이끄는 것이어야 한다.

페스탈로치의 교육방법의 원리를 정리하면 다음과 같다(김정환, 1995 : 18-21).

(1) 자기창조의 원리

교육이란 인간의 내재적 소질을 스스로가 발전시킬 수 있게 돕는 일이다. 여기에는 필연적으로 자율성, 자발성, 흥미, 욕구의 충족이 따라야 한다. 교사는 이런 활동을 조성하는 사람으로서, 화초를 가꾸는 정원사로 비유된다.

(2) 교도의 원리

교육이란 하나의 확고한 목표를 향하여 걷게 하는 일이다. 여기에는 아동이 동경하는 이상적 인물로서의 목적, 이곳에 이르게 하는 교도와 조성으로서의 과정, 그리고 그곳을 향하여 걷는 아동 자신의 의지적인 노력이 필요하다. 이 셋이 가장 자연스럽게 존재하는 곳이 '안방'이다. 안방에는 의(목표)를 대표하는 아버지, 사랑과 조성(과정)을 대표하는 어머니, 자발적 활동(의지)을 대표하는 아이가 가장 자연스럽고 조화롭게 존재하기 때문이다.

(3) 도야의 원리

이것은 좋은 점은 서로 배우고 나쁜 점은 서로 시정하며, 서로가 힘을 모아 하나의 문제를 풀어가며, 협동정신을 함양하는 것이다. 여기서 특히 강조되는 이념은 상호협조와 연마를 통한 사회연대감과 상호의존감의 육성을 통한 공동운명체 의식의 각성이다.

(4) 기초 도야의 원리

이것은 기초과목은 가정교육의 단계에서부터 철저하게 다져야 한다는 것을 말한다. 이런 과목으로는 논리적 사고력을 훈련시키는 산수, 공간적 감각을 도야시키는 도형기하학, 그리고 모든 문화의 터전이며 한 민족의 전통과 사상이 압축되어 있는 국어 등이 있다.

(5) 내면적 직관의 원리

이것은 감각적 경험과 이성적 사유를 잘 조화시키는 것이다. 아동에게 어떤 개념을 이해시키고자 할 때, 먼저 사물의 감각적 인상을 풍부하게 제공한다. 이것은 외면적 직관의 단계이다. 그리고 이어서 사물의 비본질적인 것은 버리고 본질적인 것만 자신의 사고과정을 통해 재구성하고 인식하도록 한다. 이것이 내면적 직관의 단계이다.

(6) 세 힘의 조화·균형의 원리

인간은 선천적으로 세 가지 기본적인 능력의 싹을 가지고 있다. 그것은 도덕적=윤리적, 지능적=정신적, 신체적=기능적 능력의 싹이다. 교육은 이 세 능력을 조화롭게 발전시키는 삼육을 통한 전인적 발달을 의미한다.

(7) 개인과 사회 협동의 원리

각 개인이 인간으로 다듬어져야 사회가 서고, 사회는 이런 개인의 창의적 활동과 참여를 통해서만 혁신된다. 개인과 사회는 통제와 복종의 관계가 아니라 마치 두 전극처럼 상호작용 관계에 있어야 한다. 교육은 사회혁신의 강한 수단이기는 하지만, 인간은 자기목적적인 존엄한 존재이므로 어떤 것의 수단이 되어서는 안 된다.

(8) 친근성의 원리

교육은 가장 가까운 생활권에서 비롯하여 점차로 확대되어야 한다. 가정에서는 안정된 정서를 도야하고, 학교에서는 각자의 능력과 형편에 맞는 직업 선택과 사회참여의 길을 훈련하고, 사회에서는 동포애, 협동심 및 시민적 의무감을 도야해야 한다.

3) 헤르바르트의 교육사상

헤르바르트(J. F. Herbart, 1776~1841)는 독일의 올덴부르크(Oldenburg)에서 태어났다. 18세에 예나(Jena) 대학에 들어가 피히테의 영향을 받으며 수학했고, 1797년 스위스로 가서 2년간 가정교사 생활을 했다. 이 기간 중에 페스탈로치의 부르크도르프 학교를 방문하여 그로부터 많은 영향을 받았다. 그는 1802년에 괴팅겐(Göttingen) 대학의 강사가 되었다. 이 시기에 그는 ≪페스탈로치의 직관의 ABC이념≫(1804), ≪일반교육학≫(1806), ≪실천철학≫(1808) 등을 저술했다.

헤르바르트는 1809년에 칸트(I. Kant)의 후임으로 쾨니히스베르크(Königsberg) 대학의 교수가 되어, 24년간 철학, 심리학, 교육학을 강의했다. 그는 대학에 교육학과를 창설하여 교육학 연구를 본격적으로 할 수 있는 터전을 마련했으며, 교사 훈련과 교수법의 실험을 위한 실습학교(Versuchsschule)를 설치하여 부속학교의 효시를 이루었다. 1833년 괴팅겐 대학으로 돌아와 교육학 강의에 전념하다가 1841년에 사망했다. 그곳에서 ≪일반교육학≫을 전면 개정하고 보완한 ≪교육학 강의요강≫(1835)을 출간했다.

헤르바르트는 교육학을 과학적 체계를 갖춘 하나의 학문으로 발전시키려 했다. 그는 실천철학(윤리학)과 심리학의 두 학문을 기초로 하여, 교육학을 하나의 독립된 과학으로 체계화시켰다. 그는 ≪교육학 강의요강≫ 서문에서 "과학으로서의 교육학은 실천철학과 심리학에 의한다. 전자는 도야의 목적을, 후자는 진로와 방법을 가르친다."고 했다. 그는 교육의 목적으로 도덕적 품성의 도야를 중시하고, 방법으로는 표상심리학을 기초로 하여 아동에게 확실한 관념을 형성시키려 했다.

헤르바르트는 교육의 목적을 도덕성의 함양에 두었다. 그에 따르면, 교육은 도덕적 이상을 의식적으로 추구하는 인간을 육성하는 것이다. 선은 쾌락이나 행복 속에 있는 것이 아니라, 의지와의 관련 속에 내재해 있는 것이다. 도덕적인 성격의 소유자는 도덕의 이념을 체득하고 도덕적 의지를 결정하기 위한 동기 형성이 가능한 사람이다.

헤르바르트는 도덕적 품성을 다음의 다섯 가지 기본 이념이 서로 결합되어 실현되는 성질이라고 보았다.

① **내면적 자유의 이념** : 이것은 자신의 통찰에 의해 최선이라고 판단되는 것을 내면적 의지에 의해 실천으로 옮기려는 것이다.

② **완전성의 이념** : 이것은 의지의 완전성, 즉 강인하고 충실하고 조화를 이루려는 것이다.

③ **호의(好意)의 이념** : 이것은 자신의 의지로 타인을 돕고 그를 행복하게 하려는 것이다.

④ **정의의 이념** : 이것은 서로 양보하고 상호 의견을 존중함으로써, 상이한 두 의지의 충돌을 피하려는 것이다.

⑤ **보상 또는 공정성의 이념** : 이것은 의지에 따른 행동에 대하여 언제나 정당한 대가를 치르게 하려는 것이다.

헤르바르트는 위의 이념들은 의지를 결정하는 관념의 체계들이므로 의식적인 교수에 의해서 가르칠 수 있다고 보았다. 그는 도덕적인 인간을 길러내기 위해 무엇보다도 명료한 도덕적 판단을 중시했다. 이처럼 도덕적 판단을 중시했기 때문에, 그의 교육이론은 주지주의적이라는 비판을 받기도 한다.

헤르바르트의 교육방법은 표상심리학을 기초로 한다. 헤르바르트에 따르면, 인간의 마음은 출생 시에는 백지상태로서 신경계통을 통해서 외계와 관계한다. 이런 관계를 통해서 마음에 감각적 지식의 원천인 표상이 부여되고, 이 표상에서 전체의 마음이 발전한다. 이들 표상의 상호작용은 개괄작용을 통해서 개념을 만들고, 같은 상호작용 과정을 통해서 판단과 추리가 이루어진다. 교육의 임무는 자연과의 접촉 및 사회적 교제를 통해 표상을 일으키고,

이것을 기초로 해서 이념과 행위에로의 동기에 의해 사고권(思考圈)을 완성시키는 것이다.

> "교육, 특히 사고권을 형성하는 일로서의 교육은 인간의 사고 영역에 관하여 다방면에서 훈련을 받고, 또한 그 사고 영역 안에서 무엇이 더 고귀하고 무엇이 더 심오하며, 무엇이 더 쉽고 무엇이 더 어려운지를 가장 적절하게 판단할 수 있는 사람의 손에 맡겨야 한다."(Herbart, 1806 / 이환기 1995 : 135 재인용)

헤르바르트는 이 표상심리학을 기초로 하여 관리, 교수, 훈육의 세 가지 교육방법을 제시했다. 이것들은 개념상 분리되기는 하지만 실제로는 상호보완적으로 이루어진다.

(1) 관리

관리는 아동의 자연적이고 맹목적인 충동과 난폭한 행동을 통제하여 일정한 질서를 유지하는 교육방법이다. 이것은 교육받을 수 있는 조건을 형성하는 것이다. 이 단계는 아동의 자율적 의지를 도야하는 것이 아니라 교사의 통찰에 따라 아동의 의지가 형성되어진다. 관리의 방법에는 아동에게 작업을 시키거나 위협과 벌, 감시(명령과 금지), 권위와 사랑 등의 외적인 수단을 통해 아동의 욕구와 충동을 억제하는 것 등이 있다. 관리는 학습 분위기를 엄숙하게 하고 일방적으로 지도하는 데는 효과적일 수 있지만, 전체적으로 교육적이라고는 말하기 어렵다.

(2) 교수

교수(또는 수업)는 교육의 목적을 달성하기 위한 최선의 방법이다. 교수는 사고권을 형성하고 확장하여, 감정과 의지를 일으키고, 그것에 따라 도덕적 품성을 형성하는 교육방법이다. 교수는 단순히 지식과 정보를 제공하는 것이 아니라 인간의 강한 도덕적 품성을 형성하는 것이다. 교육적인 교수는 지식과 기능의 전달에만 그치지 않고 의지를 도야하여 도덕적 품성을 형성해 주는 것이다. 이를 위하여 우선적으로 할 일은 아동의 흥미를 일깨워 주어야 한다.

흥미는 기존의 구 관념이 신 관념을 분류하고 확장해 나갈 때 일어나는, 일종의 쾌감에 수반되는 심적 작용이다. 헤르바르트에 따르면, 흥미는 경험과 인식에 관련된 흥미와, 사회적 참여와 교제에 관련된 흥미가 있다. 또한 이 두 영역의 흥미로부터 파생된 여섯 가지의 흥미가 있어서, 이것들을 다면적 흥미라 부른다. 인식에 관련된 흥미에는 경험이나 관찰로부터 오는 경험적 흥미, 사물의 원인을 고찰하는 데서 오는 사변적 흥미, 미추선악정사(美醜善惡正邪)를 판단하고 평가하는 데서 오는 심미적 흥미가 있다. 그리고 교제에 관련된 흥미에는 가정의 고락(苦樂)에서 오는 동정적 흥미, 가정을 넘어 사회와 국가의 행복과 불행에서 오는 사회적 흥미, 신에 대한 관심에서 오는 종교적 흥미가 있다.

헤르바르트는 흥미가 발생하기 위한 조건으로 전심(專心)과 치사(致思, 또는 熟考)를 들었다. 전심은 개개의 대상에 집중하여 그것의 개념을 명확히 파악하는 심적 상태이다. 치사는 전심에 의해 얻어진 개별적 표상을 올바른 관계로 결합하여 통일하는 작용이다. 헤르바르트는 전심과 치사를 더 분류하여 이들 각각을 정지적인 것과 진동적인 것으로 나누었다. 정지적 전심에서는 대상에 몰입함으로써 개념을 명료하게 획득하는 명료화(Klarheit)가 이루어진다. 진동적 전심에서는 하나의 전심에서 다른 전심으로 옮겨 감으로써 기존의 표상과 새로운 표상이 결합하여 표상 간에 연합(Assoziation)이 이루어진다. 정지적 치사에서는 연합된 표상이 숙고를 통해 일정한 체계(System)를 이룬다. 진동적 치사에서는 정지적 치사에서 얻은 지식 내용의 체계를 실제 생활 속에 적용하는 방법(Methode)이 터득된다. 이런 명료화-연합-체계-방법의 네 단계가 그의 교수단계설이다.

헤르바르트의 형식적 교수단계설은 칠러(F. Ziller), 라인(W. Rein) 등 그의 제자들에 의해 더욱 발전되었다. 특히 라인은 예비, 제시, 비교, 종합, 응용의 5단계로 제시했다. 이 5단계 교수법은 각국에 소개되었으며, 교수법의 발달에 큰 영향을 미쳤다.

(3) 훈육

훈육은 직접적으로 도덕성을 도야하는, 교육의 마지막 단계이다. 관리는 교육받을 수 있는 조건을 마련해 주는 단계이고, 교수는 교재라는 매개체를 통해 도덕적인 품성을 도야하는 것이고, 훈육은 매개체 없이 아동에게 직접적으로 작용하여 아동의 심정에 영향을 줌으로써 도덕성을 도야하는 방법이다. 훈육의 방법으로는 명령, 상벌, 교훈, 모범 등이 있다. 이 중 교사의 모범이 가장 중요하다. 훈육은 연속적 만남의 과정을 통해 이루어지기 때문에, 지속적이고 완만하게 아동에게 영향을 준다.

4) 프뢰벨의 교육사상

프뢰벨(F. W. A. Fröbel, 1782~1852)은 독일 튀링겐(Thüringen) 지방의 오버바이스바하(Oberweissbach)에서 태어났다. 1799년 예나(Jena) 대학에 입학하여 2년간 수학하고 중퇴했다. 1805년 프랑크푸르트로 가서 우연한 기회에 페스탈로치의 제자인 그루너(G. A. Gruner)를 알게 되어 학교 교사가 되었다. 그 후 이페르텐에 있는 페스탈로치를 2주간 방문하여, 그의 교육관에 큰 감명을 받고 2년간 교직생활에 전념했다. 1807년 학교를 사직하고 가정교사 생활을 하다가, 1808년 다시 페스탈로치를 찾아가 2년간 머물면서 페스탈로치의 교육적 신념과 교수방법론을 배웠다. 이후 대학에 들어가 학업을 다시 시작했으나 프러시아와 프랑스 전쟁으로 종군하게 되어 학업을 중단

했다.

프뢰벨은 1816년 조카 3명과 다른 아이 5명을 데리고 그리스하임(Griesheim)에 일반 독일 교육학교를 창설하여 교육활동을 시작했다. 다음해에는 이 학교를 카일하우(Keilhau)의 소농장으로 옮겨 교사(校舍)와 학생을 늘렸다. 이 학교는 1825년 학생수 50명을 넘는 호황을 누렸으나 정부의 탄압으로 1829년에는 크게 쇠퇴했다. 이 시기에 그는 자신의 대표적인 저작인 ≪인간교육≫(1826)을 출간했다.

그는 1830년 스위스에서 학교를 운영하다가 1836년 독일로 돌아와 블랑켄부르크(Blankenburg)에서 자신의 교육이념에 의한 최초의 유아학교를 시작했다. 이 학교에서는 장난감을 이용한 놀이 교육의 방법을 사용했다. 1939년에는 장난감 중심의 유아교육에 대한 강습회를 열고, 놀이와 작업을 위한 학원을 개설했다. 다음해에 이 학원의 이름을, '어린이의 정원'을 의미하는 킨더가르텐(Kindergarten)이라 했다. 이것이 유치원의 기원이다.

프뢰벨은 유아교육의 적임자는 여성이라는 생각을 가지고, 보모양성기관을 설립하기 위한 모금운동을 벌였다. 1840년에는 일반 독일 유치원을 창설했으며, 이후에도 계속 유치원의 보급을 위해 힘썼다. 1844년에는 ≪어머니의 노래와 사랑의 노래≫를 출간했다. 그러나 1851년에는 그의 유치원이 무신론적이고 사회주의적이라는 이유로 정부로부터 전면 금지되었다. 이것은 그의 조카 칼 프뢰벨(Carl Fröbel)이 급진적 사회주의자였기 때문에 받았던 오해의 결과였다. 이 금지령은 그가 사망한 후인 1860년에 가서야 해제되었다.

프뢰벨의 사상은 범신론(Pantheism)의 세계관에 기초하고 있다. 이것은 신비주의와 독일 관념론의 영향을 받아서 형성된 것으로 볼 수 있다. 그는 또한 페스탈로치의 교육사상에서 많은 영향을 받았다. 그가 제시한 교육원리에는 관념론의 요소는 물론 페스탈로치적인 요소도 상당히 가미되어 있다. 그의 교육원리는 크게 통일의 원리, 자기활동의 원리, 노작의 원리, 놀이의 원리 등으로 정리할 수 있다(안인희 편, 1991 : 353-361).

(1) 통일의 원리

프뢰벨의 범신론적 세계관에 따르면, 만물 가운데는 영원한 법칙이 있어서, 이것이 만물에 작용하고 만물을 지배한다. 그리고 이 법칙의 밑바탕에는 만물의 통일자인 신이 있다. 이 신은 만물의 유일한 근원으로서 만물 중에 존재하고, 만물을 발생시키며, 만물을 지배한다. 만물은 신의 작용으로 조화와 통일을 이루고 있다. 프뢰벨은 만물의 본질을 신성으로 보고 만물의 사명은 단지 그의 본질인 자기 내부의 신성을 표현하는 것이라고 주장했다.

프뢰벨은 교육의 목적을 인간이 가지고 있는 신적인 본질을 신과의 통일에 이르기까지 발전시키는 것으로 보았다. 교육은 만물 중에서 신적인 것을 가장 많이 가지고 있는 인간을 자극하고 지도하여, 자신이 가지고 있는 내적인 법칙, 즉 신적인 것을 의식하게 하는 것이다. 그리하여 스스로의 결단에 의해 그 신적인 것을 밖으로 순수하고 완전하게 표현할 수 있는 방법과 수단을 제공해 주는 일이다. 프뢰벨은 여러 교과의 통일과 유기적 관련이 교육과정 구성의 기본이라고 생각했다.

(2) 자기활동의 원리

프뢰벨은 아동의 자기활동을 창조적인 것으로 보고 이를 육성하려 했다. 아동의 자기활동은 루소와 페스탈로치에 의해 크게 강조된 바 있지만, 이것은 프뢰벨에 와서 유아교육의 기본 원리로 발달했다. 프뢰벨의 신관에 의하면, 만물을 창조한 신성의 본질은 활동이고 창조며 노동이다. 이런 신성을 자신의 본성으로 하고 있는 인간은 태어나면서부터 여러 종류의 활동을 하게 된다. 아동의 모든 활동은 창조적인 것으로 볼 수 있으며, 그것은 동시에 자기 속에 있는 신적인 것의 표현이다.

교육의 과제는 아동의 자기표현을 도와주는 것이다. 교육은 아동의 내면에 있는 신성을 발현(發顯)시키는 일이다. 그것은 아동의 창조적 자기활동을 통해 이루어진다. 아동은 자기활동에 의해 자기 자신의 본성을 실현하고, 객관적 자연 세계를 인식하고, 자신과 자연을 통일・조화시키게 된다. 프뢰벨은 아동의 자기활동과 발전을 돕기 위해 좋은 환경을 제공하려고 노력했다. 그가 유치원을 창립하고 아동의 놀이와 작업을 위한 도구를 제작한 것도 이런 노력의 결과다.

(3) 노작(勞作)의 원리

프뢰벨은 페스탈로치의 노작교육 사상을 계승하고 발전시켰다. 프뢰벨은 인간의 생산적인 활동을 인간의 본질에 관련된 것으로 보고, 아동 발달의 기본 원리로 삼았다. 그는 아동의 모든 단순한 생산 활동을 노작(Arbeit)으로 보았다. 그에 따르면, 인간의 사명은 행동을 통하여 신성을 표현하는 것이다. 신성을 간직하고 있는 인간은 노동을 함으로써 자신의 내적 본질을 구체적으로 표현하게 된다. 그에게 있어서 노작의 원리는 인간 생명의 원리이며 생명의 발전을 위한 교육원리이다.

노작교육은 예로부터 직업의 준비 과정으로 인식되어 왔다. 그러나 페스탈로치에 이르러 노작은 직업의 준비가 아니라 직관과 독자적인 관련을 맺고 있는 인간 형성의 원리로 이해되었다. 프뢰벨은 이것을 더욱 발전시켜 노작을 그 자체의 목적으로 보았다. 즉 노작을 인간의 본질인 신성을 표현하는 것으로 보았다.

(4) 놀이의 원리

프뢰벨은 교육의 방법으로 은물(恩物, Gabe)을 이용한 놀이의 원리를 활용하였다. 은물은 부모나 하나님이 주는 은혜의 선물이라는 뜻으로, 단순한 놀이기구가 아니라 철학적 의미가 담긴 교육용 장난감이다. 어린이는 대자연과 우주의 복잡하고 어려운 진리를 파악할 수 없으므로, 그들에게 알맞은 형태의 교육적 경험을 제공하기 위해 고안해 낸 것이 바로 이 은물이다. 프뢰벨에 의하면, 인간 내면의 창조적 자기 활동을 중시하는 교육은 놀이를 중심으로 하는 교육이어야 한다. 아이들의 흥미의 대상이 바로 놀이이기 때문이다. 놀이는 실제로 아이들의 생활이다.

프뢰벨은 놀이의 교육적 가치를 실현하기 위해 이상적인 놀이기구들을 고안해냈다. 은물이라 불린 이 놀이기구들은 아동의 창조력을 길러주고, 자연의 법칙을 일깨우고, 신의 능력과 자기 자신을 알게 되는, 완전한 발달을 돕기 위한 것이다. 프뢰벨이 고안한 은물은 20여 종류로 나뉘어져 있는데, 모든 은물들은 우주와 신성에 관련된 상징적 의미를 지닌다. 작업은 주로 점토, 나무, 두꺼운 종이를 가지고 무엇을 만들거나 접기, 오리기 등을 통해 평면과 선과 각을 경험하게 했다.

> "놀이란 아이들이 자기의 내적 세계를 스스로 표현하는 것, 자기의 내적 본질의 필요와 요구에 의해서 내적 세계를 외부 세계에 표현하는 것이다. 놀이는 아동기의 가장 순수한 정신적 산물이며 인간생활 전체의 모범이다…… 모든 선의 원천은 놀이 속에 있고 놀이로부터 나온다."(Fröbel, 인간교육)

3. 국가주의 교육과 공교육 제도

1) 국가주의 교육관

국가주의 사상은 국가의 보존과 번영을 가장 중요시하는 사상이다. 국가는 그 구성원의 이익과 복리를 증진시키고 외부의 침해로부터 보호하는 사회조직이라 할 수 있다. 국가주의의 이념에서 보면, 교육은 국가의 목표와 전통을 위하여 국민을 단결시키고, 경제적 독립과 부를 증진시키며, 외부의 침입에 대항하도록 국민을 준비시키는 데 기여해야 한다. 국가주의 교육사상가들은 국가의 목적을 수행하는 데 있어서 교육이 매우 중요한 역할을 한다고 믿었다. 국가주의 사상은 국가가 교육을 관리하고 지원하는 공교육 제도와 의무교육 제도를 성립시키는 데 가장 큰 영향을 준 사상이다.

국가주의적 교육이 구체적으로 실현되고 완성된 것은 19세기지만, 국가주의적 교육이념은 역사적으로 여러 차례 표출된 적이 있었다. 고대 스파르타가 군국주의 체제를 갖추었고, 플라톤의 ≪국가론≫에서도 국가주의적 구상이 나타났다. 중세기 카알 대제의 교육에 관한 법규들(787~802년)과 종교개혁자들의 초등교육에 관한 주장에도 공교육의 이념이 담겨 있었다.

19세기에 국가주의 사상이 본격적으로 등장하게 된 배경으로는 무엇보다도 제국주의적 국가들의 출현과 자본주의적 경제체제의 형성을 들 수 있다. 19세기는 인구가 증가하고 국가 간의 경쟁이 심화된 시기이다. 각국은 새로운 영토의 확장과 식민지 개척에 열을 올렸다. 또한 근대 과학과 상공업이 발달함으로써, 새로운 원료의 공급과 상품의 교환을 위한 경제적 경쟁이 가속화되었다. 각국은 이에 대비하는 자위책을 강구해야 했다. 이런 상황에서 각국은 국민들의 결속과 국력의 신장을 위해 국가주의 교육을 도입하게 되었다.

교육은 계몽주의 시기를 지나면서 교회의 권위로부터 벗어나 크게 세속화되어 갔다. 그러면서 시민교육, 체육교육, 실업교육이 강화되었고, 자국의 역사와 지리는 물론 모국어가 강조되었다. 국가주의 사상이 무르익으면서 교육을 국가에서 통제하는 공교육, 의무교육, 일반교육이 강조되었다.

2) 피히테의 교육사상

피히테(J. G. Fichte, 1762~1814)는 독일 작센(Sachsen)주의 오버라우시쯔(Oberlausitz)에서 태어났다. 18세에 예나(Jena)대학에 들어가 신학을 공부하면서 철학에 흥미를 갖게 되었다. 1794년에 예나대학의 교수가 되어 지식학을 강의했다. 보불전쟁(1806~8)에서 독일이 위기를 맞게 되자 1807년부터 다음 해까지 14회에 걸친 공개강연회를 열어 민심을 진작시켰다.

≪독일 국민에게 고함≫이라는 제목으로 이루어진 이 강연은 베를린에서 프랑스군의 감시 하에 독일 국민에게 조국애를 호소했으며, 독일의 부흥을 위해 국가주의 교육을 주창했다. 1810년 훔볼트(K.W. von Humbolt), 슐라이에르마허(F. D. E. Schleiermacher) 등과 같이 베를린 대학을 창설하여 초대 총장이 되었다.

피히테의 교육사상은 보불전쟁을 중심으로 하여 초기와 후기에 차이가 있다. 초기에는 개인적인 자아실현과 보편적인 인류문화의 완성을 추구했지만, 독일이 위기에 처한 다음부터는 보편적인 인류문화보다는 국민(Nation)을 강조했다.

그의 사상은 인간의 본질적 특성에 대한 인식에서 시작한다. 그가 보기에, 인간은 본래 이성적, 자기 활동적, 자기 목적적인 존재다. 인간은 또한 사회 안에서 상호작용하면서 살아가는 사회적 존재다. 교육의 목적은 인간성을 고양하고, 인류문화를 완성하는 것이다. 교육의 과제는 협동적인 상호작용을 매개로 하여 도덕적 문화적 생명의 자기형성을 성취하는 것이다. 이러한 인류교육의 이념은 후기에 와서 국민교육의 이념으로 바뀌었다.

그는 국민교육을 주창하면서, 이것을 옛 교육과 대비하여 새로운 교육이라 칭했다. 옛 교육이 소수의 특권층에만 한정된 귀족교육이었던 데에 반해, 새로운 교육은 전 국민을 대상으로 하는 국민교육이다. 그것은 특수한 계층의 교육도 아니고 평민의 교육도 아닌, 국민 전체를 대상으로 하는 교육이다. 그것은 국민 전체가 자기를 전체의 한 부분으로 느끼고, 전체 속에 존재하는 사물의 신적인 질서를 인식하며, 그 인식을 행동과 일치시키도록 하는 교육이다. 피히테는 국민교육을 독일 국민을 구제하는 유일한 수단으로 인식했다.

3) 공교육 제도의 성립

공교육 제도는 서양 사회에서 19세기 후반에 근대적인 학교제도로 다져졌다. 근대적 공교육 제도가 성립된 역사적 배경으로는 산업혁명, 국가주의,

민주주의의 세 요인을 지적할 수 있다. 산업혁명 이후 자본주의 경제는 학교교육을 받은 노동자를 요구했다. 국가주의는 애국심과 민족적 단결을 위해 전 국민들 대상으로 하는 의무교육을 요구했다. 민주주의는 선거에 의한 국민의 정치참여를 기초로 하기 때문에, 국민교육을 통한 국민의 의식수준의 향상을 요구했다. 영국에서는 산업혁명의 영향이, 독일에서는 국가주의의 영향이, 프랑스에서는 국가주의와 민주주의의 영향이, 미국에서는 민주주의와 산업혁명의 영향이 특히 컸다고 볼 수 있다.

서양에서 근대적 학교제도가 발전하는 과정에는 몇 가지 중요한 특징이 있다. 첫째는 학교제도가 복선형(Dual System)으로 발전했다. 중세 말기부터 서양의 학교제도는 초등학교와 중등학교가 별개의 계통으로 성립되었다. 초등학교는 농민, 공업인, 빈민 등 민중의 자녀가 취학했고, 고등교육기관과 그 예비학교들은 자본가, 전문직 등 상층계급의 자녀만 입학할 수 있었다. 이런 학교제도의 계급적 분열은 19세기 말경부터 문제가 되기 시작하여, 제1차 세계대전 이후부터 통일학교운동이 유럽의 교육개혁안으로 등장했다. 그러나 중세적 전통이 없는 미국은 평등주의에 입각한 단선형 학교제도를 성립시켰다.

둘째는 교육이 세속적 국가에 의하여 운영되었다. 유럽의 학교들은 오랫동안 교회와 밀접한 관련을 맺고 발전되어 왔다. 그러나 19세기 후반에 들어와 국가주의가 널리 확산되면서 각국의 학교제도는 국가의 권력에 의해 통제되었다.

셋째 중등학교의 성격에 대한 논쟁이 심화되었다. 전통적으로 대학의 예비학교의 성격을 띤 인문중학교들은 특권계급적 학교로서, 고전을 중심으로 교육과정이 짜여 있었다. 그런데 산업혁명 이후 자본주의 경제체제가 성립되고 산업기술과 과학적 지식이 요구되면서, 새로운 과학을 중심으로 교육과정을 짤 필요가 생겼다. 영국에서는 스펜서(H. Spencer)와 헉슬리(T. Huxley)가 실업교과를 주장하고 아놀드(M. Arnold)가 인문교과를 주장하여, 교육과정에 대한 논쟁이 심각했다. 독일에서도 이와 비슷한 논쟁이 있었으며, 전통적인 김나지움에 대하여 새로운 실과학교가 생겨났다.

공교육 제도를 일찍 발달시킨 나라들은 독일, 프랑스, 미국 등이다. 독일에서는 이미 종교개혁자 루터(M. Luther)가 공교육을 주장한 바 있으며, 1642년 고타(Gotha) 공국에서 실시된 적이 있었다. 독일에서 공교육 제도가 본격화된 것은 1763년 프리드리히 2세(Friedrich Ⅱ)에 의해 공포된 <일반지방학사령>이다. 이것은 취학의 의무와 교사의 자격과 면허에 관해 자세히 규정했다. 이 법령은 5세부터 14세까지 아동의 취학의무를 규정했다. 그러나 여전히 비싼 수업료를 내야했고, 학교 감독은 교회관계자의 손에 위탁되어 있는 등 해결되지 않은 문제들이 있었다. 1794년 프리드리히 빌헬름 2세(Friedrich Wilhelm Ⅱ)에 의해 제정된 <일반지방법>에서는 당시의 보편적 관례였던 종파에 의한 학교의 통제를 금지하고 국가에 의한 교육의 통제를 규정했다.

나폴레옹 전쟁, 즉 보불전쟁 이후 독일은 국민교육의 분위기가 무르익었으며, 1848년 3월혁명을 계기로 노동자계급과 교사집단의 교육개선 요구가 활발히 제기되었다. 그러나 보수적 국가권력은 1850년 흠정헌법을 제정하여 시민계급의 요구를 부분적으로만 수용했다. 1854년 교육부장관 라우머(K. V. Raumer)에 의해 발표된 <3조례>는 진보적 페스탈로치주의 교육운동을 억압함으로써 민중교육을 오히려 후퇴시켰다. 1871년 비스마르크(O. von Bismark)는 독일제국을 창건하여 <학교감독법>과 <일반제규정>을 공포했다. <학교감독법>은 학교에서 교회의 세력을 일소하고 학교를 국가의 감독 하에 두기 위한 것이다. <일반제규정>은 라우머의 3조례를 폐지하고, 학교제도와 교육과정 및 교원인사에 관해 훨씬 근대적으로 규정했다. 1906년에는 14세까지의 학령아동의 약 93%가 취학했다.

프랑스에서는 프랑스의 중등교육을 장악하고 있던 예수회(Jesuits)를 1762년에 추방시키면서, 새로운 국민교육 체제를 계획하기 시작했다. 1789년 프랑스 혁명을 전후하여 교육개혁자들의 공교육 제도를 수립하기 위한 조직안들이 제출되면서 국민교육 제도의 기초가 마련되었다. 혁명기에 국민의회에 제기된 교육안들이 심의되는 과정에서 학교교육에 대한 3대원리가 확립되었다. 그것은 의무제, 무상제, 비종교성의 원리이다. 이 원리는 1880년대에 가서야 교육제도로 어느 정도 확립되었다.

나폴레옹이 중앙집권적 교육행정 제도를 확립한 이후, 프랑스의 공교육 제도는 별로 발전하지 못했다. 그러나 1830년 7월혁명으로 왕위에 오른 루이 필립(Louis Philippe)은 부르조아 보호정책을 취하면서도 교육면에서는 초등교육에 열의를 보였다. 1833년 기소(Guizot)의 보고에 근거한 <기소법>을 제정하면서, 초등교육기관을 국가적인 조직으로 관리하여, 각 읍면으로 확대했다. 프랑스에서 공교육 제도를 확립하기 위한 노력은 1870년 제3공화국이 탄생하면서 적극적으로 이루어졌다. 1881년에는 무상교육 제도를 확립하고, 1882년에는 초등교육을 의무제로 하였다. 그리고 교과목에서 '종교'가 삭제되고, 그 대신 '도덕 및 공민과'가 개설되었다. 이로써 의무, 무상, 비종교성의 3대원리에 입각한 근대 공교육 제도가 성립되었다.

미국에서는 1642년 메사추세츠주에서 의무교육을 법으로 규정하여 근대적 교육제도의 선구를 이루었다. 메사추세츠주는 영국에서 종교적 박해를 피해 건너온 청교도들이 칼빈파의 교리에 입각하여 개척한 곳이다. 1642년과 1647년의 메사추세츠 교육령은 공립, 의무, 무상의 보통교육을 규정하여 공교육 제도의 선구를 이루었다. 그러나 그것은 강한 종교적 의도에 의해 추진되었기 때문에, 교육은 종교의 지배와 규제를 받지 않을 수 없었다.

미국은 7년에 걸친 독립운동 끝에 1776년 영국의 식민지로부터 독립했다. 독립 초기에는 교육제도의 정비가 순조롭지 않았지만, 지도자들의 교육에 관한 관심은 끊이지 않았다. 1791년 개헌 때 교육을 각 주에서 통제하도록 규정했으나, 주교육제도가 처음 성립된 것은 1812년 뉴욕주에서다. 그리고 1834년 펜실베니아주에서 <무상학교법>을 통과시킨 것이 공립 무상학교의 선구가 되었다. 그러나 미국에서 의무교육 제도가 시작된 것은 1852년 메사추세츠주에서였다. 1890년경에는 남부의 몇 개 주를 제외한 28개 주가 의무교육 제도를 설립했다.

4. 산업혁명과 빈민교육

산업혁명은 1770년부터 1830년대에 이르기까지 영국에서 일어나 프랑스와 독일 등 유럽 여러 나라로 확산되었다. 산업혁명은 섬유산업과 철공업 등 각 산업부문에 생산력을 증대시켜, 여러 가지 사회적 변화를 가져왔다. 산업혁명은 점진적으로 진행되었으나, 경제생활 뿐 아니라 사회구조 전반에 걸쳐, 19세기 사회정세에 가장 큰 변혁을 초래했다. 중세적인 촌락사회는 완전히 붕괴되고, 공업도시가 생겨났으며, 인구증가와 도시의 인구집중 현상이 나타났다. 산업자본가들은 의회에 진출할 수 있게 되었고, 자유주의 경제원칙이 수립되었다.

그러나 산업혁명은 여러 가지 사회문제를 일으켰다. 사회는 생산수단을 소유한 자본가 계급과 그들에게 노동력을 제공하는 노동자 계급으로 구분되었다. 자본가들이 경쟁적으로 이윤을 증대시키는 가운데 독점, 경제공황, 실업이라는 새로운 경제현상이 나타났다. 따라서 노사의 대립과 같은 노동문제가 새로운 사회문제로 등장했다. 자본가들은 급속한 생산력의 향상과 시장의 확대, 자본의 축적 등을 이룬 반면, 노동자들은 노예적인 과중한 노동에 시달리며, 저임금과 실업으로 비참한 생활을 해야 했다.

공장에서 저임금 노동자를 대량으로 고용하면서, 학령기에 해당하는 아동이 공장에서 일하게 되고, 성인 노동자들은 실업이나 저임금으로 시달리는 상황이 초래되었다. 노동자들의 상황은 일가족이 모두 공장에 나가 일해야 생계를 유지할 수 있는 정도로까지 악화되었다. 노동자 가정의 교육적 기능은 거의 상실되었고, 노동자 계급의 자녀들은 심각한 무지와 도덕적 타락에 빠지게 되었다.

1) 빈민교육운동

산업혁명기의 영국의 지배적인 사상은 스미스(A. Smith)의 ≪국부론≫에 나타난 자유주의 경제이론이었다. 산업자본가는 이 이론을 악용하여 노동자를 보호하기 위한 입법에 반대하였다. 이런 자유방임주의의 조류에 항거하여 1802년 <도제의 건강 및 도덕에 관한 법률>이 제정되었다. 이 법은 세계 최초의 공장법이다. 이 법은 교육에 관한 내용을 포함하고 있어서, 민중의 아동을 대상으로 하는 영국의 입법 중 최초의 것이다. 이 법은 공장의 노동환경과 노동시간, 도제 아동의 교육시간과 내용 등을 규정했다. 이후 몇 차례에 걸쳐 제정된 공장법은 계속 근로아동의 교육에 관한 내용을 포함하였다.

영국에서 근대적 공교육 제도의 기초가 마련된 것은 1870년에 제정된 <초등교육법>에 의해서이다. 산업혁명 이후 영국의 빈민교육은 교회나 유지들이 중심이 되어 실시했다. 그 대표적인 학교로는 일요학교, 조교학교, 유아학교 등이 있다.

(1) 일요학교

이 학교는 1780년 레이크스(R. Raikes)가 그로스터 시에 설립한 것이 최초이다. 이 학교는 공장지대에 있는 빈민가의 불량 청소년을 대상으로 하였다. 일요일마다 성서와 종교교육, 도덕적 훈육, 읽기, 쓰기, 셈하기의 기초를 가르쳤다. 이 학교의 목적은 청소년의 불량화를 막기 위한 것이며, 수업료 없이 일요일에만 교육하였다. 이 학교는 여러 도시로 확대되었으며, 1785년에는 초종파적인 일요학교협회가 결성되었다. 이 학교는 1870년 <초등교육법>으로 영국에 공교육 제도가 성립될 때까지 가장 널리 보급되었던 서민아동의 교육기관이다. 1833년의 통계에는 학교수가 16,828개교, 아동수는 150만 명을 넘었다.

(2) 조교학교

이 학교는 빈민가정의 자녀를 대상으로 하여 무료로 수업한 학교이다. 이 학교는 17세기 말에 생겨난 자선학교(Charity School)가 산업혁명을 맞아 그 성격이 변화되면서 생긴 학교이다. 이 학교는 조교법(Monitorial System)이라 불리는 새로운 교수법을 사용했다. 조교법은 적은 경비와 소수의 교사로써 다수의 학생을 가르치기 위한 방법이다. 이 방법은 다수의 학생집단을 책임 맡고 있는 교사가 먼저 상급학년의 학생을 가르치고, 그들로 하여금 10명 정도의 학생들을 맡아 가르치게 하는 방식이다. 이것은 벨(A. Bell)과 랑카스터(J. Lancaster)에 의해 각각 개발되었다. 벨은 1797년에, 그리고 랑카스터는 1803년에 이 교수법을 기술한 책을 출간했다. 랑카스터는 1798년 사우스 워크(South Work)에 빈민학교를 설립하여 조교법을 적용하였다. 그 후 국왕의 하사금으로 이 학교가 전국에 보급되었고, 1808년에는 <왕립 랑카스터 협회>가 발족되었다. 벨도 빈민학교를 세워 자신의 조교법을 활용하였다. 조교법은 이후 미국과 캐나다까지 널리 보급되었다.

(3) 유아학교

이 학교는 1816년 오웬(R. Owen)에 의해 스코틀랜드의 뉴 라나크(New Lanark)에 처음 설치되었다. 이 학교는 어린 유아를 대상으로 좋은 습관을 길러줌과 동시에, 그들을 신체적 위험으로부터 보호해 주는 것을 목적으로 한다. 이 학교는 노동자의 유아들을 보호하기 위한 탁아시설과 교육기능을 겸한 것이다. 이 유아학교는 윌더스핀(S. Wilderspin), 스토우(D. Stow) 등의 노력에 의해 점차 보급되어 갔다. 1824년에는 유아학교의 보급을 위하여 〈유아학교협회〉가 결성되었다. 1836년에는 유아학교 교사를 양성하기 위한 〈본국 및 식민지 유아학교협회〉가 결성되고, 이 협회에 의해 교원양성소가 설치되었다. 1836년 당시 영국에는 이 학교가 270개교였으며, 27,000명의 유아가 취학하고 있었다.

2) 오웬의 교육사상

오웬(R. Owen, 1771~1858)은 북 웨일즈의 뉴타운에서 출생하여 초등학교를 졸업한 후 상점의 점원으로 들어갔다. 1800년에는 뉴 라나크 방직공장의 총지배인으로 있으면서, 이 공장의 노동조건의 개선과 노동자 및 그 자녀들의 교육을 위해 전력을 기울였다.

오웬은 1816년에 뉴 라나크에 성격형성학원을 개설했다. 이 학원의 목적은 가난한 노동자 계급의 자녀들에게 보다 놓은 환경을 제공하고, 그들이 합리적으로 사고하고 행동하도록 훈련하는 것이다. 그는 또한 이 학원은 유아교육, 초등교육, 성인 및 청년교육의 기관을 가지고 있었다. 그 중에서 유아학교가 특히 유명하다. 이 유아학교는 프뢰벨의 유치원(1840)보다 24년이나 앞선 것이다.

오웬은 1825년 미국으로 건너가 협동촌인 뉴 하모니(New Harmony)를 건설했다. 이것은 사회주의 사회를 건설하기 위한 실험이었다. 그러나 그의 협동촌은 주민들의 분열과 편견으로 실패하고 말았다. 그는 결국 전 재산을 잃고 1826년 영국으로 돌아왔다. 1829년부터 1834년까지 그는 신흥 무산계급 운동에 투신했다. 그는 특히 비종파적인 교육과 협동사회주의 운동에 헌신했다. 그는 1834년 영국의 최초의 노동운동인 대노동조합(Grand National Union)을 결성하는 데 결정적인 역할을 했다. 그 후 영국 노동운동의 주류가 의회정치의 민주화를 추진하는 차티스트 운동(Chartist Movement)으로 옮겨지자, 오웬은 저작과 강연으로 여생을 보냈다.

오웬은 교육을 사회개혁의 중요한 수단으로 보았다. 그는 산업혁명으로 인해 부패한 사회를 이상적인 사회로 개혁하려 했다. 그가 추구한 이상적인 사회는 협동주의 사회이다. 그는 이상적인 사회를 건설하기 위해서는 교육이 가장 강력한 도구가 될 수 있다고 생각했다.

그는 교육 환경의 중요성을 강조했다. 그는 로크의 백지설을 수용하여,

인간의 성격은 환경과 조건에 따라 다르게 형성된다고 믿었다. 그의 성격형성학원과 그 부속학교인 유아학교는 빈민계급의 아동을 좋은 환경에서 생활하도록 함으로써, 그들의 건전한 성격 형성을 돕고자 한 것이다.

오웬은 노동자 계급의 자녀들의 교육에 지대한 관심을 기울였다. 그는 생산노동과 교육을 이상적으로 연계시키고자 했다. 아울러 교육의 기회가 박탈된 노동자 계급의 자녀들에게 정상적인 교육의 기회를 부여하고자 했다.

5. 교육의 민주화

19세기 후반에서 20세기 초에 걸쳐 약 30년 동안 신교육 운동이 일어났다. 이것은 루소 이래 강조되어 온 아동의 자발성을 존중하는 인간교육의 이념에 맞추어, 교육을 근대화하고 민주화하려는 세계적인 규모의 교육개혁 운동이다. 당시 유럽의 여러 국가들은 공교육 제도를 확립하고 교육의 기회균등을 기하는 등 근대적 교육체제로 전환했지만, 교육의 내용과 방법에서는 구교육의 형태를 크게 벗어나지 못했었다. 신교육 운동은 교육의 내용과 방법에서도 근대화를 이룩하려는 시도였다.

신교육 운동의 중심은 학습자인 아동의 경험과 생활을 중시하는 교육이다. 그것은 민주적인 교육이념을 기반으로 하며, 민주적인 시민사회에 상응하는 자유인의 계발을 목표로 하였다. 그것은 고전과 언어중심의 교육내용에서 벗어나 실제적인 내용으로 중심으로 하고, 권위적인 교육방법에서 벗어나 아동이 자발적으로 학습활동을 하도록 했다. 신교육 운동은 전반적으로 학교체제와 교육과정을 개혁하였다.

신교육 운동으로 처음 등장한 학교는 영국의 전원학사(Country Home School)이다. 전원학사는 전인교육의 이념 아래 전통적인 중등학교의 교육을 개혁하고자 한 것이다. 최초의 전원학사는 1889년 영국의 레디(C. Reddie)가 애버츠호움(Abbotsholme)에 설립한 기숙사 학교이다. 이 학교는 근대적인 자연과학과 실업교과를 많이 포함하고, 교육방법에서 학생의 자발적인 활동과 작업을 중시하여, 새교육 운동의 선구가 되었다. 또한 기숙사에서는 사랑과 신뢰를 바탕으로 협동생활과 자치활동을 익히게 하는 등 도덕교육의 장소로 활용되었다.

신교육이 세계의 주목을 끌게 된 것은 프랑스의 드몰랑(J. E. Demolins)이 전원학사를 깊이 연구하고 귀국하여 ≪신교육≫(1898)이란 책자를 발간하면서부터이다. 드몰랑은 파리 근교에 롯슈학교(École des Roches)를 창설하고 신교육을 실시하였다. 그리고 독일의 리이츠(H. Lietz)는 1898년 일젠부르크에 전원학교를 설립하여 독일의 신교육을 주도하였다. 비네켄(G. Wyneken)은 1906년 청년들을 대상으로 한 자유학교공동체를 설립하여, 학교 내의 모든 생활양식과 기숙사 규정 등을 청년학생들이 스스로 결정하게 하였다.

신교육이 아동의 자유로운 활동을 존중하면서 구체적으로 사용한 방법은 주로 노작(勞作)이었다. 노작교육사상은 페스탈로치, 프뢰벨 등의 업적에 힘입은 바 크지만, 독일에서는 케르쉔슈타이너(G. Kerschensteiner)가 크게 성공시켰다. 케르쉔슈타이너는 학교에서 공작적 노작을 가르치는 것은 수공적 훈련을 통해 직업을 준비하기 위한 것이 아니라, 신체기관의 일반적 형성과 올바른 노동정신을 함양하기 위한 것이라고 하였다. 이후 노작교육은 가우디히(H. Gaudig)에 의해 더욱 발전되었다.

이탈리아에서는 정신과 여의사 몬테소리(M. Montessori)가 감각교육의 원리를 확립하였다. 이것은 아동의 본성을 과학적으로 올바르게 인식하여, 아동의 내적 활동력을 발견하고 그것을 계발하는 데 초점을 둔 것이다. 몬테소리의 교육방법은 아동의 자기표현을 위한 자유의 원리, 아동에게 영향을 주는 생활환경을 개선하기 위한 환경정비의 원리, 아동의 계통적인 교육을 위한 감각훈련의 원리에 기초해 있다. 그녀는 1907년 로마에 유아학교인 '아동의 집'을 설립하여 자신의 교육방법을 실험하였다. 몬테소리 교육법은 미국, 영국, 프랑스, 네델란드 등에 급속히 보급되었다.

미국의 신교육은 뉴욕주 오스웨고의 교육장 쉘돈(E. A. Sheldon)이 주도한 오스웨고운동(Oswego Movement)에서 시도되었다. 그는 페스탈로치의 교육사상에 의한 교원양성을 시도하였다. 오스웨고의 사범학교의 페스탈로치 교수법은 1860~70년대에 미국 전역에 보급되었다. 파아커(F. W. Parker)는 프뢰벨의 교육사상에 기초하여 퀸시이운동(Quincy Movement)을 일으켰다. 그는 1875년 메사추세츠주의 퀸시이 교육장이 되어, 프뢰벨의 교육법을 학교 교육에 적용하는 운동을 벌였다.

미국에서 신교육을 본격화시킨 이는 듀이(J. Dewey)이다. 듀이는 1896년 실험학교를 시카고대학의 부설로 설립하여, 아동중심 교육을 실시하였다. 이 실험학교에서는 아동을 억압하는 모든 요소를 제거하고, 전통적인 교과에 의한 학습활동은 거의 하지 않았다. 아동은 경험중심 교육과정에 의해 '행함으로써 배우는' 기회를 가졌다. 그의 ≪민주주의와 교육≫(1916)은 그의 경험중심 교육사상을 체계적으로 보여주는 교육학의 명저이다. 1920년대에는 진보주의(Progressivism) 교육사조가 등장하여, 아동중심 교육을 적극적으로 추진하였다.

6. 교육연구의 과학화

교육연구의 과학화는 루소 이후 심리학적 계발주의를 통해 꾸준히 추진되어 왔다. 페스탈로치는 아동의 특성에 관한 사실적인 지식에 기초하여 교육방법의 원리를 구성하고자 했다. 헤르바르트는 심리학의 도움을 받아 교육방법을 개발하려 했으며, 그 후 헤르바르트학파는 교육현상의 과학적 연구에 심리학적 방법을 적용시켰다.

심리학이 과학적 틀을 갖춘 것은 1879년 분트(W. Wundt)의 실험심리학에서 비롯된다. 실험심리학은 실험적인 방법을 통해 인간의 행동과 정신현상을 연구하는 심리학을 말한다. 분트의 실험심리학은 실험을 통하여 인간과 교육을 연구하려는 사람들에게 큰 영향을 주었다. 분트에게서 수학한 홀(S. Hall)은 1880년 아동심리에 관한 실험실을 만들어 통계적, 실험적 심리학의 방법에 따라 아동을 연구했다. 그는 보스톤 지역의 학교를 대상으로 취학기 아동의 심리를 연구하여 아동에 관한 연구에 불을 붙였다. 그리고 갈톤(Galton)의 유전에 관한 연구와 비네(Binet)의 지능에 관한 연구도 교육에 크게 이바지 했다.

교육의 심리학적 연구에 결정적으로 공헌한 사람은 손다이크(E.L. Thorndike)이다. 그는 인간의 심리적 특성에 관한 연구에 통계적 방법을 도입하여 실험적 연구를 실시하였다. 그리하여 교육 측정, 지능검사법, 학교조사 등의 방법들이 확립되었다. 그의 학습이론인 시행착오설은 과학적 교육방법을 발달시키는 데 크게 기여하였다.

교육에 관한 과학적 연구는 사회학의 연구도 도입하게 되었다. 실증주의자 콩트(A. Comte)에 의해 현대 사회학이 창시된 다음부터, 교육현상에 대한 사회학적인 연구가 이루어졌다. 뒤르껭(E. Durkheim)은 사변적 교육학을 반대하고 교육을 경험과학의 영역으로 끌어들여 교육과학을 발전시키는 데 기여했다. 또한 그는 당시 개인적, 심리학적 견지에서만 교육을 보던 것을 사회학적인 시각으로 교육을 볼 수 있도록 시야를 넓히는 데 기여했다. 그는 교육을 하나의 사회적 사실로 보았으며, 사회의 존속을 위한 조건을 영구히 재생하는 수단으로 보았다. 사회학의 연구방법과 사회학적 지식이 교육에 활용됨으로 해서, 교육의 사회적 기능과 사회의 교육적 기능이 과학적으로 설명되기에 이르렀다.

정 리

요 약

1. 19세기에는 신인문주의 교육사상이 등장했다. 신인문주의는 18세기 합리주의와는 달리 정의적이고 국민적인 색채가 강하다. 신인문주의는 고대 그리스의 정신을 되살려, 지정의가 조화롭게 발달된 인간을 추구했다.
2. 신인문주의의 한 줄기는 자연주의 교육원리를 발전시킨 심리학적 계발주의로 나타났다. 계발주의에서는 교육을 인간의 내면에 있는 능력들을 계발하는 과정으로 간주한다. 페스탈로치, 헤르바르트, 프뢰벨 등은 이 계열에서 독자적인 교육이론을 개발하고 실천에 옮긴 대표적인 인물들이다.
3. 신인문주의의 다른 줄기는 국가주의 교육사상으로 나타났다. 국가주의에서는 교육을 국가의 보존과 번영이라는 목적을 수행하기 위한 중요한 장치로 간주한다. 국가주의로 인해 공교육제도, 의무교육제도, 일반교육제도가 성립하게 되었다.
4. 산업혁명으로 인해 자본가들은 자본을 축적했으나 노동자들은 빈곤으로 시달렸다. 영국에서는 일요학교, 조교학교, 유아학교 등 노동자의 자녀를 위한 빈민교육이 확산되었다.
5. 19세기 후반에서 20세기 초에 걸쳐 신교육 운동이 일어났다. 신교육 운동은 아동의 자발성을 존중하는 교육이념에 따라, 교육을 근대화하고 민주화하려는 교육개혁 운동이다. 이 운동은 영국의 전원학사에서 시작하여, 독일을 중심으로 한 노작교육, 이탈리아의 몬테소리 교육법, 미국의 진보주의 교육운동 등으로 크게 확산되었다.
6. 교육연구에는 심리학과 사회학의 연구방법들이 도입되면서 점차 과학화되었다. 손다이크의 인간 연구에 대한 통계적 방법, 콩트와 뒤르켕의 실증주의적 사회 연구가 교육 연구에 활용되면서, 교육학은 사회과학의 한 분야로 자리잡게 되었다.

연구 및 토론문제

1. 페스탈로치의 전인교육 사상은 최근 한국의 교육에 어떤 시사를 주는가?

2. 시대별로 18세기는 계몽주의로, 19세기는 신인문주의로 특징지을 수 있다. 20세기의 대표적인 교육사상은 무엇이라고 보아야 하는가?
3. 헤르바르트의 교수이론이 교육의 발전에 끼친 공헌과 부작용에 대해 조사해 보자.
4. 국가주의 교육사상이 교육의 역사에 끼친 공헌과 문제점에 대해 조사해 보자.
5. 노작교육 사상의 흐름에 대해 조사해 보자.
6. '노동자를 위한 교육'과 '자본가를 위한 교육'이 별도로 있어야 하는가? 사회의 양극화현상과 교육은 어떤 관련이 있는가?
7. 유아가 교육적 관심의 대상이 된 것은 19세기 후반에 들어와서이다. 프뢰벨과 몬테소리를 중심으로 유아교육 사상이 어떻게 전개되었는지 조사해 보자.
8. 교육은 왜 민주화되어야 하는가? 교육의 민주화를 위한 과제들을 점검해 보자. 교육의 어느 부분에 비민주적 요소가 남아 있는가?

읽을거리

곽노의(1996). 프뢰벨 : 생애와 교육. 서울, 양서원.
김정환 외 역(1990). 세계교육사. 서울, 풀빛.
김정환(1995). 페스탈로찌의 교육철학. 서울, 고려대학교출판부.
문지영 역(2003). 아동의 탄생(P. Aries). 서울, 새물결.
안인희 편(1991). 교육고전의 이해. 서울, 이화여자대학교 출판부.
연세대학교 교육철학연구회 편(1999, 2000). 위대한 교육사상가들Ⅲ,Ⅳ. 서울, 교육과학사.
이홍우 외 역(1994). 서양교육사(W. Boyd). 서울, 교육과학사.
이환기(1995). 헤르바르트의 교육사상. 서울, 교육과학사.
임상희 역(1985). 교육사상사 : 생활 노동 교육. 서울, 백산서당.
정영근 외 역(2002). 서양교육사(A. Reble). 서울, 문음사.
조종인 역(1994). 교육사개설(P. Monroe, 1928). 서울, 교육과학사.

제 3 부

교육철학

제7장 교육과 사상

개 관

의미 있는 일들에는 많은 생각들이 배어있다. 교육과 같이 광범하고 유서 깊고 중요한 일에는 더욱 많은 생각들이 배어있다. 조직된 생각, 즉 사상은 인간관, 가치관, 세계관, 교육관 같은 것들을 포함한다. 잘 다듬어진 사상은 내적으로 통일된 구조를 가지고 있다. 그것들은 대개 무슨 '주의' (-ism)라는 이름을 가지고 있다.

모든 교육은 특정 사상의 영향권 안에 있다. 교육의 주체와 대상을 누구로 보는지, 교육의 목적과 방법이 어떠해야 하는지, 교육의 결과를 어떤 잣대로 평가할 것인지는 대개 교육에 관한 사상의 성격에 따라 다르게 정리된다.

전통적인 사상들은 형이상학적인 기반에 따라 관념론, 실재론, 프래그머티즘으로 구분할 수 있다. 이 사상들은 세계와 인간과 가치에 관해 각기 다른 신념을 가지고 있기 때문에, 교육을 보는 눈도 다르다.

현대의 사상들은 무수히 분화되어 그 종류를 다 적시하기 어렵다. 한국의 교육에 큰 영향을 미친 교육사상으로 미국의 4대 교육사상을 들 수 있다. 그리고 교육세계의 외부에서 형성되어 교육세계에 큰 파장을 일으킨 사상들로 실존주의, 분석철학, 비판이론, 포스트모더니즘 같은 것을 들 수 있다.

탐 색

· 전통적으로 어떤 사상이 교육에 큰 영향을 미쳐왔는가?
· 이 시대의 교육에 가장 큰 영향을 미치고 있는 사상은 무엇인가?
· 미래의 교육을 이끌어 갈 사상을 어떻게 만들어낼 수 있을까?
· 나의 교육관은 기존의 주요 사상들 중 어느 것과 가장 가까운가?

중심개념

형이상학, 실재론, 관념론, 프래그머티즘, 실재, 진리, 진보주의, 본질주의, 항존주의, 재건주의, 실존주의, 분석철학, 비판이론, 포스트모더니즘, 신좌파, 절대성, 상대성, 주체성

1. 전통사상과 교육

전통 사상들은 제각기 독특한 형이상학적 토대 위에 구성되었다. 형이상학은 실재의 궁극적 본질에 관해 탐구하는 사변적 철학으로서, 가장 오랜 역사를 가진 철학의 한 분야이다. 형이상학의 질문은 예컨대, 궁극적인 실재는 무엇인가? 우주의 목적은 무엇인가? 인간의 본성은 선한가? 등과 같은 것들이다. 형이상학이 다루는 개념들은 실재, 자아, 정신 등과 같이 그 의미를 포착하기 어려운 초경험적인 것들이다.

초경험적인 세계에 대한 사변으로 구성되는 형이상학은 과학적 지식과 성격이 매우 다르다. 형이상학의 진술들은 경험적으로나 논리적으로 검증될 수 없는 특성이 있다. 그렇기 때문에, 형이상학은 과학이 발전하면서 진부한 것으로 여겨지기도 했다.

그러나 교육의 의미나 목적에 대한 많은 진술들은 사람들의 세계관, 가치관, 인생관 같은 것을 암묵적으로 반영하고 있다. 교육에 관한 갖가지 진술들의 이면에 숨어있는 의미를 해석해 내기 위해서는, 그 진술들의 형이상학적인 토대를 들춰 보아야 한다.

전통 사상의 줄기를 그 형이상학적 기반에 따라 분류하면 관념론(idealism), 실재론(realism), 프래그머티즘(pragmatism) 등으로 나눌 수 있다.

> 인간의 모든 사고와 학문의 기저에는 모종의 형이상학적 신념이 자리잡고 있다. 사람들이 가지고 있는 인생관, 가치관 등과 같은 신념들은 넓게 보아 형이상학의 일종이다. 전문적인 과학자들이 가지고 있는 인과율(因果律)에 대한 신념도 일종의 형이상학이다. 과학자들은 사물의 인과관계를 밝힘으로써 어떤 법칙을 정립하려 하지만, 인과관계가 과학적 법칙의 기초가 된다는 신념 자체는 일종의 형이상학적 신념이다.

1) 관념론과 교육

(1) 관념론

관념론에서는 모든 사물의 본질을 비물질적인 관념이나 정신이라고 믿는다. 관념론자들은 우리가 감각적으로 경험하는 건물이나 나무나 산들의 존재를 부정하지는 않지만, 그런 것들은 궁극적 실재가 아니라 궁극적 실재의 표현이라고 본다. 그들은 우주를 형성하는 궁극적 실재는 비물질적 정신이며, 인간의 참된 실재도 육체가 아니라 영혼이라고 믿는다.

관념론에 의하면, 실재의 세계와 현상의 세계는 다르다. 실재의 세계는 규칙적이고 질서 정연하며 불변하나, 현상의 세계는 일관성 없이 늘 변화하며 무질서하다. 또한 개인은 대우주의 축소인 소우주로서, 보편적 존재인 우주의 한 부분을 이룬다. 개인의 정신은 타인의 정신과 관계를 맺으면서 대우주의 보편적인 정신과 교류될 수 있다.

관념론에서는 인식의 과정을 이미 개인의 마음에 가지고 있던 것을 회상시키거나 재생시키는 일로 본다. 플라톤의 ≪메논≫은 인식의 과정이 곧 자신의 마음속에 있던 것을 '회상'(recollection)해 내는 과정임을 잘 예시해 주고 있다. 참된 지식은 이성의 능력으로써 사물의 물질적인 형태를 넘어 순수한 정신적 형상을 분별하는 것이다. 헤겔은 지식이 타당성을 갖기 위해서는 체계를 형성해야 한다고 생각했다. 그에 따르면, 궁극적 실재는 합리적이고 체계적이므로 실재에 대한 우리의 지식도 역시 체계적인 한에서만 진리일 수 있다. 우리의 지식 체계가 포괄적일수록, 그리고 우리의 관념들이 일관성을 가질수록 그것은 진리에 가깝다. 이러한 관념론의 진리설을 정합설(整合說, coherence theory)이라 한다.

> 대표적인 관념론자들 : 플라톤(Plato), 데카르트(R. Descartes), 버클리(G. Berkeley), 칸트(I. Kant), 헤겔(G. W. Hegel)

(2) 관념론의 교육사상

관념론자들은 인간성 안에 있는 가장 좋은 것, 그 사회의 가장 귀중한 것, 세계의 가장 아름다운 것을 교육에 적극 반영해야 한다고 주장한다(김정환, 1982 : 95). 관념론에 따르면, 교육은 사회의 한 기능으로서 자연적, 정신적 생활의 필요에 의해 존재한다. 그래서 학교는 문화 속에서 가장 아름다운 것만 골라서 아동을 교육해야 하며, 부모는 가장 아름다운 환경에서 아동을 길러야 한다.

아동은 절대적인 가치를 지닌 개성적 존재로 존중되어야 한다. 교육자들은 아동을 정신적, 개성적 존재로 다루어야 한다. 교사는 수업을 통해 아동에게 내재되어 있는 고유한 잠재력이 충분히 발휘될 수 있도록 도와주어야 한다. 아동은 자신의 힘으로 이 세상의 악을 극복하고, 신이 그에게 보여주는 최선의 길을 가는 윤리적 존재로 자기 수련을 해야 한다.

교육의 목표는 개성을 완성함과 동시에 사회의 혁신을 이룩하는 데 두어야 한다. 관념론자들은 개성을 강조하지만, 또한 인류의 보편성도 강조한다. 교육은 정신적 자아를 실현함과 동시에 각 개성이 정신적인 유대에 의하여 전체적으로 통합되도록 해야 한다.

교육의 과정은 이상(ideal)을 중심으로 해야지 아동중심이나 교과중심이나 사회중심이 되어서는 안 된다. 이상을 중심으로 하는 교육은, 아동에게 교육적인 환경을 조성하고, 이상적인 인간상을 제시하며, 아동이 자아를 인식하고 자율적으로 학습을 진행할 수 있게 해 주는 교육이다.

관념론의 교육과정에서는 위계적으로 체계가 잡힌 교과들을 중시한다. 그것들은 인간과 신과 우주와의 본질적 관계를 잘 나타내 주는 철학과 신학, 일반적이고 추상적 논리로 구성된 수학, 문화적으로 여러 가지 모범들을 보여주는 역사와 문학, 특수한 상황적 관계들을 설명하는 과학 등이다. 그리고 그들은 기본적인 의사소통을 위한 언어를 중요한 기초 교과로 생각한다.

관념론의 교육방법은 아동의 내적 흥미를 중시하며, 아동 자신의 직관과 내적 자아 탐구를 기본 바탕으로 한다. 아동의 성장과 발달은 기본적으로 아동의 내적 요소에서 시작하여 외적인 것으로 확산된다. 교육은 외부에서 어떤 지식이나 관념을 집어넣는 것이 아니라 아동의 내부에서 그것들을 끄집어내는 것이다. 소크라테스의 대화법(문답법)은 관념론의 대표적인 교육 방법이다.

2) 실재론과 교육

(1) 실재론

실재론은 관념론과 대조적인 성격을 띤다. 실재론은 인간의 의식이나 지식과 무관하게 객관적으로 존재하는 사물의 존재를 강조한다. 실재론자들은 우리가 경험하는 나무나 산이나 건물이나 책 등은 그것을 관찰하는 개인의 마음이나 절대자의 마음속에 있는 것이 아니라, 인간의 마음으로부터 독립하여 존재한다고 본다. 실재론의 가장 큰 특징은 '독립성의 원리'와 '대응성의 원리'이다. 독립성의 원리는 실재는 인간이 지각하든지 못하든지 관계없이, 즉 인간의 인식 행위와는 관계없이 독립적으로 존재한다는 주장이다. 대응성의 원리는 인간의 감각적 경험은 실재에 대응하여 이루어지며, 인간은 지각 작용을 통해 외부의 실재를 있는 그대로 마음에 반영할 수 있다는 주장이다.

실재론자들은 인간이 자신의 감각과 이성으로 객관적인 사물을 인식할 수 있다고 생각한다. 실재론자에게 있어서 안다는 것은 사물에 관한 지식을 의미한다. 인식은 마음이 외부의 사물을 반영하여 그것을 체계적으로 정리하고 분류하고 개념화함으로써 이루어진다. 실재론에 따르면, 사람들이 가지고 있는 어떤 관념이나 명제는 그것이 기술하고자 하는 세계의 특성과 대응할 때 참이 된다. 즉 세계에 대한 신념은 그것이 지식 체계와 정합한다고 해서 참이 되는 것이 아니라, 사실과 대응하기 때문에 참이 된다. 이러한 실재론의 진리설을 대응설(對應說, correspondence theory)이라 한다.

대표적인 실재론자들 : 아리스토텔레스(Aristotle), 아퀴나스(T. Aquinas), 베이컨(F. Bacon), 로크(J. Locke), 흄(D. Hume)

(2) 실재론의 교육사상

실재론은 우주를 합리적 유기체로 보고 자연과 사물을 객관적으로 파악하려 한다. 실재론자들은, 교육은 사물에 대한 지각 능력을 기르는 것이고, 자연의 법칙을 탐구하는 지적 능력을 성숙시키는 것이라고 본다.

실재론자들은 교육의 목적을 우주의 이치를 깨우칠 수 있는 핵심적인 지식과 경건한 마음을 갖추게 하는 데 두었다(김정환, 1982 : 102-3). 그들은, 이 우주는 아름답고 합리적으로 존재하기 때문에 그것을 심정적으로 또한 과학적으로 인식하는 자질을 갖추게 하는 일이 교육의 일차적인 책임이라고 생각한다.

교사는 교과의 내용을 충분히 알고 있어야 하며, 한 교과가 다른 교과와 어떻게 연결되는가에 대해서도 잘 알아야 한다. 교사는 학생들의 배경과 상황에 따라 적절한 방법을 사용할 수 있도록 다양한 방법에 익숙해 있어야 한다. 그는 학생을 고도의 지성을 발휘할 수 있는 자질을 충분히 가진 존재로 인정해야 한다. 그리고 학생들은 지식과 기능을 배울 태세를 갖추고 있어야 한다. 모든 교육의 과정은 학생들이 진리를 알고, 진리를 향유할 수 있는 습관과 경향성을 갖추게 하는 데 초점을 두어야 한다.

실재론자에 따르면, 학교는 학생들에게 지식의 체계와 탐구의 기술을 전달할 수 있는 특수한 기능을 가지고 있어야 한다. 학교의 교육과정은 실재를 탐구하는 가장 효율적인 방법을 제공하기 위해, 합리적인 근거에서 교과들을 체계적으로 조직해 놓은 것이어야 한다. 그리고 학교의 교과들은 실재하는 사물들을 개념 체계로 구조화하고, 유사성에 기초하여 범주에 따라 분류한 것들이어야 한다. 실재론자들은 학생들이 사물을 객관적으로 이해할 수 있게 하는 과학적 지식과 방법을 특히 강조했다.

3) 프래그머티즘과 교육

(1) 프래그머티즘

프래그머티즘(pragmatism)은, 관념론이나 실재론과는 달리, 궁극적 실재에 대한 형이상학적 사색을 거부한다. 관념론이나 실재론이 가정하고 있는 정신과 물질, 영혼과 육체의 이원론도 거부한다. 프래그머티스트들은 궁극적 실재를 부정하고, 모든 사물이 영속적으로 변화한다고 주장한다.

프래그머티즘의 기본 가정은 이 세상에 영원불변한 것은 없고 오직 변화만이 실재한다는 것, 가치는 상대적이라는 것, 인간은 본래 사회적이고 생물학적인 존재라는 것, 민주주의적 생활 방식이 중요시되어야 한다는 것, 그리고 인간의 모든 행동에 비판적 지성이 사용되어야 한다는 것 등으로 요약할 수 있다(G. F. Kneller, 1963 : 86).

프래그머티즘을 주장하는 사람들은, 실재는 인간의 관념에 의존하는 것도 아니고 독립적으로 존재하는 것도 아니며, 인간과 그의 환경과의 상호 작용을 통해 형성되는, 인간 경험의 총체라고 생각한다. 듀이에 따르면, 인간의 문제는 초경험적인 것이 아니라 인간의 목적에 따라서 제기되는 사건과 문제를 다루고 통제하는 문제이다. 인간은 자신의 환경을 개선하고 경험을 재구성함으로써 자신의 문제를 해결해 나간다.

프래그머티즘에서는 마음을 수동적이라고 보지 않고, 적극적으로 탐구하는 기능을 가진 것으로 본다. 마음은 세계로부터 분리되어 동떨어진 상태로 세계와 직면해 있는 것이 아니다. 오히려 알려진 세계가 그것을 아는 마음에 의하여 부분적으로 형성되는 것이다. 프래그머티즘을 믿는 사람들은 '지성의 방법'이 지식을 습득하는 가장 이상적인 방법이라고 주장한다. 지성의 방법은 듀이가 제시한 5단계의 사고 과정을 의미한다. 그것은 문제를 해결해 나가는 방법의 단계로서, 우선 문제의 상황에 봉착한 것을 깨닫고, 상황을 검토하여 문제가 무엇인지 확인하고, 그 상황에 작용하는 요소들을 분석하고 검색하는 등 문제를 명료화하고, 잠정적인 가설을 설정하여 미래를 예측하고, 끝으로 가설을 검증하는 것이다.

대표적인 프래그머티스트들 : 퍼어스(C. S. Peirce), 제임스(W. James), 듀이(J. Dewey)

(2) 프래그머티즘의 교육사상

프래그머티즘에서는 '변화'를 실재의 본질로 보기 때문에, 인간은 사물을 다루는 방식을 항상 변경시킬 준비가 되어 있어야 한다고 본다. 인간은 자신의 환경에 적응하면서 살아가는 생물학적이고 사회적인 존재이므로, 그의 환경에 적응할 수 있는 능력을 길러야 한다.

프래그머티즘에서는 교육의 목적이나 방법이 계속적으로 개조될 수 있도록 개방성과 융통성을 가져야 한다고 본다. 교육의 목적은 개인의 성장 능력을 토대로 하여 설정해야지 교사나 어떤 사회적 세력이 결정해 주어서는 안 된다. 교육의 목적은 개인의 경험이 반복되고 재구성되어감에 따라 융통성 있게 조절되어야 한다. 교육의 방법은 개인의 욕구와 흥미와 필요에 기초하여야 한다. 교사가 교과를 다루는 전통적 방식에만 연연해하면서 아동의 개인적 특성을 고려하지 않으면, 그 교육은 획일적이 되고, 아동의 활동은 생기를 잃게 된다.

프래그머티즘의 이론에 따르면, 교육의 과정은 경험이 끊임없이 재구성되는 과정이다. 교육은 경험을 떠나서는 불가능하다. 하나의 경험은 후속되는 경험에 새로운 방향을 제시하고 통제하는 힘을 가지고 있다. 그것은 하나의 경험이 자신의 성장에 어떤 영향을 미쳤는지를 평가함으로써 이루어진다. 바람직하지 못한 경험은 후속되는 경험으로 이어지지 못하거나 축소시키는 반면에, 바람직한 경험은 후속되는 경험을 촉진시키고 풍부하게 한다. 이런 과정을 계속하면서 경험이 재조직되고 재구성되고, 인간은 성장해 간다. 교육은 이처럼 개인의 경험을 재구성하는 일이며, 개인을 성장시키는 과정이다.

듀이는 전통적인 학교에서 교육을 '생활을 위한 준비'라고 본 것에 대해 비판하였다. 전통적인 학교에서는 학생들이 학교를 마친 후에 부딪치게 될 상황에 대비하여 적절히 준비하도록 교과를 가르쳤다. 그러나 듀이에 따르면, 교육은 생활의 준비가 아니라 생활 그 자체이다. 인간의 생활은 항상 변하기 마련이므로 학교에서 준비한 것이 다가올 사회에 적합하지 않을 수도 있다. 그리고 학생들은 먼 장래의 일에 대한 정보를 기다리기보다는 언제나 현재의 문제에 관심을 가지며, 자신의 욕구와 필요에 따라서 행동한다. 경험이 일어나는 사태는 언제나 현재 사태며 학생들에게 의미 있는 미래는 막연히 먼 장래가 아니라 '예견된 미래'이다.

'준비로서의 교육'을 강조한 전통적인 학교들은 아동을 성인의 축소판으로 보고, 아동기를 빨리 극복해야 할 시기로 보았기 때문에, 아동의 관심사를 존중하지 못했고, 아동기의 교육적 가치를 무시해 버렸다. 그러나 아동은 성장의 능력을 가진 존재이다. 아동은 미성숙자이지만, 그 미성숙이 바로 성장의 조건이다. 아동이 미성숙 되었다는 말은 그에게 가소성(可塑性)이 있다는 말이다. 교육은 아동의 가소성, 즉 성장 가능성이 잘 발휘될 수 있도록, 아동의 적극적인 활동을 고무하고, 그들의 관심사들을 다룸으로써, 의미 있는 경험이 일어나게 하는 일이다.

프래그머티즘의 교육이론은 또한 개인과 사회의 관계에 주목하였다. 교육은 어른들의 유산을 아이들에게 전달함으로써 문화적인 연속성을 유지하는 기능을 하면서, 다른 한편으로는 아이들의 경험을 계속적으로 재조직하고 재구성함으로써 사회를 개선하는 기능을 한다. 프래그머티즘의 이념에 따르는 학교는 문화유산을 단순화하여 학생들이 쉽게 습득할 수 있게 하고, 그것을 정화하여 성장을 고무하는 요소들을 경험하게 하며, 선택된 문화의 요소들이 경험의 핵심에 놓이도록 그것을 조화롭게 구성해야 한다.

또한 민주주의 사회에서, 학교들은 민주적인 사고와 생활방식을 가르치는 장소가 되어야 한다. 그러기 위해서 학교는 언제나 개방적이고 실험적이고 민주적이어야 한다. 학생들은 학교에서 상호 교류하면서 관심을 공유하고 공동의 문제를 해결하는 법을 배워야 한다. 이러한 상호 협동의 과정을 통해 민주적 생활 방식을 배우고, 사회를 발전시킬 수 있는 수단들을 습득하게 된다.

2. 현대사상과 교육

1) 20세기 미국의 교육사상들

(1) 진보주의

진보주의(progressivism)는 철학의 프래그머티즘과 루소의 아동중심 교육관을 바탕으로 한 교육이론이다. 진보주의는 20세기 초 미국의 교육을 개혁하려 한 교육운동이면서, 전통적인 교육으로부터 아동을 해방시키려는 교육사상이다. 진보주의는 교사중심적으로 진행되어 오던 과거의 교육을 아동중심적인 교육으로 전환시키려 했다. 진보주의 교육운동은 아동 개인의 흥미와 욕구와 자기활동을 교육의 중요한 동기로 존중할 것을 촉구했다. 진보주의가 극복하고자 한 것은 권위적인 교사, 교재중심의 딱딱한 교육방식, 암기위주의 수동적 학습, 교육을 사회로부터 고립시키는 폐쇄적인 교육철학, 체벌이나 공포 분위기에 의한 교육방식 등이다(A. C. Ornstein, 1977).

진보주의자들은 아동을 성인의 축소판으로 보는 견해를 강력히 비난한다. 아동은 성인과는 다른 관점에서 세계를 보고 느끼고 생각하고 판단한다는 것이다. 이들에 의하면, 아동의 고유한 세계를 인정하지 않고서는 억압적이거나 어르는 식의 인위적인 교육이 이루어질 수밖에 없다. 교육자는 아동의 특성과 욕구, 필요, 흥미, 실제적인 문제 등을 파악하고 그것에 기초하여 아동의 자연스러운 성장을 도와야 한다. 듀이의 말대로, 교육은 경험이 계속적으로 재구성되는 성장의 과정이지, 기존의 틀에 맞추는 주형과 같은 것이 아니다.

≪진보주의협회의 7대 강령≫

① 아동은 외적인 권위에 의하지 않고 자신의 사회적 필요에 의하여 자연스럽게 발달할 자유를 누려야 한다.
② 흥미와 욕구의 충족이 모든 학습 활동의 동기가 되어야 한다.
③ 교사는 아동의 활동을 고무하고 적절한 정보를 제공하는 안내자가 되어야 한다.
④ 아동에 대한 평가는 교과 뿐 아니라 아동의 신체적, 정신적, 도덕적, 사회적 특성을 포함하는 넓은 범위의 평가가 되어야 하며, 아동의 지도에 도움이 되어야 한다.
⑤ 가장 중요시해야 할 것은 아동의 건강이므로 학교의 시설, 환경, 인적 조건은 명랑해야 한다.
⑥ 학교는 학부모와 긴밀한 협조를 통해 아동을 교육해야 한다.
⑦ 진보주의 학교는 좋은 전통 위에 새것을 첨가하는 실험학교로서 교육개혁운동의 중핵이 되어야 한다.

진보주의는 전통적인 교육과정의 판에 박힌 교과목에 반대하여 대안적인 교육과정을 실험하였다. 그것은 활동, 경험, 문제해결법(Problem Solving), 그리고 구안법(Project Method)을 활용하는 교육과정이다. 이 교육과정에서는 언어적, 문자적 기능보다는 아동의 활동과 경험을 강조하였으며, 경쟁적 개별학습보다는 협동적 집단학습을 장려하였다. 그리고 학교에서의 민주적 생활은 사회개혁을 위한 기초로 간주되었다.

진보주의의 교육원리는 다음과 같이 정리할 수 있다(G. F. Kneller, 1971).

첫째, 교육은 생활을 위한 준비가 아니라 생활 그 자체이다. 교육은 경험이 계속적으로 재구성되는 성장의 과정이다. 지적인 생활은 경험을 해석하고 재구성함으로써 이루어진다. 아이들은 자신의 연령에 맞는 학습환경에서 경험을 재구성해 나가야 한다.

둘째, 학습은 아동의 흥미와 직접 관련되어야 한다. 킬패트릭(W. H. Kilpatrick)에 따르면 아이들은 자신의 문제를 해결해 줄 것 같은 것이나 자신의 흥미와 관련된 것이면 무엇이든 배우고자 하지만, 강압적이라고 느껴지는 것에는 반발하려는 본성을 가지고 있다. 따라서 아동의 입장에서 그들이 배우고자 하는 것을 학습하도록 해야 한다.

셋째, 교과 내용을 주입하지 말고 문제해결을 통한 학습이 이루어지게 해야 한다. 진보주의자들은 지식을 늘 새롭게 전개되는 생활 사태에 대처하기 위하여 '경험을 처리하는 도구'라고 본다. 이런 지식은 능동적인 활동을 통해 얻어지며, 또한 실제로 행동으로 옮겨져야 한다.

넷째, 교사의 역할은 지시하는 일이 아니라 조언해 주는 일이다. 아동의 흥미나 욕구가 그의 학습내용을 결정하기 때문에, 교사는 아동 스스로 자신의 발달단계와 능력수준에 맞는 학습계획을 세우고 학습을 진행하도록 도와주어야 한다.

다섯째, 학교는 협력을 장려해야지 경쟁을 시키는 곳이 되어서는 안 된다. 인간은 본래 사회적이고 대인관계가 원활해야 만족을 얻을 수 있다. 경쟁이나 개인적인 성공보다는 사랑과 협력이 교육에 더 유용하다.

여섯째, 민주주의만이 인간의 참다운 성장에 필요한 사상의 교류와 인격의 상호작용을 허용하고 촉진한다. 민주주의는 사람들이 서로 협력해서 사는 생활방식이며, 경험을 교환하는 방식이다. 민주주의를 가르치기 위해서, 학교는 학생의 자치권, 자유로운 의사소통과 토론, 학생과 교사의 협력을 통한 계획을 증진시키고, 제반 교육활동에 학생들을 적극적으로 참여시켜야 한다.

진보주의는 사회의 제 영역에서 일어나는 끝없는 변화에 관심을 기울이고, 기존의 사회질서와 교육의 관행에 도전함으로써, 교육의 개혁과 발전에 크게 기여하였다.

그러나 본질주의자들과 항존주의자들은 진보주의의 문제점을 다음과 같이 지적한다. 첫째로 아동의 흥미와 자유를 지나치게 강조하여, 본질적인 지식이 소홀히 다루어지고, 교육이 지향해야 할 방향을 상실할 수 있다. 둘째로 현재의 경험을 강조하다가 미래를 내다볼 수 없게 만들며, 학교를 기존 사회의 복사판으로 만들게 된다. 셋째로 문제해결학습법의 유용성은 더 검증되어야 하며, 협력학습은 소수의 창의성을 무시할 위험이 있다.

(2) 본질주의

본질주의(essentialism)는 1936년 <미국교육 향상을 위한 본질주의자 위원회>가 조직됨으로써 하나의 교육운동으로 발전하게 되었다. 이 위원회는 각계의 학자들로 구성되었다. 그래서 교육을 보는 관점도 다양하다. 공통된 경향은 대체로 프래그머티즘과 진보주의 교육이 독주하는 것에 회의를 나타낸다는 점이다.

본질주의자들은 교육의 기능을 인류가 축적해 놓은 문화재 중에서 가장 본질적이고 보편적인 것을 간추려서 다음 세대에 전달하는 것이라고 본다. 그들이 추진하는 개혁의 초점은, 교과서 내용을 재검토하고, 학교 교육프로그램에서 본질적인 것과 비본질적인 것을 구분하고, 교실에서 교사의 권위를 회복하는 데 놓였다. 아이들이 가치로운 것들을 습득해야 개인적으로나 사회적으로 성숙하고 유용한 사람이 될 수 있다고 보기 때문이다.

본질주의가 추구하는 교육과정은 전통적으로 사용되어 온 교과중심 교육과정이다. 초등 수준의 교육은 과거로부터 개발되어 온 기본적 기능들(읽기, 쓰기, 셈하기)을 포함해야 하고, 중등 수준의 교육은 교양인이 되는 데 필요한 역사, 수학, 과학, 국어, 문학, 외국어 등을 포함해야 한다. 이런 것들은 개인적인 교양은 물론 사회생활을 성공으로 이끄는 데에도 필수적이기 때문이다. 이런 교육과정을 따르는 교사는 교과 내용에 대해 권위를 가지고 있어야 하며, 학생들을 가르치는 방법에도 정통해야 한다. 그리고 학생들은 본질적인 교과들을 학습하기 위해 고된 훈련과 노력을 기울여야 한다.

본질주의의 교육원리는 다음과 같이 정리할 수 있다(G. F. Kneller, 1971, A. C. Ornstein, 1977).

첫째, 학습은 원래 강한 훈련을 수반한다. 따라서 어린 학생들이 싫어하는 경우에도 참고 학습하게 해야 한다. 진보주의자들이 아동의 현재의 욕구,

흥미, 자유를 강조한 데 반해, 본질주의자들은 장래의 목적과 훈련과 노력을 강조한다. 진보주의자들은 아동의 필요와 흥미를 학습의 동기로 삼으려 하지만, 본질주의자들은 고차원적이고 지속적인 흥미는 처음부터 있는 것이 아니라, 어떤 과제나 교과를 해결해 내도록 훈련받는 과정이나 그 결과로 생겨난다고 본다. 예컨대 외국어를 자유롭게 구사하는 능력은 새로운 정신세계를 열어주지만, 외국어의 초보자들은 어렵고 재미없는 과정을 극복해야만 한다.

둘째, 교육의 주도권은 교사에게 있어야 한다. 교사는 성인의 세계와 아동의 세계를 중개하는 역할을 한다. 이런 중개자로서 전문적 준비를 갖춘 교사는 학생들의 성장을 훌륭하게 지도할 수 있다. 미성숙자인 아동은 성인의 지도와 통제를 받아야 성숙된 인격과 능력을 갖출 수 있다. 교사가 권위를 가지고 교육과정을 이끌어 가기 위해서는 학습의 당사자인 '아동의 심리'를 잘 알아야 하지만, 또한 학습을 위해 조직된 '교과의 논리'도 잘 알아야 한다.

셋째, 교육 과정의 핵심은 소정의 교과를 철저하게 이수하는 일이다. 이것은 아동이 흥미를 가지고 배우는 내용에 몰입해야 한다고 주장하는 진보주의의 입장과도 일치한다. 그러나 본질주의자들은 이런 흥미가 교과의 논리적 체계와 자신의 도덕적 훈련에 의한 결과로 수반되어야 한다는 점을 강조한다. 본질주의자들은 개인의 경험을 초월하는 민족적인 경험이나 사회적인 유산을 계승할 것을 강조한다. 이런 것들은 오랜 역사 속에서 수많은 사람들이 겪어온 것들을 농축시켜 놓은 것이다. 오랜 역사를 통해 응축된 이런 지식과 경험들은 한 개인이 획득한 지식이나 경험보다 큰 의미를 지닌다. 교육은 이런 인류의 지혜를 담고 있는 문화유산들을 엄선하여 논리적으로 조직하고 체계적으로 전수해야 한다.

넷째, 학교는 학문적인 훈련방식을 계속 유지해야 한다. 진보주의의 문제해결 방법이 가지고 있는 장점도 있지만, 그것이 모든 교과에 적용되는 것은 아니다. 어떤 지식은 원래 추상적이기 때문에 현실적인 문제해결 방법으로는 접근하기 어렵다. 진보주의의 '행동에 의한 학습' 원리도 어떤 교과와 아동에게는 적합할 수 있지만, 모든 교과와 모든 아동에게 적합하지는 않다. 아동이 배워야 할 것은 교과나 지식의 본질적인 개념들이며, 이런 개념들은 전통적인 학문적 훈련방식으로 가르쳐져야 한다.

본질주의는 전통적인 교육의 장점들을 다시 살리려 하였다. 그것은 훈련을 포함하는 학습과정, 교사의 주도성, 문화유산의 계승, 논리적으로 조직된 교과를 중요시하는 교육이다. 본질주의는 보수적이면서도 교육에 관한 많은 상식들을 받아들이고 있다.

본질주의에 대한 비판은 여러 관점에서 이루어질 수 있다(김정환, 1982). 진보주의의 입장에서 보면 본질주의는 체계화가 잘 되어있는 자연과학을 중시하고, 비교적 체계화가 덜 된 사회과학을 경시하는 것으로 보인다. 진보주의는 사회과학을 매우 중시하였다. 본질주의가 자연과학을 강조하는 것은 그런 진보주의에 대한 반발이라고 볼 수도 있을 것이다. 그러나 자연과학과 사회과학의 어느 한쪽을 중시하고 다른 쪽을 경시하는 것은 바람직하지 못하다. 두 영역의 학문은 모두 인류의 삶과 문화를 지탱하고 개선하는 데 중요한 지식들이기 때문이다. 또한 본질주의는 체계적인 지식의 전수와 교사의 주도성을 강조함으로써, 아동의 학습동기와 자발적 참여를 약화시켰다. 이것은 결국 민주사회의 필수요건인 독립심, 비판적 사고, 협동정신 등을 기르는 일을 소홀히 하게 된다.

항존주의의 입장에서 보면, 본질주의는 기본적인 지식과 기술의 전수에만 급급했지, 시간과 장소를 초월한 영원한 진리와 가치를 보지 못하고 있다. 그리고 재건주의의 입장에서 보면, 본질주의는 오늘날 우리 인류가 풀어야 할 과제가 무엇이며, 교육이 그것을 위하여 무엇을 공헌해야 할 것인가에 대한 미래의식과 사회혁신의 자세가 모자란다.

(3) 항존주의

항존주의(perennialism)는 철학의 실재론을 바탕으로 한 교육이론이다. 실재론에서 볼 때, 진선미의 기본적인 가치는 본질적으로 불변한다. 이런 객관적 실재, 불변하는 가치의 관념은 항존주의 사상의 핵심을 이룬다. 항존주의는 영원히 변치 않는 진리와 가치를 추구할 것을 교육의 기본 이념으로 삼고 있다.

1930년대에 싹트기 시작한 항존주의는 진보주의와 그 철학적 배경인 프래그머티즘을 강력히 비판한다. 항존주의자들이 볼 때, 진보주의의 현실적응적이고 욕구충족적인 경향은 위기에 처한 현대 문명의 병폐를 그대로 반영하고 있다. 진보주의 교육은 항구적인 가치가 아닌 일시적인 가치를 추구하고, 기본적인 원리가 아닌 피상적 현상을 주시하며, 정신적인 것이 아닌 물질적인 것을 중요시한다. 항존주의는 철저히 반(反)과학주의, 탈(脫)세속주의, 정신주의적이다.

항존주의자 허친스의 주장들 (R. M. Hutchins, 1936)
인간의 본성은 이성이다.
지식은 절대적, 불변적, 보편적 진리이다.
교육은 인간의 이성을 계발하는 일이다.
모든 인간에게 보편적인 진리를 가르쳐야 한다.
인간의 이성은 보편적이기 때문에 교육도 보편적이어야 한다.
교육과정은 영구적이고 불변적인 진리를 지닌 것들로 구성되어야 한다.

항존주의의 교육원리는 다음과 같이 정리할 수 있다(G. F. Kneller, 1971).

첫째, 인간은 서로 다른 환경에 놓여있다 하더라도, 그 본성은 어느 곳에서나 동일하다. 따라서 교육도 언제 어디서나 동일해야 한다. 인간의 사회적 역할은 사회에 따라 다르겠지만, 인간으로서의 기능은 어떤 시대, 어떤 사회에서도 동일하다. 왜냐하면 그것은 인간의 본성에서 나오기 때문이다. 따라서 교육이 지향하는 목적도 언제 어디서나 동일하다. 지식도 역시 어디서나 동일하다.

둘째, 이성은 인간의 최고의 속성이다. 사람들은 이 이성을 가지고 자신의 본능적 성질을 선택된 목적에 맞도록 제어하고 지배하는 데 사용해야 한다. 인간은 자유로운 존재이지만, 이성을 계발하고 본능적 욕망을 통제하는 것을 배워야 한다. 학습의 실패를 성급하게도 불행한 환경이나 심리적 경험에 돌려서는 안 된다. 교사는 모든 학생들에게 동일한, 본질적으로 지적인 학습을 통해 그런 장애를 극복하게 해야 한다. 인간의 공통된 본성인 이성이 적절히 사용되기 위해서는 이성을 계발하는 지적인 교육을 받아야 한다.

셋째, 교육의 과업은 영원한 진리에 인간을 적응시키는 것이다. 허친스는 다음과 같이 말한다. "교육은 교수를 포함한다. 교수는 진리를 포함한다. 지식은 진리이다. 진리는 어느 곳에서나 동일하다. 그러므로 교육은 어느 곳에서나 동일해야 한다."(1936 : 66) 교육은 아동을 현실 세계에 적응시키는 것이 아니라, 진리에 적응시키는 것이다.

넷째, 교육은 생활의 모방이 아니라 생활의 준비이다. 학교는 실제적인 삶의 상황이 아니다. 학교는 학생들이 문화적 유산의 훌륭한 업적을 습득할 수 있도록 준비된 인위적 환경이다. 준비로서의 교육은 지성의 계발을 통하여 이상적인 삶을 살 수 있도록 준비시키는 것을 의미한다. 학교는 학생들로 하여금 문화적 유산의 가치를 깨닫고, 학생들 스스로가 그런 가치를 성취할 수 있도록 해야 한다.

다섯째, 학생들은 세계의 영원성에 익숙하게 하는 기본적인 과목들을 배워야 한다. 학생들은 현실적으로 중요하게 여겨지는 과목을 배우는 데 급급해서는 안 되며, 자기의 특정한 연령에서 매력적으로 느끼는 과목만 배우도록 해서도 안 된다. 직업교육 같은 것은 각 분야의 실천가에게 맡기고, 학교는 기본적으로 이성의 훈련과 지성의 계발을 위한 교육, 즉 교양교육을 해야 한다. 이를 위하여 영어, 언어학, 역사, 수학, 자연과학, 철학, 예술 등과 같은 기본적이고 교양적인 과목들을 공부해야 한다.

여섯째, 학생들은 여러 시대를 거쳐 인간의 위대한 소망과 성취를 나타낸 위대한 고전들(The Great Books)을 읽어야 한다. 고전은 인류가 오랜 세월 동안 담아온 지혜의 창고이다. 학생은 과거의 전통을 공부함으로써, 자기 흥미에 몰두하거나 현실의 유행하는 학과를 공부하면서 발견하게 되는 것보다 더 중요한 진리를 발견하게 된다.

항존주의는 진리의 절대성과 영속성, 그리고 인간의 이성적 본성에 기초하여 전개된 교육이론이다. 항존주의 교육이론은 교양교육에 초점을 두고 전개되었으며, 전통과 고전의 원리를 강조하는 보수적인 성격을 띤다.

항존주의는 인간을 위한 교육의 본질적인 측면을 잘 부각시켰음에도 불구하고, 몇 가지 비판을 피할 수 없다(김정환, 1982).

첫째, 민주주의에 대한 위협이다. 민주주의의 큰 특징은 개성을 존중하고 가치의 다양성을 인정한다는 점이다. 민주주의는 다양한 가치와 신념과 생활방식을 허용한다. 그러나 항존주의는 모든 인간에게 동일한 교육을 주장하고 절대적인 가치와 불변하는 진리를 주장하기 때문에, 민주주의의 기본 이념을 위협할 수 있다.

둘째, 현실을 경시한다. 인간은 과거를 가지고 있고 미래를 내다보기도 하지만, 일차적으로는 현재적 존재이다. 인간은 현재에 살아가면서 과거를 돌이켜보고 미래를 설계한다. 그런데 항존주의는 현재를 영원성과 관련시킴으로써, 현재의 문화적 경향성을 무가치하게 여기고, 현실에 적응하려는 노력을 과소평가한다. 항존주의의 교육은 위대한 고전들을 강조함으로써, 현실의 학문을 무시하고 고전의 지식들을 영원한 것으로 만든다.

셋째, 귀족주의적, 주지주의적 경향을 띤다. 항존주의는 모든 인간이 고전의 위대한 인물들처럼 생각하며 행동할 것을 기대한다. 그래서 지적인 훈련을 매우 강조한다. 그러나 모든 인간이 지적인 탁월성을 발휘할 수는 없다. 또한 인간의 능력 특성에는 학문적 능력 외에도 가치 있는 것들이 많이 있다. 지력의 계발에만 열중하면, 개인의 능력 차이를 무시하게 되며 따라서 각 개인의 자유로운 성장을 가로막게 될 위험이 있다.

(4) 재건주의

재건주의(reconstructionism)는 진보주의와 마찬가지로 철학의 프래그머티즘을 밑바탕에 깔고 있다. 재건주의는 특히 현대 문화의 위기에 주목하므로, 문화재건주의라고도 한다. 재건주의는 인류의 위기의식에서 출발하여, 현대의 문화를 재점검하고 이상적인 문화를 전망한다. 그리고 문화의 위기를 극복하고 이상적인 문화를 건설하는 데 교육이 주도적인 역할을 해야 한다고 주장한다. 재건주의는 브라멜드(T. Brameld)에 의해 제창되어 1960년대에 체계화되었다.

재건주의에 따르면, 과학의 발전으로 농업과 전원사회로부터 도시와 기술사회로 변화함에 따라, 기술사회에 대한 문화적 적응에서 심각한 문화지체 현상을 초래하였다. 인류는 기술사회에로의 변화에 적응하기 위한 새로운 가치들을 재건해야 한다. 그리고 조직화된 교육은 전통문화와 기술사회간의 격차를 좁히는 데 중요한 역할을 수행해야 한다. 이런 입장에서 재건주의자들은 형이상학적인 지식보다는 경제학, 인류학, 사회학, 심리학 등과 같은 사회과학의 지식을 유용한 도구라고 본다.

재건주의의 교육원리는 다음과 같이 정리할 수 있다(G. F. Kneller, 1971).

첫째, 교육은 문화의 기본적 가치를 실현시키는 새로운 사회질서를 창조하는 일에 전념해야 한다. 동시에 현대 세계의 사회적, 경제적 세력과 조화를 이루어야 한다. 오늘의 문명은 파멸의 가능성에 직면하고 있다. 이 긴박한 위기를 극복할 수 있는 것은 오직 교육의 힘을 통해서이다. 교육은 인간 정신에 깊은 변화를 줌으로써, 거대한 과학의 힘을 인류를 파멸시키는 일보다는 새로운 문화를 창조하는 일에 사용하도록 해야 한다. 사회는 단순히 정치적 활동에 의해 개혁될 것이 아니라, 그 구성원들에게 공동생활에 대한 새로운 전망을 교육함으로써 더 근본적으로 개혁되어야 한다.

둘째, 새로운 사회는 진정으로 민주적인 사회가 되어야 한다. 그 사회의 주요 기관들이나 자원들은 국민 스스로가 통제해야 한다. 민주사회는 민주적인 방법으로 실현되어야 한다. 새로운 사회질서의 구조나 목적이나 정책은 국민의 지지를 받아서 결정되어야 한다. 국민의 마음속에 일어나는 혁명은 정치적인 혁명보다 훨씬 더 근본적이고 지속적이다. 그리고 국가적 민주주의는 모든 국가가 참여하는 세계정부 형태의 국제적 민주주의로 발전되어야 한다.

셋째, 아동, 학교, 교육 등은 사회적, 문화적 세력에 의해 형성된다. 진보주의는 개인의 자유는 강조하면서 인간이 사회적으로 형성되는 정도에 대해서는 과소평가했다. 문명화된 생활은 대체로 집단생활이기 때문에, 집단은 학교에서 중요한 역할을 해야 한다. 교육은 '사회적 자아실현'을 추구한다. 개인은 사회적인 관계 속에서 자아를 실현함으로써, 자신의 인간성의 사회적 측면을 발전시킬 뿐만 아니라 사회적 계획에 어떻게 참여할 것인가도 배우게 된다.

넷째, 교사는 재건주의자들이 제시하는 새로운 사회 건설의 긴급성과 타당성을 학생들에게 확신시켜야 한다. 그러나 그것은 민주적 절차에 따라 면밀하게 다루어져야 한다. 이를 위해, 우선 교사 자신이 구체적인 문제에 대하여 뚜렷한 해결방안을 가지고, 공개 강연이나 공개 토론 등을 이용하여 이것을 피력해야 한다. 교사는 찬성하는 견해와 반대하는 견해를 공개적으로 검토해야 하고, 대안을 제시할 때 공평해야 하고, 학생들에게 그들의 의견을 방어할 수 있는 기회를 주어야 한다. 학교는 학생들이 미래를 준비하도록 도야하는 미래지향적 교육을 해야 한다.

다섯째, 교육의 목적과 수단은 현재의 문화적 위기를 극복할 수 있도록 철저히 개조되어야 하고, 행동과학의 연구가 발견해 낸 제 원리들에 맞아야 한다. 행동과학의 중요성은 사람들이 가장 강하게 믿고 있는 가치들을 발견할 수 있도록 도와준다는 데 있다. 행동과학은 역사상 처음으로 감상적, 낭만적, 신비적, 또는 독단적 이성이 아니라, 각 문화에 공통되거나 보편적인 가치에 근거하여 인간의 목적을 설정할 수 있다는 가능성을 보여주었다. 우리는 교육과정의 구성, 교과 내용, 수업 방법, 행정조직, 교사 양성 등에 대해서 전반적으로 재검토해야 한다. 이 모든 것들은 과학적이고 합리적으로 도출된 인간성에 대한 통합적 원리에 따라 재조직되어야 한다.

재건주의는 현실을 냉철히 비판하고 미래를 전망하는 일의 중요성과 긴박성을 강조했다. 그리고 교육을 통해 새롭고 민주적인 세계질서가 만들어질 수 있다는 고무적인 주장을 했다. 브라멜드의 말대로 교육의 힘은 강력하면서도 도덕적이라고 볼 수 있다.

그러나 재건주의 교육이론에는 몇 가지 문제가 있다(김정환, 1982). 첫째, 재건주의는 미래 사회를 어떤 가치관에 입각해서 세울 것인가에 대한 논증을 결여하고 있다. 재건주의는 민주적인 질서가 자리 잡고 부의 공정한 분배가 이루어지는 복지사회를 이상으로 한다. 그러나 이런 복지사회는 어떤 가치를 실현하기 위한 것인지 분명치 않다. 복지제도가 잘 갖추어진 나라에서는 어떤 가치를 추구하며 살아야 할 것인지 알 수가 없다.

둘째, 재건주의가 행동과학을 유일한 방법으로 여기는 데서 오는 한계가 있다. 인간은 매우 복합적이고 유동적인 특성을 가지고 있어서, 행동과학이 인간의 제 특성을 과학적으로 설명하지는 못한다. 무엇보다도 행동과학은 인간이 믿어야 할 최상의 가치가 무엇인지 말해 주지 못한다. 인간의 삶의 목적과 가치와 관련해 볼 때, 행동과학의 결론은 언제나 불충분하다.

셋째, 재건주의는 민주적인 방식에 대해 지나친 기대를 한다. 민주적인 것은 물론 좋은 것으로 여겨지지만, 그것이 최선의 방법인가에 대해서는 여전히 의문이 남는다. 다수의 의견을 따르는 민주주의가 소수의 의견을 무시하기 쉽다는 점은 일찍부터 제기되어 온 문제이다.

2) 현대사상들과 교육에 미친 영향

(1) 실존주의와 교육

① 실존주의

실존주의는 20세기의 특수한 역사적 상황을 반영하면서 출발한 사상이다. 실존주의는 두 차례의 세계대전의 비극적인 체험을 통해 본격화되었다. 실존주의는 세계 안에서 인간이 존재하는 방식에 대해 관심을 집중시켰다. 실존주의는 근대사회로부터 널리 퍼진 합리주의적 관념론과 실증주의에 반발했으며, 또한 현대의 과학문명이 초래한 비인간화 현상에 반항했다. 실존주의자들은 불안, 우울, 죽음, 불합리성 등 인간 존재의 불가피하고도 적나라한 모습들에 관심을 기울인다. 또한 자신의 주체적인 삶을 개척하기 위한 자유, 선택, 결단, 책임을 매우 중요하게 여긴다.

실존주의에서 말하는 실존은 바로 '나'로 존재하는 인간의 구체적인 삶의 현실을 의미한다. 그것은 역동적이고 특수하고 주체적인 삶의 본 모습이다. 실존주의는 추상과 이론으로 삶이 일반화되고 평균화되고 객체화되는 것을 거부한다. 사회집단의 조직과 규칙에 매이는 것을 거부한다. 실존주의가 추구하는 것은 구체적이고 개성적인 '자기 자신의 삶'이다.

실존주의의 기본 시각은 싸르트르(J. P. Sartre)의 두 명제, 즉 "실존은 본질에 앞선다."와 "실존은 주체성이다."에 잘 표현되어 있다. "실존이 본질에 앞선다."는 말은 인간은 먼저 존재하고, 출생하고, 현장에 나타나고, 그런 다음에 자신을 규정한다는 것을 뜻한다. 이것은 서양의 철학이 전통적으로 관심을 기울인 존재의 본질에 관한 문제를 전혀 다른 방향에서 다룬 것이다. 실존하는 나는 나의 본질에 대한 아무런 규정도 없이 지금 여기에 존재한다. 나는 오직 나의 자유로운 선택과 주체적인 결단에 의해 내 자신을 만들어 간다. 나의 실존이 나에게 본질을 부여하는 것이다. 이처럼, 실존주의는 인간의 보편적, 추상적 본질이나 본성보다는 각 개인의 실존을 중요시한다.

"실존은 주체성이다"는 말도 같은 맥락에서 해석할 수 있다. 이것은 인간이 자신의 실존을 자각하고 자신의 본질을 결정하는 데 있어서 완전히 자유롭다는 말이다. 인간은 본질을 가지고 세상에 태어난 것이 아니라 아무런 규정도 없이 세상에 내던져져 있다. 인간은 비록 자신이 태어난 기존 세계의 한계상황을 삶의 조건으로 하여 살아가지만, 자유로운 선택에 의하여 자신의 삶을 스스로 결정할 수 있다. 실존하는 인간은 자기 존재에 대한 물음과 자각을 가지고, 선택과 결단과 행동의 자유를 가지며, 그 결과에 대하여 스스로 책임을 진다. 실존은 자각, 선택, 결단, 책임의 주체이다. 이리하여 실존주의는 객관적인 대상을 관조하고 해석하는 것보다는 주체적으로 자각하고 결단하고 책임지는 것을 중요시한다.

"실존은 주체성이다"는 명제는 "주체성이 진리이다"는 명제로 이어진다. 주체성이 진리라는 말은 어떠한 진리라도 그것이 참으로 진리로 존재하기 위해서는 '나에게' 의미 있는 것이어야 한다는 말이다. 다시 말하면 아무리 객관적이고 보편타당한 진리라 하더라도(실존주의는 실제로 그런 것이 있다고 보지도 않는다), 내가 그 속에서 살지 않고 그것이 나의 삶에 의미를 부여하는 것이 아니라면, 그것은 진리의 상태로 존재하지 않는다는 말이다.

지식의 본질에 대한 실존주의적 사고방식은 현상학에 근거하고 있다. 현상학은 우리의 개인적 의식에 직접적으로 나타난 사물의 현상과 사건을 있는 그대로 기술하고자 한다. 과학은 '저기에' 존재하는 나무나 새를 객관적 실재로 보고 그것들에 대한 설명을 시도하지만, 실존적 주체는 자신의 지각과 정서와 상상과 언어와 기타 무수한 관념을 가지고, 그것들을 이해하고 그것들과 교섭한다. 실존주의에서 말하는 지식과 진리는 보편적, 추상적 관념으로 저기에 있는 것이 아니라, '지금 여기에' 주체의 삶 속에 구체적인 의미를 부여하며 존재하는 것이다.

② 교육적 의의

실존주의자들의 교육에 대한 관심은 볼노브와 부버에 의해 구체화되었다(O. F. Bollnow; 1977, 강선보, 1992). 그리고 모리스, 닐러 등은 실존주의가 교육학에 반영된 모습을 체계적으로 정리하였다(V. C. Morris, 1966; G. F. Kneller, 1958).

볼노브는 전통적 교육관을 기계적 교육관과 유기적 교육관으로 나누었다. 기계적 교육관은 교육을 일종의 '만드는 일'로 간주한다. 그것은 목수가 연장을 사용하여 의도했던 물건을 만들어 내는 것과 마찬가지로, 교육자도 속으로 의도했던 목적에 따라 그에게 맡겨진 인간을 어떤 모습으로 만들어가는 것이라 본다. 유기적 교육관은 교육을 일종의 '기르는 일'로 간주한다. 그것은 정원사가 자연의 법칙에 따라 성장하는 식물을 재배하듯이, 교육자도 학생의 본성에 내재하는 법칙에 따라 그 자신의 목표를 실현해 가도록 하는 것이라 본다. 기계적 교육관은 교육을 적극적 형성작용으로 보고, 유기적 교육관은 교육을 소극적 보호작용으로 본다. 그러나 이 두 전통적 교육관은 인간이 꾸준히 성장 · 발전한다는 '연속적 형성' 또는 '연속적 성장'의 가능성을 자명한 전제로 설정하고 있다. 두 교육관은 교육을 통해 인간의 지속적인 발전과 성장을 꾀한다는 생각을 공통으로 가지고 있다.

볼노브는 이런 '연속적 형성'의 관념이 교육의 '단속적'(斷續的) 성격을 무시하고, 교사와 학생의 인간적인 상호관계의 형성을 경시한다고 보았다. 볼노브에 의하면, 전통적 교육관처럼 인간은 틀에 짜여지게 만들어질 수 없는 존재이며, 또한 내버려 두어도 스스로 발전하는 존재가 아니다. 그리고 교육은 연속적 형성이나 연속적 성장의 과정이 아니라, 인간의 영혼과 영혼이 맞부딪치며 개성적인 삶으로 서로 영향을 줄 때 발생하는 영적·도약적 변화이다. 이런 맥락에서 볼노브는 "만남은 교육에 선행한다."고 주장하였다.

부버 역시 '만남'의 중요성을 강조하였다. 그는 인간이 세계와 맺고 있는 관계에 대한 탐구를 통해 인간의 본질을 파악하고자 하였다. 그에 따르면, 인간의 세계에 대한 태도는 두 가지이다. '나－너'의 관계는 인격적 만남의 관계로서, 직접적이고, 상호적이며, 근원적이다. '나－그것'의 관계는 '나'가 대상('그것')을 경험하고, 인식하고, 소유하고, 이용하는 관계이다. 이때의 '나'는 '그것'을 관찰하고 조정할 뿐 인격적으로 상호작용하지 않는다. 부버는 '나-너'의 관계가 '만남'의 관계라는 주장과 함께, 진정한 만남을 통해 인간의 실존을 회복하고자 하였다. 그에게 있어서 인간은 관계를 통해 자기의 실존을 형성해 나가는 존재이다. 이런 관점에서 교육은 인간의 본래적 모습을 회복하는 일에 초점을 두어야 한다. 이것은 진정한 만남을 통해 가능하다.

실존주의가 강조하는 것들은 만남 이외에도 위기, 각성, 충고, 상담, 모험 등이 있지만, 이런 것들은 모두 인간의 적나라한 모습들을 확인하고 인간의 본래적인 삶을 살 수 있도록 하는 것에 초점을 둔다.

실존주의가 교육에 주는 시사점은 다음과 같이 정리할 수 있다. 첫째, 교육에서 비연속적 형성 가능성에 주목하게 하고, 둘째, 인간을 보편화·집단화·획일화시키는 현대교육의 경향을 인간의 개성과 주체성을 존중하는 교육으로 전환시키려 했다. 셋째, 학생 개인의 개성을 존중하여 전인교육이 이루어질 수 있도록 하고, 넷째, 실존적 아이디어들을 적용시킬 수 있는 새로운 교사교육을 요구하였다. 다섯째, 삶의 밝은 측면뿐만 아니라 어두운 측면까지 교육의 영역에 끌어들임으로써, 보다 진솔한 교육이 이루어지도록 촉구했다.

그러나 실존주의는 교육방법의 차원에서는 근본적인 한계를 보이고 있다. 실존주의는 교육의 계획적이고 연속적인 형성이나 성장 대신 만남이나 각성이나 모험 등을 통한 비약적인 변화를 주장했다. 사전에 계획하고 지속적으로 영향을 주는 방법을 떠나서 인격의 성숙을 기대하는 것은 무리인 것 같다. 물론 만남을 통한 비약적 변화가 일어날 수는 있지만, 이런 방법으로는 교육의 세세한 과제들을 구체적으로 추진하기 어렵다.

(2) 분석철학과 교육

① 분석철학

분석철학은 실존주의와 더불어 20세기에 철학의 새로운 조류를 형성했다. 실존주의가 인간의 실존에 초점을 두고 삶의 모습을 탐구한 반면, 분석철학은 사고의 명료성에 초점을 두고 언어의 의미를 탐구했다. 분석철학은 서양의 형이상학이 오랫동안 가정해 왔던 궁극적인 실재를 거부하면서 성장하였다. 분석철학은 전통적으로 철학의 기능으로 간주되었던 사변적, 규범적 기능을 거부한다. 즉 세계의 구조나 우주의 목적에 관한 언설, 또는 행복하고 도덕적인 삶을 위한 규범 등을 제시하기를 거부한다. 분석철학의 관점에서 보면, 이런 형이상학적이거나 규범적인 내용을 구성하고 그것으로써 삶의 방향을 지시하는 것은 철학이 할 일이 아니다.

분석철학에서는 어떤 신념이나 사고의 '내용'에 관심을 기울이는 것이 아니라, 사고가 전개되고 표현되는 '방식'에 관심을 기울인다. 어떤 신념이나 사고는 언어로 표현되기 때문에, 분석철학은 사고를 표현하는 언어의 의미가 명료하며 그 논리가 정연한지에 관심을 기울인다. 분석철학은 전통적 형이상학이 불명료한 언어를 사용했기 때문에 사고에 많은 혼란을 가져왔다고 본다. 그리고 혼란된 사고를 바로잡기 위해서는, 언어의 의미를 명료화하고 논의의 논리를 타당하게 할 필요가 있다고 본다.

분석철학이 언어에 관심을 집중하는 까닭은 언어가 사고를 전달하고 사물을 지각하는 중요한 수단이라고 보기 때문이다. 인간은 언어로써 사고를 전개하고 표현하고 교환하고 가다듬을 뿐 아니라, 언어로써 세상을 인식하고 기술하고 표현한다. 그러므로 언어가 혼란되면 필연적으로 사고와 인식에 혼란이 일어난다. 분석철학에서는 언어의 사용법을 바로 잡음으로써 혼란된 사고를 바로잡는 것이 철학의 중요한 기능이라고 본다.

분석철학의 일반적 경향은 크게 두 가지로 나누어 볼 수 있다. 하나는 논리적 실증주의이고, 다른 하나는 일상적 언어 분석이다.

논리적 실증주의는 철학의 주요 임무를 거대한 이론체계를 형성하는 데 두는 것이 아니라 명제의 논리적 분석에 둔다. 논리적 실증주의자들은 형이상학을 배제하고 논리적 분석과 검증을 중요시한다. 이것은 이들의 독특한 의미 주장에서 비롯된다. 이들에 따르면, 어떤 명제가 의미 있는 것이 되기 위해서는 그것이 참이거나 거짓으로 판단될 수 있어야 한다. 진위 판단이 불가능한 문장은 무의미한 문장이다. 예컨대 "신은 죽었다"나 "인간의 본성은 이성이다"와 같은 문장은 진위를 검증할 방법이 없다. 이런 문장은 참이거나 거짓인 문장이 아니라 무의미한 문장이다. 모든 형이상학적인 진술들은 그 진위를 검증할 수 없기 때문에 무의미하다.

일상적 언어 분석의 입장은 논리적 실증주의의 한계를 극복하고, 일상적인 언어 속에서 그 풍부한 의미를 찾아내려 하였다. 일상언어학파에서는 현재 사용되고 있는 문장을 떠나서는 언어의 의미를 파악할 수 없다고 보기 때문에, 일상적인 언어의 사용법을 면밀히 분석하여 그 의미를 밝혀내려 하였다. 언어의 사용 규칙은 곧 그 언어가 의미를 갖게 되는 조건이다.

일상적 언어 분석학파에 따르면, 모든 문장은 각각 그 나름의 논리를 갖는다. 여러 가지 게임들이 각각의 규칙을 가지고 있듯이, 갖가지 언어는 그것이 사용되는 맥락에 따라 다른 논리를 가지고 있다. 이런 주장은 비트겐슈타인의 후기 사상에 잘 나타나 있다. 그에 따르면, 언어의 각 논리는 그 언어를 사용하는 사람들의 '삶의 형식'에 근거하고 있다. 언어의 사용규칙은 그 언어를 사용하는 사람들의 문화에서 공적으로 규정된 것이다. 논리가 다른 언어들이 존재한다는 것은 사람들이 여러 가지 다른 형식의 삶을 살아가고 있다는 말이다. 삶의 형식들은 서로 부분적으로 중복되기도 하지만 제각기 다른 목적과 전제를 가지고 구성된다. 언어의 형식은 삶의 형식의 반영이며, 삶의 형식이 다름에 따라 언어적 표현의 의미가 달라진다. 이로써 일상적인 언어의 의미를 분석하는 일은 인간의 삶과 문화를 분석하는 일로 연결되게 되었다.

② 교육적 의의

분석철학의 방법이 교육 연구에 적용하려는 시도는 하디에 의해 처음으로 이루어졌다(C. D. Hardie, 1942). 이후 교육학에 철학적 분석의 방법을 적용한 사례는 오코너(D. J. O'Connor), 셰플러(I. Scheffler), 라일(G. Ryle), 피터스(R. S. Peters) 등에게서 볼 수 있다.

분석철학이 교육학의 연구에 기여하는 방식은 여러 가지다. 그것은 교육이론의 성격을 분명히 하고, 교육학에 사용되는 여러 개념들의 의미를 분명히 하고, 교육의 이론과 주장들의 정당성 근거를 밝히고, 교육 이론들의 논리적 가정을 끄집어내는 일 등을 한다. 교육이론의 성격에 관한 논의로는 오코너와 허스트(P.H. Hirst)의 것들이 있다. 교육학에 사용되는 개념들의 분석은 여러 학자들에 의해 이루어졌으며, 분석의 대상이 된 개념들은 '교육', '지식', '수업', '교화', '훈련', '학습', '도덕교육' 등이다. 그리고 교육의 이론과 주장들의 정당성이나 논리적 가정에 관한 탐구는 피터스, 허스트 등에 의해 이루어졌다.

분석철학의 교육적 의의는 다음과 같이 정리할 수 있다.

첫째, 분석철학은 교육학의 용어, 원리, 이론 등을 명확히 하는 데 공헌하였다. 교육학에 사용되는 언어들은 그 의미가 명료하지 못한 경우가 많다. 그리고 이 불명료한 언어들은 사실을 기술하는 문장, 어떤 행동이나 태도를 요구하는 하는 문장, 비유적인 문장, 가치판단을 내리는 문장, 심지어는 감정에 호소하는 문장에도 사용되고 있다. 분석적 방법을 통해 우리는 교육학의 용어나 개념을 명료화하고, 나아가 교육에 관한 사고나 판단을 더 현명하게 할 수 있다. 교육학 연구에 분석적 방법이 적용됨으로써 교육학에 들어온 갖가지 불명료한 이론들이 다듬어졌으며, 교육학 자체의 학문적 성격도 더 분명해 질 수 있었다.

둘째, 분석철학은 지식의 성격에 대한 탐구를 통해 교육내용을 선정하고 조직하는 데 도움을 주었다. 분석철학은 명제로 표현되는 지식의 성격을 분명히 하고 지식의 진리성이 검증되는 방식에 관심을 집중시켰다. 특히 허스트의 '지식의 형식' 이론은 명제적 지식이 논리적 특성에 따라 여러 형식으로 분화되는 양상을 보여줌으로써, 교과를 논리적으로 조직하는 데 도움을 주었다.

셋째, 분석철학은 교육의 윤리적 차원을 분명히 해 주었다. 분석적 방법을 사용하는 사람들은 '교화', '훈련', '벌' '자유', '권위' 등의 개념을 분석하고, 이것들이 교육의 상황에서 정당하게 사용될 수 있는지를 검토하였다. 이 일은 교사가 아동을 대하는 방식에 주목하며, 교육의 윤리적 성격을 분명히 하는 데 도움이 된다.

넷째, 분석철학은 교사들의 태도에 영향을 주었다. 교육학의 언어에 관심을 기울인 분석철학은 교사들에게 명료하게 생각하고 말하도록 촉구한다. 교사들의 수업활동에는 개념 정의, 사실 설명, 가치 판단, 행동 지시 등이 포함된다. 이런 것들은 거의 모두 언어적인 활동이다. 분석철학은 또한 교육 사태에서 교사가 갖는 '권위'의 성격을 분명히 함으로써, 교사들로 하여금 자신이 갖는 권위의 원천을 올바로 인식하게 하고 권위를 제대로 활용할 수 있게 도와 주었다.

그러나 분석철학은 그 방법론적 특징 때문에 교육의 이념이나 목표를 정립하는 일을 소홀히 하게 만들었다는 비판을 받는다. 이것은 전통 철학이 가졌던 사변적, 규범적 기능을 분석철학이 거부한 데서 기인한다. 이것은 또한 교육철학이 교사들의 교육관을 정립하는 데 기여해야 한다는 생각을 가지고 있는 사람들에게도 비판거리가 되었다. 사람들은 교육철학이 교육의 이념이나 목적, 그리고 교사들의 세계관이나 윤리관에 관해 적극적인 주장을 해주기를 기대하기도 한다.

(3) 비판이론과 교육

① 비판이론

비판이론은 1923년 독일 프랑크푸르트 대학의 사회연구소를 중심으로 출현한 프랑크푸르트학파의 사회철학을 말한다. 프랑크푸르트학파의 비판이론은 자본주의 사회의 문화와 이데올로기를 연구의 대상으로 삼고, 인간의 사고와 삶이 사회적으로 제약되는 현상을 파헤치며, 인간이 해방되는 새로운 사회의 가능성을 모색하였다.

비판이론은 '전통이론'이 존재에 대한 서술에 그치고 '마땅히 어떻게 되어야 한다.'는 당위를 주장하지 못했다고 비난한다. 비판이론에서 말하는 '전통이론'은 인간의 모든 문제를 과학적 방법으로만 해결하려는 과학주의와 실증주의를 말한다. 비판이론가들에 따르면, 전통이론은 경험적으로 관찰되고 실험적으로 통제되는 사실에만 관심을 국한시키기 때문에, 삶의 실천적 문제들을 학문의 밖으로 내보내고, 인간에게 가장 중요한 가치의 문제를 도외시한다. 비판이론은 사회현실이나 역사현상은 인간에 의해 이루어지기 때문에, 인간의 가치부여 행위를 고려하지 않고서는 파악될 수 없다고 본다.

비판이론은 철학, 사회학, 정치학, 경제학, 그리고 심리학 등의 여러 분야를 종합적으로 받아들여 사회이론을 전개함으로써 일종의 종합과학적 접근을 시도했다. 비판이론은 인간의 문제를 심리적인 면에서는 물론 사회적, 경제적 관계 등 여러 측면에서 파악해야 하는 복합적인 것으로 보고, 인간을 그 전체성에서 파악하려 하였다. 또한 이 이론은 인간을 역사적, 사회적 맥락 속에서 보려고 하였다. 역사적, 사회적 현실을 초월한 보편적 인간의 본성을 찾으려는 시도는 인간이 사는 시대와 상황의 진수를 간과하게 된다고 보기 때문이다.

초기의 비판이론은 마르크스의 저작으로부터 유래하였으나, 곧 정통적 마르크스주의를 거부하고 그 이론을 수정하였다. 비판이론은 현실 문제를 이론화하며, 그 이론화를 통해 현실 문제를 해결하려 했다. 비판이론은 인간의 삶의 현실에 대한 실천적 해방적 관심에서 추진되었다. 비판이론은 호르크하이머(M. Horkheimer), 아도르노(T. W. Adorno), 마르쿠제(H. Marcuse), 하버마스(J. Habermas) 등에 의해 전개되었다.

하버마스는 그의 ≪인식과 관심≫에서 사회인식론을 정립했다. 하버마스는 기술지배의 사회로부터 인간을 해방시키기 위해, 제 과학들이 자기 성찰을 철저히 하게 했다. 하버마스가 구분한 인식과 관심의 유형은 세 가지이다. 첫째로 자연을 기술적으로 지배하고자 하는 기술적 관심에서 경험적·분석적 과학이 성립되었다. 둘째로 실천적 삶의 의미를 이해하고자 하는 실천적 관심에서 역사적·해석학적 과학이 성립되었다. 셋째로 여러 억압으로부터 벗어나려는 해방적 관심에서 비판적 과학이 성립되었다. 비판적 과학은 사회현상에 대해 가치중립적, 법칙적인 지식을 창출하는 데 만족하지 않는다. 그것은 자아성찰을 통해 사회현상들을 이데올로기적 측면에서 분석하고 비판하며, 인간을 거짓된 이데올로기의 속박으로부터 해방시키려 한다. 하버마스는 기술적 관심과 실천적 관심도 해방적 관심과 연관되어야 그 자체의 선험적 기반을 해명할 수 있다고 했다.

비판이론은 실증적 방법에 대해 강한 회의를 나타낸다. 실증적 방법의 결함은 사회현상을 전체적으로 보지 못한 채 선택된 문제의 한 단면만 보게 되고, 연구방법이 적용될 수 있는 범위에 있는 문제만 연구하며, 연구과정의 논리에 관심을 집중하여 선택된 문제의 사회적 의미나 그 문제를 일으킨 사회적 배경을 보지 않는다는 점이다.

비판이론은 실증적 방법 대신 사회현상을 역사적, 변증법적, 전체적으로 보는 방법을 취한다. 이 방법은 모든 사회현상을 역사적 산물로 보고, 사회의 제현상을 변증법적 발전 과정으로 인식하며, 모든 사회현상을 정치, 경제, 문화 등 전체적인 관계의 맥락에서 파악하는 방법이다. 비판이론은 사회현상을 연구하는 데 자연과학의 방법이 적용되어서는 안 된다고 본다. 자연은 '주어진 것'이지만, 인간 사회에서 의미를 갖는 그 어떤 것도 '주어진 것'은 아니기 때문이다. 모든 인간사는 사회적, 역사적으로 구성되고 해석되기 때문에 해석적, 비판적 방법을 사용하여야 한다는 것이 이들의 주장이다.

비판이론은 사회의 현실들을 확실히 드러내어 이해하고자 했다. 비판이론에서는 개인과 집단 간의 조화로운 합의보다는 갈등과 긴장을 사회적 삶의 중심으로 본다. 비판이론은 지식이나 사회적 실제가 특정의 개인이나 집단에 어떤 이익과 불이익을 주는지 탐색하고, 불의와 불평등의 근원을 폭로하여, 사회적 삶의 실질적 조건을 드러내고자 했다. 비판이론은 사회적 삶의 조건들을 드러냄으로써 사회적 계몽이 이루어짐과 동시에 인간이 해방될 수 있다고 보았다. 즉 비판이론가들은 사회적 조건들에 대한 인식을 통해, 세상을 명확히 이해할 뿐 아니라 인간이 무엇을 해야 하며, 세상을 어떻게 변화시켜야 하는지에 대한 실천적 지침을 얻을 수 있다고 보았다.

② 교육적 의의

비판이론의 선구자들인 호르크하이머나 아도르노 등은 교육에 관해서도 많은 논의를 했다. 이들은 현대교육이 몰개성적, 기계적, 도식적으로 변질되어 비인간화되어 가고 있음을 비판했다. 아도르노에 따르면, 교육은 단순히 지식을 전달하거나, 상품 제작과 같이 외적인 기준에 따라 인간을 제작하려 하거나, 권위주의적 횡포가 담겨있는 표본을 제시하는 것이 되어서는 안 된다. 교육은 하나의 자율적이고 성숙한 인간의 이념을 지향해야 하며, 올바른 의식을 형성하기 위해서 애써야 한다.

비판이론적 입장에서 교육의 문제에 관해 논의한 사람들은 매우 많다. 보울즈(S. Bowles), 진티스(H. Gintis), 해리스(K. Harris), 그람시(A. Gramsci), 번슈타인(B. Bernstein), 보르되(P. Bourdieu), 지루(H. Giroux), 애플(M. Apple), 로튼(D. Lawton) 등이 그들이다. 이들은 사회의 불평등이 학교교육을 통해 재생산된다고 본다. 그래서 이들은 이데올로기 비판을 통해 교육의 사회적 조건들을 찾아내는 데 관심을 둔다.

비판이론가들이 교육의 문제에 접근하는 방법은 그들의 세 가지 질문으로 요약할 수 있다(R. Gibson, 1986). 첫째, 교육에서 무엇이 잘못되었는가? 이 질문은 교육의 불평등과 부정의의 모습을 드러내 보이려는 관심에서 제기된 것이다. 비판이론가들은 이런 불평등을 '자유주의 이데올로기'의 실패라고 불렀다. 여기서 말하는 자유주의 이데올로기란 '교육이란 원래 좋은 것일 뿐만 아니라 사회의 불평등을 해소하는 데 긍정적으로 작용할 것이라고 믿는 신념체제'를 말한다.

둘째, 그러한 병폐가 왜 그리고 어떻게 발생했는가? 비판이론가들은 이 질문을 통해 그러한 불평등과 부정의가 유지되는 교육의 과정과 구조들을 드러내 보이면서 그 원천을 추적한다. 이 질문에 대한 대답으로는 경제, 국가, 문화, 저항 등이 제시된다.

셋째, 그러한 병폐는 어떻게 치유될 것인가? 이 질문은 그러한 부정의들의 치유방법을 모색하거나 제안하기 위한 것이다. 이 질문에 대한 적절한 대답, 즉 불평등한 교육의 문제를 해결하기 위한 실질적인 제안들은 대체로 애매하고 불명료하다.

비판이론의 한 부류인 신좌파가 강조하는 교육의 목표와 내용과 방법을 김정환은 다음과 같이 정리했다(김정환, 1988). 첫째, 신좌파는 교육 목표의 두 차원인 인격적 목표와 사회적 목표를 동시에 추구한다. 인격적 목표는 각자가 자신의 삶의 주체가 되고 개성을 실현하면서 인격을 성숙시키는 데 두며, 사회적 목표는 이상사회의 건설에 둔다. 그들은 이 두 목표가 분리되어서는 안 된다고 본다. 그들은 이 둘을 분리시킨 것이 과거의 '개인적 교육학'이나 마르크스주의의 '사회적 교육학'의 폐단이었다고 지적한다.

둘째, 신좌파가 강조하는 교육내용은 정치교육, 인문교육, 여성해방교육, 사회과학교육, 이상사회의 구상이다. 정치교육은 지배체제의 이데올로기를 여러 국면에서 비판하면서 바람직한 체제에 대한 전망을 굳히는 의식화교육이다. 인문교육은 기술교육이나 직업교육보다 일반교육을 중시하여 삶과 역사를 올바르게 보는 시각을 키워주는 교양교육이다. 여성해방교육은 이 사회 안에서의 성차별과 성의 해방문제를 다루는 성해방교육이다. 사회과학교육은 이 사회의 구조와 그 역사적 발전과정을 거시적 시각에서 보는 역사교육이다. 이상사회 구상은 이들이 기리는 복지사회에 대한 꿈을 키우는 교육이다.

셋째, 신좌파가 권장하는 교육방법은 학교와 사회의 관계 회복, 학습자의 교육의 주체성 존중, 갈등의 현장 견학, 친교, 그리고 갈등상황에 대한 문헌 접근이다. 학교와 사회와의 관계 회복은 학교가 사회의 문제를 끌어들여 학습자가 사회의 문제에 대한 인식을 깊게 하는 일이다. 학습자의 교육의 주체성 존중은 학습자의 흥미, 자유, 자치 등을 존중하는 소극적 교육이다. 갈등현장 견학은 농성, 데모, 파업 등 사회인의 여러 집단행동을 자기 눈으로 보게 하여 문제의 초점이 무엇인가를 따져 보게 하는 일이다. 친교는 동지적 유대감을 키워주기 위한 대화이다. 갈등상황에 대한 문헌 접근은 여러 갈등현장의 문제들을 생생하게 기록한 문헌들을 접하는 일이다.

비판이론은 철학을 비롯하여 학문의 사회적 역할을 강조했으며, 개인과 사회를 총체적으로 볼 것을 강조했다. 그리고 인간과 사회의 연구에 대한 실증적인 방법의 한계를 지적했다. 특히 이데올로기에 대한 비판을 통해 이성이 도구화되는 것을 예리하게 지적했다. 그러나 이들은 비판의식을 지나치게 강조하여 사회 제도와 교육의 순기능을 보지 못하고 역기능만 보게 했다. 그리고 이들의 자본주의 사회비판은 과학과 기술의 인간통제에 집중하여, 그들 자신이 제시한 총체적 방법론을 따르지 못했다는 문제가 있다. 그리고 이들에 제시하는 해방적 교육학의 원리는 개인적 교육학과 사회적 교육학의 원리를 취사선택한 것이어서, 논리적 일관성이 부족하다.

(4) 포스트모더니즘과 교육

① 포스트모더니즘

포스트모더니즘(post-modernism)이라는 말은 그 적용 분야와 맥락이 다양하기 때문에, 일정한 의미를 포착하기 어렵다. 포스트모더니즘은 데리다(J. Derrida)의 해체주의 이론, 푸코(M. Foucault)의 사회이론과 역사이론, 라깡(J. Lacan)의 심리분석이론, 리오타르(J. F. Lyotard)의 포스트모더니티이론, 기타 여러 가지 문학이론과 문화이론 들을 포함한다.

포스트모더니즘은 모더니즘에 대한 반성과 비판에서 비롯된다. 모더니즘의 관점은 지식의 절대 확실한 근거가 존재한다고 생각하고, 그 근거를 밝히는 일을 철학의 기본 과제로 간주했다. 데카르트(R. Descartes)를 비롯한 합리주의자들은 이성을, 로크(J. Locke)를 비롯한 경험주의자들은 경험을, 지식의 확실한 근거로 주장했다.

포스트모더니즘은 이런 지식의 확실한 근거, 즉 아르키메데스적 기점(Archimedian point)이 있다고 가정하는 모더니즘의 기본 신념을 정초주의라는 이름으로 배격한다. 포스트모더니즘 철학자들에 의하면, 궁극적이고 절대 확실한 인식이나 진리의 근거를 추구하는 것은 환상에 지나지 않는다. 이들이 볼 때, 이성과 지식과 언어와 가치 등은 우연적, 임의적, 상대적이며, 역사적으로 구성된 것이다. 포스트모더니즘은 우연성과 상대성에 대한 인식을 바탕으로 지식, 가치, 언어, 과학, 예술, 전통 등 인간과 세계를 전혀 새로운 관점에서 바라본다.

포스트모더니즘의 주요 특징은 다음과 같이 정리할 수 있다(김욱동, 1994; 조화태, 1993).

첫째, 포스트모더니즘은 언어를 인간의 행위 가운데 가장 핵심적인 것으로 파악한다. 포스트모더니즘 철학자들은 비트겐슈타인의 '언어 게임' 이론을 매우 효과적으로 활용한다. '언어 게임' 이론은 언어는 인간의 '삶의 형식들'을 반영한다는 생각에 기초하고 있다. 이 이론의 요지는 각 게임들은 각각 다른 규칙을 가지고 있듯이, 언어의 의미는 그것이 사용되는 문화적 맥락에 따라 달라진다는 것이다.

둘째, 포스트모더니즘은 추상적 체계성이나 총체성을 거부한다. 서양의 오랜 전통은 '만물을 창조한 신'이나 플라톤의 '형상' 또는 '절대적인 지식' 등 어떤 절대적인 기초가 되는 중심적 체계와 통일성의 원리를 지향하고 있었다. 이런 절대성이나 총체성에 대한 거부가 포스트모더니즘의 주요 특징이다. 리오타르에 따르면, 지식이 시장에서 팔고 사는 상품으로 전락한 포스트모던 시대에 와서 '메타 서사'(meta narrative)'나 '대서사'(grand narrative)에 대한 신념이 모두 깨어졌다(J. F. Lyotard, 1979). 그가 말하는 '메타 서사'나 '대서사'는 인간의 삶을 지배하고 통제하는 보편적인 체계로서, 모더니티를 규정하는 범주이다.

셋째, 포스트모더니즘은 진리의 절대성, 객관성, 보편성을 거부하고 그것의 우연성, 다원성, 비교불가능성을 믿는다. 포스트모더니즘에 따르면, 우리가 세계나 사물을 인식할 때 의존하는 '개념적 틀'은 선험적으로 주어진 절대 불변의 것이 아니라, 개인과 사회와 시대에 따라 변화한다. 우리의 지식 기반인 개념적 틀이 가변적이기 때문에 그것에 의해 포착되는 진리도 상대적이며 것이 아니라, 아동이 자신의 내적인 특성을 발전시키는 것이다. 따라서 교육은 자연적이어야 하며, 소극적이어야 한다.

루소는 인위적으로 형성된 지식의 체계보다는 아동의 본성에서 나오는 흥미와 생활의 필요에 의해 자연스럽게 일어나는 활동을 중심으로 교육내용이 구성되어야 한다고 생각했다. 루소는 기성 사회의 규범과 지식을 주입하는 것에 반대하고, 아동이 스스로 느끼고 생각하고 판단하고 활동할 수 있는 교육적 환경을 마련해 줌으로써, 아동이 자율적으로 학습할 수 있게 해야 한다고 주장했다.

루소의 교육방법적 원리는 소극적 교육과 발달단계에 따른 교육으로 정리할 수 있다. 소극적 교육은 교사가 일방적으로 어떤 지식이나 관념을 부과하는 것이 아니라, 아동이 스스로 활동하고 학습할 수 있게 도와주는 교육이다. 그것은 아동의 타고난 본성을 자유로이 발휘시키기 위해서, 교사가 오직 소극적으로만 개입하는 교육이다. 그것은 덕을 가르치는 것이 아니라 악덕으로부터 지켜주며, 진리를 가르치는 것이 아니라 오류로부터 아동을 지켜주는 교육이다.

루소는 인간의 발달과정을 유년기, 소년기, 청소년기, 청년기의 네 단계로 나누고, 각 단계에 맞는 교육을 실시할 것을 주장했다. 유년기(1~5세)는 체육의 단계이다. 이 시기에는 유아가 가지고 있는 모든 능력을 충분히 발휘하게 해 주어야 한다.

소년기(5~12세)는 신체와 감각의 훈련단계이다. 이 시기에는 사물의 양을 재고, 수를 세고, 무게를 알아보고, 사물 가운데 필연성이 있음을 감지시킨다. 도덕적 훈련은 자연에 맡겨, 자신의 행동의 결과를 경험하게 한다.

청소년기(12~15세)는 지육의 단계이다. 유용성을 지도원리로 하고, 그의 호기심을 이용한다. 어른의 지식을 전달하는 것이 아니라 스스로 발견하게 하고, 어른의 판단에 따르게 하는 것이 아니라 그의 판단력을 길러준다. 사물과 세계만이 교과서가 되게 하고 독서는 금한다. 다만 자연에 알맞은 생활을 배우게 하기 위하여 「로빈슨 크루소」만은 허용한다.

청년기(15~20세)는 덕육의 단계이다. 이 시기는 이성(異性)에 대해 눈을 뜨는 시기이므로, 남성과 여성의 역할 및 사회관계를 배우게 한다. 심성의 교육은 교훈에 의해서가 아니라 타인과의 접촉, 교사의 모범, 역사의 연구에 의하여 이루어지게 한다. 종교교육은 18세 이후에 한다. 이 시기의 교육의 주요 목적은 인생의 도덕적, 종교적, 사회적 기초를 마련해 주는 것이다.

루소의 교육사상은 지성보다는 감성을, 성인보다는 아동을, 사회보다는 개인을, 귀족보다는 일반대중을 중시했다. 그러나 무엇보다도 중요한 것은 현대의 진보적 교육의 기초가 된 그의 소극교육론이다. 루소의 교육사상은 이후 범애파(汎愛派)의 범애학교, 페스탈로치의 직관교수법, 듀이의 아동중심 교육 등에 큰 영향을 주었다.

3) 17~18세기 교육의 실제

17~18세기 동안 유럽은 과학과 철학에 있어서 놀라운 발달을 이룩했다. 교육사상도 베이컨, 로크, 코메니우스, 루소 등에 힘입어 크게 발달되었다. 그러나 교육의 실제는 매우 무기력했다. 소규모의 시골 학교는 물론 유럽의 이름 있는 대학들까지 거의 모든 교육기관이 침체의 늪에 빠졌다. 또한 이 기간 동안 종교와 도덕에는 생기 없는 형식주의가 성행했다. 이에 대한 반동으로 독일에서는 경건파, 프랑스에서는 얀센파, 영국에서는 청교도주의가 일어났으나 현실은 크게 달라지지 않았다.

독일은 30년 전쟁(1618~1648)으로 전 지역의 학교교육이 침체되었다. 그러나 1642년 고타(Gotha)의 영주인 에른스트(Ernst) 공이 신교의 교육이념에 따라 의무교육을 법으로 공포하여 근대적 보통교육의 선구를 이루었다. 그리고 프리드리히 빌헬름 1세(Friedrich Wilhelm Ⅰ)는 1713년과 1717년에 의무취학령을 발표하여 독일의 의무교육을 시작했다.

독일에서 공교육 제도가 본격화된 것은 1763년 프리드리히 2세(Friedrich Ⅱ)에 의해 공포된 <일반지방학사령>이다. 이것은 취학의 의무와 교사의 자격과 면허에 관해 자세히 규정했다. 그리고 1794년 프리드리히 빌헬름 2세에 의해 제정된 <일반지방법>에서는 당시의 보편적 관례였던 종파에 의한 학교의 통제를 금지하고 국가에 의한 교육의 통제를 규정했다.

독일의 실학주의 교육은 프랑케(H. Francke)와 슈페너(Spener)를 중심으로 한 경건주의 운동에 의한 학교에서 시작되었다. 이 학교에서는 코메니우스의 사상의 종교적 방면을 강조했다. 1692년 프랑케는 할레(Halle)에 대규모의 교육자선시설을 설립하였다. 여기서는 실제적 생활준비와 종교적 감화를 목적으로 하여 코메니우스의 사상을 실현하려 했다. 1694년에는 할레대학이 창설되었다. 할레대학은 종래의 대학의 편협성에 저항하여, 실과적 학과들을 개설했으며, 새로운 방법과 근대어로 가르쳤다. 실학주의의 정신을 가장 완전히 구체화한 것은 1747년 헥커(Hedcker)가 설립한 실과학교이다.

18세기 후반 독일에는 자연주의 교육운동이 일어났다. 루소의 교육사상에 영향을 받아 범애파가 형성되고 새로운 교육운동을 전개하였다. 범애파의 교육사상은 인류애(Philanthropia)의 실현, 즉 종교나 민족의 차별 없이 전인류를 사랑하여 그 행복을 증진시키는 것을 목표로 했다. 바제도우(J. B. Basedow)는 1776년 데소우(Dessau)에 범애학원을 창립하고 범애파의 교육이념에 따라 교사교육을 실시하였다. 또한 범애학원의 교사였던 잘츠만(C. G. Salzmann)은 슈네펜탈에 학교를 세워 범애파의 교육을 발전시켰다.

프랑스의 실학주의는 라블레와 몽떼뉴가 선구를 이루었고, 라 살레의 기독교 형제단에서 설립한 학교들을 통해 크게 전개되었다. 프랑스의 중등교육은 예수회가 장악하고 있었고, 대학은 전제왕권을 배경으로 하는 보수적 종교단체의 지배하에 있었다. 그리하여 자유정신이 많이 억압되었다. 예컨대, 프랑스에서는 몽테스큐의 ≪법의 정신≫이나 루소의 ≪에밀≫ 등 시대를 앞서가는 서적들을 연구하지 못하게 했다.

그러나 1762년에 프랑스의 중등교육을 장악하고 있던 예수회를 추방시키면서, 새로운 국민교육체제를 계획하기 시작하였다. 프랑스 혁명을 전후하여 디드로(Diderot), 꽁도르세(Condercet), 탈레랑(Talleyrand) 등 교육개혁자들이 공교육제도를 수립하기 위한 조직방안들을 제출하면서 국민교육 제도의 기초가 마련되었다. 프랑스 혁명 이후 나폴레옹이 집권하면서 1802년에서 1806년까지 수차례에 걸쳐 교육법을 제정하여, 이른바 나폴레옹 학제를 완비하였다.

영국에서는 비국교회의 중등교육기관인 아카데미에서 실과를 도입하여 실학주의와 관련된 교육을 실시했다. 1662년 비국교회파의 목사들이 추방되면서 비국교회의 목사나 신도들은 새로운 형의 학교를 형성해 갔다. 이 학교들은 새로운 실과를 많이 포함하는 폭 넓은 교육을 실시했는데, 고전적인 퍼블릭스쿨보다는 더 직접적으로 사회의 실무를 준비시켰다. 그러나 대학과 교회 및 국가는 여전히 구형의 학교를 전적으로 선호했다. 뉴튼이 교수로 있던 케임브리지 대학에서는 수학이나 자연과학에 중점을 두었지만, 대학들은 대체로 국왕과 교회의 세력에 억압되어 고전과 스콜라철학에 집착했다.

영국의 초등교육은 종교단체나 자선단체 또는 개인에 의한 사학에 의존했으며, 정부는 관여하지 않았다. 영국의 초등학교는 주로 국교의 후원을 얻어 1699년에 조직된 <기독교 지식보급협회>와 1701년에 조직된 <외국 복음 종교협회>에 의해 추진되었다. 이처럼 영국의 초등교육은 교육사업과 전도사업을 겸해서 실시되었다. 1780년 레이크스(R. Raikes)의 일요학교(Sunday School)와 오웬(R. Owen)의 유아학교(Infant School), 18세기 말엽 벨(A. Bell)과 랭카스터(J. Lancuster)의 조교학교(Monitorial System School) 등이 설립되어 초등교육기관이 대량으로 보급되었다.

정 리

요 약

1. 문예부흥기에 인문주의자들은 고대의 연구를 통해 중세적인 것들의 속박에서 벗어나 새로운 세계를 열어가고자 했다. 이에 따라, 고대 그리스와 로마의 언어와 문학은 교육의 중심된 내용이 되었다.
2. 16세기에 들어와 인문주의는 본래의 이념을 상실하고 편협한 형식주의에 빠지고 말았다. 키케로식의 라틴 문체를 모방하려는 경향으로 인해, 인격의 조화로운 발달을 추구한 한 자유교육의 정신을 제대로 살려내지 못했다.
3. 종교개혁은 유럽의 사회개혁 운동의 성격을 띠었다. 종교개혁으로 인해 사회체제는 물론 교육체제도 바뀌었다. 종교개혁자들은 국가에 의해 주도되는 의무교육체제를 도입하려 했으며, 교육의 역사에서 초등교육의 이념을 가장 분명히 드러내 주었다.
4. 예수회를 중심으로 구교의 교육개혁이 일어났다. 중등과 고등교육에 초점을 둔 예수회의 교육은 군대식 조직 운영과 체계적인 교원양성으로 큰 성공을 거두었다.
5. 자연과학이 발달하면서 실생활에 유능한 인물 양성과 실물에 의한 교육을 강조한 실학주의가 등장했다. 실학주의 교육은 인문적 실학주의, 사회적 실학주의, 감각적 실학주의로 발전해 갔다.
6. 코메니우스가 제창한 합자연의 교육원리는 루소의 자연주의 교육이론으로 발달되었다. 코메니우스의 자연주의가 자연의 법칙에 따르는 교육이라면, 루소의 자연주의는 인간의 자연스런 본성에 따르는 교육이라 할 수 있다. 루소의 소극적 교육론은 아동중심 교육의 이론적 토대를 제공했다.
7. 18세기에는 독일과 프랑스를 중심으로 공교육 체제가 등장하기 시작했다. 교회에 의한 학교 통제가 국가에 의한 학교 통제로 전환되기 시작한 것이다. 그러나 영국의 초등교육은 여전히 종교단체나 자선단체, 또는 개인에 의한 사학에 의존했다.

연구 및 토론문제

1. 인문주의와 인문학이 주도하는 교육은 그 전의 신학이 주도한 교육, 그 후의

과학이 주도하는 교육과 어떤 차이가 있나?
2. 문예부흥으로 새로운 시대를 연 인문주의가 교육의 내용과 방법에서 편협한 형식주의로 타락한 까닭은 무엇인가? 아울러 오늘날의 교육에서 극복해야 할 형식주의의 폐단은 무엇인가?
3. 실학주의 교육과 인문주의 교육은 목적, 내용, 방법 면에서 어떤 차이가 있나?
4. 효과적인 교육을 위해 인간의 감각기관을 충분히 활용하려는 감각적 실학주의가 교육의 역사에서 높이 평가되는 이유는 무엇인가?
5. 코메니우스의 범지주의는 모든 지식을 가르쳐야 한다는 생각이다. 정말로 이 세상에 존재하는 모든 지식을 학생들에게 가르쳐야 하는가? 우리는 코메니우스의 주장을 어떻게 이해해야 하는가?
6. 계몽주의에는 합리주의적 요소와 자연주의적 요소가 포함되어 있다. 이것들을 가려내 보자. 합리주의와 자연주의는 각각 교육에 어떤 영향을 미쳤나?
7. 루소가 주장한 '소극적 교육'은 아동이 주도하고 교사가 보조하는 형식이다. 이것은 교사가 주도하는 교육과 비교할 때 어떤 장점이 있는가? 단점은 무엇인가?

읽을거리

문지영 역(2003). 아동의 탄생(P. Aries). 서울, 새물결.
안인희(1997). 루소의 교육론 : 에밀. 서울, 서원.
연세대학교 교육철학연구회 편(2001). 위대한 교육사상가들Ⅱ. 서울, 교육과학사.
이원호 역(1984). 교육사 : 교육문제변천사(J. S. Brubacher). 서울, 문음사.
이홍우 외 역(1994). 서양교육사(W. Boyd). 서울, 교육과학사.
정확실 역(1998). 대교수학(J. A. Comenius). 서울, 교육과학사.
조종인 역(1994). 교육사개설(P. Monroe, 1928). 서울, 교육과학사.

제6장 19~20세기의 교육

개 관

시민혁명과 산업혁명으로 인해 세계는 빠르게 변해갔다. 근대화가 진행되면서 19세기에는 근대 시민사회와 국민국가가 확립되었다. 자본이 축적되고 자유가 확장되면서 인간 정신의 잠재적 요소들이 피어나기 시작했다. 그에 따라 자유주의, 민족주의, 사회주의 등 다양한 현대사상의 조류들이 형성되었다.

19세기의 교육사상은 신인문주의로 특징지을 수 있다. 신인문주의는 인간의 전인적 발달을 추구하는 교육사상이다. 신인문주의는 자연주의를 계승하여 인간의 제반 능력을 계발하려는 노력으로 나타나기도 했지만, 다른 한편으로는 국민국가의 성장과 연결되어 국가주의 교육사상으로 나타나기도 했다.

20세기는 자유민주주의와 자본주의가 발달했다. 과학기술도 눈부시게 발달했다. 두 차례의 세계대전을 겪으면서 국제 관계는 복잡하게 재편되었다. 삶의 영역이 복잡하게 분화됨에 따라 사상도 이전 시대와 비교할 수 없을 만큼 다양한 양상을 띠었다.

20세기의 교육은 민주주의 정신을 바탕으로 아동을 존중하는 방향으로 전개되었다. 교육기회는 확대되었고, 교육방법은 과학화되었으며, 교육조직은 체계화되었다. 그리고 새로운 교육을 모색하기 위한 다양한 교육실험들이 이루어졌다.

탐 색

· 국가가 교육을 관리하는 공교육체제가 정착되는 과정을 살펴보자.
· 19세기에 등장한 신인문주의는 이전의 인문주의와 무엇이 다른가?
· 국가주의 교육은 왜 등장했는가?
· 페스탈로치가 '교육의 성인(敎聖)'으로 추앙되는 이유는 무엇인가?
· 민주주의의 원리에 따르는 교육의 특징을 조사해 보자.

중심개념

신인문주의, 국가주의, 전인교육, 교육학, 유치원, 공교육 제도, 산업혁명, 빈민교육, 신교육운동, 진보주의, 노작교육, 민주주의

1. 19~20세기의 사회와 문화

18세기에서 19세기로 이어지는 유럽 사회는 지나간 어느 시대보다도 급격한 변화를 겪었다. 정치적으로는 미국의 독립과 프랑스 혁명을 계기로 자유민주주의의 발달을 가져왔다. 그러면서 다른 한편으로는 부국강병을 목적으로 하는 제국주의적 국가형태를 갖추게 됨으로써 자국의 영토 확장과 식민지 확보를 위해 여러 나라들이 서로 경쟁하게 되었다.

경제적으로는 산업혁명을 계기로 자본주의 경제체제가 형성되었으며, 전 세계를 하나의 경제 단위로 묶는 국제 무역망이 확충되었다. 그러면서 산업자본이 확립되고, 자본가와 노동자의 대립, 도시화 등의 사회적인 문제가 발생했다.

사회 · 문화적으로도 큰 변화가 일어났다. 종교의 권위가 축소된 데 반하여 세속적 세력이 크게 확대되었으며, 점차 귀족사회에서 시민사회로 전환되었다. 문학에서는 낭만주의 사조가 등장했다. 낭만주의 문예사조는 자연주의 교육사상과 함께 인간의 조화로운 발달을 추구하는 신인문주의 사상의 성립에 영향을 주었다.

19세기의 사상계에는 새로운 것들이 많이 등장했다. 전반적으로 신인문주의라 불리는 이 사조의 특징은 18세기의 계몽사상에 대립된 것이었다. 신인문주의는 고대의 문화를 부흥시킨 데에 추가로 몇 가지 새로운 요소를 첨가한 사상이다. 새로 추가된 요소는 국가의 본질과 기능에 대한 인식, 인류의 역사와 전통에 대한 인식, 사회의 유기적 특성에 대한 인식, 실증주의적 과학 정신, 실리를 추구하는 경제관 등이다.

19세기 후반에는 다윈(C. Darwin)의 진화론과 마르크스(K. Marx)의 경제이론이 등장했다. 진화론은 제국주의의 이론적 토대가 되었고, 마르크스 이론은 사회주의 국가의 이념적 토대가 되었다. 이런 사상적 요소들은 근대국가의 교육에 큰 영향을 미쳤다.

20세기에 들어와 세계는 매우 복잡해졌다. 선진 자본주의 국가들이 경쟁적으로 해외진출에 나섰다. 이처럼 제국주의가 팽창하면서 열강들의 이해관계가 대립되고, 그 대립이 제1차 세계대전(1914~1918)을 유발시켰다. 세계대전 후 제정은 붕괴되고 자유 민주주의가 발달했으나, 자본주의가 내포한 모순과 관련해서 사회주의 국가가 출현하게 되었다. 1929년부터 세계가 경제공황을 겪게 되면서 독일, 이탈리아 등 후진 자본주의 국가들에서 전체주의 체제가 확립되었다.

제2차 세계대전(1939~1945)은 전체주의와 민주주의의 투쟁이라는 이데올로기적 성격이 강했다. 2차 대전은 자유 민주주의의 승리로 끝났으나, 소련을 중심으로 한 공산주의 세계가 크게 확대되면서 세계는 냉전의 긴장된 관계를 형성했다.

정치, 경제, 대외관계 등 사회적 상황이 달라짐에 따라 교육에도 큰 변화가 일어났다. 제국주의는 국제적 경쟁에 대처하기 위해 교육을 국민 통일의 방책으로 삼는 한편, 생산경쟁의 기본 수단으로 이용했다. 그리고 제1차 세계대전 이후 자본주의 국가들은 식민지 진출에 맞추어 중등교육을 개편하고, 식민지와 반식민지 국가들에서는 민족의 독립을 위한 교육을 지향했다. 제2차 세계대전 이후 자유 민주주의와 공산주의의 양대 진영이 대립되면서 각각 민주주의 이념과 공산주의 이념에 맞추어 교육의 방향을 잡았다.

그러나 20세기 말에는 소련이 해체되고 동구권 국가들이 독립하면서 국제관계는 크게 달라졌다. 사회 이념도 다양하게 분화되었다.

2. 신인문주의와 교육

1) 신인문주의의 특징

19세기의 교육사상은 두 줄기로 형성되었다. 하나는 신인문주의를 기초로 하는 심리학적 계발주의 교육사상이고, 다른 하나는 제국주의적 국가들의 출현과 관련하여 생겨난 국가주의 교육사상이다.

심리학적 계발주의의 기초가 된 신인문주의는 합리주의와 여러 면에서 대조된다. 합리주의가 주지적, 개인적, 반역사적인 색채가 강한데 반해, 신인문주의는 정의적, 국민적, 역사적인 색채가 강했다. 신인문주의는 고전문화의 형식적 모방에 그쳤던 구인문주의를 비판하고, 그리스의 고전 속에 담겨진 정신과 사상을 본받으려 했다. 고전의 정신은 지성과 정서와 의지가 조화롭게 발달된 인간을 지향한다. 신인문주의자들이 고전을 연구한 목적은 고전 연구를 통해 당대의 문화적 향상을 기하는 데 있었다. 신인문주의는 개성을 존중하면서도 사회성과 역사성을 중시했으며, 국가주의와 공존할 수 있는 사상체계를 가지고 있었다.

심리학적 계발주의는 자연주의의 교육원리를 발전시킨 것이다. 심리학적 계발주의는 기본적으로 교육을 어떤 종류의 지식을 전달하는 인위적 과정으로 보지 않고, 인간성의 내면에 있는 제 능력을 계발하는 과정으로 본다. 그것은 아동의 발달과 교육의 과정에 대한 구체적인 연구를 통하여, 교육의 내부적 조건을 개선하는 이론을 발전시켰다. 그것은 교육이 기초해야 할 원리를 인간 정신의 활동과 발달에 관한 지식 속에서 찾으려 하였다. 관찰과 실험을 통해서 심리학적 제 원리를 과학적으로 설정하는 일은 19세기 중엽에 와서 이루어지기 시작했으며, 그 원리를 교육에 적용시키는 일은 더 나중에 이루어졌지만, 그런 교육의 기초를 마련하려는 노력은 이미 19세기 초기에 시작되었다. 무엇보다도 분명해진 것은 인간성에 관한 과학적인 해명이 가능하고, 올바른 교육관과 효과적인 교수법은 이런 연구의 성과에 기초해야 한다는 점이다.

심리학적 계발주의는 교수법과 교실의 분위기를 개선하고, 교사의 성격과 역할을 개선하고, 나아가 교육의 본질에 관한 보다 포괄적이고 진실한 개념을 보급하는 데 기여했다. 페스탈로치, 헤르바르트, 프뢰벨 등은 독자적인 교육이론을 가지고 실천에 옮긴 대표적 교육사상가들이다.

우연적이다. 세계는 인간이 만들어 낸 언어와 개념적 틀에 의해 어떤 모습으로 파악되고 해석될 뿐이다. 그러므로 우리는 새로운 개념과 새로운 언어게임을 통하여 세계를 다양한 각도에서 해석하고 이해할 수 있다.

넷째, 포스트모더니즘은 인간 주체나 개별적인 자아에 대해 깊은 회의를 갖는다. 데카르트 이후 개별적 자아는 역사나 사회적 상황에 별로 구애됨이 없이 자유롭게 사고하고 판단할 수 있었다. 그러나 포스트모더니즘 철학자들은 이런 자율적 이성을 신뢰하지 않는다. 합리적 이성을 소유한 인간의 주체성이 후기 자본주의 사회에 이르러 거의 다 소멸되었다는 회의주의가 포스트모더니즘의 밑바탕에 깔려있다. 주체를 상실한 포스트모던 시대의 인간은 '이성적 자아의 해체' 또는 '저자의 죽음' 등으로 표현된 바 있다.

다섯째, 포스트모더니즘은 각 집단의 사회 문화적 배경과 전통을 중요시한다. 포스트모더니즘의 사고방식은 기존의 모든 지식과 가치관 및 전통을 우연적이며 임의적인 것으로 간주한다. 다양한 언어 게임, 다양한 가치관, 다양한 지식이 존재할 수 있는 것은 인간의 다양한 삶의 전통이 있기 때문이라고 본다. 세계에 대한 우리의 인식은 전통의 우연성과 상대성을 배경으로 하고 있으며, 바로 그런 전통 속에서만 우리는 인간으로 성장할 수 있다고 본다. 그래서 포스트모더니즘은 자신이 태어나고 자라난 사회와 문화를 배경으로 하여 각 개인이 의미 있는 인식과 대화의 주체가 될 수 있다고 본다.

② 교육적 의의

포스트모더니즘의 영향은 오늘날 문화 전반에 퍼져있지만, 교육에서는 그 영향을 대체로 부정적인 시각에서 보고 있다. 왜냐하면 교육의 이론과 실천은 근본적으로 모더니즘적 사고와 언어를 토대로 하고 있기 때문이다. 말하자면, 전통적으로 교육이 추구해 온 것은 세계에 대한 객관적 지식과 보편적 가치였으며, 학생들은 교육을 통해 비판적인 이성 능력을 기르고 세계를 객관적으로 이해할 수 있게 된다고 인식되어 왔다. 교육을 통해 자율적이고 합리적인 개인은 물론 자유롭고 풍요롭고 진보된 사회도 만들어 낼 수 있다는 계몽주의적 이상은 교육의 밑바탕에 깔려있는 기본 신념이었다.

포스트모더니즘의 관점에서 보면, 학교에서 가르치는 지식이나 신념체제는 특정한 사회 문화적 맥락에서 형성된 것이므로 세계에 대한 객관적인 이해가 될 수 없다. 교육을 통해 정전으로 신봉되는 표준화된 지식들은 특정한 계층이나 인종이나 성의 관점에서 기록된 것에 불과하다. 따라서 지식의 객관성과 보편성, 이성의 순수성과 자율성에 대한 가정을 바탕으로 한 전통적인 교육의 관념은 수정되어야 한다.

포스트모더니즘과 관련된 교육의 논의는 1980년대 말부터 본격화되고 있다. 교육학에서 주로 관심을 기울이는 포스트모더니즘의 주제는 라깡이 분석한 주체성과 지식과 문화-언어 체제, 푸코가 분석한 담론과 권력-지식 관계, 데리다가 분석한 기호와 텍스트, 리오타르가 분석한 '대서사'와 수행성 등이다(S. J. Ball ed., 1990; R. Usher & R. Edwards, 1994).

포스트모더니즘은 전통적인 의미에서의 한 사상체계가 아니고, 통일된 운동으로 전개된 것도 아니므로, 교육의 목적이나 내용이나 방법에 대한 구체적인 제안을 찾기 힘들다. 포스트모더니즘의 주요 논의 주제들과 관련하여 교육이 관심을 기울일 만한 것들을 다음과 같이 정리할 수 있다.

첫째, 교육 내용의 성격에 관한 문제이다. 전통적으로 교육이 포함하는 지식은 객관적이고 확실한 것으로 인식되었으며, 교육이 추구하는 가치는 절대적이거나 보편적인 것으로 인식되었다. 그러나 포스트모더니즘은 그런 지식관과 가치관을 거부한다. 포스트모더니즘의 관점에서 볼 때, 세계나 사물에 관한 지식은 인간이 지닌 관심과 동기, 편견과 선입견, 신념과 가치관, 언어와 담론 형식, 기존의 지식과 경험, 그리고 이론과 관점들이 복합적으로 작용함으로써 만들어진 것이다. 그런 지식의 성격은 상대적일 수 밖에 없다. 이것은 각각의 다른 관심과 문화적 맥락에서 생성된 지식은 각각의 맥락에서 정당성을 갖는다는 논리를 형성한다. 이것은 보편타당한 것으로 간주되었던 교과 지식의 성격을 전반적으로 재검토하고 재인식할 필요가 있음을 시사한다.

둘째, 교육과정의 운영에 관한 문제이다. 교육이 단일하고 보편적인 지식과 가치를 전달하는 것이 아니라면, 단일한 교육과정을 구성하기는 어려울 것 같다. 이런 관점에서, 학교의 교육과정은 사람들의 다양한 관심과 가치를 존중하고 반영할 수 있는 것이어야 한다. 전통적인 교육과정은 지식 자체의 논리적 성격에 따라 교과를 분화시켜 왔다. 그러나 포스트모더니즘은 지식의 논리적 특성보다는 그것이 구성된 사회적 문화적 맥락에 초점을 둔다. 포스트모더니즘은 다양한 가치가 서로 갈등하는 사회현실을 직시하고 그 근거를 파헤친다. 포스트모더니즘은 교육과정을 구체적으로 제시하지는 않지만, 기존의 교육과정의 문제점들을 심각하게 비판한다.

셋째, 학교의 문화적 환경에 관한 문제이다. 포스트모더니즘의 관점에서 보는 세계는 매우 다채롭다. 다양한 가치와 신념이 각 문화집단의 맥락에 따라 존재한다. 현대 사회는 수많은 '작은 이야기들'이 각 영역에서 각각 다른 소리를 낸다. 이런 다원성을 인정하고 존중하는 것이 포스트모더니즘의 기본 입장이다. 보편적인 지식과 표준적인 가치관을 전달하고자 했던 전통적인 학교들은 다양한 '작은 이야기들'에 별로 관심을 기울이지 않았다. 관심을 갖더라도 그것을 존중하기 보다는 교과의 운영이나 사회의 통합을 저해하는 위험요소로 간주하기 십상이었다. 포스트모더니즘의 관점에서 볼 때, 학교는 사회 문화의 다양성과 다원성에 보다 민감해야 한다. 학교는 교사나 학생이나 지역사회의 다양한 가치관과 신념들을 존중해야 한다. 특히 학생 집단의 새로운 문화 유형들에 더 세심한 관심을 기울일 필요가 있다.

정 리

요 약

1. 교육에 중요한 영향을 미친 전통 사상으로는 관념론, 실재론, 프래그머티즘 등이 있다.
2. 관념론은 인간을 정신적인 존재로 보고, 인간성 안에 있는 가장 좋은 것을 계발할 것을 주장한다. 실재론은 실재하는 세계를 객관적으로 인식할 것을 주장한다. 프래그머티즘은 가변적인 세계에 적응하기 위해 지속적으로 경험을 재구성할 것을 주장한다.
3. 20세기에 형성된 미국의 교육사상으로 진보주의, 본질주의, 항존주의, 재건주의가 있다.
4. 진보주의는 과거의 권위적인 교육에서 벗어나 아동의 흥미를 존중하는 교육을 주장했다. 본질주의는 문화유산의 정수를 담은 기본적인 교과의 습득을 강조했다. 항존주의는 영원한 진리를 배울 수 있도록 이성을 개발할 것을 주장했다. 재건주의는 교육이 힘을 발휘하여 문화의 위기를 극복할 것을 주장했다.
5. 교육 외부에서 형성되어 교육에 큰 영향을 미친 사상으로는 실존주의, 분석철학, 비판이론, 포스트모더니즘 등이 있다.
6. 실존주의는 인간의 실존적인 모습을 적나라하게 드러내고, 각 개인이 자신의 삶을 주체적으로 살아갈 수 있게 하는 교육을 강조했다. 분석철학은 언어의 의미를 명료화함으로써 혼란된 사고를 바로잡을 것을 강조했다. 비판이론은 현대 교육의 이데올로기적 성격을 드러냄으로써 기존 교육의 불평등과 부정의를 치유할 것을 강조했다. 포스트모더니즘은 지식과 가치의 우연성, 역사성, 상대성을 확인시킴으로써 근대적 교육패러다임을 해체할 것을 주장했다.

연구 및 토론문제

1. 관념론, 실재론, 프래그머티즘의 토대가 된 형이상학을 비교해 보자. 인간의 본성, 궁극적 실재, 지식의 성격에 대해 이 세 가지 사상은 각각 어떻게 설

명하는가?

2. 진보주의, 본질주의, 항존주의, 재건주의의 토대가 된 철학은 각각 무엇인가?
3. 진보주의, 본질주의, 항존주의, 재건주의가 교육의 발전에 공헌한 점은 무엇인가?
4. 실존주의는 현재 한국의 교육에 어떤 시사를 주는가?
5. 분석철학이 강조한 '언어의 명료화'는 교육학의 발달에 어떻게 기여했나?
6. 비판이론의 주장은 오늘과 같은 '탈이데올로기 시대'에도 여전히 유효한가?
7. 포스트모더니즘의 지적대로 지식이 우연적, 상대적, 역사적이라면 학교의 교과는 어떻게 구성해야 하는가?
8. 주체, 진보, 자유 등과 같은 근대의 이념들은 오늘날 교육의 세계에서 어떻게 다루어지고 있는가? 우리의 교육은 모던(modern)한가? 아니면 포스트모던(post-modern)한가? 어느 쪽으로 가야 하는가?

읽을거리

김정환(1982). 교육의 철학과 과제. 서울, 박영사.

조화태(1993). 포스트모더니즘의 이해와 한국 교육이론의 과제. 한국교육학회 교육철학연구회, 교육철학 제11호.

Degenhardt, M. A. B.(1982). Education and the Value of Knowledge(성기산 역, 교육과 지식의 가치. 서울, 문음사. 1987).

Gibson, R.(1986). Critical Theory and Education(이지헌 외 역, 비판이론과 교육. 서울, 성원사, 1990).

Kneller, G. F.(1971). Introduction to the Philosophy of Education(정희숙 역, 교육철학이란무엇인가. 서울, 서광사, 1990).

Ornstein, A. C.(1997). An Introduction to the Foundations of Education. Chicago, Rand McNally College Publishing Co.

제8장 교육과 가치

개관

교육의 과정에는 어느 단계에서나 가치 판단이 이루어진다. 교육의 목적을 정할 때부터 어떤 가치를 추구할 것인지를 결정해야 하고, 그 목적을 실현해 가는 과정에서도 어떤 내용과 방법이 좋은지 결정해야 한다.

교육의 과정을 통해 학생들은 다양한 가치를 획득해야 한다. 다양한 영역의 활동들에 참여할 수 있어야 하고, 다양한 가치들을 자신의 인격으로 통합해야 한다.

가치 판단은 사실 그리 쉽게 이루어지지 않는다. 동일한 사태에서도 여러 가치 주장들이 충돌하고 갈등하기 때문에, 이를 조정하기가 쉽지 않다. 윤리학의 몇 가지 이론들을 검토해 보면, 가치 판단에 대해 얼마나 색다른 주장들이 제기되고 있는지 금방 확인할 수 있다.

교육에서 가치의 문제가 가장 먼저, 가장 심각하게 제기되는 부분은 교육의 목적을 정할 때이다. 교육의 목적을 교육 안에서 찾을 것인지 아니면 교육 밖에서 찾을 것인지에 대해 논란이 있다. 또 교육의 목적을 개인적인 차원에서 고려할 것인지 사회적인 차원에서 고려할 것인지에 대해서도 논란이 있다. 교육 자체의 가치는 어떻게 정당화되는지에 대해서도 논란이 있다.

탐색

· 교육을 통해 성취해야 할 가장 중요한 인간 특성은 무엇인가?
· 어떤 활동의 교육적 가치를 판단하는 기준은 무엇인가?
· 교육은 이 사회에서 주로 어떤 기능을 담당하고 있는가?
· 나는 개인적으로 교육의 목적을 어디에 두고 있나?

중심개념

교육의 가치지향성, 가치 형성, 가치 판단, 절대적 가치, 상대적 가치, 교육의 목적, 내재적 목적, 외재적 목적, 개인적 목적, 사회적 목적, 행복, 자아실현, 전인적 발달, 수단적 정당화, 내재적 정당화

1. 교육의 가치지향성

교육은 사람들에게 가치 있는 것을 전달하고, 사람들을 가치 있는 활동에 참여시킨다. 교육의 개념 속에는 가치 요소가 포함되어 있다. 교육은 개념상 가치를 추구하는 활동이다. 교육은 사람들이 가치 있는 것들을 성취할 수 있도록 도우며, 교육적으로 의미 있는 활동들은 가치의 판단과 선택에 의해 이루어진다.

교육에서 가치의 판단과 선택의 문제는 교육의 전반적인 과정 속에서 제기된다. 교육의 과정은 우선 특정 가치에 입각하여 교육이 의도하는 목적이나 방향을 정하고, 그것을 실현하기 위해 가치 있는 교육내용을 선정하여 조직하고, 교육적으로 바람직한 방법을 선택하여 적용하고, 교육의 결과를 애초의 목적에 근거하여 의해 평가하는 과정이다. 이 모든 과정은 가치 판단과 선택을 포함한다. 교육은 가치를 판단하고 선택하고 추구할 뿐만 아니라, 모종의 가치판단 기준에 의해 그 과정과 결과가 평가되는 가치기업(value enterprise)이다.

인간의 모든 의도적인 행위는 가치의 판단과 선택을 포함하기 때문에, 항상 가치의 문제에 부딪히게 되어 있다. 교육에서 제기되는 가치의 문제는 두 가지 중요한 특징이 있다.

첫째로, 교육은 가치 판단과 선택의 주체인 인간을 대상으로 한다. 모든 피교육자는 인격적인 존재이며 대개 미성숙자이다. 피교육자는 교육을 통해 제공되는 경험에 의해 중대한 영향을 받는다. 교육은 단기간에 끝나는 것이 아니라 장기간에 걸쳐 이루어지며, 학교와 같이 거대하고 전문적인 조직을 통해 계획적으로 수행된다. 피교육자는 교육을 통해 자신의 성격과 도덕성과 사회성을 기르며, 지식과 기능과 제반 능력들을 발달시킨다. 그래서 교육을 담당하는 교육자들에게는 그들이 수행하는 모든 교육활동에 대해 도덕적인 책임이 부과된다.

교육자뿐만 아니라 모든 교육의 과정에는 윤리적인 원칙이 적용된다. 어떤 과제를 학습하게 하는 매우 효율적인 방법이 발견되더라도, 그것이 피교육자의 인격을 무시하거나 기타 윤리적인 원칙에 위배되면, 교육의 방법으로 사용될 수 없다. 교육의 과정은 도덕적이어야 한다. 왜냐하면 교육의 대상이 가치 판단의 주체인 인격적 존재이기 때문이다.

둘째로, 교육은 인간의 삶에서 의미 있는 것으로 간주되는 모든 유형의 가치들을 포함한다. 인간이 보편적으로 추구하는 가치의 종류는 생리적 가치, 경제적 가치, 정서적 가치, 사회적 가치, 지적 가치, 심미적 가치, 도덕적 가치, 종교적 가치 등으로 분류할 수 있다. 인간 활동의 각 영역은 이 가치들을 부분적으로 포함하나, 대개 특정 영역의 가치를 집중적으로 추구한다. 예컨대 경제 활동은 경제적 가치를 추구하고, 예술 활동은 심미적 가치를 추구하며, 과학 활동은 지적 가치를 추구한다. 그러나 교육은 이 모든 가치들을 포괄하며, 피교육자가 이 가치들을 올바로 인식하고 제대로 추구할 수 있도록 돕는다. 교육은 전인적인 인간을 형성하고자 한다.

이 두 가지 특징에서 따라오는 문제는 다음 두 가지이다. 하나는 가치형성을 위한 교육의 문제이고, 다른 하나는 교육활동에서의 가치 판단의 문제이다.

앞의 문제는 피교육자의 가치형성을 위하여 어떻게 교육할 것인지의 문제이다. 가치형성을 위한 교육은 가치 교육이라 불리며 흔히 도덕 교육의 문제로 국한되어 왔다. 그러나 인간이 추구하는 가치는 매우 다양하며, 이 다양한 가치를 추구할 수 있도록 하는 교육은 도덕 교육에 국한되지 않는다. 따라서 가치형성을 위한 교육은 도덕 교과에 한정될 것이 아니라 모든 교과를 통해 이루어져야 한다. 실제로 모든 교과에는 어느 정도의 도덕적 차원이 포함되어 있다. 예를 들어, 지적인 성실성이나 책임감 있는 과제 수행 등은 일반 교과 활동에 공통으로 요구된다. 교과 교육은 각 교과 특유의 가치를 추구하면서도, 어느 정도 도덕적 가치를 추구할 수 있다. 이런 점에서 '모든 교육은 도덕 교육이다'는 말이 성립될 수 있을 것이다.

뒤의 문제는 교육의 목적과 내용과 방법이 어떤 가치에 입각해 있는지, 또는 어떤 가치에 입각해 있어야 하는지의 문제이다. 무엇을 가르칠지, 어떻게 가르칠지를 결정해야 하는 사태는 가치 판단과 선택이 요구되는 사태이다. 교육은 항상 이런 문제로 씨름해 왔으며, 교육이 지속하는 한 이런 문제는 없어지지 않는다.

교육에서 가치를 판단하고 선택하는 일은 불가피하다. 그러나 이 일은 교육적 가치 판단의 기준이 명확히 설정되어 있지 않기 때문에, 몹시 어려운 문제이다. 교육적 가치 판단은 기준은 임의로 설정될 수 있는 것이 아니며, 어딘가에 절대적인 기준이 존재하는 것도 아니다. 그것은 교육에 관계하고 있는 사람들의 공적인 합의를 통해 결정해야 하는 것이다.

아마도 교육적 가치 판단의 기준을 설정하는데 도움이 될 만한 몇 가지 단서가 있다. 우선, 교육의 역사를 해석함으로써 그 기준을 유추할 수 있다. 예를 들어, 플라톤의 경우에, 교육적 가치 판단의 기준은, 개인에게는 이데아를 볼 줄 아는 안목을 열어주고 공동체에게는 정의로운 사회질서를 형성해 주는가의 여부일 것이다. 루소의 경우, 그 기준은, 아동 개인의 타고난 본성을 자유롭게 발휘할 수 있게 해주는가의 여부일 것이다. 우리는 역사상 다른 시대의 다른 사례를 통해서도, 우리가 선택할 만한 교육적 가치 판단 기준을 유추해 볼 수 있다.

피터스가 제시한 교육의 개념적 기준(R. S. Peters, 1966)

피터스에 따르면, 교육의 개념을 파악하기 위해서는 '교육받은 사람'이 성취한 마음의 특성을 분석해야 한다. '교육받은 사람'이 성취한 것은 일차적으로 '가치'와 '지식'이다. 그리고 이것들을 성취하는 과정에 지켜야 할 '과정상의 기준'이 있다.

① **가치기준** : '교육받은 사람'은 가치롭고 바람직한 뭔가를 획득한 사람이다.
② **지식기준** : '교육받은 사람'은 폭 넓고 깊이 있는 지식을 획득한 사람이다.
③ **과정기준** : 교육의 과정은 교육적으로 가치 있는 성취를 가져와야 하고, 그 과정에서 학습자의 의식과 자발성을 침해하지 말아야 한다.

둘째로, 그 기준은 교육의 개념 속에서 찾을 수 있을 것이다. 교육의 개념은 무엇이 교육적인 것인지에 대한 판단의 기준을 제시해 준다. 사실 교육의 개념 자체가 분명히 정의되기 어렵기 때문에, 이 일은 결코 쉬운 일이 아니다. 이 점에서 교육의 개념적 기준을 제시한 피터스(R.S. Peters)의 시도는 매우 의의 있는 것이었다. 만일, 교육의 개념이 보편적인 수준에서 정의되기는 어렵더라도, 특정 국가나 문화권 안에서 수용될 수 있는 수준에서 정의될 수 있다면, 우리는 그것을 기준으로 삼을 수 있을 것이다.

셋째로, 그 기준은 교육이 이루어지고 있는 실제적인 상황 속에서 찾을 수 있을 것이다. 교육의 실제적인 상황은 일정한 시간 안에 해결해야 할 구체적인 과제를 가지고 있기 마련이며, 그 과제의 성격을 파악하고 적절한 해결 방안을 모색하는 일은 실제로 교육을 실천해 가는 사람들이 적임자이다. 따라서 교육적 가치 판단의 기준은 구체적인 상황에서 교육을 실천해 가는 사람들의 교육적 통찰에서 나올 수 있다.

구체적인 교육상황에는 매우 많은 요인들이 복잡하게 서로 얽혀있다. 적절한 교육적 가치 판단을 하기 위해서는 교육의 개념에 대한 명확한 인식은 물론, 교육상황에서 작용하는 요인들의 영향력에 대한 인식도 요구된다. 예를 들면, 인간의 기본적인 생존 조건, 피교육자의 개인적 요구와 적성, 사회적 상황과 이념, 기타 교육에 영향을 미치는 세력들에 대한 인식은 교육적 가치 판단을 내리는 데 도움이 되는 것들이다.

2. 가치설과 교육

철학자들은 오랫동안 가치의 본질과 가치판단의 기준에 대해 연구해 왔다. 가치는 주관적인지 객관적인지, 변화하는 것인지 영원불변하는 것인지, 높은 가치와 낮은 가치의 위계적 구조가 있는지 없는지 등에 대해 해명하려고 노력해 왔다. 그 결과 다양한 유형의 이론들이 만들어졌다.

우리는 가치의 본질에 관한 윤리학의 이론들을 통해 교육적 가치 판단에 대한 몇 가지 시사를 발견할 수 있다. 고대의 윤리학은 모든 가치에 대한 포괄적인 설명을 제공했지만, 근대 이후의 윤리학은 행위의 규칙에 국한된 설명을 제공한다. 윤리학에서 선과 악을 판단할 수 있는 절대적 근거가 있다고 보는지 없다고 보는지에 따라, 절대적 윤리설과 상대적 윤리설로 구분할 수 있다.

1) 절대적 윤리설

인간의 행위 규범이나 삶의 목적을 제시하려는 윤리설 중 가장 역사가 깊은 것은 형이상학적 윤리설이다. 플라톤 등의 관념론적 윤리설과 아리스토텔레스 등의 실재론적 윤리설이 이에 해당한다.

관념론자에게 있어서 가치와 윤리는 절대적이다. 그들에게 있어서, 진선미는 궁극적 가치이며, 시대와 사회에 관계없이 영원불변한다. 이것들은 인간에 의해 만들어진 것이 아니라 우주의 본질 그 자체이다.

관념론에 따르면, 학생들은 영원불변한 가치들을 인식하고, 그 가치들을 추구하며 살아가는 법을 배워야 한다. 학생들은 그 가치들을 추구하면서 우주의 궁극적인 정신적 질서를 배워야 한다. 나아가 우주의 위대한 정신세계와 조화를 이루며 살아가야 한다. 따라서 교사는 학생들을 정신적인 존재로 존중하고, 그들로 하여금 우주의 궁극적인 질서에 따라 진선미를 추구하면서 살아가도록 지도해야 한다.

실재론에서도 영원불변하는 궁극적인 가치가 있다고 주장한다. 아리스토텔레스는 우주의 모든 사물들이 수단과 목적의 관계로 서로 연결되어 있다고 보고, 그 연결구조의 최고 종점에 오직 목적으로만 존재할 뿐 결코 수단으로 존재하지 않는 궁극적인 가치를 설정했다. 그것은 최고선(the Good), 곧 행복(eudaimonia)이다.

아리스토텔레스에 의하면, 최고선은 인간의 고유한 기능인 이성을 최고로 발휘할 때 실현할 수 있다. 다시 말해서, 인간이 행복한 삶을 영위하기 위해서는 이성을 최고의 수준까지 개발해야 한다. 이런 논리에 따르면, 교육의 가장 우선적인 과제는 이성의 개발이다. 교사는 학생들에게 자연 세계와 인간 세계의 보편적인 법칙을 깨우쳐 주고, 그 법칙에 따라 살도록 지도해야 한다.

형이상학적 윤리설은 나름대로 체계적으로 조직된 이론이긴 하지만, 그들의 형이상학적 신념에 동조하지 않는 사람들은 그들의 가치판단 기준과 윤리적 권고를 받아들이지 않을 수 있다. 다른 가치관을 가진 사람들은 다른 행위의 규칙을 주장할 것이다.

근대에 들어와 벤담(J. Bentham)이나 밀(J. S. Mill)과 같은 공리주의자들은 자연주의적 윤리설을 주장했다. 자연주의적 윤리설은 인간이 경험할 수 있는 자연적인 사실을 근거로 삼아, 인간이 마땅히 따라야 할 행위의 규범을 추론해 내는 윤리설이다. 그들은 "인간은 쾌락을 원하고 고통을 싫어한다."는 심리적 사실에 근거하여, "쾌락을 증진시키고 고통을 줄이도록 행동하라."는 행위 규범을 제시한다. 자연주의 윤리설에 따르면, 쾌락을 증진시키거나 고통을 감소시키는 행위는 선하고, 그 반대의 경우는 악하다.

자연주의적 윤리설은 학생들이 이해하기 쉬운 편이다. 어린 학생이라도 자신의 심리적인 경험에 비추어 즐거운 일과 괴로운 일을 기준으로 옳은 행위와 그른 행위를 구분할 수 있을 것 같다. 어떤 이들은 "고통스럽지만 가치 있는 일이 있고, 즐겁지만 무가치한 일이 있다."는 주장으로써 자연주의적 윤리설을 논박한다. 그에 대해 공리주의자들은 장기적으로, 또한 사회 전체로 보아, 쾌락의 양을 증진시키는 행위를 하라고 한다. '최대다수의 최대 행복'이 그들의 도덕적 격률이다.

한편, 칸트(I. Kant)나 프라이스(R. Price)와 같은 철학자들은, 행위 규범은 선천적인 능력을 통해 직접적으로 파악되는 것이지, 경험적 사실을 근거로 추론되는 것이 아니라고 주장한다. 이런 윤리설을 직각론적 윤리설이라 한다.

직각론적 윤리설에 의하면, 선악의 가치는 대상 자체에 깃들어 있는 객관적 실재이며, 정상적인 사람은 선악을 판단할 수 있는 능력을 선천적으로 가지고 있다. 칸트에 따르면, 모든 사람은 실천이성을 선천적으로 가지고 있으므로, 어떻게 행위해야 하는지를 규정하는 실천법칙을 알 수 있다. 칸트는 이 실천법칙을 따르고자 하는 동기와 의무감을 선의지(善意志)라 불렀다. 그에 의하면, 선의지에 따른 행위가 선한 행위이다.

2) 상대적 윤리설

가치의 상대성을 주장하는 대표적인 입장은 프래그머티즘이다. 프래그머티즘에서는 궁극적 실재, 보편적 진리, 영원불변의 가치 같은 것을 인정하지 않는다. 오히려 시대와 사회의 변화에 따라 가치도 변한다고 본다.

프래그머티스트들은 어떤 관념의 진위를 검증하는 것과 동일한 방법으로 가치를 검증해야 한다고 주장한다. 즉 인간이 생활하면서 겪게 되는 무수한 문제들에 대해, 우리는 과학적이고 객관적인 검토를 통해 효과적인 해결 방안을 찾아야 하고, 효과적인 해결을 가져다주는 것에 대해 가치 있다고 판단할 수 있다는 것이다.

듀이(J. Dewey)에 의하면, 인간은 환경과의 상호작용을 통해 살아가면서 어떤 곤란에 부딪힐 때, 그 문제 상황을 해결하고자 하는 과정에서 가치가 발생한다. 다시 말해, 문제 상황에서 여러 가지 해결 방안들을 탐색하고 비교하고 결과를 예견함으로써, 문제 해결에 가장 도움이 되는 가치 있는 방안을 선택하게 된다. 이처럼 행동의 결과를 예견하고 비교한 결과로 생기는 것이 가치이다. 결국 인간의 경험과 무관한 가치란 있을 수 없다. 가치는 기본적으로 인간의 욕구나 경험에 따라 상대적으로 결정된다.

상대적 윤리설의 다른 사례로 정서주의 윤리설을 들 수 있다. 정서주의 윤리설은 논리적 실증주의의 기본 관점을 윤리학에 적용한 것이다. 논리적 실증주의에 의하면, 어떤 진술의 진위는 경험적으로나 논리적으로 검증될 수 있어야 한다. 그런데 가치 진술은 경험적 사실을 진술한 것도 아니고 어떤 개념들 간의 논리적 관계를 진술한 것도 아니다. 예를 들어, "남의 물건을 훔쳐서는 안 된다."와 같은 가치 판단에 관한 진술은 어떤 사실을 알려주는 것이 아니라, 그 말을 한 사람의 감정을 표현한 것에 지나지 않는다. 이런 진술은 발언자의 감정을 표출하거나 청취자의 감정을 유발하는 구실을 할 뿐이다. 이런 진술은 형이상학적 진술과 마찬가지로 진위를 검증할 수 없다. 논리실증주의에서는 진위 검증이 불가능한 진술을 무의미한 진술로 규정하고, 그런 진술로 구성된 이론에 학문의 자격을 부여하지 않는다. 이런 입장에 서 있는 카르납(R. Carnap), 아이어(A. J. Ayer) 등에 의하면 윤리학은 학문으로 성립할 수 없다.

스티븐슨(C. L. Stevenson)은 다소 다른 주장을 한다. 그에 의하면, 가치 진술에는 정서적 의미와 함께 서술적 의미도 들어 있다. 예를 들어, "약속을 지켜야 한다."와 같은 규범적 진술은 "약속을 어기면 신용을 잃는다."와 같은 사실에 관한 의견을 담고 있다. 동시에 "나는 약속을 지키지 않는 사람을 미워한다."와 같은 심리적 태도도 표현하고 있다. 이로서 이 말을 듣는 이에게 동일한 감정을 가질 것을 촉구하고 있다. 가치 판단에 있어서 사람들 간에 불일치가 있다면, 거기에는 가치 진술에 대한 심리적 '태도의 불일치'가 반드시 있으며, 대개의 경우 객관적 사실에 대한 '의견의 불일치'도 있을 수 있다. 윤리적인 문제를 해결하려면 이런 두 가지 불일치를 구분할 수 있어야 한다. 그리고 의견의 불일치를 해소하려면 사실에 관한 정보를 공유함으로써 합의에 이르도록 노력해야 하며, 태도의 불일치를 해소하려면 감정적인 호소나 설득과 같은 방법을 통해 태도의 변화를 유도해야 한다.

오늘날은 다양한 가치가 인정되고 존중되는 가치 다원화 사회라 할 수 있다. 세계화의 조류 속에서 국가 간에 인적, 물적 교류가 광범위하고도 급속하게 진행되고 있다. 다양한 문화적 배경을 가진 사람들이 같은 공간에서 활동하는 사례도 빈번해 지고 있다. 이에 따라 가치 기준의 다양성, 가변성, 상대성이 폭 넓게 수용되고 있다. 이에 반해, 절대적 가치에 대한 주장은 시대에 뒤떨어진 것처럼 여겨지기도 한다.

그러나 윤리적 상대주의에 내재된 몇 가지 문제는 경계해야 한다. 우선 가치 판단의 문제는 주관적이고 상대적이기 때문에 개인적으로 해결해야 할 문제라고 간주할 수 있다. 가치의 문제를 순전히 개인적인 문제로 돌리게 되면, 공공선에 관한 합리적인 논의나 공동 노력이 어려워진다. 또한 가치의 문제에 대한 진지한 태도가 약화됨으로 인해, 가치의 혼란은 물론 공동체의 생활양식이 급속히 와해될 수 있다.

인간은 가치 판단의 문제는 피할 수 없다. 교육의 경우에는 더욱 그러하다. 가치 판단의 문제에 대한 합리적인 태도를 견지하지 못하면, 결국 감정과 힘에 의해 가치가 결정될 수밖에 없다. 비이성적인 권력이 가치 결정을 좌우하게 된다는 말이다. 교육의 목적과 방법을 선택하는 문제에 대해, 국민적 합의가 아니라 특정 권력이 정답을 독점하는 경우, 그런 교육은 재앙이 되고 말 것이다.

3. 교육의 목적

1) 교육에서 목적의 기능

교육은 의도적인 활동이므로 목적을 가지고 있다. 교육이 의도하는 목적은, 앞에서 지적한 바와 같이, 교육적 가치 판단에 의해 결정된다. 교육적 가치 판단을 하는 일은 매우 어려운 일이지만, 교육에서 필수적으로 요청되는 일이다.

교육적 가치 판단에 따라 진술된 교육의 목적은 몇 가지 중요한 기능을 한다(이돈희, 1988 : 121-2). 첫째로, 그것은 교육의 과정에 방향을 제시한다. 교육과정을 구성하고 교육방법을 정하고 평가의 방법을 정하고 교사를 양성하는 모든 과정에서 교육의 목적은 판단의 기준을 제공한다. 이런 기준에 근거한 교육적 판단과 선택이 교육의 방향을 결정하게 된다. 둘째로, 그것은 교육에 참여하는 사람들에게 동기를 유발한다. 교육자와 피교육자는 자신이 참여하는 행위의 의미와 가치를 인식함으로써 그 활동에 적극적으로 참여하게 된다. 셋째로, 그것은 교육의 결과에 대한 평가의 기준을 제공한다. 교사의 수업과 학생의 학습이 얼마나 성공적이었는지를 평가하기 위한 기준은 애초에 설정된 교육의 목적이다.

그러나 교육의 목적이 교육을 실천하는 사람들에게 언제나 명확하게 인식되고 있는 것은 아니며, 추구하는 목적이 쉽사리 성취되는 것도 아니다. 교육활동은 계획적이고 조직적으로 수행되는 매우 심각한 활동이면서도, 그것이 성취하고자 하는 목적이 분명히 파악되지 않고 있다는 점은 아이러니이다. 사태가 이렇게 된 까닭은 교육의 목적이 대대분 매우 포괄적이고 추상적인 개념으로 표현되기 때문일 것이다. 그런 개념으로 표현되는 목적은 구체적으로 어떤 활동을 통해 어느 방향으로 나아가야 하는지 명확히 지시하지 못할 뿐 아니라, 그런 목적에 도달하기까지 걸리는 시간도 매우 길며, 또한 목적에 도달했는지 아닌지 판단하기도 매우 어렵다.

2) 내재적 목적과 외재적 목적

교육의 목적이 교육 안에 있는지 밖에 있는지에 대해 교육학자들 간에 많은 논의가 있었다. 피터스와 같은 교육철학자들은 교육의 목적이 교육 안에 있다는 점을 분명히 했다. 피터스에 따르면, 교육의 목적은 교육의 개념 속에 이미 함축되어 있다. 교육의 목적이 무엇인지 묻는 것은 교육의 의미가 무엇인지 묻는 것과 같다. 교육은 성취해야 할 목적을 따로 가지고 있는 어떤 활동의 과정이 아니라, 그 활동 과정이 도달된 상태를 가리키는 말이다. 그것은 교육의 세 개념적 기준들을 충족시킨 상태이다. 즉 교육의 개념은 세 개념적 기준들을 통해 분명해지며, 교육의 목적은 이 개념적 기준들을 충족시키는 것 외에 따로 있는 것이 아니다. 다시 말하면 교육의 목적은 교육의 바깥 어딘가에 있는 것이 아니라 바로 교육 그 자체가 목적이다.

교육이 그 자체로 목적이라면, 교육의 목적이 무엇인지 묻는 것은 매우 어색하다. 왜냐하면 우리는 어떤 활동이 그 자체를 위해 수행될 때 그 활동의 목적이 무엇인지 묻지 않기 때문이다. 예컨대, 우리는 낚시를 그 자체로 즐기는 사람에게 낚시를 즐기는 목적이 무엇인지 묻지 않는다. 사실 '목적'이라는 말은 의도적으로 하는 행위나 활동을 가리킬 때 쓰는 말이며, 다른 것을 성취하는 데 수단이 되는 행위에 적용되는 말이다. 그런데 교육이 다른 무엇을 위한 수단이 아니라 그 자체로 목적이라면, 교육의 목적이 무엇인지 묻는 사람은 교육의 개념에 대해 뭔가 오해를 하고 있는 사람일 것이다.

피터스의 논의의 핵심은 교육의 목적이 교육에 내재해 있다는 것이다. 그러나 모든 사람들이 그렇게 생각하고 있는 것은 아니다. 그린(T. Green)은 피터스와 정반대로 교육의 외재적 가치를 주장하였다(1968 : 62). 그에 의하면, 교육은 하나의 도구와 같아서 인간이 선택하는 어떤 목적을 위해서도 이용될 수 있다. 교육은 야만인을 기르는 데나 문명인을 기르는 데나, 또한 영웅적 가능성을 발휘하게 하는 데나 비겁자로 만드는 데나 어디에나 이용될 수 있다.

많은 사람들은 그린과 같이 교육의 목적은 교육의 바깥에 있다고 생각한다. 즉 사람들은 대개 교육을 다른 어떤 것을 성취하기 위한 수단이라고 생각한다. 사람들은 교육을 통해 성취하고자 하는 것이 무엇이든, 예컨대 그것이 높은 지위든 부든 명예든 또는 민주화든 경제개발이든 국제경쟁력이든 관계없이, 교육은 그것을 얻는 데 사용되는 도구에 지나지 않는다고 생각한다. 말하자면 그들은 교육의 내재적 가치를 보지 못하고 외재적 가치만 열심히 추구한다.

교육의 내재적 가치와 목적은 외재적 가치와 목적보다 우선된다. 교육은 무엇보다도 인간을 형성하고 발달시키는 과정이기 때문이다. 본래 인간은 어떤 가치를 실현하기 위한 수단이 아니라, 그 자체로 절대적 가치를 갖는 목적적인 존재로 존중되어야 한다. 교육은 목적적 존재인 인간을 대상으로 하는 활동이며, 무엇보다도 '인간의 발달'을 추구하는 활동이다. 인간의 발달이라는 목적은 교육이 그 자체로 추구하는, 교육에 내재된 목적이다.

교육이 정치적 목적이나 경제적 목적과 같은 다른 목적을 실현하는 데 이용될 수 있는 까닭은 교육이 인간을 발달시키기 때문이다. 올바른 신념을 획득하고, 건전한 습관을 형성하고, 다양한 지식과 기능을 습득하고, 도덕적 성품을 갖추는 일은 교육이 본래적으로 추구하는 교육의 내재적 가치이다.

교육이 실현하는 이런 가치들은 사회적으로도 유용한 가치들이다. 그래서 정치나 경제나 기타 사회의 여러 부문에서 그들의 목적을 달성하기 위해 교육을 활용할 수 있는 것이다.

그러나 교육의 내재적 가치와 목적이 일차적인 것이긴 하지만, 외재적인 가치를 무시할 수 없다. 교육은 여러 가지 동기와 목적에서 이루어질 수 있는 실제적인 활동이다. 추상적인 개념으로서의 교육은 오직 내재적인 목적만 갖지만, 실제적인 활동으로서의 교육은 항상 외재적인 목적에 관련된다. 실제적인 활동은 언제나 인간의 삶의 현실을 반영하며, 거기에는 여러 가지 관심과 동기와 의도 등이 작용하게 마련이다. 만일 실제적인 교육활동이 외재적인 목적에 전혀 관련되지 않는다면, 그것은 사회의 현실과 동떨어진 것이 되고 말 것이다.

교육의 '목적'(aim)과 '목표'(purpose)의 차이

이돈희에 따르면, 교육의 목적은 '교육을 왜 하느냐?'는 질문에 대한 답이라 할 수 있고, 교육의 목표는 어떤 단위 교육 활동이 끝났을 때 '최종적으로 형성되어야 할 것이 무엇이냐?'는 질문에 대한 답이라 할 수 있다.

무어에 따르면, 교육의 목적은 '당신은 무엇을 하고 있는가?'라는 질문에 대한 답이라 할 수 있고, 교육의 목표는 '당신은 무엇을 위해 그것을 하고 있는가?'라는 질문에 대한 답이라 할 수 있다.

두 사람의 주장은 세부적인 내용에서는 불일치하는 면이 있지만, 교육의 '목적'을 내재적인 것으로, 교육의 '목표'를 외재적인 것으로 보고 있다는 점에서는 일치한다. 이들에 따르면, 교육의 목적을 논하는 것은 교육을 인간의 발달과 같이 내재적으로 가치로운 것을 추구하는 것으로 이해하는 방식이며, 교육의 목표를 논하는 것은 교육을 외적인 산물을 만들어 내기 위해 개발된 수단으로 이해하는 방식이다. (이돈희, 1988 : 111-120; T. W. Moore, 1982 : 27-30).

교육의 내재적 가치만 강조하면, 교육의 자율성이 높아지는 반면에 사회의 현실과 동떨어진 교육이 될 수 있다. 그 교육은 개인의 내적 성장에만 관심을

기울일 뿐 사회의 발달에는 무관심해질 수 있다. 반대로 교육의 외재적 가치만 강조하면, 교육의 자율성은 낮아지고, 수단시된 교육은 외재적 목적에 종속되어 버리고 말 것이다. 그 교육은 개인의 자아실현에는 무관심한 반면, 사회적 기능의 향상에만 초점을 두게 될 것이다. 그리하여 교육의 대상인 인간이 수단시되는 결과가 초래될 것이다. 교육의 목적의 두 차원 중 어느 하나에만 집착할 때 생기는 폐단을 방지하기 위해서는 내재적 목적과 외재적 목적이 적절히 조화될 필요가 있다.

3) 개인적 목적과 사회적 목적

교육의 목적에 대한 논의는 개인적인 차원과 사회적인 차원으로 나누어 전개되기도 한다. 인간의 '자아실현', '전인적인 발달', '도덕성 함양' 등은 개인적인 차원에서 교육의 목적을 언급할 때 자주 등장하는 말이다. 이것들은 인간이 갖추어야 할 특성에 초점을 두고 있다. 반면에 '민주사회 건설', '사회 발전', '국가의 경쟁력 강화' 등은 사회적인 차원에서 교육의 목적을 언급할 때 자주 등장한다. 이것들은 교육을 통해 건설해야 할 이상적인 사회의 모습에 초점을 두고 있다.

개인적인 차원에서 교육의 목적으로 자주 거론되는 것들은 행복, 자아실현, 전인적 발달 등이다. '행복'은 아리스토텔레스가 최고의 가치를 부여한 이래로, 가장 중요한 교육의 목적의 하나로 간주되어 왔다. 그러나 행복의 의미가 무엇인지는 그리 명확하지 않다. 일반적으로 행복은 유쾌한 심리상태를 의미한다. 그러나 윤리학에서 말하는 행복은 개인적 완전성, 혹은 도덕적 완전성을 의미한다. 아리스토텔레스에게 있어서 행복은 인간으로서 누릴 수 있는 최상의 삶을 의미했다. 그것은 인간의 고유한 기능인 이성을 최고로 발휘하며 사는 것이다.

행복을 교육의 목적으로 상정하는 이들은 대개 인생의 목적과 교육의 목적을 동일시하는 경향이 있다. 이 둘은 중요한 부분에서 공통되는 점이 있지만, 인생의 목적이 더욱 포괄적이라는 점을 인정해야 할 것이다. 사실 교육이 행복의 유일한 조건이라고 말하기는 어렵다. 인간이 행복해지기 위해선 교육 외에도 다른 많은 조건들이 충족되어야 하기 때문이다. 그러나, 아동중심 교육론자들이 그러하듯이, 우리는 교육의 목적으로 행복을 강조함으로써, 교육의 과정과 제반 여건을 학생 개개인의 삶을 개선하는 데 초점을 두도록 강조할 수는 있다.

자아실현은, 행복 못지않게 불명료한 개념이지만, 예나 지금이나 교육의 중요한 목적으로 제시되고 있다. 아리스토텔레스는 참나무로 자라는 도토리의 비유를 통해, 잠재되어 있는 가능성을 현실태로 드러내는 것을 자아실현이라 했다. 매슬로우(A. Maslow)와 같은 심리학자는 인간의 무한한 욕구들 중 자아실현의 욕구를 최상위의 욕구로 간주하고, 자아실현을 위해 노력하는 인간을 이상적인 인간상으로 설명했다.

그러나 인간의 자아가 실현된 모습이 어떠한지, 또 자아실현이 어떤 방법으로 가능한지에 대해서는 아직 거의 해명되지 않고 있다. 그럼에도 불구하고, 자아실현은 교육의 이상적인 모습을 제시하려 할 때, 특히 왜곡된 교육을 바로잡고자 할 때, 중요한 지향점으로 제시되고 있다.

전인적 발달은 고대 그리스에서부터 지속적으로 강조되어 온 교육의 목적이다. 고대 그리스인들은 인간이 가지고 있는 신체적, 도덕적, 지적, 정서적, 심미적 능력들을 균형 있게 발달시켜야 한다고 생각했다. 페스탈로치가 지덕체의 삼육론을 주장한 데서 볼 수 있듯이, 이런 생각은 인문주의적 교육의 전통에서 끊임없이 강조되었다. 인간이 가지고 있는 제반 특성들의 균형 있는 성장을 목적으로 하는 '전인교육론'은 최근까지도 교육의 중요한 목적으로 간주되고 있다.

한편, 사회적인 차원에서 교육의 목적을 거론할 때는, 대체로 교육이 담당해야 할 사회적 기능들을 지적하곤 한다. 사회적인 시각에서 볼 때, 교육은 사회체제의 한 부분이며, 사회의 유지와 발전에 어떤 방식으로든 기여하고 있다. 교육의 사회적 기능은 크게 사회 유지 기능과 사회 개선 기능으로 나누어 볼 수 있다.

사회 유지 기능은 대체로 사회화를 통해 이루어진다. 사회화는 한 사회의 생활양식과 가치체제를 그 구성원들에게 내면화시키는 과정이다. 교육은 앞 세대의 문화유산을 다음 세대에게 전수하는 일을 한다. 성장하는 세대는 이전 세대가 성취한 문화를 학습함으로써 삶의 기본적인 조건을 획득한다. 이런 과정을 통해 한 사회의 정치, 경제, 사회, 문화 체제가 보존되고 구성원들의 생활이 안정성을 유지한다.

교육은 사회 통합의 기능을 통해 사회를 유지시키기도 한다. 한 사회 안에도 다양한 집단과 계층이 존재하며, 이들은 그 나름대로의 하위문화를 가지고 있다. 교육은 다소 이질적인 하위집단들이 서로 통합될 수 있도록, 학교와 같은 공적인 기제를 통해 작동한다. 교육은 사회의 구성원들이 언어, 신념체제, 가치관, 전통, 생활 도구 등을 공유하게 함으로써, 그들의 응집력과 연대의식을 강화시킨다.

사회 개선 기능은 새로운 것을 만들어 냄으로써 이루어진다. 교육은 새로운 지식, 생각, 도구, 제도를 도입함으로써, 사회 구성원들이 사회의 변화에 새롭게 적응할 수 있게 해 준다. 더 적극적으로, 사회 변혁을 주도해 나갈 수 있도록 준비시키기도 한다. 어떤 면에서, 교육은 성장하는 세대들이 미래 사회에 주역으로 활약할 수 있도록 체계적으로 준비시키는 과정이다. 그것은 현재의 생활양식, 가치관, 신념체제에 대한 비판적 이해를 포함한다. 교육의 사회 유지 기능과 개선 기능은 반대 방향으로 진행된다. 어느 쪽에 더 비중을 두는가에 따라 보수적인 교육과 진보적인 교육으로 구분할 수 있다. 대체로 사회가 안정을 유지하던 시기에는 보수적인 방향으로, 사회가 변화하는 시기에는 진보적인 방향으로 나아가는 경향이 있다.

4. 교육의 가치에 대한 정당화

지금까지 교육의 개념과 교육의 목적을 논의해 오면서 교육이 가치로운 활동이라는 것을 여러 차례 언급했다. 그러고 보면 새삼스럽게 교육을 왜 하는지, 교육의 가치를 정당화할 필요가 없을 것 같다. 교육의 개념적 요소에서 가치 기준 또는 규범적 요소를 포함시킬 때, 교육은 이미 개념상 가치로운 것을 추구하는 활동이 된다. 그래서 교육의 내재적 가치 또는 내재적 목적이 정당하게 주장될 수 있다.

그러나 우리는 아직 교육의 가치를 정당화하는 논리들을 제대로 분석하지 않았다. 우선 교육의 가치를 정당화하는 일이 어떤 종류의 일인지 지적할 필요가 있다. 교육의 가치를 정당화하는 일은 교육을 하는 이유나 근거를 합리적인 논의를 통해 적절히 제시하는 일이다. 그러므로 단순히 관습에 따라 교육을 한다거나, 정치적 압력에 못이겨 교육을 한다거나, 어떤 종교적 계시나 형이상학적 신념에 따라 교육한다고 말하는 것은 교육을 제대로 정당화하는 것이 아니다.

교육의 가치를 정당화하는 방식은 형식적인 것과 실질적인 것의 두 가지가 있다. 형식적으로 보면, 교육의 가치를 정당화하는 일은 교육의 개념에 함축되어 있는 가치의 요소를 지적하는 일이다. 이것은 교육의 가치는 이미 교육의 개념에 논리적으로 붙박혀 있다는 것을 지적함으로써, 교육의 가치를 묻는 질문을 무력화시키는 방식이다. 이런 정당화 방식으로는 내재적 또는 선험적 정당화가 있다.

실질적으로 보면, 교육의 가치를 정당화하는 일은 교육활동이 포함하고 있는 내용이 실제로 가치롭다는 것을 입증하는 일이다. 이것은 교육이라는 이름으로 행해지고 있는 실제적인 활동이 어째서 가치로운지 적극적으로 입증해 보이는 방식이다. 도구적 정당화는 이런 방식을 취하고 있다.

1) 도구적 정당화

교육을 하는 이유 중 가장 일반적인 것은 아이들이 교육을 받아서 어디에 쓸 수 있는지를 지적하는 것이다. 아이들은 교육을 받아서 어디에 써먹을 수 있는지 묻고, 부모들은 학교교육을 통해 자녀들이 출세할 것을 기대한다. 정치가들은 교육이 국가와 사회에 어떤 이익을 가져오는지 알고 싶어 하며, 경제인들은 교육이 경제에 어떤 보탬이 되는지 따져 본다. 다른 사람들은 다른 분야에서 교육이 공헌할 수 있는 실질적인 가치를 계산한다. 이처럼 교육은 교육받은 개인에게는 물론 그 사회에도 전반적으로 이익이 된다는 생각이 일반적으로 퍼져있다.

반면에 어떤 독재자나 식민지를 지배하는 통치자들은 교육이 그 사회에 나쁜 영향을 미친다고 생각할 수도 있다. 그들은 교육받은 사람들이 독재체제에 항거하거나 식민지 지배에서 벗어나려는 시도를 반복하면, 그 체제가 와해될 위험이 있다고 생각할 것이다. 또한 어떤 독단적인 교리를 신봉하고 있는 집단에 교육받은 사람이 들어가 그들의 신념체계를 비판하면, 그 사람은 집단의 질서를 어지럽히는 죄인으로 제소될 지도 모른다. 또 어떤 권위적인 노인은 교육받은 젊은이들의 합리적인 논의 태도를 버릇없이 따지고 드는 행위라고 생각할 수도 있다. 이런 사례들에서는 교육의 가치를 부정적으로 보고 있긴 하지만, 오히려 그 부정적인 시각 자체가 도덕성과 합리성에 기초해 있지 않다고 비판될 수 있다. 건전한 사고방식을 가진 사람이라면, 교육이 개인적으로나 사회적으로 이익이 될 수 있다는 점을 부인하지 못할 것이다.

교육이 도구적 가치를 갖는 까닭은 교육이 제공하는 지식과 기술이 생활의 여러 장면에서 유용하게 활용될 수 있기 때문이다. 교육을 통해 획득한 폭넓은 지식은 교육받은 사람의 사회 적응과 직업 선택에 도움이 될 수 있으며, 전문화된 지식은 그에게 전문가의 지위를 부여할 수 있다. 또한 교육을 통해 어떤 습관이나 태도나 취향을 형성한 사람은 그것들로써 인생을 품위 있고 행복하게 영위할 수 있다. 아마도 이런 이익들이 없다면 교육에 헌신하려는 사람들은 훨씬 줄어들 것이다.

그러나 도구적 정당화는 그 큰 호소력에도 불구하고, 교육의 가치를 성공적으로 정당화하지 못한다. 우선, 위에서 언급된 이익들은 교육의 본질적인 가치가 아니라 교육에 부수적으로 따라오는 부산물들이다. 교육은 그 자체로 가치로우며, 이런 부산물들이 없다 하더라도 교육할 이유는 충분히 있다. 둘째로, 위에서 언급된 이익들은 교육이 아니라 다른 어떤 것을 통해서 얻을 수도 있다. 그 이익들이 교육 외에 다른 어떤 것을 통해 더 효과적으로 획득된다면, 굳이 교육을 수단으로 사용할 필요가 없을 것이다. 셋째로, 도구적 정당화는 교육이 수단이 되어 봉사하는 그 목적 자체가 아직 정당화되지 않았기 때문에 불만족스럽다. 수단이 되는 모든 활동은 그것이 목적으로 하는 것이 정당화될 때에만 제대로 정당화될 수 있다. 결국 도구적 정당화는 다른 정당화에 의존해야 한다. 한 단계의 도구적 정당화는 계속해서 다음 단계의 정당화에 의존해야 하는 순환을 되풀이하게 된다.

2) 내재적 정당화

교육의 가치를 정당화하는 다른 방법은 교육이 본래부터 가지고 있는 내재적 가치에 주의를 환기시키는 방법이다. 피터스에 따르면, 교육이 왜 가치로운지 묻는 것은 지식이 왜 가치로운지 묻는 것과 같이 이상한 질문이다. 지식이 왜 가치로운지 묻는 사람은, 그가 그 질문을 진지하게 할 경우, 이미 지식의 가치를 전제하고 있다. 만일 그가 지식의 가치를 인정하지 않는다면, 그는 이런 질문을 할 필요도 없고, 이런 질문에 대한 답변을 알 필요도 없을 것이다. 즉 지식의 가치를 묻는 질문은 오직 지식의 가치를 인정할 경우에만 의미있게 성립될 수 있다. 지식의 가치를 진정으로 알고자 하는 사람은 이미 지식이 가치롭다는 것을 전제하고 있음에 틀림없다.

피터스의 논의 방식은 지식의 가치를 묻는 질문이 성립되기 위해서 전제되어야 하는 것이 무엇인지에 주의를 환기시킴으로써, 지식의 가치를 정당화하는 방식이다. 이처럼 가치를 묻는 질문이 논리적으로 가정하고 있는 것을 들춰냄으로써, 그것의 가치를 의심할 수 없는 것으로 정당화하는 논의 방식을 선험적 논의(transcendental argument)라 한다. 우리는 선험적 논의를 통해 '이성'이나 '합리적 마음'의 가치를 정당화할 수 있다. 예컨대, 이성을 왜 추구하는지 진지하게 묻는 사람은 이미 이성의 가치에 헌신하고 있는 사람이다. 즉 그가 이성의 가치를 질문하는 상황은 이미 이성을 추구하는 상황이다. 그의 마음이 이미 이성적이거나 이성적이 되고자 할 때에 한하여, 그는 이성의 가치를 진지하게 질문할 수 있다.

교육의 가치를 묻는 질문에는 이와 같은 방식으로 대답될 수 있다. 교육의 개념에는 이미 '가치로운 것의 추구'와 '지식과 이해의 발달'이 포함되어 있다. 그러므로 "교육이 어째서 가치로운가?"라는 질문은 "가치로운 것은 어째서 가치로운가?", "지식과 이해는 어째서 가치로운가?"라는 질문과 같다.

교육의 가치에 대한 내재적 정당화 또는 선험적 논의에 의한 정당화는 논리적으로 하등 문제될 것이 없다. 이 논의 방식은 매우 건전하고 강력한 논리를 가지고 있다. 그럼에도 불구하고 이런 논의 방식에는 몇 가지 문제가 있다.

첫째로, 선험적 논의는 지식의 가치를 적극적으로 정당화하지 못한다. 선험적 정당화는 지식의 가치에 대한 의심을 봉쇄해버림으로써, 지식의 가치를 정당화하는 논의방식이다. 그러나 어떤 활동의 가치가 의심되지 않는다는 사실만으로 그것이 마땅히 추구되어야 할 당위성을 가지는 것은 아니라는 점을 주시할 필요가 있다. 선험적 정당화는 우리가 지식의 가치를 하나의 이상으로 신봉하고 있다는 사실을 보여줄 뿐이지, 우리가 마땅히 지식을 추구해야 할 당위를 보여주지는 못한다(R. Barrow & R. Woods, 1982 : 95-6).

둘째로, 선험적 정당화는 교육의 가치에 대한 문제를 순전히 논리적인 문제로 취급했다. 어떤 활동의 가치를 정당화하기 위해서는 물론 논리적으로 결함이 없어야 한다. 그러나 더 중요하게 요구되는 것은 그 활동이 실제로 가치롭다는 것을 입증해 보이는 것이다. 교육은 실제적인 활동이며, 실제적인 생활 사태에서 가치를 갖는다. 교육의 가치는 선험적 논의를 통해서는 발견되지 않는 차원의 것들을 포함한다.

교육의 가치는 내재적인 차원은 물론 도구적인 차원도 가지고 있다. 인간의 활동은 그 자체로 목적으로 추구될 수도 있고, 다른 목적을 위한 수단으로 추구될 수도 있다. 또한 내재적 가치와 도구적 가치를 동시에 추구할 수도 있다. 예컨대 과학을 공부하는 사람은 과학적 사고양식을 익히면서 동시에 과학자로서 일할 수 있는 직업을 준비할 수 있다. 사실 실제적인 생활 사태에서는 여러 차원의 가치가 동시에 추구되는 것이 보통이다.

그렇다면 내재적 가치나 도구적 가치로써 교육의 가치를 정당화하는 것보다는 인간의 실제적인 삶을 중심으로 교육의 가치를 정당화할 수 있을 것이다. 말하자면 교육의 가치는 무엇보다도 교육받은 사람의 인생을 '좋은 삶'(the good life)으로 인도한다는 데에서 찾을 수 있다(김기수, 1994). 좋은 삶이 구체적으로 의미하는 바를 개념화하긴 매우 어렵다. 또한 좋은 삶은 개인의 가치관에 따라 다를 수 있으며, 행운이나 신의 섭리나 전쟁이나 질병 및 사회적 상황 등에 의해 크게 영향을 받는다. 그러나 교육이 기여할 수 있는 좋은 삶의 측면은 틀림없이 있을 것이다. 그것은 교육이 본질적으로 추구하는 것, 즉 마음의 발달 또는 인간의 발달이다. 전인적으로 발달된 사람, 그래서 자신의 인생을 좋은 삶으로 엮어가는 사람을 길러내는 것이 교육이 갖는 가치이다.

정 리

요 약

1. 교육은 가치를 추구하는 가치기업이다. 교육은 가치 판단과 선택의 주체인 인간을 대상으로 하며, 인간의 삶에서 의미 있게 추구되는 모든 유형의 가치를 포함한다.
2. 교육이 직면하고 있는 가치의 문제는 가치 형성을 위한 교육을 어떻게 해야 하는지, 그리고 교육의 과정에 포함되는 각 요소와 활동에 대한 가치 판단을 어떻게 해야 하는지에 관한 것이다.
3. 교육적 가치 판단의 기준을 찾기 위해서는 교육의 역사에서 주요 사례를 검토하고, 교육의 개념에 포함된 가치 요소를 분석하고, 교육이 이루어지고 있는 상황에서 실제로 요구되는 것을 확인하는 노력이 필요하다.
4. 교육적 가치 판단을 위해 윤리학의 이론들을 참고할 수 있다. 절대적 가치를 주장하거나 상대적 가치를 주장하는 윤리설들은 그 자체로 교육적 판단에 활용되는 것은 아니다. 이것들은 가치 판단을 위한 기준들이 다양하게 제시될 수 있음을 보여준다.
5. 교육의 목적으로 교육의 내재적 가치가 고려될 수도 있고 외재적 가치가 고려될 수도 있다. 내재적 가치는 교육이 그 자체의 목적으로 지향하는 가치에 초점을 두고, 외재적 가치는 교육이 수단으로 봉사할 제3의 목적에 초점을 둔다.
6. 교육의 목적은 개인적인 차원과 사회적인 차원을 갖는다. 개인적인 목적으로는 행복, 자아실현, 전인적 발달 등이 있고, 사회적 목적으로는 사회를 유지하는 방향과 사회를 개선하는 방향에서 고려될 수 있다.
7. 교육의 가치를 정당화 하는 논리는 크게 두 가지이다. 수단적 정당화는 교육을 수단으로 삼아 인간이 지향하는 다른 목적을 달성할 수 있다는 점에서 교육의 가치를 정당화하는 것이다. 내재적 정당화는 교육이 그 자체로 가치 있는 활동임을 증명해 보이는 방식이다.

연구 및 토론문제

1. 인생이 유한하고, 교육도 유한하므로, 모든 가치를 다 성취할 수는 없다. 제

한된 인생에서 가장 우선적으로, 그리고 가장 중요하게 성취해야 할 가치는 어떤 것인가?

2. 절대적인 가치가 있는가? 있다면 그것은 무엇인가?
3. 가치가 집단이나 문화에 따라 상대적이라면 교육도 집단이나 문화에 따라 달라야 하는가? 국가단위로 생각해 보고, 또 국가 내의 하위 집단 단위로 생각해 보자.
4. 인생의 목적과 교육의 목적은 같은가? 다르다면 무엇이 다른가?
5. 행복은 교육의 목적이 될 수 있는가? 행복을 위한 교육은 어떠해야 하는가?
6. 교육의 개인적인 목적과 사회적인 목적이 상호 배타적인 관계에 놓일 경우 어떤 것을 더 우선해야 하는가? 사례를 들어 논의해 보자.
7. 교육이 수단적 가치와 내재적 가치를 모두 가지고 있다면, 어떤 것을 더 중요하게 여겨야 하는가? 왜 그런가?
8. 오늘날 한국의 교육이 주로 추구하는 가치는 무엇인가? 역사적으로 다른 시기(예컨대, 1960년대, 해방 직후, 조선 말기)와 비교할 때 무엇이 달라졌는가?

읽을거리

김태길(1992). 윤리학. 서울, 박영사.

이돈희(1988). 교육철학개론. 서울, 교육과학사.

Degenhardt, M. A. B.(1982). Education and the Value of Knowledge(성기산 역, 교육과 지식의 가치. 서울, 문음사. 1987).

Hamm, C. M.(1991). Philosophical Issues in Education : An Introduction(김기수 외 역, 교육철학탐구. 서울, 교육과학사, 2002).

Kneller, G. F.(1971). Introduction to the Philosophy of Education(정희숙 역, 교육철학이란무엇인가. 서울, 서광사, 1990).

Moore, T. W.(1982). Philosophy of Education : An Introduction(정영홍 역, 교육철학입문. 서울, 문음사, 1987).

O'Conner, D. J.(1956). An Introduction to the Philosophy of Education(유인종 외 역, 교육철학을 위한 사색. 서울, 양서원, 1991).

Peters, R. S.(1966). Ethics and Eduction(이홍우 역, 윤리학과 교육. 서울, 교육과학사, 2003).

White, J.(1990). Education and the Good Life(이지헌 외 역, 교육목적론. 서울, 학지사, 2002).

제9장 교육과 윤리

개 관

교육은 교사와 학생이라는 특별한 인간관계를 형성하며 이루어진다. 교사와 학생은 상호 영향을 주고받는 관계이지만, 대체로 교사가 학생에게 영향을 준다. 이런 관계 속에는 언제나 윤리적인 문제가 발생할 수 있다.

따지고 보면, 교사는 교육이라는 이름으로 학생의 인생에 조직적으로, 광범위하게, 깊숙이 개입하는 사람이다. 교사는 학생 앞에서 "저렇게 해서는 안 되고 이렇게 해야 한다"는 식의 조언을 하는 사람이다. 그래서 한 아이의 인생을 파괴하는 데는 한 명의 부도덕한 교사로 충분하다는 말이 있다. 교사가 아이에게 미치는 영향이 지대하기 때문에, 다른 직업에 종사하는 사람과는 달리, 교사에게는 특별히 강한 윤리의식을 요구한다.

교육 상황에서 주로 문제가 되는 윤리적인 문제는 평등, 자유, 권위, 벌 등에 관한 것들이다. 이것들은 한편으로는 민주적인 교육제도의 운영에 관계되면서, 다른 한편으로는 교사가 학생을 대우하는 방식에 관계되는 것들이다.

탐 색

· 다른 직종에 비해 교직에 특별히 도덕적인 요구를 엄격히 하는 이유는 무엇인가?
· 평등은 민주사회의 교육에서 가장 중요한 이념인가?
· 교사가 학생의 자유를 제약하는 것은 어떤 이유에서 정당화되는가?
· 교육에서 권위는 청산해야 할 구시대의 유물인가?
· 교육에서 벌은 정당화될 수 있는가?

중심개념

평등, 정의, 평등의 동일성 모형, 평등의 공정성 모형, 교육의 기회 균등, 자유, 자율, 적극적 자유, 소극적 자유, 자유교육, 권위, 제도적 권위, 전문가적 권위, 벌, 벌의 정당화

1. 평등과 교육

1) 평등의 개념

프랑스 혁명 이후 '모든 인간은 평등하다'는 말은 민주주의를 표방하는 사회에서 보편적으로 채택하는 정치적 원리가 되었다. 평등의 원리는 소박하게 말해서 인종, 성별, 종교, 정당, 계층, 경제적 조건 등에 의해 차별되지 않는다는 것이다. 교육에서 말하는 평등의 원리는 모든 사람이 위의 제 조건들에 의해 차별되지 않고 교육을 받을 수 있는 권리를 갖는다는 것을 의미한다.

그런데 차별 없이 교육을 받는다는 평등 교육의 원리는 상당히 복잡한 의미를 갖는다. 왜냐하면 '평등하다'는 말은 '사실이 어떠하다'는 서술적인 의미와 '마땅히 어떠해야 한다'는 규범적인 의미를 다 가지고 있기 때문이다. '모든 인간은 평등하다'는 말은 문법적인 형식으로 보면 사실적인 진술이지만, 의미상으로는 '모든 인간은 평등하게 취급되어야 한다'는 규범적인 진술이다. 우리말의 '평등'은 사실적으로 '같음'의 뜻을 상당히 내포하고 있으면서, 규범적인 용어로 사용되는 것이 일반적 경향이다.

인간이 평등하다는 말은 인간이 같은 가치와 존엄성을 가진 존재로 창조되었음을 뜻하며, 같은 가치와 존엄성을 갖게 하는 동질적 특성이 있다는 것을 상정하고 있다. 그러나 인간은 실제로 이질적 특성을 많이 가지고 있다. 인간은 인종, 성, 종교, 능력, 국적, 신분 등에서 동등하지 않다. 그러면 어떻게 모든 인간을 평등하게 취급해야 하는가?

인간을 평등하게 취급되어야 한다는 말은 모든 인간이 항상 문자 그대로 똑같이 취급되어야 한다는 뜻으로 해석될 수는 없다. 욕구와 능력이 다른 사람들을 똑같이 취급하는 것은 오히려 바람직하지 못하다. 그래서 평등의 원리를 도덕적으로나 상식적으로 허용될 수 있는 방식으로 표현하면, '사람들이 같게 취급받아야 할 근거가 있으면 같게 취급하고, 다르게 취급받아야 할 근거가 있으면 다르게 취급받아야 한다'가 될 것이다.

그러나 이런 원리는 사실 '평등의 원리'가 아니라 '정의의 원리'이다. 평등하지 않은 것을 평등하게 취급하는 것은 평등한 것을 평등하지 않게 취급하는 것에 못지않게 부정의를 초래한다는 아리스토텔레스의 지적은 정의의 원리를 잘 말해 주고 있다.

'평등한 것을 평등하게' 취급해야 한다는 말은 동일한 범주 안에서의 취급을 말하는 것이고, '평등하지 않은 것을 평등하지 않게' 취급해야 한다는 것은 상이한 범주들 간의 취급을 말하는 것이다. 예를 들면, '정신지체'의 범주에 속하는 모든 아동들은 똑같이 취급되어야 하며, 이들은 다른 범주인 '영재'의 범주에 속하는 모든 아동들과 다르게 취급되어야 한다.

평등한 취급이 받아들여지려면 그것이 실제로 공정한 취급의 의미를 가져야 한다. 공정한 취급은 사람들의 서로 다른 처지를 고려하는 것이며, 이것은 종종 그들을 다르게 대우하는 것을 의미한다. 평등한 취급은 실제로 공정한 취급의 의미를 가질 때만 도덕적으로나 실제적으로 받아들일 수 있다. 모든 사람은 평등하게 취급되어야 한다는 말은 그들이 공정하게 취급되어야 한다는 말이다.

위에서 부분적으로 암시된 것처럼, 평등의 개념은 두 가지 모형으로 설명할 수 있다(B. P. Komisar & J. R. Coombs, 1968). 하나는 동일성 모형이고, 다른 하나는 공정성 모형이다. 동일성 모형에서 평등의 의미는 '같으면 같은 방식으로, 다르면 다른 방식으로 대우한다'는 것이다. 동일성 모형에 따르면, 사람들의 같지 않은 점을 고려하면서 똑같이 대우하는 것은 평등에 어긋나며, 똑같은 점을 고려하면서 같지 않게 대우하는 것도 평등에 어긋난다. 그러나 동일성 모형의 난점은 동질성과 이질성 중 어느 것을 더 우선적으로 고려해야 하는지 알 수 없다는 데 있다. 예컨대, 갑과 을의 두 사람이 A와 B의 두 사람을 두고 갑은 A와 B의 같은 점을 고려하여 같이 취급할 것을 주장하고, 을은 A와 B의 다른 점을 고려하여 다르게 취급할 것을 주장한다면, 동일성의 모형으로서는 이 문제를 해결할 방도가 없다.

이런 문제를 해결하는 데 도움을 줄 수 있는 것이 공정성 모형이다. 공정성 모형은 규칙이나 법의 동일한 적용으로 이해할 수 있다. 공정성 모형에서는 A와 B의 동질성이나 이질성이 직접 문제시되는 것이 아니라 규칙이나 법이 A와 B에게 동일하게 적용되는지 않는지가 문제시된다. 그런데 규칙이나 법은 사회적 삶의 맥락에서 공적으로 내려진 일종의 가치 판단이므로, 절대적으로 고정된 기준이 아니라 그 시대와 문화가 내리는 가치 판단의 성격에 따라 달라질 수 있는 융통성을 가지고 있다.

2) 교육에서의 평등

교육에서 평등의 개념은 우선 교육의 기회 균등이라는 이념으로 나타난다. 교육의 기회 균등의 이념은 민주주의 사회의 제도적인 교육에서는 가장 기본적인 정신에 속한다. 적어도 국가가 계획하고 통제하는 공교육 제도에서는 교육의 기회가 균등하게 배분되어야 한다는 원칙은 교육의 다른 이념들보다 우선한다. 그러나 교육의 기회 균등이란 말은 그 의미가 그리 분명치 않으며, 제도적으로 그것을 보장하는 조건을 갖추기도 매우 복잡하다.

평등 교육의 원칙은 흔히 복지의 원칙으로 이해되기도 하고, 경쟁의 원칙으로 이해되기도 한다(이돈희, 1988 : 320). 그것이 복지의 원칙으로 이해될 경우, 교육의 기회를 균등하게 배분하는 일은 개인의 독특한 요구나 경제적 능력에 관계없이, 모든 국민에게 필요하고 의미 있는 내용으로 교육 프로그램을 구성하여, 일정한 수준의 혜택을 받게 하는 것이다. 이 경우 교육 프로그램은 획일적이 되고 거기에 적응하기 어려운 집단은 소외시키게 되므로, 실제로 평등 교육의 원칙을 만족시키지 못하는 셈이 된다. 이런 실제적인 불평등의 책임은 그 프로그램을 계획하고 운영하는 국가에 있다.

반면에 그것이 경쟁의 원칙으로 이해될 경우, 교육의 기회를 균등하게 배분하는 일은 공개적인 경쟁에 의해 교육의 혜택을 받을 기회를 얻게 하는 것이다. 이 경우 교육의 혜택은 주로 지적, 경제적 능력을 소유한 사람들에게

만 주어지므로, 실제로 평등의 원칙을 만족시키지 못하게 된다. 이런 실제적인 불평등의 책임은 수혜자의 경쟁 능력이 부족한 탓으로 돌리게 된다.

일반적으로 의무 교육의 수준이나 비교적 낮은 수준의 국가적 교육 사업에는 복지적 동기가 우선하고, 고급 인력을 배양하기 위한 교육 사업에는 투자적 동기가 우선한다고 말할 수 있다. 그리고 평등 교육의 원칙이 준수되지 않을 경우 크게 문제가 되는 것은 투자 사업으로서의 교육에서보다는 복지 사업으로서의 교육에서이다.

엄격히 말해서, 투자 사업으로서의 교육 기회의 불평등에 관한 문제는 교육의 문제라기보다는 사회의 문제라고 보아야 한다. 왜냐하면 그것은 일차적으로 교육 외적인 목적에 의해 실시되므로 교육적 원리는 부차적으로 적용될 수밖에 없기 때문이다. 그러나 복지 사업으로서의 교육은 교육의 내재적 목적을 위해 운영된다. 그러므로 이런 교육의 수혜자가 되는 것은 바람직한 일이며, 이 교육의 프로그램은 전반적으로 평등의 원칙을 준수해야 한다.

평등 교육의 문제는 교육의 기회에만 한정된 문제가 아니라 교육의 목적, 내용, 방법, 환경 등 교육 전반에 걸친 문제이다. 우선 교육의 목적이 특정한 계층이나 집단의 가치관에만 근거한다면, 그것은 평등 교육의 원칙에 어긋난다. 교육의 목적을 설정하는 일에는 도덕적 책임이 따르며, 국민들의 각종 교육관과 가치관에 개방되어야 한다. 교육의 내용을 선정할 때도 특정한 계층이나 집단의 문화에 편중되면 평등 교육의 원칙에 어긋난다. 평등 교육을 위해서는 교육 내용이 도시 중산층의 문화에 편중될 것이 아니라 지역 사회의 문화를 적절히 반영해야 하며, 남녀의 성차별을 하지 않아야 한다. 교육의 방법에서는 특정 집단의 학생들이 선호하는 방법만 사용하거나, 우수한 교사를 특정 집단에만 배치하면 평등 교육의 원칙에 어긋난다. 그리고 교육 환경에서는 특정 학교에만 인적 자원과 물적 자원이 편중되게 지원하면 평등 교육의 원칙에 어긋난다.

평등 교육의 이념은 민주주의 사회의 제도적인 교육에서 가장 중요한 이념이며, 교육의 전반적 과정에 적용되는 것이다. 평등의 원칙은 교육적 가치 판단을 어떻게 하는가에 따라 매우 상이한 조치를 취하게 되므로, 건전한 교육관과 성숙된 가치관을 필요로 한다. 또한 제도의 운영과 행위의 실천을 위한 고도의 기술이 요구된다.

2. 자유와 교육

1) 자유의 개념

자유는 자율과 의미상 공통된 부분이 많으며 때때로 동의어로 쓰이기도 한다. 일반적으로 자율은 자기의 행위를 스스로 통제하는 것이라 할 수 있다. 자율적인 사람은 자신의 행동 목표와 수단을 스스로 결정할 수 있고, 외부적 권위에 의해 억눌리지 않는 사람이다. 그리고 자유는 구속이나 제제가 없는 상태를 말한다. 자유로운 사람은 어떤 간섭이나 구속을 받지 않는 상태에 있는 사람이다. 자율은 행위의 과정을 말하고, 자유는 행위의 조건을 의미한다. 이렇게 보면 자율은 자유를 전제로 해서만 성립되며, 자유는 자율을 결과할 때 의미 있는 것이 된다. 교육이 추구하는 자유로운 사람은 곧 자율적인 사람을 의미한다.

외부의 구속이나 제제가 없는 상태로서의 자유는 '~로부터의 자유'를 뜻하며, 흔히 '소극적 자유'라 부른다. 그러나 자유를 이보다 넓은 의미로 해석할 수도 있다. 우리는 행위에 관련된 사물에 관해 많은 지식을 가지고 있을 때, 그만큼 구속이나 제재를 덜 느낀다. 또한 우리가 뭔가를 선택할 자유가 있다는 것은 단지 구속이나 제재가 없다는 것만 아니라, 선택한 것을 성취할 수단이나 능력이 있다는 것을 의미하기도 한다. 이처럼 외부의 구속이나 제재가 아니라 행위자가 소유한 지식이나 수단이나 능력 등이 자유의 조건이 되는 경우를 '~을 할 자유' 또는 '~을 위한 자유'라 할 수 있으며, 이런 경우를 흔히 '적극적 자유'라 부른다.

적극적 자유는 소극적 자유를 전제하지 않고서는 불가능하다. 자유의 기본

의미는 소극적 자유에 있으며, 적극적 자유는 소극적 자유의 의미를 확장한 것이라고 볼 수 있다.

그러나 소극적 자유와 적극적 자유의 조건은 각각 다르다. 소극적 자유는 행위자가 처해 있는 상황에 의해 설명되지만, 적극적 자유는 행위자가 가지고 있는 의지, 능력, 소망, 가능성 등에 의해 설명된다. 소극적 자유는 단순히 외적 구속이나 제재가 없는 상태를 가리키지만, 적극적 자유는 어떤 형태의 내적 통제를 암시하고 있다. 어떤 형태의 구속이나 제재도 없이 인간의 의지나 소망이 실현될 수 있는 것은 아니다. 적극적 자유를 실현하기 위해서는 자기 자신의 내부에서 발생하는 여러 가지 불일치한 욕구나 소망들을 스스로 조절할 필요가 있고, 또한 타인의 자유와 충돌할 때 자신의 욕구나 소망들을 적절히 통제하고 타인과 협력할 필요가 있다.

통제의 관념은 소극적 자유의 관념과는 대립되지만, 적극적 자유의 관념과는 대립되지 않는다. 소극적 자유는 개념상 구속이나 제제가 없는 상태를 의미한다. 우리는 개인의 자유가 적절히 통제되어야 할 필요성을 잘 인식하고 있기 때문에, 자유의 관념 자체를 제한하기 쉽다. 예컨대 우리는 '남을 괴롭힐 자유가 없다'고 주장한다. 그러나 이 주장은 '자유'의 개념적 조건을 언급한 것이 아니라 자유가 행사될 수 있는 사실적 조건을 언급한 것이다.

반면에, 적극적 자유의 관념은 통제와 양립할 수 없는 것이 아니라 오히려 일종의 통제 형태이다. 적극적 자유가 함의하는 통제는 외적 조건으로서의 통제가 아니라 스스로 입법한 주관적 조건이거나 혹은 객관적 통제의 원리를 수용하여 주관화한 조건이다. 그러므로 어떤 행위자가 자유로운지 아닌지는 그에게 통제가 있는지 없는지로 결정될 것이 아니라, 그 통제가 행위자의 내적 원리인가 외적 원리인가로 결정되어야 한다. 스스로 입법한 통제의 원리에 따르는 사람은 자유로운 사람이다.

2) 교육에서의 자유

자유라는 것은 무엇인가를 하고 싶어 하는 사람에게 구속이나 장애가 없음을 시사한다. 사람들이 하고 싶어 하는 것은 여러 가지이고, 장애나 구속의 종류도 다양하기 때문에 자유에 관한 일반적인 주장이 해석되는 방식도 가지가지이다. 교육에서 까다롭게 제기되는 자유의 문제는 주로 아동의 자유와 교사의 자유에 관한 것이다.

교육 사태에서 자유의 원리를 적용하는 것은 그리 간단하지 않다. 왜냐하면 우선 교육 사태는 본래 아동이 하고 싶어 하는 것에 구속이나 제제가 가해지는 사태이기 때문이다. 아이들은 강제로 학교에 다니게 되어 있다. 개중에는 학교에 다니고 싶어 하는 아이도 있지만, 취학과 등교는 법적인 요구이면서 부모의 압력이기 때문에, 그것이 아동의 자유로운 선택에 의한 행위라고 보기 어렵다.

그리고 학습이 이루어지는 상황을 보면, 교육사태에는 어느 정도의 질서가 반드시 확립되어 있어야 한다는 것을 알 수 있다. 학교에서는 많은 아이들이 교실과 같이 좁은 공간에서 함께 공부해야 하기 때문에 반드시 질서가 확립되어 있어야 한다. 또한 교육 사태는 본질적으로 계획되고 통제된 환경이다. 아이들이 자유롭게 선택하고 자신의 흥미에 따라 공부하는 상황이 물론 없는 것은 아니지만, 그런 선택은 반드시 바람직하다고 판단된 것들 안에서 해야 한다. 교사와 교육행정가들은 교육을 위한 환경을 계획적으로 조성한다.

아동의 환경을 적절히 통제하는 것은 교육에서 반드시 필요하다. 적절히 통제된 환경 속에서라야 아이들이 하고 싶어 하는 것을 가치 있는 교육 내용에 연결시킬 수 있다. 그래서 때로는 아이들이 하고 싶어 하는 것과 관계없이, 무엇인가 가치 있는 것을 배우도록 압력을 가할 필요도 있다.

아동의 자유에 대해서는 전통적 교육자와 진보적 교육자의 견해가 다르다. 전통주의자는 교육을 권위자와 복종자 사이의 거래로 본다. 그는 지식과 도야(discipline)를 중요시하여, 수업과 학습의 사태에서 엄격한 구조를 강조하는 경향이 있다. 아이들은 조용히 하고 과제에 주의를 기울이고 교사의 지시를 받아야 한다. 따라서 교실에서 공부하는 아이들은 비교적 자유를 적게 누리게 된다.

진보주의자는 아동이 환경과 상호작용하고 제반 활동에 참여함으로써 성장과 발달을 이루는 것으로 본다. 그는 아동의 자발적 활동과 아동이 스스로 부과한 훈육 및 개인적 발견의 필요성을 강조하는 경향이 있다. 그는 교실에서의 자유를 아동의 자발성이 발휘되기 위한 필요조건으로 간주하므로, 아이들의 자유로운 활동에 상당히 관용적이다.

사실은 수업 장면에서 아동의 자유가 확대되는가 축소되는가 하는 것은 부차적인 문제이다. 더 근본적인 문제는 아이들에게 허용된 자유가 교육의 목적에 얼마나 봉사하는가 하는 것이다. 아동의 자유가 행동의 개선을 가져오면 자유를 허용해야 할 것이고, 아동의 자유가 소란과 무질서를 가져오면 자유를 억제해야 할 것이다. 교육에서 자유를 통제할 것인지 허용할 것인지는 그것이 교육의 목적을 성취하는 데 도움이 되는 정도에 달려있다.

교육의 역사에서 보면 전통적인 자유교육(liberal eduction)은 가치로운 지식을 통해 아동의 마음을 발달시킴으로써, 합리적으로 사고하고 처신하는 자유인을 기르고자 하였다. 그러기 위해 수업사태에서는 아동의 자유를 구속하는 면이 많았다. 그러나 이것은 아동의 소극적인 자유를 침해함으로써 그들의 적극적 자유를 강화한다는 근거에서 정당화될 수 있었다.

반면에 진보적인 아동중심 교육은 아동의 흥미와 필요를 충족시켜 주기 위해 그들의 자발성과 자기 활동을 중시하였다. 아동의 성장 가능성을 인정하고 자유를 허용함으로써 아동의 자율성을 신장시키려 하였다. 그러나 자율성은 정당한 이유에 의해 지지되는 행위의 규칙을 내면화하고, 자기 생활을 통제할 능력과 의향을 갖출 것을 요구한다. 이것은 실제로 지적인 도야가 없이는 불가능하다.

아동의 자율성을 존중하는 데는 몇 가지 문제가 있다(R. S. Peters, 1966 : chap. 7). 우선 어린 아이들은 정당한 이유에 의해 지지되는 행위의 규칙을 내면화하여 그것에 따르는 일이 거의 불가능하다. 아이들은 행위의 이유를 배우기 전에 행위의 규칙을 배워야 하며, 자율적인 선택을 하기 전에 선택에 필요한 기본 경험들을 가지고 있어야 한다. 아이들에게 많은 자유를 준다고 해서 반드시 자율성의 발달되는 것은 아니다. 아이들은 스스로 판단하고 선택할 능력을 갖추기 전에, 상당 부분 교사들의 판단과 선택에 따라야 된다.

교육에서 교사의 자유에 관한 문제는 실제로 교사의 권리에 관한 문제이다. 그것은 가르치고 싶은 것을 가르칠 권리와 논쟁점에 관해 자기 자신의 의견을 제시할 권리로 요약할 수 있다. 이 권리는 기본적으로 사람들이 자기의 의견을 자유롭게 말할 수 있도록 허용될 때 그것이 진리에 가까워진다는 점에서 정당화된다. 어떤 의견이든 그것의 옳고 그름은 여러 가지 다른 의견들의 도전을 받음으로써 더 분명해 진다.

또한 교사는 자신이 가르치는 내용에 있어서 권위자이고, 그것을 가르치는 방법에 있어서 전문가라는 점에서 그의 자율성이 어느 정도 보장되어야 한다. 교사의 자율성은 교육활동이 가능해지는 기본 조건이며, 학생의 자율성을 기르는 데에도 매우 중요한 요건이다.

그러나 개인적인 의견을 표현하는 문제에 있어서, 교사의 위치는 좀 특별하다. 말하자면 교사는 교육적인 역할을 수행하는 사람이며, 미숙한 아동을 다루기 때문에 특별한 책임을 갖는다. 대학 교수에게는 이런 문제가 별로 중요하지 않다. 그는 진리탐구에 헌신하려는 확고한 태도를 가지고 있고, 어느 정도 성장한 청년들을 대상으로 진리탐구에 입문시키는 일을 하기 때문이다. 그러나 초·중등학교 교사들은 상황이 다르다. 그들도 역시 자신이 가르치는 학문에 헌신하려는 태도를 가져야 하지만, 그들은 지식의 최첨단에서 그것을 발전시켜 나가는 것보다는 지식을 전달하는 일에 더 큰 관심을 갖는다. 아이들(학생들)은 아직 교사가 말한 것을 평가하고 비판할 수 있는 능력을 갖추고 있지 못하다. 그러므로 교사는 그의 견해를 학생들에게 집어넣어 주기보다는 학생들이 자신의 견해를 형성할 수 있도록 도와주어야 한다. 교사의 임무는 학생들에게 생각한 내용을 전달하는 것이 아니라 생각하는 방법을 가르치는 것이다.

엄격하게 말해서, 교사는 자기의 개인적인 의견을 학생들에게 전개할 권리가 없다. 교사는 자신의 입장을 따르도록 학생들을 전향시킬 것이 아니라, 오히려 그의 입장이 기초로 하고 있는 근거와 이유를 학생들이 알도록 해야 한다. 학생들의 의견이 교사의 것과 일치하는지 않는지는 별도의 문제이다.

3. 권위와 교육

1) 권위의 개념

권위는 법조계나 군대조직이나 종교집단 등에서 전형적으로 발견할 수 있지만, 사실은 사회의 어느 영역에서나 발견할 수 있다. 인간의 사회적 삶은 여러 면에서 권위에 의존하고 있다. 피터스에 따르면, '권위'의 개념은 '규칙에 따르는 삶의 형식'과 불가분의 관계를 맺고 있다(1966 : 238). 권위라는 말은 어떤 생각이나 말이나 행위가 옳은지 그른지가 문제시되는 사태에서만 올바로 적용된다. 권위는 무엇이 옳은지 판단하고 선언하는 말이나 몸짓 등에 나타난다. 권위는 모종의 규범적 질서가 있어서 그것을 공포하고 유지하고 영속화시켜야 한다는 것을 논리적으로 가정하고 있다.

그러나 '권위'라는 말은 옳고 그름이 문제되는 사태라고 해서 무조건 다 사용될 수 있는 것은 아니다. 그것이 올바로 사용될 수 있는 경우는, 무엇이 옳고 그른가 하는 결정이 모종의 원천에 의해 내려져야 하는 경우, 또는 그 문제에 대하여 특별한 통찰력을 가진 사람들이 따로 있다고 생각되는 경우이다. 그래서 우리는 권위의 개념을 대개 법조계나 군대조직이나 종교집단에서 찾는다. 이런 조직에서는 일반적으로 무엇이 옳은가를 판단하며 특정한 경우에 규칙을 적용하고 시행하는 권한을 가지고 있는 특별한 사람들이 있다고 생각된다. 이처럼 '권위'라는 개념은 특정한 사람이 규칙의 원천이나 해설자나 시행자로 간주되는 경우에만 올바르게 사용된다.

권위는 흔히 권력과 혼돈된다. 권력은 기본적으로 한 개인이 특정한 방법에 의하여 타인을 자기의 의지에 복종시키는 것을 의미한다. 그 방법에는 물리적 압력이나 심리적 압력이 포함될 수도 있으며, 그보다 덜 가혹한 제제나 보상이 포함될 수도 있다. 반면에 권위는 인격과 무관한(impersonal) 규범적 질서나 가치체제에 호소하는 것이다. 권위는 사람들이 그러한 가치체제를 받아들이기 때문에 그들의 행위를 규제하는 힘을 가진다. 권위는 '규칙에 따르는 삶의 형식'을 누리는 데 필요한 것들을 사람들이 이해하고, 또한 그것에 따르려고 하기 때문에 효력을 가진다.

권위와 관련하여 우리는 세 가지 관념을 구분할 필요가 있다. 즉 권위 있는 자리에 있는 것, 권위자가 되는 것, 권위적이 되는 것은 각기 다른 관념을 전달한다.

첫째로, '권위 있는 자리'에 있다는 것은 어떤 권리와 책임을 가지고 그 일을 수행하도록, 사회적으로 인정된 역할을 할 자리에 있다는 것을 의미한다. 여기서 '권위 있는 자리'란 많은 권력을 행사할 수 있는 '높은 자리'를 의미하는 것이 아니라, 제도적으로 어떤 일을 수행하는 곳을 말한다. 예컨대, 버스 운전사는 승객에게 의자에 앉으라거나 손잡이를 잡으라고 요구할 권리가 있다. 그는 승객을 목적지까지 안전하게 데려다 줄 책임이 있기 때문이다. 마찬가지로 시장은 시민들에게 세금을 내라고 요구할 권리가 있으며, 경찰은 범법자들을 단속할 권리를 가지고 있다. 그들이 행사할 수 있는 권위는 그들의 직책상의 임무를 수행하도록 제도적으로 부여된 것이다. 이런 권위를 제도적 권위, 직책상의 권위, 또는 사회적 권위라 부른다. 제도적 권위는 일종의 형식적 권위이므로 그 직책에서 기대되는 자질과 능력이 갖추어지지 않은 경우에는 그 권위를 실질적으로 행사하지 못할 수도 있다.

둘째로, '권위자'가 되는 것은 어떤 지식이나 기술의 영역에서 전문가가 되는 것이다. 권위자는 어떤 연구나 실천을 통해 자기의 전문성을 발휘함으로써 그 권위를 인정받는다. 누구든 특정 분야의 권위자로 인정되기 위해서는 그 분야에서 모종의 업적을 남겨야 한다. '권위자'의 권위는 그의 능력에 의해 인정된 것인 만큼 한시적이다. 그의 권위는 다른 사람들에 의해 도전받을 수 있으며, 그 도전에 적절히 대응하지 못하면 권위를 상실할 수도 있다. 물론 이 경우에 권위에 대한 도전이나 그에 대한 대응은 합리적 이유나 증거에 근거하고 있다. 권위자로서 발휘하는 권위는 제도적 권위와 달리 실질적이다. 그는 자신의 능력으로 권위를 발휘하지만, 그 권위는 스스로 주장한 것이 아니라 다른 사람들이 인정하고 존중한 것이다.

셋째로, '권위적'이란 것은 지도자적 지위에 있는 사람이 권위를 스스로 주장하면서 자신의 신념이나 지식이나 행위에 대한 도전을 거부하는 사고방식이나 생활 태도를 말한다. 권위적인 태도는 민주주의적 사고와 생활 원리에 어긋나므로 일반적으로 비난의 대상이 된다. 권위적인 태도는 개인의 성격상의 문제일 수도 있지만, 특정 지위에 있는 사람이 그 지위에 요구되는 능력을 실제로 가지지 못한 경우에 나타나기 쉽다.

2) 교사의 권위

교사는 위에 제시한 제도적 권위와 전문가로서의 권위를 모두 가지고 있다. 교사가 학생을 가르칠 수 있는 것은 어떤 형태의 것이든 권위에 의해서이다. 우리는 교사가 가지고 있는 권위를 제도적 권위와 전문가적 권위로 구분할 수 있다.

제도적 권위는 교사가 학교생활을 통제하도록 제도적으로 부여된 권위이다. 교사로 임명된 사람은 학교에서 일정한 역할을 수행할 것이 기대된다. 교사가 학생을 지도하고, 수업을 진행하고, 학생을 평가하고, 학교의 시설을 관리하고, 문서를 작성하고, 학부모나 지역사회 인사들과 만나는 것은, 무엇보다도 그가 교사의 직책을 맡았기 때문이다. 교사의 제도적 권위에 대해, 학생들은 복종해야 한다고 생각하며, 일반 사회는 침범해서는 안 된다고 생각한다. 제도상의 권위는 교사에게 합법적으로 부여된 것이며, 그것은 학교제도가 존속되고 그가 교직에 남아있는 한 부정되지 않는다.

전문가적 권위는 교사가 교과에 대한 지식과, 수업방법 상의 기법과 이론을 가짐으로써 인정되는 권위이다. 교사의 지적 능력은 교과에 대한 충분한 이해 뿐 아니라 학문을 탐구하는 능력과 가치를 판단하는 능력을 포함한다. 전문가적 권위를 계속 유지하기 위해서, 교사는 자신이 가르치는 교과에 대해 충분한 지식을 가지고 있어야 하고, 그 지식의 탐구 방법에도 익숙해 있어야 한다. 뿐만 아니라 교과의 지식이 인간의 생활에 어떤 의미를 주는지 알고 있어야 하며, 자신이 가지고 있는 지식에 비추어 어떤 사실의 진위, 선악, 미추, 정사의 판단을 할 수 있어야 한다.

수업방법 상의 기법과 이론은 교사가 전문가로서 권위를 가질 수 있는 가장 특징적인 능력이다. 교사의 지적인 능력은 전문적인 학자들보다 못할 수 있으며, 때로는 잘 배운 학생이 자기 스승의 지식을 능가하게 되는 경우도 있다. 그래도 교사가 전문가로서의 권위를 잃지 않는 것은 바로 교육 방법상의 전문적 능력 때문이다. 교사의 전문가적 권위는 그가 교과를 다루는 능력과 학생을 지도하는 방법 및 전반적으로 교육활동에 임하는 방식과 태도로써 인정받게 된다. 권위 있는 교사는 교육의 목적을 정확히 이해하고, 이에 따라서 적절히 교육 내용을 선택하고 조직하며, 학생의 능력과 습관을 형성하고 변화시키는 데 필요한 수단을 동원할 줄 안다.

한국의 문화적 맥락에서는 교사에게 '모범으로서의 권위'를 추가할 수 있다. 이것은 교사가 일종의 사표(師表)로서 학생들에게 모범을 보일 때 확립되는 권위이다. 예를 들면, 교사가 도덕적으로 존경받을 만한 인품을 가지고 있거나, 진리를 추구하는 열정을 가지고 있거나, 학생을 배려하는 지극한 정성이 있거나 할 때, 발휘되는 권위이다. 한국의 교사에게 '스승'이 될 것을 요구하는 경우는 대체로 이런 권위를 기대하고 있는 셈이다.

교사가 학생들을 가르칠 때 권위를 행사 방식은 크게 세 가지로 분류될 수 있다. 자유 방임형, 민주형, 전제형이 그것이다. 자유 방임형 교사는 학생의 욕구와 흥미를 교육의 가장 중요한 수단으로 여긴다. 그는 학생의 본성과 자발성을 존중하며, 자신의 권위를 은폐시켜 표면에 나타나지 않게 한다.

전제형 교사는 자신에게 주어진 제도적 권위를 그대로 교육방법에 투사하며, 제재와 벌을 교육의 중요한 수단으로 삼는다. 그는 효율적인 수업을 위해 질서를 강조하며, 제도적으로 주어진 권위를 전면에 부각시킨다.

'민주형 교사'라는 말은 해석하기 어려운 점이 있다. '민주적'이라는 말의 정서적 의미(호감을 주는, 이상적인) 때문에 많은 교사들은 자신의 방법이

민주적이라고 말한다. 민주적인 교사는 자신의 권위를 숨기지 않는다는 점에서 전제형 교사와 비슷하나, 제도적으로 주어진 권위를 그대로 행사하는 것이 아니라 자신의 전문가적 권위를 행사한다는 점에서 차이가 있다. 또한 학생의 욕구와 흥미를 존중한다는 점에서는 자유 방임형 교사와 비슷하나, 학생들의 상호작용과 협력을 강조한다는 점에서 차이가 있다.

4. 벌과 교육

1) 벌의 개념

일반적으로 벌은 권위 있는 사람들에 의해 형식적으로 힘이 사용될 때를 말한다. 벌의 관념에 깔려 있는 기본적인 요소는 규칙을 범한 사람에게 의도적으로 고통을 줄 필요가 있다는 것이다. 그래서 벌의 개념은 '규칙을 위반한 사람에게 권위를 가진 사람이 의도적으로 고통이나 불쾌감을 주는 것'으로 정의된다.

벌의 개념은 세 가지 조건을 만족시켜야 한다. 첫째, 벌은 의도적으로 고통을 주는 것이다. 벌은 우연히 이루어지는 것이 아니다. 물론 우리는 악한이 우연히 사고를 당하여 고통을 받는 경우, 우리는 그가 천벌을 받았다고 말하기도 한다. 그러나 이 경우는 벌의 개념을 비유적으로 확장한 것이다. 그는 단순히 사고를 당한 것이지 정상적인 의미에서의 벌을 받고 있는 것은 아니다. 또한 벌을 받는 사람은 고통스럽거나 불쾌해야 한다. 만일 어떤 사람이 규칙을 위반한 사람에게 5만원을 주었다면, 그리고 그 돈이 그에게 고통이나 불쾌감을 주지 않았다면, 그는 벌을 준 것이 아니다.

둘째, 벌은 권위를 가진 사람이 주는 것이다. 벌이 권위에 의해 행사되는 것이 아니면 보복과 구분될 수 없다. 악한에게 해를 입은 사람이 그에게 역습하는 것은 그를 벌하는 것이 아니다. 그는 단지 보복하고 있을 뿐이다. 왜냐하면 그는 그렇게 할 권위를 가지고 있지 않기 때문이다.

셋째, 벌은 규칙을 위반한 사람에게 주는 것이다. 물론 권위를 가진 사람이 마음대로 어떤 사람에게 고통을 줄 수도 있을 것이다. 그러나 그가 규칙을 위반했기 때문에 고통을 주는 것이 아니라면 그것은 공연한 심술로 보아야 할 것이다. 또는 다른 어떤 목적을 달성하기 위한 수단으로 그렇게 한 것일 수도 있다. 어쨌든 규칙을 위반한 경우가 아니면 벌이 아니다.

교육 사태에서는 학생을 처벌하는 것이 그를 훈육하는 것이라고 생각하는 경향이 있다. 그러나 이러한 생각은 훈육을 하는 한 가지 방법과 훈육 자체를 혼동한 것이다. 훈육(discipline)이란 말에는 규칙이나 명령에 복종한다는 의미가 들어 있다. 여기서 규칙이라는 것은, 문법적인 규칙이나 도덕적 규칙과 같이 학습의 내용에 관한 것일 수도 있고, 연습이나 훈련의 규칙과 같이 학습의 방법에 관한 것일 수도 있으며, 조용히 한다든가 자세를 바르게 하는 것처럼 학습하는 데에 필요한 보다 일반적인 규칙일 수도 있다. 이런 규칙은 권위자가 부여하는 경우도 있고 학생 자신이 설정하는 경우도 있다. 어쨌든 이런 규칙을 아동의 정신 상태에 영향을 준다는 관점에서 받아들일 때, 우리는 훈육이라는 말을 쓸 수 있다. 훈육은 규칙의 준수와 관련된 매우 일반적인 개념이다.

반면에 벌이란 규칙을 위반했을 경우에만 적용되는 매우 특수한 개념이다. 또한 벌에서의 규칙은 행위에 관한 일반적 규칙이지 교과에 내재된 규칙이나 학습하는 방법에 관한 규칙이 아니다. 예컨대 우리는 셈하기를 잘못했거나 역사상의 특정 인물을 모른다고 해서 벌을 받지는 않는다. 무지는 규칙 위반이 아니기 때문이다. 물론 그가 고의로 잘못했다거나 태만으로 인해 규칙을 위반했다면, 그것 때문에 그는 벌을 받을 수 있다.

2) 벌의 정당화

벌을 정당화하는 아이디어는 크게 세 가지이다. 그것들은 응보, 제지와 예방, 교도 등이다. 첫째, 응보라는 관념은 기본적으로 보복한다는 생각이다.

벌은 정의상 보복적인 성격을 띠고 있다. 즉 벌은 개념상 고통이나 불쾌감을 수반하며, 범법자에게 고의로 부과하는 것이기 때문이다. 이 아이디어는 어느 정도 공정성의 관념에 호소한다는 점에서 수용될 법도 하다. 그러나 벌이 정의상 응보의 관념을 포함한다고 해서 응보가 벌을 정당화하는 것은 아니다. 벌의 의미가 무엇인지 이해하는 것과, 벌을 왜 주어야 하는지를 정당화하기 위해 이유를 대는 것은 별개의 것이다. 벌의 의미 속에서 정당화를 발견할 수는 없다.

둘째, 제지와 예방은 공리주의자들에 의해 제시된 가장 그럴듯한 정당화이다. 공리주의자들의 주장에 따르면, 고통은 악이기 때문에 고통을 주는 것은 분명히 해악이지만, 사회의 중요한 규칙을 어긴 자에게 약간의 고통을 주는 것은 그를 처벌하지 않음으로써 초래될 사회의 막대한 고통에 비하면 덜 악하다. 제지와 예방의 효과는 범법자가 당하는 고통을 보고 다른 사람이 범행을 저지르지 않게 하는 것과, 범법자 자신이 벌을 받음으로써 당하는 고통 때문에 다시 범행을 저지르지 않게 하는 것이다. 제지와 예방이 벌의 정당화로 사용되는 까닭은 벌이 실제로 제지와 예방의 효과를 갖는다는 데 있다. 그러나 때때로 벌은 제지와 예방의 효과를 갖지 못하는 경우도 있다. 그래서 이것은 벌의 정당화일 수는 있지만, 썩 좋은 정당화는 아니다.

셋째, 교도는 범죄한 사람이 잘못을 뉘우치고 돌아오게 함으로써 그를 좋은 사람으로 만든다는 관념이다. 이것은 벌을 정당화하는 데 사용하는 하나의 근거이지만, 이런 정당화의 문제점은 일반적으로 벌을 받은 사람이 실제로 좋아진다는 증거가 빈약하다는 데 있다. 죄수가 수감되어 있다가 출감할 때 더 좋은 사람이 되는 경우도 있을 것이다. 그러나 이것이 벌 때문에 생긴 효과라고 볼 수는 없다. 그런 효과는 '벌 때문에' 생긴 것이라기보다는 오히려 '벌에도 불구하고' 생긴 것인지도 모른다. 벌이 어떻게 규칙과 합리성에 대한 통찰을 줄 수 있는지 설명하기 어렵다. 벌이 할 수 있는 일은 아마 사람들의 사고에 충격을 주거나 어떤 정서를 자극하는 정도일 것이다. 사람을 교도하는 것은 좋은 일이지만, 그것을 벌의 이유로 삼는 것은 분명히 잘못이다.

한편, 교육에서 벌을 피하고 다른 방법으로 아이들이 규칙에 따르게 하려는 사람들은 아이들이 그들의 ‘행위의 결과’를 체험함으로써 배우게 해야 한다고 주장한다. 이것은 루소의 ≪에밀≫에서 분명하게 표현된 생각이다. 그들은 ‘행위의 결과’로부터 배우게 하는 것은, 교사들 편에서는 벌주는 불쾌한 일을 피하면서, 아이들 편에서는 행위에 필요한 규칙들을 배우고 따르게 한다는 이점이 있다고 말한다.

그러나 ‘행위의 결과’는 ‘벌’의 관념을 대신하는 말이지만, 사실 별로 쓸모없는 말이다. 행위의 결과가 언제나 즉각적인 것도 아니며 한 행위에서 단순하게 한 가지 결과만 오는 것도 아니다. 또한 어떤 결과를 당하더라도 그 결과를 초래한 원인이 여러 가지로 복합된 것일 수 있다. 사실 아이들은 행위의 결과가 정확하게 무엇인지 모르는 경우가 허다하며, 어떤 경우는 행위의 결과가 너무 엄청나서 도무지 그 결과를 경험하게 할 수 없다.

벌은 완벽하게 정당화되지는 않지만, 학교는 물론 사회에서도 널리 사용하고 있다. 벌이 주는 유익한 효과가 어느 정도 있기 때문이다. 그 효과는 대개 제지와 예방의 효과이다. 그러나 벌로써 모든 것을 해결하려는 처벌만능주의는 분명히 경계해야 하며, 벌로 인한 부작용도 항상 의식해야 한다. 학교에서 벌이 사용될 경우에는, 그것이 공적으로 부과되어야 하며, 벌 받는 까닭에 대한 학생의 분명한 인식이 있어야 한다. 또한 벌은 공정하고 적합하고 적절한 수준에서 적용되어야 한다. 그러나 벌을 피해서 해결할 수 있는 다른 방법이 있다면 벌은 피해야 한다. 이런 의미에서 벌은 최후의 수단이라 할 수 있다.

정 리

요 약

1. 교육상황에서는 윤리적인 문제가 자주 발생한다. 교사는 본래 학생의 생각, 태도, 행동에 관여하는 사람이기 때문이다. 교육상황에서 주로 발생하는 윤리적인 문제로는 평등, 자유, 권위, 벌 등이 있다.
2. 교육에서 평등의 문제는 주로 제도의 운영과 관계된다. 교육의 기회 균등은 민주사회에서 가장 기본적인 원칙이다. 복지 차원에서 이해되는 평등의 원칙은 국가에서 모든 국민에게 동등한 수준의 교육을 제공하는 것을 의미한다. 경쟁 차원에서 이해되는 평등의 원칙은 국가에서 공정한 경쟁을 통해 능력 있는 사람이 교육 혜택을 받을 수 있도록 동등한 기회를 부여하는 것을 의미한다.
3. 교육에서 자유의 문제는 크게 '아동의 자유'와 '교사의 자유'로 나누어 볼 수 있다. 아동의 자유에 대해, 전통적 교육자들은 지식과 도야를 위해 아동의 자유가 대체로 제한되어야 한다고 생각한다. 진보적 교육자들은 아동의 흥미와 자발적인 활동을 위해 많은 자유가 허용되어야 한다고 생각한다.
4. 교사의 자유는 실제로 교사의 권리로 해석된다. 교사의 권리에 대해서는, 주로 가르치고 싶은 것을 가르칠 권리와 논쟁점에 대해 자신의 의견을 제시할 권리가 논쟁거리이다. 전자에 대해서는, 교사가 전문가라는 점에서 그의 자율성이 어느 정도 보장되어야 한다. 후자에 대해서는, 미숙한 아동을 대상으로 한다는 점에서 교사의 권리는 제한되어야 한다.
5. 교사는 제도적 권위와 전문가적 권위를 모두 가지고 있다. 제도적 권위는 교사가 학교생활을 관리하도록 부여된 권위이다. 전문가적 권위는 교사가 교과에 대한 지식과 수업 방법상의 기법과 이론을 가짐으로써 인정되는 권위이다.
6. 교육에서 벌은 훈육과 종종 혼동되지만, 벌은 규칙을 위반했을 때만 적용되는 매우 특수한 개념이다. 벌을 정당화하는 논리로 '응보', '제지와 예방', '교도' 등이 있지만, 이것들로는 벌이 완벽하게 정당화되지 않는다. 단지 벌의 유익한 효과가 어느 정도는 있기 때문에 벌을 '최후의 수단'으로 제한적으로 사용할 수는 있을 것이다.

7. 벌을 피하고 '행위의 결과'를 자연스럽게 체험하도록 함으로써 배우게 할 수 있다는 주장이 있다. 그러나 이 주장은 정당화되기 어렵다. 특정 행위와 그 결과의 관계가 분명치 않을 경우가 있으며, 어떤 경우는 행위의 결과가 매우 위험하므로 전혀 경험하게 해서는 안 되기 때문이다.

연구 및 토론문제

1. 교육에서 평등성과 수월성은 모순 없이 동시에 추구될 수 있는가? 동시에 추구할 수 없다면 어느 것을 더 중시해야 하는가?
2. 교육에서 평등의 원칙은 복지의 원칙으로 이해될 때와 경쟁의 원칙으로 이해될 때가 있다. 복지의 원칙으로 이해될 때 교육 불평등이 발생했다면 그 책임은 누구에게 있는가? 또 경쟁의 원칙으로 이해될 때 교육 불평등이 발생했다면 그 책임은 누구에게 있는가?
3. 적극적 자유와 소극적 자유의 차이는 무엇인가?
4. 교사는 사회적으로 논쟁이 되는 사안(예를 들면, 고교 평준화정책을 계속 유지해야 하는지?)에 대해 학생들에게 자기 자신의 의견을 제시할 자유가 있는가?
5. 권위 있는 교사가 되기 위해 갖추어야 할 성품이나 능력은 어떤 것인가?
6. 교사가 일체의 권위를 숨기고 학생을 가르칠 수 있는가? 권위를 정당하게 행사하지 않으면 교육에 어떤 문제가 생기는가?
7. 벌은 일반적으로 규칙 위반자에게 가해지는 것이지만, 모든 종류의 규칙 위반자가 다 처벌의 대상이 되는 것은 아니다. 어떤 규칙 위반자가 처벌의 대상인가?
8. 교육에서 벌을 정당화하는 논리는 무엇인가? 벌은 과연 정당화되는가?
9. 인위적인 벌을 피하고, 행위의 자연스런 결과를 당하게 하는 방법으로 배우게 하는 것은 어떤 장점이 있는가? 또 어떤 문제가 있는가?

읽을거리

김태길(1992). 윤리학. 서울, 박영사.
이돈희(1992). 교육정의론. 서울, 고려원.
조동섭 외 역(1996). 가르침의 윤리학. 서울, 원미사.
Hamm, C. M.(1991). Philosophical Issues in Education : An Introduction(김

기수 외 역, 교육철학탐구. 서울, 교육과학사, 2002).

Peters, R. S.(1966). Ethics and Eduction(이홍우 역, 윤리학과 교육. 서울, 교육과학사, 2003).

Schofield, H.(1972). The Philosophy of Education : An Introduction(이명준 역, 분석적 교육철학. 서울, 원미사, 2001).

제10장 교육과 지식

개 관

교육은 가치로운 것을 전달하며, 지식과 이해의 발달을 추구한다. 교육받은 사람은 어느 정도의 가치 있는 지식과 이해 및 기술을 습득한 사람이라 할 수 있다. 교육은 물론 개인의 습관이나 성격, 도덕성, 사회성 등을 발달시키고, 신체의 여러 기능들을 향상시킨다. 그러나 교육내용의 핵심은 지식이다.

역사적으로 학교제도의 발달은 지식의 진보와 같은 궤도를 밟아 왔다. 일찍부터 학교제도를 발달시킨 고대 그리스와 중국은 지적인 문화유산을 많이 남겨 놓았으며, 오늘날에도 세계의 학교들은 지식을 가르치는 데 대부분의 시간을 할애한다. 우리나라에서 지식 위주의 교육이 비난의 대상이 되는 것을 흔히 볼 수 있지만, 지식이 가치 있다는 사실은 부인할 수 없다. 아마도 그 비난은 지식만 가르치면 교육의 임무를 다하는 것으로 생각하고 다른 중요한 것들을 무시하는 사태에 대한 비난일 것이며, 나아가 지식을 지식답게 가르치지 못하는 사태에 대한 비난일 것이다.

지식을 지식답게, 즉 그 성격에 맞게 가르치기 위해서는 지식의 성격을 바로 이해하고 그것을 가르치는 방법을 이해할 필요가 있다. 여기서는 지식의 성격과 교육과정 및 지식을 가르치는 방법에서, 철학적 논의를 필요로 하는 것들을 살펴본다.

탐 색

- 모든 지식이 다 가치 있는가, 아니면 특정한 종류의 지식이 가치 있는가?
- 가장 가치 있는 지식은 무엇인가?
- 명제적 지식과 방법적 지식을 전달하기 위해 각각 어떤 방법을 사용할 수 있을까?
- 진리란 무엇인가?
- 진리를 어떻게 가르칠 수 있는가?

중심개념

명제적 지식, 방법적 지식, 암묵지, 형식지, 진리조건, 신념조건, 증거조건, 진리 대응설, 진리 정합설, 실용주의 진리설, 공리주의, 합리주의, 아동중심, 지식교육, 연역적 방법, 귀납적 방법, 교화

1. 지식의 성격

1) 지식의 종류

지식의 종류는 우리가 무엇을 안다고 할 때 그 앎의 대상이 되는 것의 종류만큼 많다고 할 수 있다. 대상에 따라 지식의 종류를 구분하면 실로 지식의 종류는 무수히 많다. 그러나 '안다'는 말의 일상적인 용법을 분석하면, 지식은 크게 두 종류로 구분된다. "나는 수영을 할 줄 안다"고 할 경우와 같이 '~할 줄 안다'(know how)로 표현되는 앎이 있고, "나는 종이가 불에 탄다는 것을 안다"고 할 경우와 같이 '~임을 안다'(know that)로 표현되는 앎이 있다.

모든 종류의 지식이 이 두 종류의 지식으로 환원될 수 있다는 데에 대해 전혀 이견이 없는 것은 아니다. 어떤 사람은 모든 지식을 '~할 줄 안다'로 환원시키려 하고, 다른 사람은 모든 지식을 '~임을 안다'로 환원시키려 한다. 또 어떤 사람은 두 종류의 지식만 있는 것이 아니라, "나는 너를 안다"의 경우와 같이 다른 종류의 지식도 있다고 생각한다. 그러나 지식을 위와 같이 두 종류로 구분할 수 있다는 생각은 일반적으로 받아들여지고 있으며, 두 종류의 지식은 각각 독특한 특징을 가지고 있다.

'~할 줄 안다'는 것은 어떻게 하는 것을 아는 것이다. 그것은 과제의 절차와 방법을 아는 것이므로, 방법적 지식(procedural knowledge)이라 부른다. '~임을 안다'는 것은 무엇이 진리라는 것을 아는 것이다. 그것은 명제가 진리라는 것을 아는 것이므로, 명제적 지식(propositional knowledge)이라 부른다.

방법적 지식은 기술이나 기능과 같은 인간의 능력에 관련된 것이며, 반드시 언어로 정확히 표현되는 것은 아니다. 즉 말로 표현하지 못한다고 해서 모른다고 할 수는 없다. 어떤 사람은 수영하는 방법을 말로 설명하지 못하지만, 수영을 잘 할 수 있다. 어떤 사람이 방법적 지식을 가지고 있는지 확인하기 위해서는 그가 그 과제를 수행하는 방식과 그의 동작이 성취해 내는 결과를 살펴보아야 한다. 방법적 지식의 조건은 그 과제를 수행하는 데 지켜야 할 규칙이나 원리에 익숙할 것을 요구한다.

방법적 지식은 기술이나 기능과 같이 인간의 능력에 관계된 것이긴 하지만, 실제로 그것을 할 수 있다는 것을 의미하지는 않는다. 예컨대, 어떤 사람이 어제까지 수영을 할 줄 알았고 실제로 할 수 있었지만, 지금은 다리의 부상으로 수영을 할 수 없게 되었을 경우, 그는 실제로 수영을 할 수는 없지만 얼마든지 수영할 줄 안다고 말할 수 있다. 아는 것을 할 수 있기 위해서는, 아는 대로 할 수 없게 만드는 여러 가지 장애조건을 제거해야 한다.

명제적 지식은 진 또는 위로 판단될 수 있는 문장으로 표현된다. 감탄문이나 명령문은 명제가 아니므로 명제적 지식의 범주에 들지 못한다. 명제적 지식은 명제로 표현되며, 명제의 종류에 따라 세 가지로 구분된다. 첫째, 종합적 명제로 표현되는 사실적 지식이 있다. 이것은 "종이는 불에 탄다"와 같이 어떤 사실이나 현상을 기술하거나 설명한다. 둘째, 분석적 명제로 표현되는 논리적 지식이 있다. 이것은 "총각은 미혼의 성년 남성이다"와 같이 문장을 구성하는 요소들의 의미상의 관계를 나타낸다. 셋째, 규범적 진술로 표현되는 규범적 지식이 있다. 이것은 "인간은 존엄하다"나 "남의 돈을 훔치는 것은 나쁘다"와 같이 어떤 가치나 규범을 나타낸다. 그러나 규범적 진술에 대해서는, 그것이 참으로 지식일 수 있는지 아닌지가 아직 논란의 대상이 되고 있다.

명제적 지식은 전통적으로 교육의 목적에 적합한 종류의 지식으로 인식되어 왔다. 피터스가 교육의 개념적 조건의 하나로 제시한 지식 기준은 '지식과 이해'를 요구한 것이었으며, 그 요구에 부합된 것은 바로 명제적 지식이다. 명제적 지식은 수학, 과학, 역사학 등과 같이 학문으로 체계화되어 교육에서 소중히 다루어져 왔다. 철학의 인식론에서도 명제적 지식을 지식의 전형으로 간주해 왔다. 특히 수학은 합리주의자들에 의해 지식의 전형으로 간주되었으며, 과학은 경험주의자들에 의해 지식의 전형으로 간주되었다.

> 지식의 종류에 대한 폴라니(M. Polanyi)의 분류는 매우 유용하다. 폴라니는 지식이 언어화되어 드러나는 정도를 기준으로 암묵지(tacit knowledge)와 형식지(explicit knowledge)로 구분했다.
>
> 암묵지는 학습과 체험을 통해 개인에게 습득되지만 언어로 명확하게 드러나지 않는 지식이다. 암묵지는 주관적인 지식으로서 언어로 기술할 수 없는 일상적 신체행위 속에 내포되어 있다. 암묵지는 음식 맛보기, 악기 연주, 그림 그리기 등에서 인지적으로 표현된다.
>
> 형식지는 암묵지가 문서나 매뉴얼처럼 외부로 표출되어 여러 사람이 공유할 수 있는 지식이다. 형식지는 과학의 법칙, 수학 공식, 논리적 문장 등과 같이 객관적이며 언어로 표현이 가능하다. 형식지는 보고서, 통계 자료, 신문 등과 같이 어떤 형태로든 형상화된다.
>
> 언어화된 형식지의 저변에는 언어화되지 않은 암묵지가 존재한다. 전문가들의 전문적 식견이나 예술적 감식력에는 설명이 불가능한 암묵적 차원의 지식이 포함되어 있다. 언어로 개념화되고 명제로 진술되는 형식지들은 암묵적 지식의 구조 안에 존재한다.(M. Polany, 1958 : 88)

2) 명제적 지식의 조건

명제적 지식을 성립시키는 조건은 다소 복잡하다. 명제적 지식의 조건은 고대 그리스의 플라톤과 현대의 아이어(A. J. Ayer), 치좀(R. M. Chisholm) 등에 의해 세 가지로 제시되었다. 그것들은 신념 조건, 진리 조건, 증거 조건이다. 이 세 조건들은 어느 정도 문제를 가지고 있으나, 많은 인식론자들이 흔히 다루는 조건들이다.

신념 조건은 안다고 주장되는 명제를 사실로 받아들여야 한다는 것이다. 예컨대 "지구는 둥글다"는 것을 아는 사람은 그것을 사실로 믿고 받아들인 사람이다. "S는 P를 안다"는 것은 "S는 P를 믿는다"는 것을 전제하고 있다. 믿음과 지식이 같은 것은 아니다. 믿음은 지식을 성립시키기 위한 필요조건이다. “S는 P를 안다”에서 P(명제)가 참이 아닐 경우 “S는 P를 믿는다”는 성립되지만, “S는 P를 안다”는 성립되지 않는다. 믿음은 태도나 성향을 나타낼 뿐, 그 대상이 참이라는 보장이 없다.

진리 조건은 안다고 주장되는 명제가 실제로 참이어야 한다는 것이다. “S는 P를 안다”에서 P가 참이 아니라면, S는 P를 아는 것이 아니다. 지식은 진리 조건을 필요로 한다. 물론 사람들은 참이 아닌 것을 안다고 주장하는 경우도 있다. 중세인들은 “지구는 평평하다”는 것을 ‘안다’고 주장했겠지만, 지구가 실제로 평평하지 않기 때문에 그들의 ‘안다’는 주장은 폐기된다.

증거 조건은 안다고 주장되는 명제를 참이라고 믿기에 합당한 증거를 가지고 있고 그것을 제시할 수 있어야 한다는 것이다. 어떤 것을 안다고 주장하는 사람은 자신이 아는 것을 올바로 증명해 보일 수 있어야 그것을 안다고 주장할 권리를 갖게 된다. 그래서 이 조건은 정당화 조건이라고 부르기도 한다.

이 세 가지 조건은 ‘안다’는 말을 정확하게 적용하기 위한 기준을 제공한다. 이 조건들을 간단하게 정리하면 다음과 같다.

① P는 참이다. (진리 조건)
② S는 P를 믿는다. (신념 조건)
③ S는 P를 믿는 정당한 이유를 가진다. (증거 조건)
이 경우 그리고 오직 이 경우에만
④ S는 P를 안다.

여기에서 P는 임의의 명제이고 S는 사람이다. 명제 ①, ②, ③은 개별적으로 명제 ④에 대하여 필요조건이고, 집합적으로 충분조건이다. 지식의 개념은 명제 ①, ②, ③을 길게 연결한 문장으로, ‘정당화된 참된 믿음’으로 정의된다.

지식의 세 조건들 중에서 특히 진리 조건은 많은 철학자들의 논의의 대상이 되어 왔다. ‘진리’라는 말은 다소 신비적인 것으로 여겨지기도 한다. 우리는 보통 진리를 파헤친다거나 진리를 발견한다거나 진리를 탐구한다는 말을 사용한다. 이 경우에 진리는 이 세상 어딘가에 숨어 있어서, 마치 숨겨진 보물을 찾듯이 찾아내야 하는 것으로 인식된다. 진리는 굉장한 의미를 가진 고매하고 경외할 만한 것으로 인식되고 있다. 플라톤은 진리는 감각적 경험의 세계에 있는 것이 아니라 이데아의 세계에 있으므로, 영혼의 눈을 떠서 이데아계에 있는 실재(진리)를 보도록 해야 한다고 하였다.

그러나 진리는 사물의 속성이 아니라 사물에 대한 표현들의 속성이다. 진리는 사물의 속성이 아니라 이론의 속성이다. 그것은 사람들이 사물에 관해 기술하고, 설명하고, 판단하고, 주장하고, 해석한 명제들의 속성이다. 우리는 사람들의 신념이나 판단이나 생각을 가지고 옳다거나 그르다고 말하며, 이때 하는 옳다는 말이 곧 진리라는 말이다. 그러나 어떤 명제가 진리인지 알려면 진리를 판단할 수 있는 준거가 있어야 한다. 우리는 어떤 관습이나 느낌이나 계시나 여론 등을 가지고 진리의 준거로 삼을 수는 없다. 철학자들은 무엇이 진리의 준거가 될 수 있는지에 관해 많은 논의를 해 왔다. 진리의 준거에 대한 그들의 논의는 대응설, 정합설, 실용주의 진리설의 세 가지로 분류될 수 있다.

대응설(correspondence theory)은 감각적 경험을 중시하는 경험주의 철학자들의 주장이다. 그들에 따르면, 명제의 진리여부는 그것과 실세계의 관계에 달려있다. 즉 신념이나 판단을 표현하는 명제가 실세계에 있는 사실과 부합되면 진리이다. 예컨대, "종이는 불에 탄다"는 명제는 실제로 종이가 불에 탈 때 진리이다.

정합설(coherence theory)은 논리적 사고를 중시하는 합리주의 철학자들의 주장이다. 그들에 따르면, 명제의 진리는 그것과 다른 명제들과의 관계에 달려있다. 즉 어떤 명제가 이미 진리로 인정된 다른 명제와 모순되지 않으면서 한 체제 속에 논리정연하게 포함되어 있을 때 진리이다.

실용주의(pragmatism) 진리설은 퍼어스, 제임스, 듀이 등 실용주의자들에 의해 주장되는 진리설이다. 그들에 따르면, 진리인 명제는 만족스러운 결과를 가져다준다. 즉 어떤 신념이나 판단이 진리라면, 그 신념이나 판단에 따라 행동했을 때 좋은 결과가 나와야 한다. 실용주의자들은 절대적이거나 보편타당한 진리를 부정하고, 실제로 유용한 결과를 가져올 수 있는 명제를 진리로 간주하였다.

2. 지식과 교육과정

지식은 매우 다양하지만 모든 지식이 교육과정에 들어가는 것은 아니다. 교육과정은 교육적 가치 판단에 의해 선별된 지식과 기능들로 구성된다. 교육은 가치를 추구하기 때문에 진리인 명제들을 모두 포함하는 것이 아니라, 그 중에서도 특별히 가치로운 것을 포함한다. 따라서 교육과정을 구성할 때 가장 선행되는 문제는 '어떤 지식이 가장 가치로운가?'하는 것이다. 이 질문에 대한 대답이 어떻게 내려지는가에 따라 다른 형태의 교육과정들이 구성된다.

그러나 대부분의 교사들은 실제로 교육과정에 무엇이 포함되어야 하는지에 대해 거의 질문하지 않는다. 그들은 교육과정에 국어, 수학, 과학, 역사 등이 포함되는 것이 당연하다고 생각한다. 그들은 전통적인 교육과정에 포함된 지식들이 가치롭고 중요하다고 생각한다. 국어나 수학이나 과학 등이 가치롭다는 신념은 일반적으로 받아들여지고 있다. 그래서 또 다시 문제가 되는 것은 그런 지식들이 어째서 가치로운가 하는 것이다. 즉 어째서 교육과정은 그런 것들로 구성되어야 하는가 하는 문제가 제기될 수 있다.

교육과정의 이론은 어떤 지식이 가치로운가 하는 가치 판단 뿐 아니라, 그런 지식이 어째서 가치로운가 하는 정당화도 포함한다. 이제 몇 가지 교육과정 이론들을 대상으로 교육에서 추구하는 가치와 목적들을 실현하기 위한 구체적인 계획들을 검토하기로 한다.

1) 공리주의적 교육과정

공리주의의 핵심 개념은 행복이다. 윤리학의 공리주의에서는, 선한 행위란 행위의 결과가 최대의 쾌락이나 행복을 가져다주거나 그럴 것으로 기대되는 행위라고 주장한다. 공리주의적 시각에서 보면, 인간이 마땅히 추구해야 하는 행위는 '최대 다수의 최대 행복'을 가져다주는 행위이다. 교육도 마땅히 인간의 행복을 지향해야 하며, 교육과정은 인간의 행복을 증진시키는 데 도움이 된다는 근거에서 정당화될 수 있다.

공리주의자들은 인간의 행복은 주로 물질이나 사회관계 등 외부의 세계가 인간의 삶에 어떻게 영향을 미치는가에 의해 좌우된다고 보고, 교육은 이런 세계에서 아이들이 행복하게 살도록 준비시키는 일이라 생각했다. 그래서 과학이나 지리나 역사나 도덕 등은 자연 세계와 생활 세계의 여러 법칙이나 인과체계나 갖가지 생활양식이나 규범 등을 알려줌으로써 그것들이 행복에 미치는 영향을 예견하게 해 준다.

공리주의의 또 한 가지 중요한 주요한 개념은 유용성이다. 공리주의자들에 따르면, 교육과정은 거기에 포함된 교과가 학습자에게 유용하다는 근거에서 정당화될 수 있다. 예컨대 수학이나 과학 등은 노동자나 기술자나 과학자나 일반 시민들에게 유용하기 때문에 정당화될 수 있다. 스펜서(H. Spencer)는 교육의 목적을 완전한 삶을 위한 준비라고 보고, 가치로운 지식의 목록에 과학, 수학, 역사, 지리, 기술 등을 포함시켰다. 이런 것들이 정당화되는 근거는 그것들이 생활에 유용하다는 점이다.

공리주의적 관점에서 볼 때, 교육과정은 개인의 행복을 증진시키거나 생활에 유용한 기능을 하는 것들로 구성되어야 한다. 행복은 개인적 혹은 사회적 욕구의 충족과 관련되므로, 지식의 가치는 이런 욕구의 충족에 기여하는 정도에 의해 평가된다. 공리주의자들이 교육의 가치를 정당화하는 논리는 유용성의 원리에 입각해 있다. 교육은 개인의 목적을 달성하기 위한 유용한 도구로 간주된다. 우리는 이와 대비된 관점을 합리주의적 교육과정에서 볼 수 있다.

2) 합리주의적 교육과정

합리주의에서는 이성 또는 합리성을 강조한다. 합리주의적 관점에서 볼 때, 교육과정은 합리적 마음을 발달시킨다는 점에서 정당화된다. 플라톤이 ≪국가론≫에서 구상한 교육과정은 경험 세계의 변화무쌍한 현상의 이면에 있는 실재, 곧 이데아(Idea)를 이해할 수 있는 사람을 길러내는 데 초점을 두었다. 그래서 수학, 기하학, 철학 등이 이런 목적에 적합한 교과들로 포함되었다.

현대에 와서는 허스트(P. H. Hirst)가 이와 유사한 합리주의적 교육과정을 제안하였다(1974). 허스트는 플라톤의 교육사상에 기저에 깔려있는 형이상학적 요소를 제거하고, 합리적 마음의 발달을 추구하는 자유교육의 이념을 재주장하였다. 허스트에 의하면, 지식은 개념적 틀로써 구조화된 제반 경험의 양식들이다. 지식을 획득한다는 것은 객관적 실재를 인식하는 것이 아니라, 독특한 방법으로 구조화되고 의미를 가지게 된 경험을 인식하게 된다는 말이다.

인간의 다양한 경험은 고도로 발달된 형식들을 구성하는 데 그것들은 수학, 자연과학, 인문학, 역사, 종교, 문학과 예술, 철학의 일곱 가지이다. 지식의 각 형식들은 중심 개념, 독특한 표현이나 진술, 독특한 진리 검증방법, 독특한 탐구방법을 가지고 있다. 예컨대, 수학은 수, 행열 등의 중심 개념들과, 연역적 논증 등 독특한 탐구절차와 검증방법을 가지고 있다. 과학은 중량, 운동, 원형질 등의 중심 개념들과, 관찰, 실험, 귀납적 추론 등 탐구방법과 검증방법을 가지고 있다.

허스트의 주장의 핵심은 교육과정이 합리적 마음의 발달을 위한 수단으로서 정당화될 수 있다는 것이다. 지식의 각 형식들은 자율성을 갖기 때문에 다른 형식들로써 대체할 수 없다. 따라서 합리적 마음을 발달시키기 위한 교육과정은 모든 지식의 형식들을 포함해야 한다. 어느 한 형식이 빠져있는 교육과정은 그만큼 불완전한 것이며, 그런 교육과정을 통해 교육받은 사람은 합리성의 발달에 그만큼 결함이 있다. 예컨대 수학을 배우지 않은 사람은 수학적 사고를 할 수 없고, 과학을 습득하지 못한 사람은 과학의 맥락에서 합리적으로 행동할 수 없다. 또한 문학이나 예술에 입문되지 않은 사람은 그 분야에서 합리적인 선택이나 결정을 할 수 없다. 교육과정의 정당성은 실제 생활에 유용한 것들을 제공함으로써가 아니라 합리적 마음을 발달시킴으로써 확보된다.

3) 아동중심적 교육과정

아동중심 교육과정은 흔히 지식중심 또는 교과중심 교육과정과 대립된 것으로 이해된다. 아동을 중심으로 교육을 생각해 온 아동중심 교육과정은 진보적 접근이라 불리었고, 지식과 교과를 중심으로 교육을 생각해 온 교과중심 교육과정은 전통적 접근이라 불리었다. 아동중심 교육과정은 아동의 자발성과 적극적 활동을 강조한 반면, 교과중심 교육과정은 지력의 계발과 교과내용의 습득을 강조했다.

그러나 이런 대조는 두 접근의 특징을 양 극단에서 묘사한 것일 뿐, 사실은 두 접근이 상호 의존한다. 예컨대, '우리는 교과를 가르친다'는 전통적 입장의 슬로건이나 '우리는 아동을 가르친다'는 진보적 입장의 슬로건은 서로 결합되기 전에는 완전한 것이 될 수 없다. 왜냐하면 'X는 Y에게 Z를 가르친다'는 문장에서 보듯이, 교육은 대상인 아동과 내용인 교과를 모두 포함하기 때문이다.

아동중심 교육과정에서는 아동의 흥미, 욕구, 필요 등을 강조한다. 아동중심적 관점에서 볼 때, 교육과정은 아동의 욕구와 필요를 충족시킨다는 점에서 정당화된다. 아동중심 이론가들은 교육과정의 목표를 아동을 대신하여 성인이 선택하는 것은 잘못이라고 주장한다. 그들은 교육과정의 목표를 선택하는 일은 아동의 성장의 방향에 대해 성인이 부당하게 가치 판단을 하는 것이라고 보기 때문이다.

그 대신 그들은 아동의 필요가 무엇인지 알기 위하여 아동을 연구해야 한다고 주장한다. 나아가 그들은 아동의 필요를 충족시켜줌으로써 가치판단을 피함과 동시에 건전한 과학적 토대 위에서 교육이 이루어지게 해야 한다고 주장한다. 아동중심 교육과정은 지식의 성격이나 교과의 논리적 조직이나 교육적 가치 판단에 대한 고려보다는 아동의 필요나 욕구나 흥미 등 심리적 특성들을 우선적으로 고려한다.

그러나 아동의 필요나 욕구를 충족시키는 일은 여전히 가치 판단을 피할 수 없다. 교육을 하기 위해서는 어떤 필요와 욕구를 선택하여 그것을 어떤 방식으로 충족시킬지 판단해야 하며, 이 일은 결국 가치 판단을 요구한다. 그리고 아동의 흥미나 욕구나 필요를 강조하더라도 지식과 이해를 발달시키는 일의 중요성은 약화되지 않는다. 아동의 욕구나 필요를 충족시키는 일은 지식과 이해의 발달을 가져올 때, 그래서 아동의 사고와 행동에 가치로운 변화가 일어날 때 비로소 교육적일 수 있다. 욕구와 필요의 충족이 모두 교육이 되는 것이 아니라 가치로운 변화, 즉 마음의 발달을 가져올 때에 교육이 될 수 있다.

물론 전통적 교육과정은 순전히 명제적 지식을 가르침으로써 마음의 발달을 성취하려 했다는 문제가 있었다. 교육이 추구하는 마음의 발달 또는 인간의 발달을 위해서는 명제적 지식을 가르치는 데 한정될 것이 아니라 방법적 지식이나 실천적 지식도 반드시 포함해야 한다.

3. 지식교육과 교화의 문제

1) 지식교육의 방법

지식을 중심으로 교육과정을 구성하려 했던 전통적 이론가들은 지식의 논리적 특성에 맞추어 교과를 조직하려 했다. 그것은 지식을 지식답게, 즉 지식을 지식의 성격에 맞게 가르쳐야 한다는 생각을 전제하고 있다. 그러나 전통적 교육과정을 따르는 교육의 실제에서는 지식의 성격에 맞게 가르치기보다는 오히려 획일적인 주입식 교육이나 암기위주의 교육을 하게 되는 폐단이 발생했다.

반면에 아동을 중심으로 교육과정을 구성하려 했던 진보적 이론가들은 아동의 심리적 특성에 맞추어 교과를 구성하려 했다. 그것은 아동을 아동답게, 즉 아동을 아동의 발달 수준이나 심리적 특성에 맞게 가르쳐야 한다는 생각을 전제하고 있다. 그러나 아동중심 교육과정을 따르는 교육의 실제에서는 아동의 흥미와 욕구를 충족시키는 대신 지식의 논리적 특성을 무시하여, 지력의 향상을 촉진하지 못했다는 폐단이 발생했다.

교육의 방법은 교육의 개념적 특성에 맞아야 한다. 지식 교육의 방법은 교육의 개념적 특성에 맞아야 할 뿐 아니라 지식의 개념적 특성에도 맞아야 한다. 지식의 개념적 특성에 맞춘다는 말은 그 교육이 지식의 개념적 조건들을 만족시키는 방법으로 이루어진다는 말이다.

앞에서 지적한 것처럼, 방법적 지식의 조건을 충족시키기 위해서는 그 과제를 수행하는 데 지켜야 할 규칙이나 원리에 익숙해져야 한다. 어떤 사람이 방법적 지식을 가지고 있는지 확인하기 위해서는 그가 그 과제를 수행하는 방식과 그의 동작이 성취해 내는 결과를 살펴보아야 한다. 그리고 명제적 지식의 조건을 충족시키기 위해서는 신념 조건과 진리 조건과 증거 조건을 모두 만족시켜야 한다. 어떤 사람이 명제적 지식을 가지고 있는지 확인하기 위해서는, 그가 말하는 명제가 참인지, 그가 그 명제를 참으로 받아들이고 있는지, 그 명제가 참임을 증명할 수 있는지를 검토해야 한다.

지식 교육은 주로 명제적 지식을 탐구하게 하는 과정으로 이해할 수 있다. 지식을 가르친다는 것은 명제화된 지식들을 단순히 전달하기만 하는 것이 아니라, 참인 명제가 성립되는 과정과 참인 명제들이 서로 연결되어 체제를 이루는 방식을 탐구하게 하는 것이다.

참인 명제가 성립되는 과정은 지식의 세 조건들을 충족시키는 과정이다. 첫째로 신념 조건과 관련지어 말하자면, 지식을 탐구하는 일은 확실한 신념을 얻기 위해 계속적으로 회의하는 과정이라 할 수 있다. 지식 교육은 이런 회의의 과정을 통해 신념을 형성하고 또한 형성된 신념을 회의하여 좀 더 확실한 신념에 도달하는 과정을 반복하는 과정이다.

둘째로 진리 조건과 관련지어 말하자면, 지식을 탐구하는 일은 곧 진리를 추구하는 일이다. 그러나 앞에서 지적한 것처럼, 진리의 개념이 각 진리설에 따라 다르므로 진리를 추구하는 일은 진리설에 따라 차이가 있다. 대응설에 따르면 진리를 추구하는 일은 경험적 사실과 일치되는 명제들을 획득하는 일이며, 정합설에 따르면 그것은 다른 지식들과 논리적으로 정합되는 명제들을 획득하는 일이다. 그리고 실용주의 진리설에 따르면 그것은 실제적인 사태에 유용하게 기능할 수 있는 명제를 획득하는 일이다.

셋째로 증거 조건과 관련지어 말하자면, 지식을 탐구하는 일은 어떤 명제가 진리인지 아닌지 증명하기 위하여 적절한 증거를 제시하는 일이다. 경험적인 명제를 검증하기 위해서는 사실적인 증거가 요청되며, 분석적인 명제를 검증하기 위해서는 논리적인 증거가 요청된다.

명제가 서로 연결되어 체제를 이루는 방식은 크게 귀납적 방식과 연역적 방식으로 구분할 수 있다. 귀납적 방법에 의한 체제는 개별적인 특수한 지식들이 가지는 공통된 특징들을 찾아내어 일반적이고 보편적인 지식을 성립시킴으로써 이루어진다. 특수한 지식들을 일반화시킴으로써 얻을 수 있는 유익은 매우 크다. 그러나 귀납적으로 얻어진 지식은 엄격한 의미에서 개연적이며, 일반화의 정도가 클수록 포괄성은 넓으나 확실성이 낮다는 특징을 지닌다.

연역적인 방법에 의한 체제는 귀납적 방법과 반대로 보편적 지식에 근거하여 특수한 지식을 도출하는 방식으로 이루어진다. 연역적 방법은 전제로 주어진 보편적 지식이 진리라는 가정 위에서 이루어지며, 전제가 진리이면 추론 과정에 오류가 없는 한 결론도 필연적으로 진리이다. 연역적 방법에 의하여 얻어진 결론은 전제에 포함되어 있던 것을 다른 형태로 제시하는 것이므로 새로운 사실을 말해 주지 않는다.

귀납적 방법과 연역적 방법은 추론 원리는 다르지만, 지식의 체제를 형성하는 데는 대개 함께 사용된다. 과학의 지식 체제를 예로 들면, 과학 이론을 구성하는 요소인 각 명제들은 귀납적 방법으로 얻어지나, 이런 명제들의 조직은 연역적 방법에 의해 이루어진다.

2) 교화의 문제

지식 교육을 평가할 때 적어도 두 가지 기준을 적용할 수 있다(이돈희,

1988 : 256-7). 하나는 가르쳐야 할 것을 가르치느냐의 기준이고, 다른 하나는 가르쳐야 할 것을 어떤 방법으로 가르치느냐의 기준이다. 전자에는 도덕적인 문제가 관련되어 있고, 후자에는 도덕적인 문제와 더불어 기술적인 문제가 관련되어 있다.

가르쳐야 할 것을 가르치느냐는 문제는 곧 진리인 신념(지식)과 가치 있는 지식을 가르치느냐는 문제이다. 진리가 아닌 신념을 지식인 것처럼 가르치거나 가치가 없는(?) 지식을 가르친다면, 그것은 도덕적으로 문제가 될 수 있다. 그러나 일반사회에서나 학교에서 가르쳐지는 지식들 중에서 어느 것이 허위인지 엄격히 가려내기는 매우 어렵다. 사실은 절대적인 진리로 보증되는 지식이 있을 수 있는지도 의문이다. 지식은 증거에 의해 뒷받침되는 만큼의 확실성을 갖는다고 말할 수 있다. 그리고 모든 지식이 내재적 가치를 갖는다는 점에 비추어 보면, '무가치한 지식'이란 말 자체가 논리적 모순이다. 그러나 이 문맥에서는 아이들의 지적 발달 단계와 그들의 실제적인 경험사태에 비추어 아무런 도움이 되지 않는 지식을 무가치한 지식이라고 보면 된다.

어떤 방법으로 가르치느냐는 문제는 '그것이 피교육자의 의식과 자발성을 존중하는가?' 하는 도덕적인 문제와 '그것이 효율적인가?' 하는 기술적인 문제를 포함한다. 피교육자를 인격적인 존재로 대우하지 않고 동물을 길들이듯이 또는 식물을 분재하듯이 통제 · 관리한다면, 도덕적인 문제가 발생한다. 그래서 어떤 사람이 교화, 조건화, 세뇌, 최면 등의 방법들을 통해 지식을 가르치려 한다면, 그는 부도덕한 교사로 비난받을 것이다.

지식 교육에서 도덕적으로 문제가 되는 것들 중 대표적인 것은 교화(indoctrination)이다. 교화의 개념은 학자들에 따라 다소 차이가 있다. 어떤 사람은 불합리하거나 부도덕한 '방법'으로 이루어지는 수업을 교화라 하고, 어떤 사람은 교사의 '의도'에 따라 교화와 교육적인 수업이 구분된다고 주장한다. 즉 의도적으로 거짓된 신념을 가르치거나 정당화되지 않은 어떤 신념을 확고부동하게 주입할 의도로 가르치면 교화라고 본다. 또 어떤 사람은 피교육자가 어떤 관념을 고정되고 질문 없는 방식으로 갖고 있다면 그가 교화되었다고 본다. 즉 수업의 결과로 피교육자가 취하는 '태도'를 교화의 기준으로 본다. 끝으로 어떤 사람은 교화의 개념적 준거로 '내용'을 제시한다. 즉 허위인 명제나 진위 판별이 불가능한 교리(doctrine)를 교육이란 이름으로 전달하면 교화라고 본다.

교화는 주로 신념에 관계된, 도덕적으로 비난받을 만한 수업 행위라는 점에는 대체로 의견이 일치한다. 한편, 교육의 실제에는 때때로 교화가 불가피하게 용인될 수밖에 없는 상황이 있다고 주장하는 사람도 있다. 그들은, 예컨대, 지적으로 미성숙하여 자율적인 판단이 곤란한 어린 아이들을 가르칠 때나, 또는 도덕 교육이나 종교 교육이나 정치 교육처럼 특정 관습이나 교리나 이데올로기가 작용할 가능성이 높은 교육에서는 교화가 불가피하다고 주장한다.

교화의 개념적 기준과 교화의 방법에 대한 평가는 학자들에 따라 다를 수 있지만, 교화는 지식 교육에 관련된 문제임에는 틀림없다. 교화는 어떤 신념이나 지식을 가르칠 때, 그것의 정당성을 뒷받침할 수 있는 증거를 얼마나 중시하는가에 관련하여 성립되는 말이다. 올바른 지식 교육을 위해서는 가능한 한 교화를 피해야 한다.

정 리

요 약

1. 지식의 종류는 크게 명제적 지식과 방법적 지식으로 나누어진다. 명제적 지식은 진위로 판명될 수 있는 명제로 진술된 지식이다. 방법적 지식은 기술이나 기능과 같은 능력에 관련된 지식이지만 언어로 정확히 표현되지는 않는다.
2. 명제적 지식은 신념조건, 진리조건, 증거조건을 필요로 한다. 이 세 가지 조건을 연결함으로써 지식을 정의할 수 있다; 지식은 정당화된 참된 신념이다.
3. 지식을 가르치기 위해 학교에서는 교육과정을 구성한다. 공리주의적 교육과정은 개인의 행복을 증진시키고 생활에 유용하게 활용될 수 있는 지식들로 구성된다. 합리주의적 교육과정은 인간의 합리적 마음을 발달시키기 위해 필수적으로 요청되는 지식들로 구성된다. 아동중심적 교육과정은 아동의 흥미와 욕구와 필요를 충족시킬 수 있는 것들로 구성된다.
4. 지식교육의 방법은 지식의 특성에 맞게 이루어져야 한다. 지식의 3가지 개념적 조건에 비추어 지식교육의 방법적 성격을 규정할 수 있다. 신념조건에 비추어 보면, 지식교육은 확실한 신념을 얻기 위해 계속적으로 회의하는 과정이다. 진리조건에 비추어 보면, 지식교육은 진리를 추구하는 일이다. 증거조건에 비추어 보면, 지식교육은 타당한 증거에 비추어 어떤 명제의 진위를 검증하는 일이다.
5. 지식교육이 불합리하게 왜곡된 형태로 교화가 있다. 교화는 대체로 불합리하거나 부도덕한 방법으로 진행되는 수업, 진위 판별이 불가능한 교리를 지식인양 전달하는 수업을 의미한다. 교화는 도덕적으로 비난받을 수업행위이므로 가능한 한 피해야 한다.

연구 및 토론문제

1. 지식의 종류를 명제적 지식과 방법적 지식으로 나누는 것은 교육적으로 어떤 유익이 있는가?
2. 교육에서 명제적 지식은 방법적 지식보다 더 중요한가?
3. 명제적 지식의 세 가지 필요조건들은 지식교육의 방법에 어떤 시사를 주

는가?

4. 교육과정 구성 방식을 공리주의, 합리주의, 아동중심주의와 같은 식으로 구분할 때, 한국의 제7차 교육과정은 어디에 가까운가? 가까운 모델이 없다면, 제7차 교육과정의 교육철학적 배경을 참작하여 적절한 이름을 붙여 보자.
5. 도덕교육이나 정치교육과 같이 관습과 이데올로기가 개입될 가능성이 높은 교육은 교화를 피하기 어려울 것 같다. 과연 도덕교육과 정치교육에서 교화를 피할 수 있는가?
6. 조선시대에는 서민의 풍속을 개량하기 위한 민중교육을 '교화(敎化)'라 불렀다. 그것은 도덕적으로 온당한 사회교육의 일종이었다. 조선시대의 교화(敎化)와 이 장에서 예시한 교화(indoctrination)는 어떤 점이 유사한가? 또 어떤 점이 다른가?
7. 노나카 이쿠지로는 ≪지식창조 기업≫이란 그의 저서에서 지식의 4가지 변환 방법을 설명한다. 암묵지에서 암묵지로, 형식지에서 형식지로, 암묵지에서 형식지로, 형식지에서 암묵지로의 변환이 그것이다. 그의 설명에서 암묵지의 성격과 기능에 대해 알아보자.(현대경제연구원 역, 지식경영. 서울, 21세기북스, 2000 참조)

읽을거리

이돈희(1988). 교육철학개론. 서울, 교육과학사.

이지헌(2001). 교육의 철학적 차원. 서울, 교육과학사.

현대경제연구원 역(2000). 지식경영. 서울, 21세기북스.

홍은숙(1999). 지식과 교육. 서울, 교육과학사.

Degenhardt, M. A. B.(1982). Education and the Value of Knowledge(성기산 역, 교육과 지식의 가치. 서울, 문음사. 1987).

Hamm, C. M.(1991). Philosophical Issues in Education : An Introduction(김기수 외 역, 교육철학탐구. 서울, 교육과학사, 2002).

Moore, T. W.(1982). Philosophy of Education : An Introduction(정영홍 역, 교육철학입문. 서울, 문음사, 1987).

Peters, R. S.(1966). Ethics and Eduction(이홍우 역, 윤리학과 교육. 서울, 교육과학사, 2003).

Polanyi, M.(1958). Personal Knowledge(김봉미 역, 개인적 지식. 서울, 아카넷, 2001).

저자 소개

◎ 김 기 수

◆ 약　력

- 강원대학교 사범대학 교육학과 졸업
- 고려대학교 대학원 교육학과 졸업, 문학석사
- 강원대학교 대학원 교육학과 졸업, 교육학박사
- 한중대학교 유아교육학과 교수 역임
- 강원대학교, 춘천교육대학교, 강릉대학교, 한림대학교 강사 역임
- 현재, 대통령자문 교육혁신위원회 전문위원

◆ 저서 및 논문

- 교육사 교육철학 강의(공저, 동문사, 1996)
- 교육학개론(공저, 도서출판 하우, 1996)
- 교육철학탐구(공역, 교육과학사, 2002)
- '교육열' 개념의 비교와 재정의, 자유교육과 지식의 가치, 새 학교문화 창조의 이념과 실제, 교육의 목적과 교육과정 통합의 논리, 근대적 교육이념에 대한 포스트모던적 담론의 난점 등 다수

교육의 역사와 철학 강의

초판발행 2006년 8월 30일
8판발행 2015년 2월 5일

저　자 김 기 수
발행인 김 현 태
발행처 태영출판사

2015. 2.

주　소 (152-705) 서울 구로구 구로동 104-10 동남오피스텔 201호
전　화 02 · 839-3757, 839-3752
팩　스 02 · 837-3754
등　록 2005년 5월 30일 제12-421호
홈페이지 http://www.taeyeongbook.co.kr
E-mail tys2005@paran.com
typub@taeyeongbook.co.kr
ISBN 89-91777-47-3 93370
정가 17,000원

• 잘못 만들어진 책은 교환해 드립니다.